Reininger

Die Weihbischöfe zu Würzburg

Reininger

Die Weihbischöfe zu Würzburg

ISBN/EAN: 9783743307728

Hergestellt in Europa, USA, Kanada, Australien, Japan

Cover: Foto ©Lupo / pixelio.de

Manufactured and distributed by brebook publishing software
(www.brebook.com)

Reininger

Die Weihbischöfe zu Würzburg

Die
Weihbischöfe von Würzburg.

Ein Beitrag

zur

fränkischen Kirchengeschichte

von

Dr. A. Reininger,

Domcapitular zu Würzburg.

Würzburg.
Druck von Friedrich Ernst Thein.
1865.

Inhalt.

Reihenfolge der Weihbischöfe von Würzburg.

Seite

Vorbericht.

~~~

Eine vollständige Geschichte der Weihbischöfe der Diöcese Würzburg von der Zeit ihrer Einführung an bis zum Ableben des letzten Weihbischofs im J. 1817 besitzen wir noch nicht. Es haben zwar Gropp und Ussermann in ihren Geschichtswerken, und M. Johannes in seinem Versuche eines chronologischen Verzeichnisses der würzburger Weihbischöfe die Reihenfolge derselben, und über mehrere eine ausführliche Lebensgeschichte uns hinterlassen; allein die Nachrichten, welche uns über die Weihbischöfe aus der früheren Zeit in den genannten Schriften geboten werden, sind theils sehr spärlich, und theils ungenau, und bedürfen einer Berichtigung und Ergänzung.

Ich war bemüht, das Ungenaue zu berichtigen, und, soweit die mir zu Gebot gestandenen Hilfsmittel es gestatteten, eine Geschichte der würzburger Weihbischöfe in ihrer möglichsten Vollständigkeit zu schreiben; aber ich muß gestehen, daß es mir ungeachtet aller Nachforschungen in Archiven und Bibliotheken nicht gelungen ist, die Lücken in der Lebens=

I

geschichte unserer Weihbischöfe aus der ersteren Zeit auszufüllen, und ein genaues Bild von ihrer Thätigkeit in unserem Bisthume dem Freunde der fränkischen Kirchengeschichte
vorzuführen. Wir müssen uns mit dem, was in dieser Beziehung gegeben werden konnte, für jetzt, und vielleicht auch
für die Zukunft begnügen, da durch die Unbild der Zeit
manche Urkunden und Actenstücke, die uns über die kirchlichen Verhältnisse unseres Bisthums Aufschluß geben könnten, zu Grunde gegangen sind.

Die Geschichte der Weihbischöfe von der Zeit der Reformation an bis herab auf Gregor von Zirkel, der die Reihe
der würzburger Suffragane beschloß, konnte ich ausführlicher
behandeln, da mir ein reichhaltiges Material vorlag, und ich
glaubte, dieses um so mehr thun zu müssen, als wir in
dieser Zeit Männern, mit der weihbischöflichen Würde bekleidet, begegnen, die unerschrocken für die Kirche kämpften,
und in ihrem Privat- und öffentlichen Leben nicht nur ihren
Zeitgenossen voranleuchteten, sondern auch jetzt noch als ein
Muster der Nachahmung ihres frommen Wandels dargestellt
zu werden verdienen.

Bevor ich jedoch die Reihenfolge unserer Weihbischöfe
beginne, halte ich es für angemessen, über die verschiedenen
Bischöfe, welche in der katholischen Kirche als Gehilfen der
Hauptbischöfe vorkommen, einige geschichtliche Bemerkungen
vorauszuschicken.

1. Regionarbischöfe.

Regionarbischöfe sind jene Bischöfe, welche zwar
die bischöfliche Weihe erhalten, aber nicht auf eine bestimmte
Kirche und einen gewissen Sprengel ordinirt waren. Sie
hatten keinen festen Sitz und waren gleichsam wandernde
Bischöfe, welche, von Rom ausgesendet und bevollmächtigt,

ben Heiben und Ungläubigen in fernen Landen das Evan=
gelium verkündeten, und deßhalb „Landes = und Völker=
Bischöfe — Episcopi Regionarii, Episcopi Gentium —
genannt werden [1]).

Solche Regionarbischöfe waren in Deutschland und in
Franken:

1. Der heilige Kilian aus Schottland. Im J. 686
begann der gottbegeisterte Missionar mit seinen Gefährten
Colonat und Totnan unsern heidnischen Vorvätern das
Christenthum zu predigen. Noch in demselben Jahre ging
er nach Rom, um sich die Vollmacht zu seinem Missions=
werke ertheilen zu lassen, wurde vom Papste Conon als
Regionarbischof geweiht, und traf im J. 687 wieder in
Franken ein. Gozbert, der Herzog Thüringens, zu wel=
chem auch das ganze jetzige Franken gehörte, rief ihn zu sich
nach Würzburg, wo damals die herzogliche Familie auf dem
dortigen Schlosse residirte, hörte mit Freuden und großem
Eifer seine Predigten, und empfing mit seinem ganzen Hofe
am 29. März — am Osterfeste 688 — die heilige Taufe.

Auch in den Gegenden der Rhön — des Kreuzberges, in
dessen Nähe der Kilianshof gelegen, predigte er, und erlitt
mit seinen beiden Gefährten in der Nacht des achten Juli 688
zu Würzburg den Martyrertod.

2. Der heilige Suitbert. Er stammte aus England,
verkündete den Brukterern das Evangelium, gründete auf
einer Rheininsel zwischen Düsseldorf und Duisburg das
Kloster Kaiserswerth und starb im J. 713 [2]).

---

[1]) Binterim, Denkwürdigkeiten der christkathol. Kirche. I. Bd.
2. Th. S. 379.
[2]) Rettberg, Dr., Kirchengeschichte Deutschlands. II. Bd. S. 395.

I*

3. Der heilige Pirmin, ein Franke. Er brachte den Alamanen und den Bewohnern des Odenwaldes das Licht des Glaubens, und gründete zur Verbreitung des Christenthums mehrere Klöster, im J. 724 die Abtei Reichenau — **Augia dives** —, im J. 726 das Kloster Murbach in Oberelsaß, das Kloster Pfäffers unterhalb Chur, und veranlaßte den Herzog Odilo, am linken Donauufer im J. 741 das Kloster Altaich zu stiften [1]).

Nach der Tradition errichtete derselbe schon im J. 714 auf Veranlassung des Grafen Rutharb von Frankenberg im Odenwalde in dem von dem Otterbache durchschnittenen und von hohen Bergen eingeschlossenen engen Thale, in welchen Bach sich ein klarer Quell ergießt, ein Kirchlein zu Ehren Mariens — Mariaborn genannt — und rings umher Cellen für sich und seine Schüler. Seinem Berufe folgend wandte er sich hierauf nach Alamanien zur Gründung Reichenau's, und kehrte wieder zurück 734, wo er mit Unterstützung Karl Martells und Pipins den eigentlichen Bau des Klosters Amorbach begonnen [2]). Von dem ersten Abte des Klosters, St. Amor, einem Schüler Pirmins, hat nach Trithemius Angabe das Kloster den Namen Amorbach und die ursprüngliche Capelle Mariaborn den Namen Amorsbrunn erhalten. Man vermuthet jedoch, daß der Name von einer Art Kirschen, die sich dort finden, Amer oder Ammer genannt, abzuleiten sei [3]).

Pirmins letzte Stiftung war das Kloster Hornbach (Gamundias) in der Pfalz, eine Meile von Zweibrücken;

---

[1]) Rettberg l. c. S. 50, 88, 143 und 253.
[2]) L. c. S. 343.
[3]) L. c. S. 344.

er bekleidete in demselben die Würde eines Abtes und ent=
schlief daselbst am 3. November 753 [1]).

4. Der heilige Willibrord aus Norbhumberland,
Apostel der Friesen. Er begann mit eilf Genossen sein
Missionswerk gegen das Jahr 690 in Friesland, und begab
sich 696 nach Rom, um die Vollmacht zu seinem Bekehrungs=
geschäfte und die bischöfliche Weihe zu erlangen, wobei ihm
der Name Clemens ertheilt wurde. Nicht allein in Fries=
land, sondern auch in anderen Gegenden, im Lande an der
Maas und Mosel [2]), und in Franken und Thüringen ent=
faltete Willibrord seine Missionsthätigkeit.

Herzog Hetan II., der Nachfolger Gozberts, berief
Willibrord zu sich, übergab demselben im J. 704 ansehn=
liche Güter im Oberlande, bei Arnstadt im Schwarzburg'=
schen, bei dem Schlosse Mühlberg, vier Stunden von Gotha
und in dem Dorfe Monhove, München, zwischen Arnstadt und
Weimar [3]). Die Schenkungsurkunde ist zu Würzburg aus=
gefertigt, und dies dürfte uns zu der Annahme berechtigen,
daß Hetan II. und der Regionarbischof Willibrord sich damals
zu Würzburg aufgehalten haben. Nach der Angabe v. Eckharts [4])
hat derselbe Herzog im J. 706 auf dem Schlosse Würzburg,
seiner Residenz, eine Kirche zu Ehren Mariens erbaut, welche
von Willibrord eingeweiht worden. Sie war die erste Kirche
im Frankenlande, und ward an derselben Stelle errichtet,
wo in den heidnischen Zeiten der Tempel Diana's gestanden.

---

[1]) Rettberg l. c. I. Bd. S. 514 und II. Bd. S. 54.

[2]) L. c. II. Bd. S. 518.

[3]) Martene, coll. ampl. I. p. 13. — Rettberg, l. c.
S. 309.

[4]) ab Eckhart, Comment. de rebus Franc. Orient. I. p. 816.

Im April 716 schenkte Hetan II. die Besitzungen seines Schlosses Hammelburg an der fränkischen Saale her, wo auf den Rath des heil. Willibrord ein Kloster errichtet werden sollte [1], welches aber wegen des frühzeitigen Todes des Herzogs nicht zu Stande gekommen ist.

Willibrord wirkte segensvoll in Franken; er setzte auf dem Lande mehrere Priester ein, und legte dadurch den Grund zu verschiedenen Pfarreien, aus welchen nachher das Bisthum Würzburg errichtet wurde. Kilian war der erste Glaubensbote im Frankenlande; die Fortpflanzung des Christenthums aber haben wir dem Herzoge Hetan II. und dem heiligen Bischofe Willibrord zu verdanken [2].

Im J. 719 kehrte derselbe nach Friesland zurück, wurde durch Carl Martell als erster Bischof von Utrecht ernannt, starb am 6. November 739 und fand seine Ruhestätte im Kloster Epternach unweit Trier [3].

5. Der heilige Bonifacius, Apostel der Deutschen, ein Angelsachse von edler Abstammung, vor seiner Bischofsweihe, welche er am 30. November 723 zu Rom erhielt, Winfried genannt (Winfrithus, Vuinfrithus, von Vin, labor, pugna, certamen, vinnô, vinna „gewinnen", und Fribh, Friede, also der Friede schafft — der Sieger [4]). Er begann im J. 719 seine apostolischen Arbeiten, und dehnte sie auf verschiedene Gegenden Deutschlands aus.

In den ersten Jahren wirkte der Heilige in Friesland, Hessen, Sachsen und im nördlichen Thüringen; erst um das

---

[1] Martene p. 22.
[2] Vgl. Jäger, Geschichte Frankenlands. I. Th. S. 60. — Andres, neue Chronik. 1808. S. 36.
[3] Rettberg l. c. S. 521.
[4] L. c. I. Bd. S. 334.

Jahr 724 erscheint derselbe in dem südlichen Thüringen — Ostfranken. Er ließ sich zu seinem Missionswerke mehrere Gehilfen aus England kommen; unter diesen waren Burkard und Lullus, Willibald und sein Bruder Wunnebald, Witta (Albinus) und die Frauen Kunihild, eine Verwandte des Lullus, und ihre Tochter Berathgit, Kunibrut, Tekla, Lioba, und Willibalds Schwester Walpurgis.

Nun entstanden Bisthümer und Klöster, an welchen die Angekommenen von dem heiligen Bonifacius, welcher im J. 732 zum Erzbischofe ernannt worden mit der Vollmacht, für die bekehrten Landesstriche Bischöfe aufzustellen, als Vorsteher eingesetzt wurden. Auch in Bayern errichtete und organisirte Bonifaz die Bisthümer Salzburg, Passau, Freising und Regensburg.

Nach dem Tode Carl Martells, 15. Oktober 741, erhielt sein jüngerer Sohn, Carlmann, die Regierung über die Lande Austrasien, Alamanien und Thüringen, welches auch Ostfranken umschloß. Der kirchliche Sinn des neuen Regenten begünstigte Bonifacius Plane. Er schritt zur Errichtung von Bisthümern, um die neuen Bekehrungen zu sichern, und bestimmte mit Bewilligung Carlmanns für Thüringen nördlich des Waldes Erfurt als Bischofssitz [1]), für Ostfranken Würzburg, für Hessen Buraburg, und Eichstädt für den bayerischen Nordgau.

Im Oktober des Jahres 741 feierte der heilige Bonifacius auf der Salzburg bei Neustadt an der fränkischen Saale

---

[1]) Der Papst Zacharias genehmigte die Errichtung des Bisthums Erfurt nicht, weil dieser Ort gegen die Angriffe der heidnischen Sachsen und Wenden nicht genugsam geschützt war.

die Weihe der drei Bischöfe, Burkards von Würzburg, Witta's von Buraburg und Willibalds von Eichstädt. Am 1. April 742 erfolgte die päpstliche Bestätigung der neuen Bisthümer.

Auf Einladung Carlmanns und vom Papste Zacharias ermächtigt berief Bonifacius ein Concil und eröffnete dasselbe am 21. April 742 auf der königlichen Pfalz Salzburg an der fränkischen Saale [1]). Auf diesem ersten deutschen Concil sollten durch gemeinsame Beschlüsse der Bischöfe die kirchlichen Verhältnisse geordnet und unter Mitwirkung der Optimaten die noch herrschenden Mißstände beseitigt werden. An dieser feierlichen, in Gegenwart Carlmanns abgehaltenen Versammlung nahmen, außer dem Erzbischofe Bonifaz, die Bischöfe Burkard von Würzburg, Regenfried von Cöln, Witta von Buraburg, Willibald von Eichstädt, Daban (von Utrecht) und Hebbo von Straßburg Theil.

Die Beschlüsse dieses National-Concils, von Carlmann, dem Herzoge und Fürsten der Franken, promulgirt, bezweckten die Herstellung und Befestigung des hierarchischen Bandes der Priester zu ihrem Bischofe, die Abschaffung der bisherigen aus dem Heidenthume stammenden Gebräuche, und enthalten Vorschriften über das Verhalten der Welt- und Ordensgeistlichen und die Strafbestimmungen wegen fleischlicher Vergehungen derselben.

„Statuimus similiter, ut post hanc Synodum, quae fuit XI. Calendas Maji, quisquis servorum Dei vel ancillarum Christi in crimen fornicationis lapsus fuerit, in carcere poenitentiam faciat in pane et aqua. Et si

---

[1]) Himmelstein, Dr., Synodicon Herbipolense p. 6 et seqq.

ordinatus presbyter sit, duos annos in carcere permaneat et antea flagellatur et scorticatus videatur, et post episcopus adaugeat. Si autem clericus vel monachus in hoc peccatum inciderit, post tertiam verberationem in carcerem missus vertente anno ibi poenitentiam agat. Similiter et nonnae velatae eadem poenitentia continenantur et radantur omnes capilli capitis ejus."

„Decrevimus quoque, ut presbyteri et diaconi non sagis, laicorum more, sed casulis [1]) utantur ritu servorum Dei, et nullus in sua domo mulieres habitare permittat. Et ut monachi et ancillae Dei monasteriales juxta regulam S. Benedicti coenobia et xenodochia sua ordinare, gubernare, vivere studeant, et vitam propriam degere secundum praedicti patris ordinationem non negligant."

Bei ben nun getroffenen kirchlichen Einrichtungen mußte die bisherige Stellung des Erzbischofs Bonifaz als bloßer Regionarbischof nicht mehr als passend anerkannt werden, und man war beßhalb darauf bedacht, ihm einen Bischofs= Sitz anzuweisen.

Der Bischof von Mainz, Gewielieb, ward wegen seines strafbaren Lebenswandels seiner Stelle im Jahre 745 entsetzt, Mainz zur Metropole erhoben, und Bonifacius als Metropolit ernannt.

Hatte Bonifaz zeither als Missionar und Regionar der Bekehrung der Heiden und der Errichtung von Bisthümern seine rastlose Thätigkeit zugewendet, so war er zugleich auch bemüht, ein anderes Element, das des Mönchthums für Ascese und beschauliches Leben, Wissenschaft und Unterricht

---

[1]) Saga, seine Modelleider; casula, langer Talar.

in's Leben zu rufen und zu fördern. In Kitzingen, Ochsen=
furt und Bischofsheim an der Tauber gründete er drei Frauen=
klöster, legte bei denselben Schulen zum Unterrichte an, und
setzte über die beiden ersten Thekla¹), und über letzteres
Lioba als Vorsteherin ein. Er entsendete Sturmius in
den buchonischen Wald, um zur Gründung eines Klosters
einen geeigneten Ort auszuwählen. Er fand einen solchen an
den Ufern der Fulda zwischen lieblichen Anhöhen. Boni=
facius billigte die Auswahl des Ortes und traf am 12. März
742 daselbst ein, den Grundstein zum Baue zu legen. Rasch
wurde unter Sturms Leitung der Bau des Klosters voll=
endet, welches mit Mönchen nach der Regel des heiligen
Benedictus besetzt wurde, und sich im Laufe der Zeit zu einer
blühenden hohen Schule erhob. Jährlich besuchte der heilige
Erzbischof diesen seinen Lieblingsort, und traf die Bestimmung,
daß einst seine Gebeine daselbst ruhen sollten.

Noch in seinem hohen Alter unternahm der greise Erz=
bischof eine Missionsreise nach Friesland. Er fuhr den Rhein
hinab, kam über den Zuydersee, und errichtete an dem Flusse
Borne an dem Orte Dockingen zwischen dem Oster= und
Westergau seine Zelle, um hier zu predigen und die Taufe
zu spenden. Der Tag der Ertheilung der heiligen Firmung
an die früher schon Getauften war bestimmt; aber statt dieser
zog eine Schaar heidnischer bewaffneter Friesen heran, von
deren tödtlichen Streichen Bonifacius und seine Begleiter

---

¹) Abaloga wird als erste Abtissin zu Kitzingen genannt, und es
scheint, daß Thekla für Kitzingen eine Stellvertreterin an dieser hatte,
während sie selbst sich mehr zu Ochsenfurt aufgehalten hat. Durch diese
Annahme finden die auseinandergehenden Nachrichten, nach welchen Thekla
und auch Abaloga als erste Abtisin zu Kitzingen angegeben werden,
ihre Ausgleichung. S. Rettberg, l. c. II. Bd. S. 335.

niedergeſtreckt wurden. Es war der 5. Juni des Jahres 755, wo der heilige Erzbiſchof die Märtyrerkrone erlangte.

Sein Leichnam wurde zuerſt nach Utrecht, dann nach Mainz und von da nach Fulda gebracht[1]).

2. Chorbiſchöfe.

Chorbiſchöfe waren Biſchöfe auf dem Lande und Stellvertreter oder Mitarbeiter der eigentlichen oder Haupt= Biſchöfe, welche ihre feſten Size in einer Stadt hatten. Ihr Name wird von dem griechiſchen Worte χορα, „Dorf, villa, pagus" abgeleitet. Es waren denſelben auf dem Lande gewiſſe Bezirke angewieſen, in welchen ſie mit Genehmigung des Diözeſanbiſchofs Pontifical=Handlungen vornehmen konn= ten. Außer den ihnen angewieſenen Bezirken durften ſie keine biſchöflichen Functionen verrichten, ausgenommen, wenn es ihnen von dem Biſchofe erlaubt oder befohlen worden.

Sie waren nicht einfache Prieſter, ſondern durch Hand= auflegung ordinirte Biſchöfe; ſie können jedoch als Biſchöfe im vollen Sinne des Wortes nicht angeſehen werden, weil ſie keine eigentliche Heerde, keine eigentliche Gerichts= barkeit beſaßen, und zur Vornahme biſchöflicher Verrichtungen nicht proprio jure, ſondern durch den Stadtbiſchof ermäch= tigt waren — quoniam quamvis consecrationem habeant, Pontificatus tamen apicem non habent[2]).

Wir können zweierlei Arten von Chorbiſchöfen unter= ſcheiden, ſolche, welche nur die niederen Weihen, wozu damals auch das Subbiaconat gehörte, ertheilen konnten, und einige

---

[1]) S. Rettberg, I. Bd. S. 334, 346, 366, 371, 400.

[2]) L. Ferraris, vol. III. p. 325.

bischöfliche Jurisdiction über den Clerus und die Klöster auf dem Lande ausübten, und dann solche, welchen auch die Vornahme der höheren Weihen zustand.

„Aliqui eorum consecrabantur et creabantur Episcopi, et isti non solum ordines minores, sed et majores conferebant, et alia munia episcopalia obibant, non ex vi Chorepiscopatus, sed virtute ordinis episcopalis, ad quem erant promoti et consecrati et sic vice Episcoporum ministrabant, sicut faciunt hodie Episcopi Titulares, seu Coadjutores" [1]).

Vor dem dritten Jahrhunderte kommen die Chorbischöfe nirgends vor. Am Ende des vierten und beim Anfange des fünften Jahrhunderts finden wir sie in Frankreich und später auch in Deutschland.

Im J. 811 erscheint Abalmar als Chorbischof zu Trier; im J. 814 kommt Wolfgang als Chorbischof und im J. 883 Hunricus als solcher zu Regensburg vor. Im Bisthume Freising begegnen uns unter dem Bischofe Atto, der vom J. 784—812 regierte, die Chorbischöfe Oadalhart und Sigihart, gegen das J. 860 Herolfus und im J. 908 Couuo [2]). Auf der Kirchenversammlung zu Mainz im J. 829 waren vier Chorbischöfe anwesend [3]), und im Bisthume Würzburg finden wir gleichfalls Chorbischöfe.

In einigen fränkischen Urkunden werden nämlich Bischöfe ohne Angabe eines Bischofssitzes oder einer Diöcese aufgeführt. Da sie aber als Bischöfe bezeichnet sind, eine Kirche oder ein Sprengel, dem sie vorgestanden, nirgends genannt

---

[1]) L. Ferraris l. c. p. 326.

[2]) Meichelbeck, historia Frising. T. I. p. 88, 100, 132; 137.

[3]) ab Eckhart l. c. II. p. 420.

ist, so müssen wir sie als Chorbischöfe ansehen [1]), zumal sie in einer Zeit erscheinen, wo in deutschen Bisthümern allgemein Chorbischöfe existirten.

In der Diözese Würzburg scheint der heilige Gumbertus der erste Chorbischof gewesen zu sein. Derselbe stammte aus einer vornehmen Dynasten-Familie Ostfrankens und wird als ein Sohn Rudolfs bezeichnet, des mächtigen Grafen auf dem Schlosse Rotenburg ob der Tauber, der ein Abkömmling von einem Seitenverwandten der alten thüringisch-fränkischen Herzoge gewesen sein soll [2]). Er hatte sich zuerst dem Kriegsdienste gewidmet, gab aber, durch den Umgang mit dem Bischofe Burkard für das geistliche Leben gewonnen, denselben auf, legte seine weltlichen Kleider ab und trat als Ordensmann in das von Burkard gestiftete St. Andreas-Kloster zu Würzburg [3]). Einen Theil seiner Güter schenkte er dem Salvators-Dome zu Würzburg, und zu Ansbach (Onolsbach) gründete er um die Mitte des 8. Jahrhunderts ein Benedictinerstift [4]).

In dem über das Gumbertusstift zu Ansbach ausgefertigten Schutzbriefe Karls des Großen vom 29. März 786 wird Gumbert an zwei Stellen als Bischof aufgeführt [5]).

In einem anderen Diplome vom J. 837 wird ihm gleichfalls der Bischofstitel beigelegt [6]). Er wird zwar in

---

[1]) Archiv d. histor. Vereins f. d. Untermainkreis. 1832. 2. Heft S. 49.

[2]) Biehbeck, genealog. Gesch. d. gräfl. Hauses Castell. S. 19.

[3]) Dasselbe befand sich der Sage nach vor dem Burkarderthore an der Stelle, wo die Statue des heiligen Andreas noch heute steht.

[4]) Frieß, Gesch. d. Bischöfe v. Würzb. S. 394. — Strebel, Franc. illustrat. p. 66 seqq. — Rettberg, II. Bd. S. 339.

[5]) Strebel l. c. p. 186. — Ussermann, Episc. Wirceb. c. prob. N. III.

[6]) ab Eckhart II. p. 884. — Ussermann l. c. N. X. — Strebel l. c. p. 144.

dem letzteren als ein Lehnsmann Karls (quidam homo
Guntbertus nomine) bezeichnet, aber in dem weiteren Ver=
laufe der Urkunde auch Bischof — antedictus Episcopus —
genannt. Diese Benennung bezieht sich unleugbar auf die
Person Gumberts, und es ist die Rechtheit dieser Urkunde
von der Kritik noch nicht angefochten worden.

An den Siegeln der Documente des Stiftes Ansbach
aus dem 10. und 11. Jahrhunderte sehen wir einen Bischof
abgebildet, den Hirtenstab in der rechten und ein aufge=
schlagenes Buch in der linken Hand haltend. Die Umschrift
des Siegels lautet: „Sanctus Gumbertus Episcopus“. Die Nekrologe des gedachten Stiftes, und ein altes
Martyrologium des Klosters St. Stephan zu Würzburg
nennen ihn Episcopus et Confessor [1]).

Diese Thatsachen und Documente beweisen es vollständig,
daß der heilige Gumbertus mit der bischöflichen Würde be=
kleidet war. Seine Bezeichnung als Bischof ohne Angabe
eines Bischofsitzes läßt sich vollkommen rechtfertigen und
erklären, wenn wir ihn als Chorbischof des Bisthums Würz=
burg annehmen. Durch diese Annahme sind alle Bedenken,
Vermuthungen und Erklärungen über die Bedeutung des
Bischofstitels, der ihm urkundlich gegeben wird, gehoben und
beseitigt.

Nicht unbemerkt kann ich es lassen, daß Strebel in
seinem Werke „Franconia illustrata“ sich alle Mühe gibt,
um darzuthun, daß Gumbert nie Bischof gewesen sei, und
ihn zum Stammvater der Grafen von Rotenburg zu machen
sucht. Er bietet deßhalb Alles auf, den bischöflichen
Charakter, der seiner Annahme entgegensteht, von dem=
selben abzustreifen, und sagt, wenn er auch Bischof genannt

---

[1]) Strebel l. c. p. 101 seqq.

würde, so wäre dieses im weitesten Sinne des Wortes zu nehmen, indem ehedessen viele Männer, die ein devotes und heiliges Leben geführt hätten, auch Bischöfe genannt worden seien. Strebels Annahme, schon mehrfach bezweifelt, entbehrt jeder historischen Begründung.

Daß Gumbert an der Administration des Bisthums Würzburg Theil genommen habe, dafür spricht die Tradition; denn in dem Werke „Viola Sanctorum" betitelt kommt folgende Stelle vor: „In territorio herbipolensi natale s. Gumberti confessoris. Primum miles fuit christianissimus et fidelis, cui *administratio totius Episcopatus herbipolensis* commissa est, quam curam utiliter gessit" [1]).

Auch soll der heilige Gumbert zum Bischofe von Würzburg erwählt worden sein, aber diese Wahl nicht angenommen haben. Ob dieses wirklich und in welchem Jahre es geschehen, darüber fehlt uns jede sichere Nachricht.

Sein Todesjahr dürfte in das Ende des 8. Jahrhunderts (800?) fallen; sein Sterbetag ist nach dem Nekrologe des Stiftes Ansbach der 11. März.

Der Nachfolger Gumberts als Chorbischof von Würzburg mag der Abt des Klosters Neustadt, Spatto, der vom J. 810 bis 823 regierte, gewesen sein. Derselbe wird in einer Urkunde des Kaisers Ludwig des Frommen vom J. 817, der dem Kloster Neustadt die erlangten Privilegien bestätigte, Bischof und Abt genannt. Die Urkunde, welche Ussermann mittheilt, nennt ihn Hatto [2]); dagegen lesen wir in der Urkunde, welche Pfarrer Kraus in seiner Beschreibung

---

[1]) Strebel l. c. p. 167.
[2]) Episcopat. Wirceb. cod. prob. N. VII.

der Benedictiner-Abtei Neustadt S. 101 abdrucken ließ, und in zwei Copien derselben Urkunde, deren eine im Archiv des bischöflichen Ordinariats [1]), und die andere im Archiv des historischen Vereins zu Würzburg aufbewahrt ist [2]), aus= drücklich Spatto. Eckhart nennt ihn ebenfalls Hatto und macht ihn zugleich zum Bischofe von Augsburg [3]). Allein Eckharts Annahme ist unrichtig. Der zwölfte Bischof von Augsburg, Hanto, Hauto, Hatto, saß im J. 808 schon auf dem bischöflichen Stuhle, stand dem Bisthume Augsburg nur sieben Jahre vor, und muß sonach um das Jahr 815 oder 816 gestorben sein. Da in der oben citirten Urkunde vom J. 817 die Angabe des bischöflichen Sitzes „Augsburg" vermißt wird, die Regierungsjahre des Bischofs Hatto und des Abtes Spatto († 29. März 823) sich entgegenstehen, und nach einer freisingischen Urkunde bei Meichelbeck vom J. 822 Nidgarius als Bischof von Augsburg erscheint [4]), so liegt es offen da, daß der Bischof und Abt Spatto zu Neustadt den bischöflichen Stuhl zu Augsburg niemals inne gehabt habe [5]). Seine Bezeichnung als Bischof in der erwähn= ten Urkunde läßt sich wohl dadurch erklären, wenn wir ihn gleichfalls als Chorbischof von Würzburg annehmen.

Dracolf, Sohn des Grafen im Ipf=, Badenach= und Gollachgaue Egino II. [6]), war nach dem J. 892 Abt des Benedictiner-Klosters Schwarzach [7]) und lebte noch im J. 918.

---

[1]) Libr. Ingross. Tom. I. p. 226.

[2]) M. S. f. 178 p. 183.

[3]) ab Eckhart l. c. II. p. 139.

[4]) Hist. Frising. T. I. p. 105.

[5]) Vgl. Braun, Gesch. d. Bischöfe v. Augsb. I. Bd. S. 130.

[6]) Viehbeck l. c. S. 23.

[7]) Gegen das Ende des 8. Jahrhunderts wurde im Gaue Volkfeld an dem Flüßchen Schwarzach das Frauenkloster Schwarzach gegründet.

Demselben wird in Urkunden und fränkischen Geschichts=
büchern der Titel eines Bischofs — jedoch ohne Benennung
eines bischöflichen Sitzes — beigelegt. Trithem setzt ihn sogar,
aber irrig, unter die Zahl der Bischöfe von Würzburg und
sagt, daß K. Conrad ihn nach Griechenland gesendet, und
daß er auf der Reise im J. 913 gestorben sei [1]), und Frieß
schreibt, daß er, wie der Abt Spatto zu Neustadt a. M.,
mit dem bischöflichen Titel beehrt worden [2]). In einem Manu=
scripte des Klosters Schwarzach findet sich die Bemerkung:
„Sunt, qui scribunt, praedicto saeculo (A° 892) uni-

Nach Eckhart (I. p. 728) wurde dasselbe von dem Grafen Manto
von Rotenburg, dem Bruder des Bischofs von Würzburg, Megingaud,
vor dem Jahre 788 gestiftet. Viehbeck (l. c. S. 21) schreibt die Stiftung
desselben um das J. 784 der vierten Gemahlin Karls d. Gr. Fastrada
(† 793), der Schwester des Grafen Manto und des Bischofs Megin=
gaud, zu.

Im J. 788 war Juliana, eine Tochter des Grafen Manto,
Aebtissin daselbst. Im J. 815 war eine Tochter Karls d. Gr. aus seiner
vierten Ehe mit Fastrada Namens Theodrate Aebtissin. Diese besaß
das Kloster als mütterliches Erbgut, vermachte es dem Bisthume Würz=
burg und starb daselbst 845.

Megingoz oder Megingaud, ein Bruder der genannten Aebtissin
Juliana, stiftete mit seiner Gemahlin Imma, im Ifgau an dem
Orte Megingaudshausen, an dem Flüßchen Leimbach gelegen (vermuth=
lich dem heutigen Altmannshausen bei Marktbibart), im Jahre 816 ein
Kloster für Mönche nach der Regel des heiligen Benedict. Er starb 820
und wurde daselbst begraben. (Viehbeck l. c.)

. Im J. 877 wurde das Frauenkloster Schwarzach, in welchem sich
keine Nonnen mehr befanden, den Mönchen zu Megingaudshausen über=
geben, welche dahin übersiedelten, und den Namen desselben beibehielten.

Die Aebte von Schwarzach führten wegen der Vereinigung beider
Abteien zwei Stäbe in ihrem Wappen.

[1]) De origine Franc. bei Ludewig S. 1028.

[2]) Frieß S. 430.

cum fuisse Abbatem, Traculphum nomine, quem etiam Episcopum herbipolensem fuisse volunt, quibus vero et quot annis praefuerit, compertum non est" [1].

Die beiden Diplome, in welchen Dracolf Bischof — Episcopus, egregius Pontifex — genannnt wird, sind vom J. 912 und 918 [2]), und es ist sonach keinem Zweifel unterworfen, daß Dracolf die bischöfliche Würde bekleidete.

Da zu gleicher Zeit der Bischof von Freising den Namen Dracolfus führte, so mögen Eckhart, Ussermann und Andere dadurch verleitet worden sein, ihn zum Bischofe von Freising zu machen, ohne jedoch einen historischen Grund für ihre Behauptung anzugeben [3]).

Meichelbeck in seiner Geschichte des Bisthums Freising erwähnt aber nicht das Mindeste davon, daß der damalige Bischof von Freising, Dracolfus, welcher im J. 907 dem Bischofe Uto folgte, und am' 25. Mai 926 mit Tod abge=gangen ist, ehe er auf den bischöflichen Stuhl von Freising erhoben wurde, Abt im Kloster Schwarzach gewesen sei, was sicherlich dem fleißigen freisingischen Geschichtsforscher nicht entgangen wäre, vielmehr vermuthet derselbe, daß Draculf aus dem Gremium des Capitels zu Freising erwählt wor=den sei [4]).

Die oben citirten Documente bezeichnen ihn als Bischof; wäre er als solcher der Kirche von Freising vorgestanden, so müßte in denselben sein bischöflicher Sitz angegeben sein;

---

[1]) Archiv d. histor. Vereins f. Unterfranken. M. S. f. 2.°

[2]) ab Eckhart II. p. 900. — Ussermann, Episc. Wirceb. p. 292.

[3]) ab Eckhart l. c. p. 821. — Ussermann l. c. — Biehbeck l. c. S. 23.

[4]) Meichelbeck, hist. Frising. I. p. 157.

da wir aber diese Angabe in beiden Diplomen vermissen, so
wird sein bischöflicher Titel gerechtfertigt erscheinen, wenn
wir annehmen, daß er neben seinem abteilichen Amte auch
die Würde und das Amt eines Chorbischofs von Würzburg
bekleidet habe.

Von den übrigen Chorbischöfen der Diözese Würzburg
konnte ich keine Nachricht auffinden, und es scheint, daß
Dracolf der letzte in unserem Bisthume gewesen sei.

Da in der Folge die Chorbischöfe sich von den Haupt-
bischöfen unabhängig zu machen suchten, sich nicht mehr als
Stellvertreter der eigentlichen Bischöfe ansahen, und aus
eigener Gerichtsbarkeit die bischöflichen Verrichtungen vorzunehmen pflegten, so gaben diese ihre Uebergriffe Veranlassung, sie gänzlich abzuschaffen. „Chorepiscopi fuerunt
aboliti et ablati ab ecclesia Dei ob illorum insolentiam,
et ambitionem, qua Episcoporum officia sibi temere
usurpabant" [1].

Nach dem Anfange des 10. Jahrhunderts erlosch diese
kirchliche Einrichtung in den deutschen Bisthümern und nur
der Name „Chorbischof" blieb noch als Ehrentitel bei einigen
Cathedralen übrig. In Frankreich bestanden sie noch im
12. Jahrhundert, und änderten sich dann in Titular- oder
Weihbischöfe um. In Irland sollen sie sich bis in das 13. Jahrhundert erhalten haben [2].

3. Titularbischöfe.

Die Saracenen hatten in Afrika und in orientalischen
Kaiserreiche die christlichen Länder erobert und die Bischöfe
von ihren Bisthümern verjagt. Diese, ihrer Sitze beraubt,

---

[1] L. Ferraris l. c. p. 326.
[2] Binterim l. c S. 413.

sahen sich gezwungen, von Stadt zu Stadt zu wandern, und in ferne Länder zu flüchten. Sie hatten keinen Sprengel, keinen Sitz, keine Heerde, kein Einkommen mehr, und waren der Noth und dem äußersten Elende preisgegeben. Es war ihnen nichts mehr übrig geblieben, als der bloße bischöfliche Titel — daher hießen sie Titularbischöfe.

Die Päpste sahen die Patriarchal=, Metropolitan= und Episcopalkirchen in den Ländern der Ungläubigen und Barbaren, obwohl sie ihrem Ministerium factisch entzogen waren, noch als ihrer Herrschaft unterworfen an, und pflegten zur Wahrung ihrer Rechte und in ihrer Sorgfalt und Wachsamkeit über alle Kirchen des Erdkreises für die der christlichen Botmäßigkeit entrissenen Sitze zu wiederholtenmalen neue Hirten aufzustellen, indem man der Hoffnung lebte, daß es den christlichen Mächten gelingen werde, die eroberten Länder wieder zu gewinnen, oder daß sonst ein Umschwung der Ereignisse eintreten könne, wodurch es ermöglicht werde, daß die vertriebenen Bischöfe zu ihrer Kirche und Heerde zurückkehren könnten.

Allein der Gang der Ereignisse vereitelte diese Hoffnung; die Aussicht auf bessere Zeiten war gänzlich verschwunden, und die Gewohnheit, Bischöfe, die das Wesentliche ihres heiligen Amtes nicht ausüben konnten, die nichts als Name und Würde hatten, auf erledigte Sitze, die in der Gewalt der Feinde des christlichen Namens waren, zu ernennen, mußte unpassend erscheinen und der Kirche selbst nur Nachtheil bringen ¹). Die Zahl solcher Titularbischöfe war sehr

---

¹) Etenim status episcopalis licet esse possit sine plebe, et sino usu vel exercitio; tamen hoc fieri non convenit, quia vanum et monstrosum in Ecclesia videretur; quoniam frustra est potestas, cui non subest operatio. Gerson apud Thomass. p. 1 lib. 1 c. 27 §. ult.

groß; sie zogen in verschiedenen Ländern und verschiedenen Diözesen herum, brachten durch ihre ärmliche Lebensweise die hohe bischöfliche Würde in Geringschätzung und Miß= achtung [1]), und erlaubten sich sogar in fremden Diözesen ohne Genehmigung des Bischofs die Vornahme von Pontifical= Handlungen. Daher sah sich der römische Stuhl veranlaßt, die fernere Ordination solcher Titularbischöfe ohne seine Ge= nehmigung zu verbieten, und die Klostergeistlichen mit kirch= lichen Censuren zu belegen, die sich herbeilassen würden, eine solche bischöfliche Würde anzunehmen [2]). Allein sie bestanden dennoch fort, und erst von der Zeit des Concils von Trient an, welches eine scharfe Verordnung gegen derlei Bischöfe, die ohne Sitz, heimathslos, wie Vagabunden herumzogen, erließ [3]), finden wir keine dergleichen herumziehenden Bischöfe mehr.

4. Weihbischöfe.

In der katholischen Kirche finden wir noch eine andere Art von Bischöfen, die jedoch mit den vorgenannten Titular= bischöfen in keinem Verhältnisse stehen.

Nachdem die Chorbischöfe ihrer vielfachen Mißbräuche und Anmaßungen halber abgeschafft worden, waren die Diözesan= Bischöfe gezwungen, alle Pontifical = Verrichtungen selbst vor= zunehmen, oder dieselben von benachbarten Bischöfen vor= nehmen zu lassen. Seit dem 11. Jahrhundert aber kam es allmälig in Uebung, daß die Bischöfe besonders in ausgedehn=

---

[1]) Qui nec ut expediret prodesse, nec ut deceret, praeesse valentes, instabilitate vagationis et mendicitatis opprobrio serenitatem pontificalis obnubilant dignitatis. Conc. Vienn.

[2]) Ibid.

[3]) Sess. 14 cap. 2 de reformat.

ten und volkreichen Kirchensprengeln sich Gehilfen und Stell=
vertreter in Pontificalibus vom Papste erbaten, und den=
selben die Verrichtung der Pontifical=Acte übertrugen. Poppo,
Erzbischof von Trier, begehrte im Jahre 1042 vom Papste
Benedict IX. einen Titularbischof als Gehilfen.

Diese Art Bischöfe werden Weihbischöfe, vices
Episcopi Gerentes, Episcopi in partibus in-
fidelium, Vicarii in Pontificalibus generales,
Proepiscopi, Suffraganei genannt.

Sie sind als Bischöfe auf den Namen eines solchen
Bisthumes, welches sich in den Händen der Ungläubigen
oder Schismatiker befindet, constituirt und consecrirt. Da sie
aber von ihrem Nominalbisthume keinen Besitz ergreifen kön=
nen, so werden sie durch päpstlichen Indult von der Residenz=
pflicht dispensirt, und bevollmächtigt, in jener Diözese, deren
Bischof sich dieselben als Gehilfen und Stellvertreter erbeten
hat, mit dessen Wissen und Willen die Pontifical=Functionen
vorzunehmen. Bald wurde regelmäßig den Bischöfen, die eine
umfangreiche Diözese hatten, ein solcher Gehilfe in Pontificalibus beigegeben.

Im Laufe des 12. und 13. Jahrhunderts kommen die
Weihbischöfe häufiger in Deutschland vor. Bereits um die
Mitte des 12. Jahrhunderts sehen wir sie schon in dem weit=
ausgedehnten Bisthume Utrecht. In der Mitte des 13. Jahr=
hunderts fungiren sie in den Erzbisthümern Cöln, Trier
und Mainz [1]), und in derselben Zeit treffen wir sie auch
in dem Bisthume Würzburg an.

Der Grund ihrer Einführung lag, wie wir schon be=
merkt haben, in der Größe und Weitschichtigkeit der Bis=

---

[1]) Vgl. Libus, Weihbischöfe von Münster.

thümer und die Vereinigung der Fürstenwürde mit dem Episcopate trug auch sehr Vieles zur Aufstellung der Weihbischöfe bei, indem die Bischöfe und Fürsten sich außer Stand sahen, ihrem wichtigen Doppelamte, ohne Stellvertreter in den bischöflichen Verrichtungen, volles Genüge zu leisten.

Auf dem Concil von Trient wurde zwar der Antrag gestellt, die Weihbischöfe abzuschaffen, damit die wirklichen Bischöfe selbst ihre Functionen vorzunehmen gezwungen seien. Dem Antrage wurde jedoch keine Folge gegeben, und die Zeit der Säcularisation, wo die Bisthümer aufgehoben, und es lange währte, bis neue wieder errichtet wurden, hat es bewiesen, daß die Väter des Tridentiner Concils weise gehandelt, indem in jenen traurigen Zeiten in den verwaisten Bisthümern die Weihbischöfe der Kirche Gottes die ersprießlichsten Dienste geleistet haben.

Im Bisthume Würzburg haben die Weihbischöfe während eines Zeitraumes von fast sechshundert Jahren segensvoll gewirkt; wir sehen unter denselben Männer, die, ausgezeichnet durch Gelehrsamkeit und Frömmigkeit, den Fürstbischöfen in der Verwaltung der Diözese mit rastloser Thätigkeit zur Seite standen, ihre vielfachen bischöflichen Functionen mit Liebe und Sorgfalt vornahmen, und in den schwierigen Zeiten des Kampfes gegen die katholische Kirche als Vertheidiger deren Rechte muthvoll in die Schranken traten.

Möge gegenwärtige Schrift das Andenken an diese verdienstvollen kirchlichen Würdeträger noch den späten Nachkommen bewahren, und als ein Beitrag zur Geschichte des fränkischen Bisthums eine geneigte Aufnahme finden!

Reihenfolge der Weihbischöfe von Würzburg.

1.

Heinricus, Episcopus Sambiensis [1]).

Heinrich von Strittberg, Bischof von Samland, erscheint urkundlich unter dem Fürstbischofe Iring von Reinstein, der vom Jahre 1253 bis 1266 regierte, als der erste Weihbischof von Würzburg. Derselbe war Deutschordenspriester und Domherr des Stiftes zu Brünn in Mähren[2]). Das Jahr seiner Weihe zum Bischofe läßt sich nicht nachweisen; sie soll im J. 1252 Statt gefunden haben[3]).

Die erste Nachricht von seinen bischöflichen Verrichtungen im Bisthume Würzburg gibt uns eine Urkunde vom 20. April (VI. Kal. Maii) 1254, nach welcher er bei Ein-

---

[1]) Quellen: Petr. de Duisburg, P. III. c. 83. p. 122. c. 70. p. 173. c. 165. p. 256. Diplomat. de Episcopatibus Prussicis, ibid. p. 486 sq. Hartknoch, Dissert. XIV. ad eundem de origine Relig. christian. in Prussia. Voigt, Geschichte Preussens, III. Bd. S. 75 u. ff. Dr. Gebser und Dr. Hagen, der Dom zu Königsberg in Preussen. 1. Abtheil. S. 18 u. ff.

[2]) Es lag im Interesse des deutschen Ordens, es dahin zu bringen, daß die bischöflichen Domcapitel meist mit Deutschordens-Brüdern besetzt wurden oder daß die Domherren als Brüder in den Orden traten. Zugleich war der Orden bestrebt, die Bischofsstühle mit Deutschordens-Brüdern zu besetzen, um die Bischöfe dadurch an das Interesse des Ordens zu binden. Beides glückte ihm besonders in den preußischen Landen.

[3]) Voigt, Geschichte Preussens. III. Bd. S. 93 Anmerk. 1.

weihung der Kirche zu Richarberobe ¹) unter Zustimmung des Bischofs Jring für bieselbe einen Ablaßbrief ausstellte ²). In bieser Urkunbe nennt er sich „Episcopus domus s. Mariae Theutonicorum". Daß er sich biesen bischöflichen Titel beilegte und nicht „Episcopus Sambiensis" nannte, bürfte der Umstanb erklären, daß im J. 1254 Samlanb, als bessen Bischof er bereits besignirt gewesen sein mag, noch von einem heibnischen Volke bewohnt unb von den Deutschorbens = Rittern noch nicht erobert war, unb er sich sonach noch nicht als wirklichen Bischof von Sambien be=zeichnen konnte.

Daß Heinrich in dem genannten Jahre bem Fürstbischofe Jring von Würzburg weihbischöfliche Dienste geleistet habe, erhellet aus nachstehenber Ablaß = Urkunbe, in welcher er Stellvertreter des Bischofs Jring genannt wirb:

I ... Dei gratia herbipolensis Episcopus. Omnibus ad dedicacionem ecclesie in Richarderode cum devocione ad-venientibus quadraginta dies iniuncte ponitencie annum venialium indulgemus. Item vota fracta. peccata oblita. iniectionem manuum in parentes si sine enormi fuerunt lesione. Item apparentibus in carrena XV. dies de carrena et annum penitencialem. et introitum ecclesie in medio tempore ut in cena Dni se suis Episcopis representent. Item mulieribus que omni caucione adhibita pueros bapticatos apud se mortuos invenierunt carrenam relaxamus, ut jejunent tribus hebdomadis in domibus propriis ante festum Joannis Baptiste vel ante nativitatem Domini in hoc anno presentibus ad beneplacitum venerabilis Dni Epi *presencie*

---

¹) Reichartsroth, ein Dorf in Mittelfranken, Gerichtsbezirks Rotenburg, ehemals eine Commenbe des Johanniter=Orbens.
²) Langs Regest. Tom. IV. p. 754.

vices nostras in ipsa dedicatione gerentis valituris cum indulgenciis aliorum Episcoporum ipso loco indultis. Datum Uerbipoli XII. Kal. Maii indictione XII. Anno Dni M. CC. LIIII.ᵘ Pontificatus nostri Anno primo ¹).

Obwohl in dieser Urkunde Bischof Jring den Namen seines Stellvertreters nicht ausdrücklich nennt, so ist es doch unzweifelhaft, daß die Worte „ad beneplacitum venerabilis Dni Episcopi" auf den Bischof Heinrich, der in demselben Jahre, fast unter demselben Monatstage und in derselben Veranlassung einen Ablaßbrief für dieselbe Kirche gegeben, bezogen werden müssen, indem er auch später als Vices Gerons des Bischofs Jring vorkommt.

Noch hatten die tapferen Ritter des deutschen Ordens die preußischen Lande nicht vollständig unter ihre Herrschaft gebracht, als schon Papst Jnnocenz IV. durch eine Bulle vom 4. Juli 1243 das Land in vier Diözesen, Culm, Pomesanien und Ermeland eintheilte, und den Umfang der einzelnen Sprengel näher bestimmte. Das vierte Bisthum sollte aus dem für das Christenthum noch nicht gewonnenen Lande — de non conversa terra — gebildet werden, und sich auf das Gebiet erstrecken, welches im Westen von der Ostsee, im Norden von der Memel, im Süden vom Pregel und gegen Osten von Litthauen umgrenzt war. Es umfaßte nebst dem größten Theile von Nadrauen und Schalauen die Landschaft Samland, von welcher es auch den Namen erhielt.

Nach vielen Aufforderungen des Papstes zum Kreuzzuge gegen die heidnischen Preußen zog endlich der König von Böhmen, Ottokar, mit einer großen Schaar von Rittern

---

¹) Kgl. Archiv Nr. 91.

und Edlen und mit einem bedeutenden Heerhaufen aus Böh=
men, Mähren und Oesterreich heran und drang im Dezember
1254 in Samland ein, um es dem deutschen Orden und dem
christlichen Glauben zu erobern. Die heidnischen Heiligthümer
wurden zernichtet und niedergebrannt, die schrecklichsten Ver=
heerungen ringsum im Lande verbreitet und zahlreiche Be=
wohner durch das Schwert niedergemacht, so daß die noch
übrig Gebliebenen herbeieilten, und ihre Bereitwilligkeit zur
Unterwerfung und Annahme der christlichen Religion erklär=
ten. Ottokar zog nach Ueberwältigung der Samländer in
sein Reich zurück, gab aber den deutschen Rittern den Rath,
in dem eroberten Lande zur Behauptung ihrer Herrschaft
eine Festung zu erbauen. Sie erbauten dieselbe auf einem
Berge, den er ihnen bezeichnet hatte, und nannten sie aus
Dankbarkeit gegen den König „Königsberg".

Heinrich von Strittberg, der bei dem Könige Ottokar
in großer Achtung stand, und von demselben wegen seiner
Gewandtheit in Weltgeschäften und wegen seiner Beredsam=
keit nicht selten in wichtigen Verhandlungen an verschiedene
Fürstenhöfe gesendet worden, war mit dem Könige nach
Preussen gezogen, in der Absicht, Besitz von dem ihm be=
stimmten Bisthume Samland zu ergreifen. Allein bei den
vielen Unruhen und Kämpfen, die in einem Lande, das durch
die Schrecken des Schwertes unterjocht worden, immer noch
fortdauerten, konnte Heinrich noch nicht zum Ziele gelangen.
Er scheint selbst kaum in's Land gekommen zu sein; hielt
sich nach einer Urkunde vom 10. Februar 1255 zu Thorn
auf, und unterhandelte daselbst wegen der Errichtung und
der Einkünfte seines Bisthumes mit dem deutschen Orden.
Noch im Februar 1255 begab sich Bischof Heinrich nach
Deutschland, nachdem er die Verwaltung seines Amtes dem
Ordensbruder Volpert übertragen, und sein Eigenthum,

soferne er nicht wieder zurückkehre, zur besseren Befestigung der Ritterburg Thorn verschrieben hatte.

Von Deutschland aus erhob Heinrich im J. 1256 Forderungen an den deutschen Orden, und beanspruchte den dritten Theil an Geld, welches bisher der Orden aus Samland erhoben, weil ihm nach der päpstlichen Bulle der dritte Theil des Landes zustehe. Es kam zu einem Vergleich, der ihm eine Entschädigung zuerkannte, und diesen Entscheid machte Heinrich in einer Urkunde d. d. Frankfurt in festo apostol. Petri et Pauli Ao. Dni 1256 bekannt.

Im J. 1257 und 1258 finden wir ihn wieder in Preussen; er war dahin zurückgekehrt, die äußere Gestaltung seines Bisthums zu regeln, und die Verhandlungen über die bischöflichen Einkünfte abzuschließen. Beides gelang; die äußeren Verhältnisse waren geordnet, und das bischöfliche Einkommen bestimmt. Heinrich verließ jedoch seine Diözese wieder; wahrscheinlich hatte ihn der Mangel eines bischöflichen Wohnsitzes zu dieser Wiederabreise veranlaßt. Er kehrte nach Franken zurück, wo er schon vor seinem Zuge nach Preussen als Stellvertreter des Bischofs Jring bischöfliche Functionen verrichtet hatte.

Im J. 1260 schenkt und übergibt Johannes genannt von Durlach alle Einkünfte und Gefälle, welche er von seinem Oheim und Deutschordens-Meister, Johannes von Durlach, legirt erhalten hatte, in die Hände des Deutschordens-Präceptors in Alemanien, Conrad von Nürnberg. In dieser Schenkungs-Urkunde, welche im Monate April 1260 zu Würzburg ausgefertigt wurde, steht Heinrich, Bischof von Sambia, an der Spitze der Zeugen und Siegler [1]).

---

[1]) Kgl. Archiv Nr. 110. 7.

Im J. 1262 sehen wir ihn in Samland, indem er
unterm 10. Dezember desselben Jahres mit dem Hochmeister,
Anno von Sangershausen, zu Elbing über die bischöflichen
Besitzungen der samländischen Kirche einen Vertrag abge=
schlossen.

Im J. 1263 hielt sich derselbe abermals in Franken
auf und weihte als Stellvertreter des Bischofs Iring die
Kapelle zu Reichartshausen ein: „Capella in Reichartshausen dedicata est anno Domini millesimo ducentesimo sexagesimo tertio a Domino *Heinrico Episcopo
Sambiensi* vice Domini Iringi Episcopi Wirceburgensis,
XIII. Kalend. Junii in honore domini et s. Mauritii Ducis
sociorumque ejus et aliorum sanctorum Dei ex rogatu
Domini Wiperti Abbatis Amorbacensis. Et ejus dedi-
catio semper erit celebranda in octava Pentecostes [1].

Endlich erscheint Bischof Heinrich von Sambien als
Zeuge im J. 1265 in einer fränkischen Urkunde d. d. X. Kal.
Martii (20. Febr.), nach welcher Lugardis, Wittwe des
Otto von Espenvelt, über den Nachlaß ihres Mannes mit
ihren Kindern sich vergleicht [2].

Eine weitere Nachricht über seinen Aufenthalt und seine
weihbischöflichen Verrichtungen in Franken kennen wir nicht,
und es scheint, daß er bald wieder in sein Bisthum Samland
zurückkehrte.

Im J. 1269 erbaute er am Ufergebiete des frischen
Haffs in der Gegend, wo jetzt das königl. Domänenamt
Fischhausen liegt, seinen bischöflichen Sitz — Schönewick [3]

---

[1] Gropp, Histor. Monast. Amorbac. p. 139.

[2] Langs Regest. T. III. S. 241.

[3] Incrementor. domus Brandenb. P. III. Tit. VI. Cap. I.

genannt. Kaum war der Bau vollendet, so empörten sich die Preußen in dem Rinauer Gebiete, und überfielen die bischöfliche Residenz. Heinrich verließ abermals sein Bisthum und ging nach Thüringen, nachdem er zuvor zu Thorn am 26. Februar (4. Calend. Martii) 1270 einen Vertrag mit dem Statthalter des Hochmeisters abgeschlossen hatte, nach welchem er seine bischöflichen Besitzungen und Einkünfte dem deutschen Orden auf zwei Jahre gegen eine jährliche in Erfurt auszuzahlende Entschädigung von 80 Mark reinen Silbers abgetreten hatte.

Bischof Heinrich scheint nicht wieder nach Samland zurückgekommen zu sein und beschloß seine Tage gegen das Jahr 1274 in Deutschland.

Heinrich, sowie sein Nachfolger Christian hielten sich größtentheils außerhalb ihres Bisthums Samland auf [1]).

---

[1]) Christian von Mühlhausen in Thüringen, Deutschordenspriester, und Rath bei Rudolph von Habsburg, wurde im J. 1276 zum Bischof von Samland ernannt, und nahm seinen Wohnsitz auf der bischöflichen Burg Schönewik, wo er auch seine Cathedrale vorläufig errichtete. Die erste urkundliche Nachricht von ihm gibt uns ein Tauschvertrag vom 1. Jan. 1277, nach welchem er dem Landmeister Conrad von Thierberg das Dorf Sabnow gegen andere der samländischen Kirche zu übergebende Güter abtritt. Im J. 1278 bewilligt er im Auftrage des päpstlichen Stuhles allen Jenen, welche das Spital zu Elbing unterstützen würden, einen Ablaß. Im J. 1281 treffen wir ihn in seinem Vaterlande — in Thüringen, und er scheint sich daselbst an der Fehde, welche zwischen dem Landgrafen Albert und seinem Sohne Theodorich Statt gefunden hatte, betheiligt zu haben; denn er wurde von dem jüngeren Landgrafen gefangen genommen und in dem Schlosse Slatheim festgehalten. Endlich erkaufte er seine Freiheit mit 300 Mark. (Wegele, Dr., Annal. Reinhardsbrunn. S. 252.)

Nach einer Urkunde d. d. Königsberg den 1. Jan. 1285 errichtete er in diesem Jahre sein Domcapitel. Im J. 1287 erscheint Christian in einer

Die Urſache war dieſe: es wütheten in dieſem Lande meh=
rere Decennien hindurch die ſchrecklichſten Kriegesſtürme; die

---

Mainzer Urkunde als Zeuge, und in demſelben Jahre war er auf dem in
Würzburg abgehaltenen Concilium gegenwärtig. (Guden. cod. dipl. T. I.
p. 826. Himmelſtein, Dr., Synod. herbip. S. 45.) Im Anfange des Monats
Februar 1290 begab er ſich nach Erfurt, und im J. 1293 wurde von
ihm die wiedererbaute Kloſterkirche zu Reinhardsbrunn eingeweiht. (Wegele
l. c. 255.)

Im J. 1294 pflog er in Mühlhauſen in Thüringen Berathungen
mit dem Hochmeiſter, Conrad von Feuchtwangen, über die neue Ein=
richtung und Umgeſtaltung ſeines Domcapitels, und ſegnete, wohl noch
in demſelben Jahre, in Mühlhauſen das Zeitliche.

Ein Actenſtück des deutſchen Ordens ſagt von dem Biſchofe Chriſtian:
„qui ipsam ecclesiam suam temere relinquens Dei timore post-
posito in partibus extraneis divagatur hincinde. (Voigt l. c. S. 351.)

Der letzte Biſchof von Samland war Georg von Polenz. Er ſtammte
aus einem edlen ſächſiſchen Geſchlechte, ſtudirte zu Rom die Rechtswiſſen=
ſchaft, ward Geheimſchreiber des Papſtes Julius II., und nahm, in ſeine
Heimath zurückgekehrt, das Teutſchordenskleid. Der Hochmeiſter, Mark=
graf Albrecht, ernannte ihn zum Biſchofe von Samland. Am 29. Juni
1519 ward er zum Biſchofe geweiht. Er war ein vertrauter Freund und
Rathgeber des Hochmeiſters, begünſtigte die Einführung der Reformation
Luthers in ſeinem Bisthume, und war unter allen Biſchöfen der erſte,
der ſich zu derſelben öffentlich bekannte. Als im J. 1525 der Hoch=
meiſter, Markgraf Albrecht, ſein Ordenskleid ablegte, und von dem
Könige Sigismund von Polen das in ein weltliches erbliches Herzog=
thum verwandelte Ordensgebiet als Lehen empfing, fiel auch in demſelben
Jahre der Biſchof von der katholiſchen Kirche ab, und übergab am 30. Mai
1525 ſein Bisthum Samland dem neuen Herzoge Albrecht. Am 8. Juni
1525 verlobte er ſich mit Catharina, einer Tochter Conrads Truchſeß
von Wetzhauſen, welche ihm 1526 eine Tochter gebar, aber bald nach
der Entbindung ſtarb. Georg von Polenz, Erbherr auf Schönberg,
Langenau, Roſenberg und Belſchwitz geworden, vermählte ſich zum zweiten=
mal mit Anna, der Tochter Conrads von Heideck.

Am 28. April 1550 ſtarb er, 72 Jahre alt, und wurde in der
Domkirche zu Königsberg beigeſetzt.

Samländer erhoben sich öfters, ihre alte Freiheit wieder zu erringen und zum Heidenthume zurückzukehren. Im Lande war keine Sicherheit; es fehlte den Bischöfen der nöthige Unterhalt, und deßhalb waren sie gezwungen, zum Nach=theile ihrer Diözesen auswärts zu leben. „Venerabiles patres", bemerkt der dritte Bischof von Samland, Siegfried von Reinstein, in einer Urkunde vom J. 1296, „Domini Hinricus primus, Christianus secundus Episcopi Sambienses, quorum memoria in benedictionibus sit, dictam ecclesiam pro hostium ferocitate, neophitorum mobilitate, reddituum tenuitate desolatam pene et vacuam derelinquentes se ad partes Almanie transtulerunt."

2.

Inzelerius, Episcopus Budnensis.

Inzelerius, aus dem Eremiten = Orden des heiligen Augustinus, wurde nach einer Urkunde vom J. 1277, welche im vierten Jahre seines Pontifikates ausgefertiget ist, Anno 1273 zum Bischofe von Bubua in Dalmatien, einem ehe=maligen zur Metropolis von Dioklea gehörigen Bischofssitze[1]), ernannt. Er versah in mehreren Kirchensprengeln Deutsch=lands, in den Bisthümern Würzburg, Bamberg, Mainz und Constanz, das Amt eines Suffragans.

Die erste Nachricht von seinen Pontifical = Handlungen gibt uns die eben bezeichnete Original = Urkunde vom J. 1277. Die Gebäulichkeiten des Cisterzienser = Frauenklosters Himmels=pforten bei Würzburg bedurften einer Restauration; das Kloster vermochte die Mittel zur Vollendung des bereits

---

1) Wiltsch, Handbuch der kirchlichen Geographie. I. Bd. S. 399.

begonnenen Baues nicht aufzubringen, weßhalb Inzelerius an die Christgläubigen einen Aufruf richtete und dieselben unter Verleihung eines Ablasses zur Beisteuer ermahnte. Ich theile diese Ablaßurkunde hier wörtlich mit:

Frater Inzelerius ordinis heremitarum fratrum s. Augustini Buduensis Episcopus. Universis Christifidelibus ad quos presens scriptura pervenerit salutem in dno sempiternam. Quoniam ut ait Apostolus omnes stabimus ad tribunal Christi ab eo prout gessimus in corpore recepturi oportet nos diem messionis extreme misericordie operibus prevenire ac seminare in terris quod recolligamus in celis spem fiduciamque tenentes qui parce seminat parce et metet et qui seminat in benedictionibus de eis metet vitam aeternam. Cum igitur Abatissa et conventus sanctimonialium monasterii celi porte ordinis cisterciensis herbipolensis dioecesis ad consumacionem operis ejusdem monasterii ante annis aliquot ad honorem summi redemptoris et gloriosissime matris ejus sancte Marie Virginis laudabiliter inchoati ad quod proprie non suppetunt facultates ejus et ad renovacionem edificiorum delapsorum piorum deposcunt subsidiis adjuvari. Universitatem vestram monemus in Dno rogamus et attencius exhortamur in remissionem peccaminum injungentes quatenus studeatis elemosinas et grata karitatis subsidia eidem monasterio erogare ut per hec et alia bona que Dno inspirante feceritis possitis ad eterne felicitatis gaudia pervenire. Nos itaque de omnipotentis Dei misericordia et beatorum apostolorum ejus petri et pauli auctoritate confisi omnibus ipsi loco manum porrigentibus adjutricem vere penitentibus et confessis xl. dies criminalium annum venialium de injuncta sibi penitentia vota fracta, si ad ea redigerint peccata oblita si memores fuerint ut ea confiteantur misericorditer relaxamus prescntibus usque ad consumacionem predictorum edificiorum et operis valituris.

III

Datum anno Dni M. CC. LXX septimo quinto Kal. Julii.
Indictione secunda. Pontificatus nostri Anno quarto [1]).

Nach einer Aufzeichnung des gelehrten Jesuiten und Geschichtsforschers Gamans bei Severus [2]) erscheint Inzelerius in demselben Jahre 1277 als Suffragan des Bischofs Rudolph von Constanz. Die hierauf bezügliche Stelle sagt: Indulgentiae variae concessae ab Incellerio Buduensi Episcopo, *Rudolphi Constantiensis Episcopi Suffraganeo*, Wernero Abbati s. Truperti in nigra sylva Ord. s. Benedicti XL. dierum. Dat. apud Friburgum anno qui supra (scil. M. CC. LXXVII.) VII. Cal. Febr. Mit einem gleichen vierzigtägigen Ablasse begnabigte er unterm 23. Juli (10. Kal. Aug.) 1277 alle jene, welche den Eremiten-Augustinern zu Speier sich wohlthätig erweisen würden [3]).

Im J. 1279 finden wir ihn urkundlich als Weihbischof von Würzburg. Als solcher gewährte er der heil. Bluts-Kapelle zu Rotenburg den gewöhnlichen Ablaß von vierzig Tagen. Ich lasse die Urkunde hier folgen:

Frater Inzelerius heremitarum s. Augustini Dei gratia Buduensis Ecclesie Episcopus *gerens vices* Reverendi Patris Dni Bertholdi venerabilis Episcopi Herbipolensis. Universis Christifidelibus ad quos presentes litere pervenerint, salutem in Dno. Etsi ex meritis perveniatur ad premia, ut tamen Christi fideles ad merita per premia inducamus ipsos ad complacendum ei qui premia largitur eterna indulgenciis scilicet et remissionibus peccatorum invitare satagimus ut exinde reddantur divine gratie aptiores. Cupientes itaque

---

1) Kgl. Archiv. N. 81. 8.
2) Memoria Propontificum Moguntin. p. 9.
3) Höhn, Chronolog. Provinciae Rhen. Suev. p. 82.

capellam in Rottenburg in honore gloriosissimi corporis et
sanguinis Christi dedicatam dignis preconiorum laudibus fre-
quentari Omnibus qui ad dictam capellam in anniversario
dedicacionis ejus sive eo die quo officium sacratissimi corporis et sanguinis Christi agitur et per octavas ejus reverenter accesserint propiciacionis graciam petituri de omnipotentis
Dei misericordia et beate Marie Virginis nec non beatorum
Apostolorum petri et pauli auctoritate confisi, vere penitentibus et confessis, quadraginta dies criminalium et annum
venialium in Dno condonamus, presentibus perpetuo valituris. Datum Anno dni M. CC. LXXVIIII.° iiij.° Idus Maii.
Pontificatus nostri Anno sexto [1]).

Bei der Stiftung des Augustinerklosters zu Münner=
stabt, welche im J. 1279 stattfand, sehen wir Inzelerius bei
den beßfallsigen Verhandlungen mit den dortigen Bürgern als
Vermittler auftreten. Wir entnehmen dieses aus der Urkunde,
welche die Bürgerschaft über die Aufnahme der Augustiner=
Brüder in ihrer Stadt ausgefertigt hat, und in welcher
es heißt: „Nos Henricus Scultetus, Scabini, Consules &c.
duximus profitendum, quod nos . . . fratres Ordinis
s. Augustini suscepimus, eosque apud nos exhibita eis
debita reverentia in Area que vocatur Vogelweid ipsis
per nos acquisita volumus commanere, promittentes ipsis
fideliter et devote, quod ipsos manutenere volumus . . .
spem firmam fiduciam gerentes, quod *iidem fratres,
prout etiam mediante Venerabili Domino Inzelerio Buduensis ecclesie Episcopo ordinis s. Augustini fideliter promi-
serunt nobis et universitati nostre,* praeesse debeant consiliis, auxiliis et omni defensione fori ecclesiastici,

---

[1]) Kgl. Archiv. N. 315.

quantum eis licitum fuerit et concessum. Act. et dat. anno Domini millesimo, ducentesimo, septuagesimo nono. mense Augusto sub Kalendis ejusdem" [1]).

In dem nämlichen Jahre verlieh er mit dem Consense des Diözesan = Bischofs den Wohlthätern des gedachten Klo= sters zu Münnerstadt, sowie jenen, welche zur Erbauung des Spitals zum heil. Nicolaus zu Schweinfurt beitragen würden, den gewöhnlichen Ablaß von vierzig Tagen [2]).

Dasselbe Geschenk eines Ablasses machte er gleichfalls im J. 1279 der Kirche zu Langenzenn: „Notum esse cupimus, quod nos ad intantiam pre cunctis venerabilis fratris *Decani* in Cenne secundum quod officii nostri debitum exigebat dicte ecclesie graciam indulgencie duximus largiendam ut eadem ecclesia cum omni devocione et reverencia frequencius et celebrius frequentetur" [3]).

Das Cisterzienser = Nonnenkloster Mariaburghausen war durch Brandunglück in große Armuth gerathen. Viele Bischöfe beeilten sich, demselben Ablaßbriefe zu ertheilen, um dadurch die Mittel herbeizuschaffen, dasselbe wieder aufzubauen. Unter diesen Bischöfen ist Inzelerius der erste, welcher im J. 1279 jenen, die dem Kloster zu Hilfe kommen würden, einen Ablaß von vierzig Tagen für Todsünden und von einem Jahre für läßliche Sünden gewährte. Derselbe Ablaß konnte auch von Allen gewonnen werden, die am Ostern=, Pfingst=, Weihnachts = Feste, Allerheiligen, am Kirchweihtage, an den vier Mariafesten und am Tage Johannes des Täufers in die Kirche zu Mariaburghausen wallfahrteten [4]).

---

[1]) Bischöfl. Ordinariats = Archiv.
[2]) Höhn l. c. Severus Mem. Propontif. Mogunt. p. 9.
[3]) Kgl. Archiv. Langs Reg. Tom. IV. S. 103.
[4]) Archiv d. histor. Vereins. X. Bd. 2. u. 3. Heft. S. 56.

Dieselbe Indulgenz ertheilte er im J. 1280 der St. Jakobs=
Kirche und dem Elisabethen = Spitale zu Nürnberg. Die
Urkunde sagt:

Cum populus Domini ex devotione sua soleat quando-
que visitare ecclesiam beati Jacobi fratrum Theutonicorum
in Nurenberg et hospitale in honore beate Elisabeth con-
structum in quo ut patet multa fiunt opera karitatis . . .
ne devocio populi irremunerata maneat omnibus et singulis
Christifidolibus corde contritis et ore confessis, qui devote
in maioribus sollempnitatibus Domini . . . et beate Virginis
prefata loca visitaverint et in elemosinis manum porrexerint
adjutricem . . . 40 dies criminalium et annum venialium
relaxamus. Dat. Nurenberg A? dni M? CC? LXXX? In die
s. Viti mart.

Das an der Urkunde hängende Siegel zeigt einen Bischof,
der in der Rechten den Hirtenstab und in der Linken ein
aufgeschlagenes Buch hält, und hat die Umschrift:

S. Frs. Incellerii. Dei. gra. Epi. Buduensis [1]).

Eine weitere Ablaßurkunde stellte Weihbischof Inzelerius
für die Cripte der St. Sebaldus = Kirche zu Nürnberg im
Jahre 1283 aus; sie lautet:

Frater Incelerius &c. Cupientes quoslibet Christifideles
quibusdam illectivis muneribus utpote peccatorum remissionibus seu indulgenciarum largicionibus ad bonorum operum
exercicia invitare omnibus corde contritis et confessis qui
cum candelis accensis in criptam Nurenberg ad altare beate
Virginis iter suum direxerint cum sacerdotes clerici et sco-
lares constituti ibidem pronunciant laudem sive antyphonam
de canticis canticorum ejusdem gloriose Virginis de omni-

---

[1]) Kgl. Archiv. Langs Reg. Tom. IV. S. 774.

potentia Dei et beatorum apostolorum petri et pauli suffragiis xl. dies criminalium et annum venialium de injuncta sibi penitencia consensu venerabilis dni nostri Bertoldi Babenbérgensis Episcopi accedente in dno relaxamus. In cujus testimonium et maiorem roboris firmitatem has literas sigillo nostro duximus roborandas. Datum Babenberg Anno dni M.º CC.º LXXXIII.º XV.º Kal. Decembris [1]).

Im J. 1286 bedachte er wieder das schon genannte zu Ehren der heiligen Elisabeth erbaute Spital zu Nürnberg mit den gewöhnlichen Abläſſen. Die Urkunde iſt datirt Nürnberg A.º M. CC. LXXXVI. Dominica Quasimodo geniti und iſt mit dem vorbeſchriebenen und noch gut erhaltenen Siegel verſehen [2]).

Das ehemalige Prämonſtratenſer = Frauenkloſter Sulz (Sulco) im Ansbachiſchen war im J. 1260 durch eine Feuersbrunſt verheert worden, und bedurfte zu ſeiner Wieder=herſtellung frommer Beiträge. Inzelerius verlieh zu dieſem Zwecke demſelben am 16. Sept. (XVI. Kal. Octobris) 1291 einen Ablaßbrief, nach welchem die Gläubigen durch andäch=tigen Beſuch der Kirche an beſtimmten Feſttagen und durch Spendung von Wohlthaten an das Kloſter die ſchon mehr=genannten Indulgentien gewinnen konnten [3]).

Im J. 1296 begegnet uns Inzelerius als Stellvertreter des Erzbiſchofs Gerhard von Mainz. Am Sonntag Lätare des genannten Jahres beſchenkte er das Frauenkloſter zu Schmerkenbach mit Abläſſen. Die Ablaßurkunde beginnt: „Frater Incelerius Ord. s. Augustini dei gratia Buduen-

1) Kgl. Archiv. Langs Reg. Tom. IV. S. 233.
2) Ebendaſelbſt. „ „ „ „ S. 780.
3) Ebendaſelbſt. „ „ „ „ S. 501.

sis Episcopus *vices gerens* venerabilis Patris Domini *Gehardi* s. Moguntinensis sedis Archiepiscopi" unb enbet: „Dat. Anno Domini MCC. nonagesimo sexto, dominica laetare."

Das an ber Urkunbe befinbliche Siegel unb beffen Umschrift ist bas nämliche, wie wir oben schon angegeben haben ¹).

Nach Höhns Zeugniß wurbe von ihm im J. 1297 bie Pfarrkirche zum heiligen Ignaz in Mainz gleichfalls mit Abläffen bebacht ²).

Im J. 1297 finben wir ihn auch als Suffragan bes Bischofs Leopolb von Grunblach zu Bamberg. Am 7. Sept. ertheilt er als solcher ber bem heiligen Veit zu Iphofen geweihten Kapelle bie gewöhnlichen Abläffe. Die Urkunbe fängt an: „Frater Incelerius ord. s. Augustini Dei gratia Buduensis ecclesie Episcopus *gerens vices* reverendi patris Domini Lupoldi Babenbergensis ecclesie Episcopi" unb schließt: „Datum Bamberge Anno Domini M? CC? nonagesimo. VII? in vigilia nativitatis gloriose virginis Marie" ⁾).

Im J. 1299 begegnen wir zum letztenmale bem from= men in ber Spenbung von Inbulgenzen unermübeten Weih= bischofe Inzelerius. Er hatte in biesem Jahre bie Kapelle zu Kunnersreuth (Konrabsreuth, Bezirksamts Walbfaffen) eingeweiht unb für bieselbe einen Ablaßbrief ausgefertigt. In bemselben sagt er: „Quamvis omnibus locis Deo consecra-tis beneficium promocionis impendere teneamur, maxime

¹) Severus, Mem. Propontific. Mogunt. p. 9. 10.
²) Höhn l. c. p. 32.
⁾) Archiv b. bischöfl. Orbinariats.

tamen hiis, que per manus nostras consecrationem obtinent et juvamen. Cum igitur capella in Cunneruite per manus nostras sit consecrata quam speciali promocione et honore prosequi volumus ut teneamur propter quod universis Christifidelibus qui eidem capelle suas largiti fuerint elemosinas ... xl. dies criminalium et annum venialium ... in Dno relaxamus. Eandem etiam indulgentiam damus perpetuo omnibus qui ad dictam causa devocionis capellam pervenerint ... et qui dicte capelle in remedium anime sue legaverint testamentum. Datum anno dni M? CC? Nonag⁰ nono. IV. Kal. Junii" ¹).

Eine fernere diplomatische Nachricht über diesen Weih=bischof, der in vier Diözesen Deutschlands functionirte, und die bischöfliche Würde nach unsern dargelegten Urkunden 26 Jahre bekleidete, konnte ich nicht auffinden. Es scheint, daß er sich durch Frömmigkeit, Wissenschaft und Geschicklichkeit ausgezeichnet habe, und deßhalb von den deutschen Bischöfen als Suffragan begehrt worden. Höhn nennt ihn „Vir illustris ac Promotor Ordinis s. P. Augustini" ²). Sein Todesjahr und der Ort, wo er seine letzte Ruhestätte gefunden, ist uns unbekannt geblieben.

3.

Hartung.

Im März des Jahres 1287 wurde zu Würzburg ein National=Concilium abgehalten. Es waren an 40 Erz= und Bischöfe versammelt. Unter den anwesenden Weihbischöfen

---

¹) Kgl. Archiv. Langs Reg. Tom. IV. S. 691.
²) Höhn l. c. p. 82.

wird Hartung an der letzten Stelle aufgeführt, und als Vicarius in Pontificalibus Episcopi herbipolensis bezeichnet.

Die versammelten Bischöfe gewährten d. d. Würzburg den 13. März 1287 zur Wiederherstellung des Cisterzienser-Nonnenklosters Mariaburghausen gemeinsam Ablässe, und auch Hartung stellte zu demselben Zwecke unter gleichem Datum einen Ablaßbrief aus [1]). Sein bischöflicher Titel ist weder in dieser Ablaßurkunde noch in dem Verzeichnisse der bei dem genannten Concil gegenwärtigen Bischöfe angegeben. Eine weitere urkundliche Nachricht über ihn konnte ich nicht auffinden; auch glaube ich, daß er mit seinem Nachfolger — Hartung, Episcopus Macreensis — nicht eine und dieselbe Person sein könne, indem dieser noch im Jahre 1330 urkundlich vorkommt, und sonach Hartung beinahe 50 Jahre lang das weihbischöfliche Amt verwaltet haben müßte, was wohl möglich ist, aber doch bezweifelt werden dürfte.

Bonifacius, Bischof von Tun (Tyne), einem Bischofs-Sitze zur Kirchenprovinz der Insel Rhodus gehörig [2]), wird zu den Weihbischöfen der Diözese Würzburg gezählt. Derselbe war bei dem im März 1287 abgehaltenen Concil zu Würzburg gegenwärtig [3]), und stellte auch zur Wiederaufbauung des Klosters zu Mariaburghausen unter dem 13. März 1287, jedoch ohne Angabe des Ortes, einen Ablaßbrief aus [4]).

---

1) Himmelstein, Synod. herbipol. p. 45 & 46.

2) Wiltsch l. c. II. Bd. S. 292.

3) Himmelstein l. c. p. 45.

4) Ibid. p. 64. Archiv d. histor. Vereins f. Unterfranken. III. Bd. 3. Heft. S. 45.

Im Oktober desselben Jahres beschenkte Bonifacius die
Augustinerkirche zu Münnerstabt mit einem Ablasse; die
Urkunde lautet:

Bonifacius Dei gra᷑ Tynensis ecclesie Epus omnibus presens scriptum intuentibus salutem in dno Jesu Xpo. Cupientes
quoslibet in xpo fideles ad bona opera pro salute ipsorum
speciali opinione omnibus vere penitentibus et confessis
qui dilectis in xpo fratribus ordinis sancti Augustini in
Munrichstat dno famulantibus manum porrexerint adjutricem,
quique ad eorum ecclesiam in festis duplicibus ac per octavas eorundem causa devocionis accesserint de omnipotentis
Dei misericordia et beatorum apostolorum petri et pauli
auctoritate confisi dummodo ad id consensus Dioecesani accesserit XL dies criminalium et annum venialium de iniuncta
eis penitencia misericorditer in dno relaxamus. Datum Erbipoli anno dnj M.° CC.° LXXX. VII.° sexto kal. Octobris [1]).

Die Urkunde ist mit einem noch unverletzten Ovalsiegel
versehen, welches die Umschrift hat:

S. Fratr. Bonifacii Micronii Epis. Tnési.

Nach einer Urkunde d. d. Neustadt am 17. Nov. 1294
verleiht derselbe Bonifacius, damit die Pfarrkirche zu Brend
und die dazu gehörigen Kirchen und Kapellen würdig geehrt
werden, Allen, die hiezu und namentlich zu dem in honore
corporis Christi erbauten Altare beisteuern, einen Ablaß
von vierzig Tagen [2]).

Aus den angeführten Urkunden geht zwar hervor, daß
Bonifacius sich einige Jahre lang in dem Bisthume Würzburg
aufgehalten habe; allein ich nehme bennoch Anstand, ihn in

---

[1]) Archiv d. bischöfl. Ordinariats Würzburg. Münnerstadt Nr. 11.
[2]) Archiv d. histor. Vereins f. Unterfranken. Urkunde Nr. 187.

die Reihe unserer Weihbischöfe einzustellen, indem er sich in den angezogenen Urkunden nicht Vicarius in Pontificalibus Generalis des Bischofs Mangolb nennt, gerade zu seiner Zeit Hartung als Vicarius in Pontificalibus des Bischofs von Würzburg erscheint, und es wohl unwahrscheinlich ist, daß dieser zwei Weihbischöfe in einer und derselben Zeit angenommen habe. Auch der Beisatz in den bezeichneten Ablaß-Urkunden: „dummodo ad id consensus dioecesani accesserit" spricht für meine Annahme, indem dieser Beisatz in jenen Ablaßbriefen nicht vorkommt, welche von den General-Vicaren in Pontificalibus ausgefertigt wurden, sondern in solchen Ablaß-Urkunden aufgenommen warb, welche von auswärtigen Bischöfen — wirklichen oder Titular-Bischöfen — ausgestellt wurden.

Gropp und Ussermann haben ihn in das Verzeichniß der Würzburger Weihbischöfe aufgenommen, aber weder die Jahre, in welchen er gelebt, noch eine Urkunde über irgend eine bischöfliche Verrichtung angegeben.

Derselbe war Mitglied eines Mönchsordens, indem das Wort „Frater" auf seinem Siegel steht, und mag wohl der Classe jener Titularbischöfe angehört haben, welche von ihren Sitzen vertrieben zu damaliger Zeit in verschiedenen Diözesen herumzogen und Ablaßbriefe ertheilten. So befand sich z. B. im J. 1284 Johannes, Erzbischof von Capabocien in Groß-Armenien, in Würzburg, und gewährte d. d. Erbipoli XV. Kal. Januarii für die Augustinerkirche zu Münnerstadt einen Ablaß von vierzig Tagen, mit dem Beisatze: „dummodo ad id consensus dioecesani accesserit" [1].

---

[1] Archiv d. bischöfl. Ordinariats Würzburg. Münnerstadt Nr. 11.

Eben so wenig können wir Johannes, Bischof von Havelberg, zu den Weihbischöfen von Würzburg zählen. Havelberg, eine brandenburgische Stadt in der alten Mark, war ehemals ein Bischofsitz, der schon im 10. Jahrhundert gegründet worden. Er gehörte vom J. 939 zur Provinz Mainz, dann zur Provinz Magdeburg, und ist in Folge der Reformation im J. 1553 untergegangen. Hermann, ein Sohn des Markgrafen Conrad I. zu Brandenburg, starb im J. 1292 als Bischof von Havelberg, ehe er noch ordinirt war. Johannes war sein Nachfolger und wird noch im Jahre 1304 als Bischof daselbst aufgeführt. Von ihm hat uns die Geschichte zwei bischöfliche Verrichtungen aufbewahrt, welche er in der Diözese Würzburg vorgenommen. Im Jahre 1298 ertheilte er in Gemeinschaft mit den Bischöfen von Halber-stadt und Hildesheim den Kirchen zu Brend, Neustadt und Salz einen Ablaß. Die Urkunde hierüber ist zu Neustadt d. d. A° 1298 tertio kal. Februarii mit dem Beisatze: „dioecesani accedente consensu" ausgefertigt [1]); und im J. 1302 weihte derselbe die Augustinerkirche zu Würzburg ein. Die Consecrations-Urkunde sagt: „Nos Johannes Dei gratia Havelburgensis ecclesiae Episcopus universis Christi fidelibus ... praesentibus profitemur, quod ad *mandatum* et *voluntatem* venerabilis Patris Domini Mane-goldi herbipolensis ecclesie Episcopi sub anno Dni MCCC. II. in die omnium sanctorum consecravimus dormitorium, refectorium, ambitum, coemiterium, ecclesiam fratrum Heremitarum ord. s. Augustini" &c. [2]).

---

1) Allgem. Lexikon. Leipzig 1730. II. Th. S. 767.

2) Archiv d. bischöfl. Ordinariats Würzburg. Neustadt Nr. 3.

3) Chron. Franc. Tom. I. f. 298. Cf. Höhn l. c. p. 44.

In der genannten Ablaß = sowie in der vorstehenden
Consecrations = Urkunde bezeichnet sich Johannes nicht als
Vices Gerens des Bischofs von Würzburg, sondern sagt in
der letzten Urkunde ausdrücklich, daß er im Auftrage und
mit Willen desselben die Weihe der Kirche und des Klosters
vorgenommen habe. Er war nicht Titular = sondern wirk =
licher Bischof von Havelberg, sein Bisthum bestand noch,
er war auch von demselben nicht vertrieben, fertigte die -
Ablaß = Urkunde mit dem Beisatze, dessen sich auswärtige
Bischöfe zu bedienen pflegten; „dioecesani accedente consensu“ aus, und hat wohl den erwähnten Weihe = Act bei seinem Aufenthalte zu Würzburg, dessen Veranlassung uns
unbekannt ist, auf Einladung des Bischofs Mangold vor =
genommen.

Aus diesen Gründen können wir ihn gleichfalls nicht,
wie Gropp, Ussermann und Johannes gethan, zu den Würz =
burger Weihbischöfen zählen.

4.
Hartung, Episcopus Macreensis.

Gropp und Ussermann haben denselben in dem Ver =
zeichnisse der Würzburger Suffragane nicht aufgenommen;
allein er kommt urkundlich als Weihbischof von Würzburg
vor, gehörte dem Regularklerus an, und hatte seinen bischöf =
lichen Titel von Macre, dem ehemaligen erzbischöflichen Sitze
in Macedonien [1]).

Die erste Nachricht von demselben fand ich in einer
Urkunde vom J. 1320, nach welcher er in der Octav des

---

[1]) Wiltsch l. c. II. Bd. S. 110.

heiligen Augustin der Klosterkirche zu Münnerstadt einen
Ablaß von vierzig Tagen verlieh.

Eine weitere Ablaß=Urkunde für das ehemalige Frauen=
kloster Mariaburghausen d. d. Bildhausen den 8. September
1325 theilt uns Johannes in seinem Verzeichnisse der Würz=
burger Weihbischöfe mit, in welchem er sich als General=
Vikar in Pontificalibus des Bischofs Wolfram von Würz=
burg bezeichnet. Ich lasse dieselbe hier wörtlich folgen:

Pontificalis interest dignitatis, Xpi fideles ad divinum
cultum provocare, et eos per aliqua media sive remedia, ut
sunt indulgencie et speciales gracie, ad opera deuocionis ex-
citare. Nos igitur fr. Hartungus dei gracia *macrhensis*
episcopus, *generalis vicarius in pontificalibus* Reverendi
in Xpo patris ac domini Dominj *Wolframi herbip. episcopi*, hujus regulam imitari cupientes, omnibus vere contritis et cenfessis, qui in visitatione infirmorum facienda per
capellanos in Marpurghausen ordinis ciatern. corpus Xpi
cum deuocione secuti fuerint, manum adjutricem sanctimonia-
libus ibidem porrexerint, vel in agone pro subsidio ecclesie
quidquam legaverint, verbumque dei sermocinando cum deuocione audiuerint, limina sanctorum ibidem cum oratione dominica visitaverint, seu divino officio interfuerint, maxime die
natiuitatis, pasche, ascensionis, pentheceste, quatuor festis
beate virginis, diebus apostolorum, Joannis Baptiste, Michaelis,
et omnium sanctorum: de omnipotentis Dei misericordia et
beatorum apostolorum petri et pauli auctoritate confisi, quadraginta dies de iniunctis eis penitenciis misericorditer in domino
relaxamus. Datum in Bildhusen anno domino MCCCXXV
die natiuitatis virginis gloriose [1]).

---

[1]) Andres, Neues Magazin f. Prediger und Seelsorger. I. Bd.
1. Heft. S. 150.

Am 20. Juni 1330 gewährt er bem Frauenkloster Himmel=
thal ben gewöhnlichen Ablaß von vierzig Tagen, und in biefer
Urkunde nennt er sich General=Vicar in Pontificalibus bes
Verwefers bes Erzstiftes zu Mainz Balbuin und bes gan=
zen Capitels.

Balbuin, bamals Provifor und Defenfor bes Mainzer
Stiftes, war zugleich Erzbischof von Trier, und es ist nicht
unwahrscheinlich, baß Hartung entweder zugleich ober zuvor
auch Weihbischof von Trier gewefen[1]).

5.

Bertholdus, Episcopus Cigenensis.

Bertholb, Conventual bes Augustiner=Orbens, hatte
von Cygana an ber südöstlichen Küste bes Pontus Eurinus
in ber Diözefe Jberien feinen bischöflichen Titel[2]). Von ihm
kennen wir folgenbe Episcopal=Verrichtungen.

Im J. 1357 fertigte er für bie Marienkapelle und Pfarr=
kirche zu Kissingen nachstehende Ablaß=Urkunde aus:

Frater Bertoldus Dei gratia Episcopus ecclesie Cigenensis
gerentes vices in Pontificalibus reverendi in X̲t̲o̲ patris ac
Domini Dni *Alberti Episcopi ecclesie herbipolensis* omnibus Christifidelibus salutem et sinceram in Dnŏ charitatem
curis torquemur assiduis quod universos Christifideles ad gaudia
invitacionibus spiritualibus et charitativis suffragiis perducere
valeamus eterna cupientes igitur quod ecclesie beate Marie
virginis sancti Jacobi et beate Catherine virginis in Kissigen
congruis honoribus frequenter ... omnibus vere penitentibus

---

1) Andres l. c. I. Bb. 1. Heft. S. 151.
2) Wiltfch l. e. L. Bb. S. 429.

contritis et cenfessis qui dictas ecclesias in festis sive diebus infrascriptis videlicet Nativitatis, Circumcisionis et Epiphanie Dni in cena Dni parascove, Pascho, Ascensione Dni Pentecosten, Corporis Christi in inventione et exaltacione sancte crucis. in festo omnium sanctorum et in die animarum. in omnibus festis sive diebus beate Marie virginis in omnibus et singulis diebus apostolorum et evangelistarum. in diebus sanctorum martirum Stefani. Vincentii. Viti. Laurentii. Dionisii. Cosme et Damiani. decem millium martirum. kiliani et sociorum ejus et in diebus sanctorum confessorum Martini Nicolai. Egidii Bricii Ambrosii Augustini Hieronimi et Gregorii in diebus etiam beatarum Virginum. Margarethe. Catherine. Barbare. Dorotheo. Cecilie. Lucie. Agnetis. Agathe. Scolastice. et Juliane nec non in diebus patronorum et dedicationum et per octavas festivitatum predictarum octavas habentium causa devocionis accesserint vel qui cimiteria dictarum ecclesiarum orando ibidem pro fidelibus vivis et defunctis circumierint vel qui corpus Christi aut oleum sanctum cum inibi ad infirmos portantur secuti fuerint vel qui in pulsu serotine campane tria ave Maria flexis genibus oraverint, vel qui ad fabricam. ad luminaria vel ad quaecunque ornamenta dictarum ecclesiarum manus porrexerint adjutrices quaecunque vel quotiescunque premissa vel aliquod premissorum fecerint Nos de omnipotentis Dei misericordia et beatorum petri et pauli apostolorum ejus meritis et autoritate confisi quadraginta dies criminalium, annum venialium et una karena de injuncta eis penitentia misericorditer in Dno relaxamus. Datum Anno Dni Millesimo trecentesimo quinquagesimo septimo dominica qua cantabatur Jubilate deo omnis terra [1]).

In demselben Jahre segnete er im Namen des Fürst=
bischofs, Albert Grafen von Hohenlohe, den Abt des Klosters
Neustadt Gottfried vou Rieneck ein und nahm ihm ben ge=
wöhnlichen Eid der Treue und des Gehorsams ab [1]). Auch
soll derselbe, wie Höhn bemerkt, einen Theil oder das Schiff
der alten Kirche des Augustinerklosters zu Würzburg con=
secrirt haben [2]). Er wird als ein ausgezeichneter Ordens=
mann, der alle Ehre und Achtung genoß, gerühmt. Er starb
am 23. Juni 1360 und wurde in seiner Ordenskirche dahier
im Chore neben dem Kreuzaltare beigesetzt [3]).

6.
Walther, Episcopus Diagorganensis [4]).

Walther, aus dem Orden der Prediger des heiligen
Dominicus, verwaltete das Amt eines Weihbischofs zu Bam=
berg und Würzburg fast dreißig Jahre lang.

Nachdem er in den beiden Bisthümern eine so lange
Reihe von Jahren unverdrossen als Vicarius Generalis in
Pontificalibus den Bischöfen von Bamberg und Würzburg
treu seine Dienste geleistet hatte, zog er sich endlich — viel=
leicht gegen das Jahr 1372 — in die stille Einsamkeit sei=
nes Klosters zurück, widmete sich den geistlichen Uebungen,
vertheilte seine Ersparnisse und Geschenke, welche er von den

---

[1]) Gropp, Coll. Tom. II. p. 831.
[2]) Höhn l. c. p. 58.
[3]) Chron. Franc. Tom. I. f. 298.
[4]) Diagorgana war ein Bisthum der Lateiner in Persien. In
welchem Theile des ungeheuren persischen Reiches oder in welcher Gegend
die Stadt gelegen habe, darüber schweigen die Geographen. Im J. 1329
war ein Bischof daselbst. (Wiltsch l. c. II. Bd. S. 232.)

Bischöfen, denen er als Stellvertreter gedient, erhalten hatte, unter die Armen, übergab dem Carthäuserkloster drei Morgen Weinberge, welche er um 200 Pfd. Heller erworben, zum Heile seiner Seele und zur ewigen Gedächtniß der Seelen der Bischöfe, deren Suffragan er gewesen, und trat endlich seinem inneren Drange folgend in den strengen Orden der Carthäuser. Bald nach seinem Eintritte in denselben, noch im Noviziate, segnete der fromme Ordensmann und greise Weihbischof am Feste Maria = Reinigung, den 2. Februar, das Zeitliche. Sein Anniversarium wurde an dem genann= ten Festtage in der Carthäuserkirche jährlich begangen ¹).

Von seinen bischöflichen Verrichtungen hat uns die Ge= schichte folgende aufbewahrt:

In den Jahren 1349 und 1352 kommt er als Suffra= gan des Bisthums Bamberg vor ²).

Im J. 1351 weihte er im Auftrage und mit Erlaubniß des Bischofs Albert von Würzburg einen Altar in der Kirche zum Neumünster dahier. Die hierüber ausgefertigte Urkunde lautet:

In Dei nomine Amen. Nos Waltherus divina et sanctae sedis apostolicae gratia Episcopus Diagorganensis Tenore praesentium praeceptoribus recognoscimus et patefacimus universis: Quod ex commissione ac licencia Reverendi in Christo patris Domini Alberti divina et dictae sedis providentia in Episcopum herbipolensem profecti hoc altare situm in ecclesia Novimonasterii Herbipolensis, fundatum quidem et dota-

---

¹) Chron. Franc. Tom. III. f. 493. Univ. = Biblioth. Würzburg. Ms. ch. q. 96.

²) Schematismus d. Geistlichkeit d. Erzbidzese Bamberg. 1858. S. 18.

tum a magistro Mychaele Herbipoligena et Scolastico ipsius
Nouimonasterii sub tytulo et in honore Summae Trinitatis
et beatae Mariae conceptionis, Nativitatis et Assumptionis
eciam in corpore ¹) Annae matris ejus, Sanctorum Mychaelis
archangeli, Johannis Baptistae Decollacionis, ante portam
latinam; Et Chrisostomi; Petri ad Kathedram et ad Vincula,
Andreae et Jacobi maioris, Thomae, Mathiae, Conversionis
Pauli apostolorum, Quatuor Ewangelistarum, Stephani protho-
martiris, Gregorii, Ambrosii, Augustini, Jeronimi, doctorum
Ecclesiae; Trium Magorum Caspar, Melchior, Balthasar;
Bonifacii apostoli Germaniae; Kiliani, Nycolai, Burghardi,
Erhardi, Materni, Eucharii, Othonis Episcoporum; Leonis
papae, Benedicti, Bernhardi abbatnm; Felicis et Adaucti
ac Karoli regis magni. Nec non beatorum Mariae Magda-
lenae et Egyptiacae, Katherinae, Margaretae, Barbarae, Luciae-
Otyliae, Agnetis, Agathae, Felicitatis, Elizabeth et Helenae,
Ac omnium Christifidelium animarum. In nomine patris et
filii et Spiritus sancti canonice et sollempniter consecravimus
ac consecrando dedicavimus. Nec non in ipso altari recon,
ditae sunt Reliquiae Sanctorum quamplurium praefatorum.
Acta sunt haec Anno domini M⁰ Trecentesimo Quinquagesimo
primo die XXIIII. mensis Augusti, scilicet in die Beati
Bartholomei apostoli venerandi. In cujus rei testimonium
haec littera nostri Sigilli Appensione munita in praedicto
altari apud praefatas Reliquias est inclusa ²).

---

¹) Das ist „überhaupt", nämlich zu Ehren der genannten Heiligen
in corpore.

²) Gropp und Johannes kannten diese Urkunde nicht; sie hat uns
Hr. Oberbibliothekar Dr. Ruland im XIII. Bd. des hist. Vereines
für Unterfranken u. Aschaffenburg S. 208 mitgetheilt.

Im J. 1360 weihte derselbe als Suffragan von Würz=
burg den Hauptaltar in der Karthäuser=Kirche zu Würzburg
ein. Die Urkunde über diesen Act lautet:

Nos Waltherus Dei et sedis apostolicae gratia Episcopus
Diagorgaac *vices in Pontificalibus gerentes* Reverendi in
Christo Patris ac Domini *Alberti* Episcopi ecclesie herbipolensis recognoscimus praesente universis, quod Anno Domini
MCCCLX in occtava ss. Petri et Pauli Apostolorum hoc
altare consecravimus. In cujus rei testimonium duximus hanc
litteram nostro sigillo communiri. Datum et actum anno et
die, quibus superius [1]).

Am 13. Februar 1370 nahm er die Einsegnung des
Abtes Rudolph zu Comburg vor.

Im J. 1371 consecrirte derselbe die Kirche nebst den
Altären des im J. 1319 gestifteten Bürgerspitals zu Würz=
burg. Die über diesen Weihe=Act ausgefertigte Urkunde
enthält manches Interessante über die Verleihung kirchlicher
Indulgenzien zu jener Zeit, und findet deßhalb hier ihre
Stelle:

Nos Waltherus dei et sancte sedis apostolice gracia
Episcopus Dyagurganensis, *vices in Pontificalibus gerens*
Reverendi in Xpo patris ac domini, domini *Alberti* episcopi
ecclesie herbip. Recognoscimus publice per presentes: quod
Anno Domini Millesimo Treccentesimo septuagesimo primo
dominica in octava Pasce Ecclesiam noui Hospitalis Herbipolensis, et tria altaria in eadem consecrauimus in honorem et laudem Sancti Spiritus, ac beatissime virginis Marie,
ac beati Johannis Evangeliste, Sancti Nicolai confessoris,
Sancti Jacobi apostoli, Sancti Ebaldi, Sancti Leonhardi, Sancto-

---

[1]) Chron. Franc. Tom. I. f. S. 298.

rum Materni Valerii et Eucharii: et sequente die sacristiam in eodem hospitali, et altaria in eadem sacristia consecrauimus in honorem sancti Andree apostoli et sancte Catherine virginis et martiris: et consecrationem dicte ecclesie et altarium posuimus et in his scriptis ponimus super secundam feriam pasce, consecracionem sacristie et altarium in eadem super diem octauam pasce; igitur cupientes, ut hospitale predictum congruis honoribus frequenter et ad Xpi fidelibus jugiter ueneretur, omnibus uere penitentibus et confessis qui causa deuotionis peregrinacionis dictum hospitale accesserint, vel aliquod caritativum subsidium antedicto hospitali fecerint, donauerint, legauerint, aut donari uel legari procurauerint, uel qui ad fabricam, luminaria, ornamenta uel quevis alia necessaria, uel qui in eorum testamentis aut extra aurum, argentum, vestimentum aut alia bona, siue manus porrexerint adjutrices, uel qui in eodem hospitali suam elegerint sepulturam, aut qui ter circuerint cimiterium exorando, vel qui secuti funus, corpus Xpi, aut oleum infirmorum, cum infirmis portentur, uel qui in serotina pulsacione secundum modum romane curie flexis genibus ter Aue Maria dixerint, quociescunque, quandocunque, vbicunque premissa uel aliqua premissorum deuote fecerint, de omnipotentis dei misericordia et beatorum Petri et Pauli apostolorum ejus auctoritate confisi quadraginta dies indulgentiarum criminalium, annum venialium et unam carenam de injunctis eis penitentiis misericorditer in domino relaxamus. In cujus rei testimonium duximus hanc litteram sigillo nostro roborari. Datum et actum Anno Domini MCCCLXX⁰ primo, feria tercia proxima post octauam pasce.

Der Urkunde ist ein Ovalſiegel angehängt, auf welchem ſich ein Biſchof darſtellt, zu deſſen Füßen ein Wappenſchild mit zwei großen kreuzweis übereinanber liegenben Schwertern,

und mit vier Sternen in den vier Winkeln angebracht ist.
Die Umschrift lautet: † S. Waltheri Dei Gracia Episcopi
Dyagurganensis [1]).

Eine andere bischöfliche Function verrichtete er in demselben Jahre. Fürstbischof Albert von Würzburg hatte im
J. 1366 dem Abte Conrad zu Schönthal gestattet, in dem
Klosterhofe zu Mergentheim eine Kapelle, jedoch ohne Präjudiz und Nachtheile der pfarrlichen Gerechtsame daselbst, zu
errichten. Diese neu hergestellte Kapelle und den Altar in
derselben weihte Walther am Tage der heiligen Agnes 1371
ein, und ertheilte zugleich den gewöhnlichen vierzigtägigen
Ablaß mit einer Carene. Die Bedingnisse, dieser Abläßfe
theilhaftig zu werden, sind nach der Consecrations-Urkunde
fast dieselben, wie sie in der vorstehenden Urkunde über die
Einweihung der Kirche des Bürgerspitals zu Würzburg angegeben sind. Er war in dem genannten Jahre noch wirk-
licher Weihbischof von Würzburg, denn er nennt sich in der
über diesen Act ausgefertigten Urkunde „Vices in pontificalibus Gerens D. Episcopi Alberti" [2]).

Als im Jahre 1765 am 11. October der Weihbischof
von Gebsattel in der Kirche der Carthause zu Würzburg
vier neuerrichtete Altäre consecrirte, fand er in der Reliquien-
kapsel des einen abgebrochenen Altares nachstehende Urkunde:

Nos Waltherus Dei et apostolicae sedis gratia Episcopus Diagorganensis ex ordine predicatorum ad rogatum Reverendi in Xpo patris ac Dni Dni Gerhardi Epi herbipolensis hoc altare consecravimus gloriose semper virg. Mario

---

[1]) Andres l. c. S. 287.
[2]) Archiv b. bischöfl. Ordinariats Würzburg. Libr. Ordinat. T. V.
p. 210.

et omnium virginum Anno dominice incarnacionis 1378 feria quinta post diem s. Mathaei Apostoli et Evangolistae. In cujus rei testimonium hanc literam duximus nostro sigillo communiri. Datum et actum anno, die et loco quibus superius [1]).

Diese Altar=Weihe scheint der letzte Act seiner bischöf=lichen Thätigkeit gewesen zu sein. Er nennt sich hier nicht Generalvikar in Pontificalibus, sondern sagt, daß er auf Bitte des Bischofs Gerhard die Consecration vorgenommen habe. Und da uns schon im J. 1376 ein neuer Suffragan des Bischofs Gerhard begegnet, so müssen wir annehmen, daß Walther, als er sich in sein Kloster zurückgezogen, bereits in die Hände des Bischofs Albert sein Suffraganeat nieder=gelegt hatte.

7.

Heinricus, Episcopus Anavarsensis [2]).

Wie wir im Vorstehenden bemerkt haben, hatte Weih=bischof Walther den Entschluß gefaßt, dem Dominikaner=Orden zu entsagen, und in den weit strengeren Orden des heiligen Bruno einzutreten, und sich deßhalb zur Vorbereitung auf diesen wichtigen Schritt in die Einsamkeit seiner Kloster=zelle zurückgezogen.

Bischof Albert († 1372 den 27. Juni) scheint als=bald nach dem ihm kund gegebenen Entschlusse Walthers vielleicht noch im J. 1371 oder doch sicher im Anfange des

---

[1]) Bischöfl. Ordin.=Archiv. Ordinations=Matrikel. Tom. VIII. v. J. 1760 — 1772. S. 99.

[2]) Anavara, Anazarbe, Anazarbus, auch Anabarza, Anabarzus, eine Stadt in Cilicien II. mit einem ehemaligen erzbischöflichen Sitze. Wiltsch l. c. I. Bd. S. 47. 198. Allgem. histor. Lexikon.. Leipzig 1730. I. Th. S. 186.

Jahres 1372 zur Ernennung eines neuen Weihbischofs ge=
schritten zu sein.

Zu dieser Annahme bestimmt uns eine Urkunde, welche
der Ebracher Codex enthält [1]), und die Ueberschrift hat:
„*Alia Suffraganei confirmacio seu indulsio spiritualium.*"
Es geht zwar diesem Documente die Angabe des Jahres
und Tages der Ausfertigung ab; da aber dasselbe dem
Formularbuche — formulare diversarum formarum —,
nach welchem die zur bischöflichen Curie von Würzburg ge=
hörigen offiziellen Ausfertigungen geschahen, einverleibt ist;
so dürfte die Richtigkeit des Inhaltes und der geschicht=
liche Werth desselben nicht in Zweifel gezogen werden.

Nach diesem Actenstücke hat Bischof Albert von Hohen=
lohe, nachdem er die Resignation des Weihbischofs Walther
angenommen hatte, den Bischof Heinrich — Heinricus
Episcopus Anavarsensis — als Suffragan des Bisthums
Würzburg ernannt, denselben zur Vornahme bischöflicher
Functionen ermächtigt, und dieses dem gesammten Clerus
seiner Diözese bekannt gemacht mit der Aufforderung und
dem Gebote, dem genannten Bischofe als seinem Gehilfen
die schuldige Achtung und Ehrfurcht zu erweisen.

Diese Confirmations = Urkunde wird unser Interesse be=
sonders in Anspruch nehmen, indem sie uns ein genaues
Verzeichniß der Facultäten bietet, welche Bischof Albert sei=
nem Suffragan in der Verwaltung seines weihbischöflichen
Amtes überlassen hatte; ich glaubte deßhalb, derselben hier
ihre Stelle einräumen zu müssen:

---

[1]) Vgl. „Die Ebracher Handschrift des Michael de Leone". Archiv
d. histor. Vereines f. Unterfr. u. Aschaffenb. XIII. Bd. 1. u. 2. Heft.
S. 111 u. ff.

Albertus Dilectis in Xpo Abbatibus. pptis. Decanis
capitulis conventibus collegiis ecclesiarum et capellarum recto-
ribus universis etiam cleris et presbyteris per suas civitates
et dyocesin constitutis salutem et sinceram in Dno caritatem.
Noveritis quod de liberacione consulta decrevimus et presentibus indulgemus quod venerabilis in Xpo pater Dns
heinricus Eps Anavarsensis conferre literatis Scolaribus mas-
culis ad hoc ydoneis minores et sacros ordines quo ad cle-
ricos tam Religosos quam Seculares beneficiatos quidem seu
patrimonium realiter debiteque habentes alias ad hoc ydoneos
et in hiis per nos seu nostros commissarios sive nostris
literis approbatos seu dimissos debite celebrare, Sacramen-
tum eciam confirmationis rite conferre, crisma et oleum sacrum
conficere, Basilicas, Ecclesias. Cappellas, altaria monasteria,
cimiteria hospitalia aliaque religiosa seu pia loca. nondum
consecrata Sed alias tamen Canonice instituta seu auctoritate dyöcesana debite confirmata consecrare et benedicere
Eaque polluta seu violata reconciliare Abbates et Abbatissas
ad hoc eciam cum nostris literis dirigendos benedicere Sancti-
moniales velare ac Indumenta et ornamenta sacerdotalia et
ecclesiastica calices et altaria portatilia consecrare ac benedicere. Primarium eciam lapidem pro Edificandis ecclesiis
seu ecclesiasticis siue religosis locis benedicere et ponere
Intronizare eciam penitentes utriusque sexus personas nobis
subditas Confitentes eciam sibi in foro penitentie sub forma
ecclesie absoluere et eis iniungere penitentias salutares et
cum ipsis super huiusmodi defensatis debite dispensare eciam
in casibus episcopalibus nobis specialiter reseruatis jn hiis
tamen vagis restitutionibus fiendis de jure referendis quidem
nobis specialiter eciam presentibus reseruatis, nec non alia
ministerium pontificalis officii exigentia in dictis nostris ciui-
tate et dyoecesi Herbipolensi eciam in clero seu locis nostra

vel Statutorum Episcopalium herbipolensium aut Subditorum nostrorum auctoritate ordinaria ecclesiastico suppositionis Interdicto, cuius quidem Intordicti Effectum quoad premissos actus ipsius officij pontificalis quamdiu inibi fuerint celebrati Exnunc prout extunc suspendimus in hiis scriptis facere et exercere in forma ecclesie rite libere et sollempniter eciam cum nota dummodo aliquid canonicum non obsistat valeat donec hoc indultum duxerimus reuocandum. Nos itaque vniuersos et singulos ad quos presentes peruenerint exhortando in domino requirimus et monemus Et nihilominus vobis precipiendo mandamus, quatenus prefato domno Episcopo. nostro Cooperatori in premissis reuerenciam debitam et condignam exhibere curetis. Data &c.

Zur Zeit vermissen wir noch jede urkundliche Nachricht über einen Pontifical=Act des Weihbischofs Heinrich. Gropp, Ussermann und Johannes kennen ihn nicht. Derselbe scheint nicht lange seinem Amte in unserem Bisthume vorgestanden zu sein, indem er schon um das J. 1375 als Suffragan von Bamberg vorkommt unter dem Titel als Erzbischof von Anavara — Archiepiscopus Anavarsensis.

8.

Walther, Episcopus Nicopolensis [1]).

Ussermann vermuthet, daß dieser Würzburger Weih=bischof mit dem vorhergehenden Weibischofe Walther eine

---

[1]) Unter dem Namen „Nicopolis" existirten ehemals mehrere bischöf=liche Sitze und Kirchenprovinzen, als: in Armenien, in Thracien, in Palästina, in Moesia Inferior, am Sin. Ambralcus, so daß wohl nicht bestimmt angegeben werden kann, von welchem Bischofssitze Walther seinen Titel erhalten hatte. (Wiltsch l. c. I. Bd. S. 149. 172. 449. 175. 434.)

und dieselbe Person sei [1]); allein die Verschiedenheit der
bischöflichen Titel, welche beiden beigelegt sind, widerlegen
diese Vermuthung. Um das J. 1372 finden wir ihn als
Weihbischof von Bamberg, und von seinen bischöflichen Verrichtungen im Bisthume Würzburg kennen wir folgende:

Im J. 1376 consecrirte er die Pfarrkirche zu Forst
und einen Altar in derselben. Ich lasse die Urkunde, die
über diesen Act ausgefertigt worden und noch ungedruckt ist,
hier folgen:

Nos Waltherus, Dei et apostolica gratia Episcopus
Nicopolensis, *vices in pontificalibus gerentes* Reverendi
in Christo patris et Domini Dni *Gerhardi* Episcopi ecclesiae
herbipolensis. Cognoscimus publice per presentes, quod Anno
Domini M° C°C°C°. LXXVI° septima die Julii ecclesiam
in Forst consecrauimus et altare in eadem ecclesia, in quo
conditae sunt reliquiae videlicet sancti Gothardi, Petri et
Pauli, Mauritii, Vincentii, Quintini, Nicolai, Vndecim millium
virginum, sanctarum virginum, de lapidibus sepulchri redemptoris, et sanctae Katherinae. Cupientes igitur ut dicta ecclesia
congruis honoribus frequentetur et a Christifidelibus jugiter
veneretur, omnibus vere poenitentibus et confessis, qui
causa devotionis peregrinationis ad dictam ecclesiam accesserint, uel qui aliquod caritative subsidium fecerint, antedictae
ecclesie donauerint, legauerint aut donari vel legari procurauerint, uel qui ad luminaria velque alia necessaria aut
manus porrexerint adjutrices uel qui in serotina pulsatione
secundum modum Romanae curiae flexis genibus ter Ave
Maria dixerint, quociescunque praemissa uel devote dixerint
uel fecerint, de omnipotentis Dei misericordia beatorum Petri

---

1) Episcopat. Wirceb. p. 187.

et Pauli Apostolorum ejus auctoritate confisi xl. dies indulgentiarum de injunctis eis poenitentiis misericorditer in Domino
relaxamus, in cujus rei testimonium duximus hanc literam
nostro sigillo roborari. Datum et Actum anno die et loco
praenotato [1]).

In demselben Jahre am Sonntage nach dem Frohn=
leichnamsfeste weihte er die Kapelle mit den Altären im Spitale
zu Deringen und am 14. November 1381 consecrirte
er den hohen Altar der Pfarrkirche zu Balbersheim[2]).
Eine weitere Nachricht vermag ich von ihm nicht zu
geben.

9.
Johannes Opfinger, Episcopus Hebronensis.

Derselbe gehörte dem Minoriten=Orden an und wurde zum
Bischofe von Hebron, einem ehemaligen Bisthume unter der
Jurisbiction des Patriarchen von Jerusalem constituirt[3]). Von
diesem Würzburger Weihbischofe können wir nur einen ein=
zigen Pontifical=Act angeben. Die Synagoge zu Meiningen,
welche seit der Vertreibung der Juden von dort im J. 1349
an 35 Jahre lang verwüstet und geschlossen war, wurde im
Jahre 1384 zu einer Kapelle umgestaltet, mit einem Thurme
versehen, und am 22. Juli desselben Jahres von Johannes
Opfinger eingeweiht[4]).

Gropp und Ussermann bemerken von ihm nichts als
das Jahr 1394, ohne zu erwähnen, ob er in diesem Jahre

[1]) Bischöfl. Ordin.=Archiv zu Würzburg. Pfarrei Forst. Nr. 18.
[2]) Andres l. c. S. 290.
[3]) Wiltsch l. c. II. Bd. S. 319.
[4]) Poligraphia Meiningensis von Guthen. S. 169.

eine bischöfliche Verrichtung vorgenommen, ober seine Tage
beschlossen habe; letzteres ist das Wahrscheinlichste, denn die
schon citirte Chron. **Franc.** spricht die Vermuthung aus,
daß er am Feiertage vor dem Feste Petri Stuhlfeier im J.
1394 gestorben sei. Auch die Geschichte seines Ordens schweigt
von ihm.

10.
Johannes, Episcopus Nicopolensis.

Das einzige, was wir von diesem Weihbischofe kennen,
ist sein Name und bischöflicher Titel. Gropp und Ussermann
bezeichnen das Jahr 1387, in welchem er Würzburger Weih=
bischof gewesen, geben aber weder den Grund für ihre An=
nahme, noch führen sie eine bischöfliche Verrichtung von ihm
an. Den archivalischen Forschungen bleibt es überlassen,
etwaige Actenstücke oder Urkunden aufzusuchen, aus welchen
Näheres und Bestimmtes über die Lebenszeit und die Thätig=
keit dieses Weihbischofes entnommen werden kann.

11.
Johannes, Episcopus Tycopolensis.

Johannes, zu Karlstadt geboren, war ein Ordensmann
der Eremiten=Augustiner; er stand im großen Ansehen, wurde
den vorzüglichsten Wohlthätern des Augustinerklosters zu Würz=
burg und den gelehrten Männern seiner Zeit beigezählt, und
am 28. Oktober 1389 vom Papste Bonifacius IV. zum Bischofe
von Tycopolis in Armenien [1]) creirt. Er verwaltete, wie
wir urkundlich nachweisen können, unter den Fürstbischöfen

---

[1]) **Binterim** l. c. S. 587.

Gerhard von Schwarzburg und Johann von Eglofstein das
Suffraganeat des Bisthums Würzburg ¹).

Von seinen bischöflichen Verrichtungen sind mir nur
folgende bekannt geworden.

Am 10. Juli 1390 consecrirte er die Kapelle mit drei
Altären zu Anhausen ²):

Im J. 1391 den 20. Juni weihte er den Chor und
einen Altar der Pfarrkirche zu Unfinden ein und ertheilte
zugleich einen Ablaß von vierzig Tagen. Die hierüber aus=
gefertigte Urkunde lautet:

Nos frater Joannes Dei et apostolice sedis gratia Episcopus Ticopolensis vices gerens in pontificalibus ad presens rev.
Chro patris et Dni Dni *Gerhardi* eadem gratia Episcopi
herbipol. universis sancte matris ecclesie filiis ad quos presentes litere peruenerint salutem in dno sempiternam, quod
anno dni M⁰ CCC⁰ nonage⁰ primo die XX. Junii chorum
cum altare in ecclesia parochiali *Vnfinden* herbipolensis diocesis in honorem sanctorum Petri et Pauli apostolorum, beate
Virg. Marie, s. Bonifacii epi martiris, patroni ejusdem ecclesie
diuina clementia nobis cooperante consecrauimus. Cupientes
igitur vt Chorus predictus cum altare ecclesie prefate congruis honoribus frequentetur et a Chri fidelibus jugiter veneretur omnibus vere penitentibus confessis et contritis qui
ad dictum chorum cum altare in die s. Bonifacii epi et martiris devote visitauerint et in dedicacione ejusdem, que alias
celebrata hucusque fuit dominica die post diem s. Bonifacii
quam de cetero in die s. Bonifacii tam chori quam ecclesie
volumus perpetuis temporibus inuiolabiliter oberuari, ac in

---

¹) Höhn l. c. p. 80.
²) Ussermann, Episcopat. Wirceb. p. 603.

aliis festiuitatibus infra scriptis videlicet Natalis dni, Circumcisionis, Epiphanie et per quadragesimas singulas, in diebus
Pasche, ascensionis, Pentecoste, Trinitatis, corporis Chri,
inuencionis et exaltationis s. crucis, in omnibus et singulis
festiuitatibus beate Virg. Marie, s. Michaelis, Nativitatis et
decollacionis s. Joannis Baptiste, Petri et Pauli apostolorum
et omnium aliorum apostolorum et Evangelistarum Patronorum
et in festiuitate sanctorum, quorum reliquie in eadem ecclesia
continentur, aut qui ad eandem ecclesiam parochialem manus
auxiliatrices porrexerint, elemosynas suas largiter fecerint, de
omnipotentis Dei misericordia et beatorum Petri et Pauli apostolorum confisis suffragiis *quadraginta dies indulgentiarum*
perpetuis temporibus duraturarum misericorditer in dno relaxamus. Datum anno, loco et die vt supra, in quorum testimonium
presentes damus literas sigilli nostri munimine roboratas [1]).

Als im J. 1614 unter Fürſtbiſchof Julius die Kirche
zu Göſſenheim neu erbaut wurde, fand man beim Hin-
wegnehmen eines Seitenaltars eine Conſecrations = Urkunde,
aus welcher wir entnehmen, daß von ihm im J. 1393 derſelbe Altar war eingeweiht worden: „Nos frater Johannes,
Dei et apostolicae sedis gracia Episcopus Tycopolensis
vices gerens in Pontificalibus Reverendi Patris et
Domini, Domini Gerhardi eadem gracia Episcopi Ecclesiae herbipolensis, anno domini M° CCC° nonagesimo tercio die septima decima mensis Augusti hoc
altare consecravimus in honorem &c.“ [2]).

---

[1]) Krauß, Kirchen=, Schul= und Landes=Hiſtorie von Sachſen=
Hilbburghauſen. 4. Theil. S. 279. Der Carbinal und Legat Franciſcus
ertheilte d. d. Würzburg octavo Kal. Novembr. 1471 gleichfalls für
die Kirche zu Unfinden einen Ablaßbrief.

[2]) Anbres l. c. S. 294.

Außerhalb der Stadt Rotenburg an der Tauber befand sich in dem ehemaligen Schlosse, die alte Burg oder Reichs= veste genannt, die Kapelle s. Blasii mit einer Pfründen= stiftung. Der Kaplan hatte seinen Tisch und seine Wohnung in dem Schlosse. Als dieses jedoch baufällig wurde und der Priester in der Kapelle nicht mehr celebriren konnte, so baten die Bürger Rotenburgs den Kaiser, ihnen zu erlauben, das Schloß abzubrechen, und eine neue Kapelle mit einer Meß= stiftung zu errichten. Ihre Bitte ward gewährt, die Reichs= veste im J. 1397 an die Stadt abgetreten, eine neue Kapelle erbaut und dieselbe im Jahre 1400 am 3. Id. Sept. von dem Weihbischofe von Würzburg, Johannes Episcopus Tycopolensis oder Tycopolitanus, zu Ehren des heiligen Blasius, Sebastian und Fabian und anderer Heiligen ein= geweiht [1]). Sie ist jetzt verödet und wird als Gießerei be= nützt [2]).

Michelrieth, eine ehemalige Filiale der Pfarrei Kreuz= wertheim, wurde im J. 1390 von der Mutterkirche getrennt und zu einer Pfarrei erhoben, welche von einem Canonicus von Triefenstein aus excurrendo versehen wurde. Der Weg, welchen die jeweiligen Curaten von ihrem Kloster aus nach Michelrieth nahmen, erhielt — und hat noch jetzt — den Namen „der Pfaffenweg“. Im J. 1543 nahmen die Be= wohner Michelrieths die lutherische Confession an und ihre Pfarrei ward mit einem protestantischen Prediger besetzt. Im J. 1733 wurde der Altar der Kirche eröffnet, die

---

[1]) Eisenhard'sche Chronik von Rotenburg. Histor. Verein f. Unterf. M. S. 841. S. 107 u. 108.

[2]) Bensen, Beschreibung und Geschichte der Stadt Rotenburg ob der Tauber. S. 5.

barin vorhandenen Reliquien herausgenommen und folgende
Consecrations = Urkunde vom J. 1401 dabei aufgefunden:

Nos Joannes Dei et apostolicae sedis gratia Episcopus
Tycopolensis Vicarius in Pontificalibus Reverendissimi in christo
Patris ac Domini Domini Joannis eadem gratia Episcopi Her=
bipolensis Anno Domini 1401 octavo jdus Novembris hoc altare
sanctorum Bartholomaei trium regum, Fabiani et Sebastiani,
et Barbarae, divina nobis clementia cooperante consecravimus
in honorem, in hoc etiam altari per nos venerabiliter reconditae
sunt reliquiae sanctorum, de Calvariae loco, Ottonis, Cassii,
Florentii, Malusii et Sociorum ejus, Margerethae, Cunigundis
et undecim millium virginum. In cujus rei evidens testimonium
presentes hae nostri sigilli robore sunt munitae [1]).

Fürstbischof Johann I. von Egloffstein, ein großer Freund
der Wissenschaften, verwirklichte den schon von seinem Vor=
fahrer, Gerhard von Schwarzburg, entworfenen Plan zur
Gründung einer Universität zu Würzburg, und traf alle
Anstalt, eine solche Stiftung in's Leben zu rufen. Nach
Höhn's Zeugniß soll der gelehrte und fromme Suffragan
Johannes an der Ausführung dieses Werkes thätigen Antheil
genommen haben. Auch gab er sich viele Mühe für das
Wohl und den Flor seines Ordens und bedachte sein Kloster
mit einem Legate von 100 fl. und verschiedenen Kleinobien.
Der Edle starb den Tod eines Gerechten am Tage nach dem
Feste des heiligen Nicolaus (7. Dezember) im J. 1413
und ward in seiner Ordenskirche vor dem Hochaltare bei=

---

[1]) Tomus Petrinus de documentis - antiquo - novis circa sacra
patronatus jura Ecclesiarum ab inclita Canonia in Triefenstein
administratarum. p. 204. M. S. Bischöfl. Ordin. = Archiv.

V

gefetzt. Es wurde ihm ein Epitaphium mit feinem Bild=
niffe und der Infchrift errichtet:

> Anno Domini MCCCCXIII. in crastina s. Nicolai Episcopi
> obiit Reverendus in Christo Pater ac Dominus D.
> Joannes Episcopus Tycopolensis ordinis s. Augustini,
> ejus anima requiescat in pace. Amen [1]).

12.

Eyringus, Archiepiscopus Anavarsensis.

Iringus, Eyringus, Conventual des Cifterzienferklofters
Ebrach, bekleidete die Würde eines Würzburger und Bam=
berger Weihbifchofs. Seinen bifchöflichen Titel hatte er ver=
muthlich von dem ehemaligen erzbifchöflichen Sitze Anavara
erhalten [2]).

Im J. 1392 erfcheint derfelbe als Suffragan des Bis=
thums Bamberg. In einer Urkunde d. d. München ben
22. Juni 1392, nach welcher er den Befuchenden der zu
Ehren Mariens und des heiligen Laurentius geweihten Kapelle
zu München mehrere Abläffe ertheilt, nennt er fich Vicarius
generalis des Bifchofs Lambert von Bamberg [3]), und nach
einer weiteren Urkunde vom J. 1397 weiht er als Suffragan
desfelben Bifchofs von Bamberg einen Altar in der Kapelle
des Ebracher Hofes zu Nürnberg ein, und eröffnet den
Gläubigen, welche an beftimmten Fefttagen diefelbe befuchen,
die kirchlichen Schätze der Abläffe [4]).

---

[1]) Chron. Franc. Tom. I. f. 806.
[2]) Sieh S. 55 Anmerk. 2.
[3]) Langs Regeft. T. XI. S. 310.
[4]) L. c. XI. Bb. S. 118.

Nach Gropp hat Eyring gegen das Ende des 14. und
im Anfange des 15. Jahrhunderts sich zu Würzburg in dem
Ebracher Hofe aufgehalten, und allda die Amts- und Haus-
geschäfte seines Klosters besorgt. Während dieser Zeit verlieh er unterm 3. Februar 1403 dem Kloster Himmelspforten einen Ablaß. In dieser Ablaßurkunde bezeichnet er
sich als Suffragan von Würzburg: „Nos *Eyringus* Dei
et apostolicae sedis gratia Archiepiscopus Anavarsensis, *vices in pontificalibus gerentes* reuerendi in Xpo
patris ac domini, dni Johannis episcopi *herbipolensis*,
vniversis Xpi fidelibus &c. Datum herbipoli Anno
domini Millesimo quadringentesimo tercio, in crastino
purifiationis Marie" [1]).

Nach einer Urkunde vom 3. August 1405 begegnet er
uns wieder als Weihbischof von Bamberg, indem er die
Streitigkeiten zwischen dem Abte Peter von Ebrach und dem
Domherrn zu Würzburg Conrad Schenk von Erbach
wegen Güter und des Gerichtes im Dorfe Mühlhausen bei
Grumbach entscheidet [2]).

Eine fernere Nachricht über Vornahme von Pontifical-
Acten konnte ich nicht auffinden, und aus dem Vorgetrageneu
geht hervor, daß Eyring nur eine kurze Zeit die Stelle eines
Würzburger Weihbischofs versah.

Eyring war ein frommer und gelehrter Ordensmann,
und schrieb eine Abhandlung de divina sapientia, welche
er dem Bamberger Bischofe Anton von Rotenhan, mit welchem
er in freundschaftlichen Beziehungen stand, widmete. Das

[1]) Andres l. c. S. 300.
[2]) Contzen, Dr., Sammlungen d. histor. Vereines f. Unterfr. u.
Aschaffenb. S. 327.

Manuscript dieses Tractates war fast 300 Jahre lang in der
Bibliothek des Klosters zu St. Stephan in Würzburg ver=
borgen geblieben, bis endlich der gelehrte und fleißige fränkische
Geschichtschreiber Ignaz Gropp dasselbe auffand, und im J.
1732 bei J. G. Lochner zu Nürnberg im Drucke herausgab.
Es umfaßt nebst einem Prologe an den genannten Bischof
28 Capitel und führt den Titel:

TRACTATUS MYSTICUS
D E
DIVINA SAPIENTIA
AD QUAM
ITINERE TRIUM DIERUM
SIVE
PER VIAM PURGATIVAM, ILLUMINATIVAM ET UNITIVAM
TRINIS OSCULIS,
PEDUM, MANUUM ET ORIS EXPLICATAS
PERVENITUR.

Eyring lebte noch während der Regierungszeit des Bischofs
Anton von Rotenhan (1431 — 1459), indem er ihm sein
Werk dedicirte, und erreichte sonach ein hohes Alter. Das
Jahr seines Ablebens kennen wir nicht; sein Sterbetag soll
der 25. April gewesen sein. In der St. Bartholomäus=
Kapelle des Michaelsklosters zu Bamberg fand derselbe seine
letzte Ruhestätte [1]).

Der Verewigte war ein Wohlthäter des gedachten Klo=
sters, und ließ dem Abte desselben, Lampert von Zolner
(† 1431), nicht unbedeutende Geldgeschenke zukommen. Der
Bamberger Geschichtschreiber Hoffmann verherrlichte den ge=
nannten Abt in einigen Versen, und gedachte in denselben
unseres Weihbischofes Eyring in rühmlicher Weise:

---

[1]) Ussermann, Episc. Bamb. p. 312.

Huic (Abbati) Anavarsensis Presul venerabilis urbis
Plurima magnifica tradidit aera manu,
Et sacra tecta novis donis, et honoribus auxit
Praesidio minuens publica damna suo.
Is prius induto Monachorum sacra cucullo
Et grave Bernardi dogma professus erat.
Herbifer Ebracius curvis ubi flexibus errat,
Perfluit et sacrae tecta vetusta domus.
Berno [1]) latrocinii crimen cum fratre perosus
Condidit et proprio nomine dixit opus [2]).

13.
Nicolaus a Bossock, Episcopus Senoscopolensis.

Nicolaus erhielt den Titel als Bischof von Senosco=
polis, einem ehemaligen bischöflichen Sitze an der Küste des
schwarzen Meeres [3]). Gropp und Ussermann, denen Johannes
in seinem Verzeichnisse der Würzburger Weihbischöfe nach=
schreibt, nennen denselben irrig Episcopus „Suenisco-
polensis" oder „Senostopolensis"; denn in einer mir vor=
liegenden Original = Urkunde über die Consecration eines
Altares und an dem an genannter Urkunde sich befindlichen
und noch unverletzt erhaltenen Siegel ist deutlich „Episcopus
Senoscopolensis" zu lesen [4]).

Er verwaltete unter den beiden Fürstbischöfen Johann
von Egloffstein und Johann von Brunn und zwar noch zu

[1]) Die edlen Brüder Berno und Richwin von Ebraw stifteten im
J. 1119 das Kloster Ebrach.
[2]) Brevis notitia Monast. Ebracens. p. 199.
[3]) Wiltsch l. c. II. Bd. S. 337.
[4]) Archiv d. bischöfl. Ordinariats Würzburg.

Lebzeiten seines Vorfahrers Johannes das Amt eines Weih=
bischofes.

Von seinen bischöflichen Verrichtungen sind uns nach=
stehende bekannt geworden.

Am Mittwochen nach dem Feste des heil. Vitus 1403
nahm er die Weihe eines Altars und die Reconsecration der
schon im J. 1263 geweihten Kapelle zu Reichartshausen
vor [1]). Im J. 1404 consecrirte derselbe die Marienkapelle
zu Rotenburg an der Tauber und beschenkte dieselbe mit
einem Ablasse von vierzig Tagen [2]). Am 6. Dezember 1406
weihte er die Kirche des Carmelitenklosters zu Schweinfurt,
und am 30. September 1413 zwei Altäre zu Buchenbach
ein [3]).

Im J. 1416 fertigte Nicolaus folgende Consecrations=
und Ablaß=Urkunde für die Kapelle auf dem Gottesacker
zu Buchen aus:

Nicolaus Dei et apostolicae sedis gratia Episcopus
Senoscopolensis R̄ in Christo Patris ac Domini Dni Joannis Episcopi Herbipolensis Vicarius in Pontificalibus generalis
recognoscimus publice per praesentes. Quod anno Domini
millesimo quadringentesimo sexto decimo ipsa die ad vincula
sancti Petri Apostoli 1. Augusti consecrata fuit capella et

---

[1]) Gropp, Gesch. d. Klosters Amorbach. S. 139.

[2]) Winterbach, Gesch. d. Reichsstadt Rotenburg. Ueber den
Ursprung dieser Marienkapelle bemerkt ein Pfründebuch zu Rotenburg:
A° 1404 hat Peter Kreglinger von der Stadt Rotenburg die alte Juden=
schule erkauft, an deren Stelle die Kapelle erbaut, und darin eine ewige
Messe gestiftet. Auch hat derselbe das Juden=Tanzhaus erworben, und
in ein Seelhaus umgeschaffen, in welchem arme Leute beherbergt wurden.
(Eisenhard'sche Chronik von Rotenburg.)

[3]) Wirtemb. Franken. VI. S. 106.

altare in Buchen situata in cemeterio seu Bulliandro per
venerabilem in Christo Patrem Paulum Episcopum Draba-
sendensem in honorem gloriosissimae Virginis Mariae Sancti
Michaelis archangeli et omnium angelorum, Andreae Apostoli,
sancti Eustachii sociorumque ejus; Otiliae Virginis Wendelini
martyris Sigismundi regis Georgii martyris et Sanctae Bri-
gittae reginae nec non omnibus et universis Christi fidelibus
hanc meam literam inspecturis salutem denunciamus in Domino
sempiternam. Cupientes quoslibet Christi fideles modis omnibus convenientibus et Deo placidis in quantum potuimus
incitare. Hinc est quod nos omnibus vere penitentibus confessis et contritis qui ad praedictam capellam manus porrexerint adjutrices vel qui in eorum testamentis aut extra
aurum argentum vestimenta aut aliquid aliud charitativum
subsidium donaverint legaverint donari vel legari procura-
verint quoties vel quicunque hoc fecerint, vel causa devotionis et orationis accesserint in singulis festivitatibus infrascriptis videlicet Nativitatis Christi, Circumcisionis Epipha-
niae, Coena Domini, Paschae, Ascensionis Pentecostes.
Trinitatis Corporis Christi, Joannis Baptistae, in omnibus
festivitatibus Virginis gloriosae, omnium Apostolorum et
Evangelistarum omnium Sanctorum, in die animarum et in
duobus festivitatibus sanctae crucis, in die dedicationis hujus
capellae et in diebus patronorum hujus capellae et altaris,
aut qui corpus Christi vel oleum sacrum, dum ad infirmos
deportatum fuerit, secuti fuerint, vel qui coemeterium ibidem in oppido Buchen circuierint pro omnibus fidelibus defunctis exoraverint, vel qui in serotina pulsatione tria dixerint Ave Maria, et qui dominicis diebus praedictam capellam
visitaverint de omnipotentia Dei misericordia, beatorum Apostolorum Petri et Pauli gratia confisi de injunctis eis poenitentiis quadraginta dies indulgentiarum in Dno relaxamus,

Dedicationem hujus capellae ponimus dominica proxima post diem s. Jacobi Apostoli annuatim perpetuis temporibus peragendam. Datum Anno Dni 1416 proximo post diem Sancti Galli confessoris. In quorum testimonium praemissorum sigillum nostri Pontificatus praesentibus est appensum[1]).

Im J. 1417 bedicirte Nicolaus die Kirche, einen Altar, und den Kirchhof zu Dingolshausen. Die am sechsten Sonntage nach dem Feste Trinitatis ausgefertigte Urkunde sagt: „Nos Nicolaus Dei et apostolicae sedis gratia Episcopus Senoscopolensis Reverendi in Chro Patris ac Dni Dni Johannis Epi herbipolen. Vicarius in pontificalibus generalis in villa Dingolshausen, in ecclesia ibidem a latere dextro altare consecravimus nec non ecclesiam et cimiterium more solito et consueto ad cautelam reconciliavimus in honorem sanctae et individuae trinitatis nec non in honorem gloriosae Virginis Mariae" &c. Er gewährt zugleich einen vierzigtägigen Ablaß und eine Carene Allen, welche die genannte Kirche mit Ge= schenken oder Legaten bedenken, oder das heil. Oel, wenn es zu den Kranken getragen wird, begleiten, oder den Kirchhof besuchen, für die Abgestorbenen beten, und beim Läuten der Ave=Glocken am Abende drei Ave=Maria andächtig sprechen[2]).

Am 12. Dezember 1417 weihte derselbe die neue Kapelle im Schlosse zu Ansbach zu Ehren der heil. Dreifaltigkeit, und zwei Altäre ein, und verlieh den Gläubigen bei der jährlichen Dedicationsfeier den gewöhnlichen Ablaß[3]).

---

1) Chron. Francon. Tom. III. f. 492.

2) Archiv d. bischöfl. Ordinariats Würzburg. Libr. Ingross. T. III. f. 103.

3) Langs Regest. Bd. XII. S. 268.

Im J. 1418 consecrirte er die von dem Domcapitel zu Würzburg restaurirte Kapelle auf der Karlsburg nebst dem Hochaltare zu Ehren der heil. Gertraub, und verkündete einen vierzigtägigen Ablaß für Alle, welche an hohen Kirchenfesten die Kapelle besuchen würden [1]); am 17. Januar 1419 benedicirte er einen Altar in der Kapelle des ehemaligen Frauenklosters Sulz [2]), und am 31. October 1423 segnete er den Chor der Kirche und einen Kreuzpartikel des Karmeliten-Klosters zu Schweinfurt ein [3]).

Die Manuscripten-Sammlung des Fabricius bezeichnet unseren Weihbischof als Inhaber der Propstei zu Aub: „Frater Nicolaus Senoscopolensis Episcopus, Suffraganeus herbipolensis et Prepositus in Avve An. MCCCC. VI. in die s. Nicolai. MCCCCXVI. die Martis post s. Matthiae [4]).

Nach dieser Bemerkung gehörte er dem Kloster zu St. Burkard in Würzburg an, welches eine Propstei mit einem Convente zu Aub besaß [5]).

─────────────

[1]) Kraus, J. Bapt. Adolph, Karlsburg und die heil. Gertrudis. S. 16.

[2]) Ussermann, Episcopat. Wirceb. p. 501.

[3]) Aubres, l. c. S. 297 u. 298.

[4]) Chron. Franc. l. c. f. 491.

[5]) Zu Aub bestand eine Propstei mit einem Convente, welche zu dem Benedictiner-Kloster zu St. Burkard in Würzburg gehörte. Die Conventualen hatten zugleich die dortige Pfarrei zu pastoriren. Im J. 1429 war Karl von Lichtenstein Propst, und unter dem Propste Kilian von Grumbach, wahrscheinlich um das Jahr 1464, in welchem die Abtei zu St. Burkard zu einem adeligen Collegiatstifte erhoben wurde, ward die Probstei zu Aub mit Einwilligung der dortigen Herrschaft aufgelöst, mit dem adeligen Ritterstifte St. Burkard vereinigt, und ein Pfarrer mit zwei Kaplänen zur Versehung der Seelsorge in Aub aufgestellt.

Im J. 1421 erscheint Nicolaus auch als Vicar in Pontificalibus des Erzbischofs Conrad von Mainz, indem er in
der Metropolitankirche daselbst eine Ordination vorgenommen,
und in einer beßfalls ausgestellten Urkunde sich diesen Titel
beilegt [1]).

14.

Eberhardus, Episcopus Sebastensis.

Eberhard erhielt den bischöflichen Titel von der Stadt
Sebaste, einem ehemaligen Bischofssitze in Palästina L,
südöstlich von Cäsarea [2]). Er erscheint schon als Weihbischof
von Würzburg noch bei Lebzeiten des Nicolaus von Bossock,
und seine erste uns bekannt gewordene bischöfliche Verrichtung
fällt in das Jahr 1420. Sie ist die Consecration der Kapelle
zu Speltach, und die Verleihung mehrerer Ablässe. Die beß=
falls gefertigte Urkunde beginnt: „Nos Frater Eberhardus,
Dei et apostolice sedis gracia Episcopus Sebastensis,
vices gerentes in pontificalibus reverendi in Chro
patris ac domini dnj *Johannis Episcopi herbipolensis*
singulis et presentes literas inspecturis notum facimus,
quod Anno domini Millesimo quadringentesimo vice-
simo dominica proxima post Johannis Baptistae consecravimus capellam in Speltach in honorem Virginis
Marie, quatuor Evangelistarum, s. Materni, s. Marie
Magdalene et s. Sigismundi &c.“ Nach dem ferneren
Inhalte der Urkunde spendet er die gewöhnlichen vierzig=
tägigen Ablässe und eine Carene, welche die Gläubigen ge=
winnen konnten, wenn sie die Kapelle an allen Sonntagen

---

1) Chron. Franc. l. c. f. 491.
2) Wiltsch l. c. I. Bd. S. 210.

des Jahres, an den hohen Kirchenfesten und während der Octav der Dedication derselben andächtig besuchen, oder beim Ave=Maria=Läuten drei Ave zur Verehrung der glorreichen Jungfrau beten und um die Kapelle dreimal herumgehen würden [1]).

Am Feste der heiligen Martyrer Johannes und Paulus 1420 stellte Fr. Eberhard eine Ablaßurkunde aus, nach welcher die Gläubigen einen Ablaß von vierzig Tagen ge= winnen konnten, so oft sie an bestimmten Festtagen die dem heiligen Erzengel Michael geweihte Gottesacker=Kapelle zu Buchen besuchen, allda für die Verstorbenen beten, oder um die Kapelle herumgehen, oder beim Abendgebet=Läuten drei Ave verrichten, oder derselben ein Geschenk machen würden [2]).

In demselben Jahre am Feste des Evangelisten Lucas benedicirte er zu Fulda eine silberne Statue, in welcher die Hirnschale des heiligen Bonifacius verschlossen war [3]), und am 12. August 1428 verlieh er für das Carmelitenkloster zu Schweinfurt auf eine Reliquie des heiligen Vitus einen Ablaß unter der Bedingung, daß jeder, welcher denselben gewinnen wollte, fünf Pater noster und Ave Maria vor der Reliquie knieend zu beten habe [4]).

Da wir in unserer obigen Urkunde seinem Namen das Wort Frater vorgesetzt finden, so hat derselbe dem Regular= Klerus angehört; den Orden aber und das Nähere über seine übrigen Lebensumstände können wir nicht angeben.

---

[1]) Archiv des bischöfl. Ordinariats Würzburg. Libr. Ingross. T. B. f. 40.

[2]) Chron. Franc. l. c. f. 492.

[3]) Broweri Antiquitat. Fuld. p. 180.

[4]) Andres l. c. S. 301.

15.

Hermannus, Episcopus Acconensis.

Hermann, zum Bischofe von Accon, einem ehemaligen Bisthume der Lateiner in Paläſtina, dem heutigen St. Jean d'Acre '), ernannt, bekleidete das weibiſchöfliche Amt in den Bisthümern Mainz, Bamberg und Würzburg. Die erſte Nachricht von ihm bringt uns eine Urkunde vom 13. Juli 1432, nach welcher er am Sonntage nach Kiliani auf Befehl und mit Bewilligung des Biſchofs Johann von Brunn zu Würzburg die Pfarrkirche zu Königsberg nebſt fünf Altären eingeweiht hat ²).

Ich entnehme der Conſecrations = Urkunde Folgendes:

Nos Hermannus Dei et apostolice sedis gratia Archiepiscopus Aconitanus (?) ... recognoscimus publice omnibus et singulis Christifidelibus ... quod sub anno M. CCCC. XXXII. die solis qui erat 13. Julii, ipsa die Margarite virginis, de *mandato* et *indultu* honorandi in Christo Patris ac Domini, Domini *Johannis* eadem gratia *Episcopi Herbipolensis* divina nobis cooperante gratia consecravimus atque dedicavimus mediam ecclesiam cum absidia ad dextram parochialem intra muros oppidi Königsberg horbip.

---

¹) Wiltſch l. c. II. Bd. S. 128. 321.

²) Die Stadtkirche zu Königsberg — die Liebfrauenkirche genannt — wurde unter der Regierung des Biſchofs Gerhard, der im J. 1394 Stadt und Amt Königsberg von dem Herzoge in Pommern, Swantiborn, wiederkäuflich an das Stift gebracht hatte, im J. 1397 zu bauen angefangen. Die völlige Ausbauung derſelben hat ſich 67 Jahre lang hingezogen. Im J. 1445 wurde der Thurm vollendet und in den Jahren 1460 und 1464 das Innere der Kirche hergeſtellt. (Krauß, Kirchen=, Schul= und Landes=Hiſtorie von Sachſen=Hilbburghauſen. 4. Th. S. 74.)

dioecesis in honorem beatissime Marie virginis genetricis
Dei. Et in ipsa ecclesia etiam pro tunc consecravimus quinque altaria; unum ante chorum, ... secundum altare in acie
a dextris chori ... tertium altare in angulo absidie a dextris ... quartum altare in acie a sinistris chori ... et quin-
tum altare in angulo a sinistris.

Zugleich spendete er Allen den gewöhnlichen Ablaß von
vierzig Tagen, welche an verschiedenen Festtagen und am
Tage der Einweihung der Kirche und Altäre die genannte
Pfarrkirche besuchen würden [1]).

In den Jahren 1434 und 1435 erscheint Hermann,
Bischof von Accon, als Weihbischof von Bamberg [2]).

So wie zu Haßfurt im Anfange des 15. Jahrhunderts
eine große Priester = Congregation, an welcher auch Laien
und insbesondere der Adel aus der Nähe und Ferne zahl=
reich Theil genommen, in's Leben gerufen wurde, so ward
auch bald darauf eine ähnliche Confraternität in der ehemals
zur Diözese Würzburg gehörigen Stadt Lauba errichtet.
Sie hatte den Zweck, das Lob Gottes zu verkünden, Maria,
die unbefleckte Mutter des Herrn, zu verherrlichen und ge=
meinsame Gebete für das Seelenheil der Bruderschafts=
Mitglieder zu verrichten. Gründer dieser Bruderschaft waren
vorzüglich Otto Herzog von Bayern und Pfalzgraf bei Rhein
und seine Gemahlin Johanna. Ihre fromme Absicht bei
Gründung dieser Confraternität war, daß dadurch das Heil
der erlauchten Fürsten und Herzoge Bayerns, insbesondere
aus dem Hause Otto's und seiner Gemahlin, sowie aller

---

[1]) Krauß l. c. S. 76.
[2]) Schematismus der Geistlichkeit der Erzbiözese Bamberg. 1858.
S. 18.

Bruderschafts = Mitglieder geistlichen und weltlichen Standes möge gefördert werden. Die Leitung der Bruderschaft stand unter dem Pfarrer zu Lauba. Zweimal im Jahre, nämlich am Dienstage nach Sonntag Oculi und am Dienstage nach dem Feste Mariä = Himmelfahrt wurden die Bruderschafts= Gottesdienste gefeiert. Fürstbischof Johann II. von Brunn bestätigte die Confraternität am Feste des Bischofs Martin 1437 von Mergentheim aus, und verlieh derselben zugleich einen Ablaß von vierzig Tagen [1]).

Bischof Albert von Straßburg, Pfalzgraf bei Rhein, Herzog von Bayern und Landgraf im Elsaß, ertheilte am 4. Februar 1484 derselben Confraternität einen Ablaß von vierzig Tagen schwerer (criminalium) und von einem Jahre läßlicher (venialium) Sünden [2]).

Weihbischof Hermann, der Mitglied der Bruderschaft gewesen, beschenkte dieselbe gleichfalls mit einem Ablasse von

---

1) Archiv d. bischöfl. Ordinariats Würzburg. Libr. Ingross. T. B. f. 108ᵇ. — Mitglieder der Bruderschaft waren: Bischof Johann II. von Brunn; Otto, Herzog von Bayern und Pfalzgraf bei Rhein; Johanna, seine Gemahlin; Amalia, Pfalzgräfin bei Rhein und Herzogin in Bayern, Frau von Rieneck; Philipp, Graf von Rieneck; Friedrich, Landgraf von Leuchtenberg; Dorothea, Gräfin von Wertheim, geborne von Rieneck; Barbara Zirblin von Rinderfeld; Cunz von Randersacker und Dorothea, seine Gemahlin; Carol. Zobel; Endres Zobel; Caspar Eutzel; Georg Haudt; Moritz Zobel; Ursula von Randersacker, Meisterin zu Gerlachs= heim; Apollonia von der Thann, Klosterfrau zu Gerlachsheim; Veronika von Weyler, Meisterin zu Gerlachsheim; Osanna Zirkendorferin, Kloster= frau daselbst; Georg Zobel, Amtmann zu Lauba. Alle Pfarrer und Priester des Amts Vorberg und des ganzen Schüpfer = Grundes waren der Bruderschaft beigetreten. Archiv d. bischöfl. Ordinariats Würzburg. L. c. f. 117.

2) L. c. f. 110.

vierzig Tagen, welchen die Gläubigen an den vorgenannten beiden Bruderschafts = Gottesdiensten und bei Abhaltung der Exequien und Anniversarien für verstorbene Mitglieder ge= winnen konnten. Diese Ablaßurkunde ist datirt Lauda A⁰ 1438 feria 3ᵃ post Dominicam Oculi. Er nennt sich in derselben „Episcopus Acconensis“, ohne den sonst üb= lichen Beisatz Rev. in Chrŏ patris Joannis Episcopi herbip. in pontificalibus Vicarius generalis zu machen [1]). Es scheint sonach, daß er damals das Amt eines wirklichen Weihbischofs von Würzburg noch nicht verwaltete und erst später mit demselben betraut wurde [1]).

Als im J. 1732 der Hochaltar in der Pfarrkirche zu Volkach entfernt und ein neuer aufgerichtet wurde, fand man in dem alten eine Pergamenturkunde des Inhaltes:

Hermannus Dei et apostolicae sedis gratia Episcopus Acconensis, Revᵐˡ in Xᵗᵒ Patris et Dⁿⁱ Dⁿⁱ Theodorici Sᵗᵉ sedis Moguntinae Archi Epĭ, *Civitatis et Dioecesis herbi-polensis in Pontificalibus et Sacramentalibus, ac omnibus forum conscientiae tangentibus Commissarius generalis*. Consecravimus hoc altare in honorem s. Georgii M., Bartholomaei Apostoli, Jacobi majoris, Viti M., Laurentii, Kiliani et sociorum ejus, quorum Reliquiae continentur in eo. Et haec consecratio facta est in die s. Katherine Anno Dⁿⁱ 1442. In cujus rei testimonium sigillum meum hic est appositum [2]).

In dieser Urkunde nennt sich Hermann wie in der schon oben bemerkten Urkunde vom J. 1432 General = Commissär des Erzbischofs von Mainz und zugleich General = Commissär

---

1) Archiv d. bischöfl. Ordinariats. Libr. Ingross. Tom. B. f. 110.
2) L. c. Ordinations = Matrikel. T. V. S. 431.

für die Stadt und Diözese Würzburg in Pontificalibus et Sacramentalibus und in allen Gewissens = Sachen.

Bekanntlich fanden zwischen dem Bischofe Sigismund (von 1440 — 1443) und dem Domcapitel zu Würzburg Irrungen Statt. Sigismund hatte keinen Weihbischof auf= gestellt, und wollte die bischöflichen Functionen selbst vor= nehmen, welches das Domcapitel nicht zugab, weil es ihn, der seinen beim Regierungs = Antritte gemachten Verpflicht= ungen nicht nachgekommen, als Bischof nicht anerkannte, und ihn sofort an der Vornahme der Weihe des heil. Chrysam am grünen Donnerstage zu hindern suchte, und zur Vor= nahme derselben den Mainzer Weihbischof berief. Es ist nicht unwahrscheinlich, daß bei diesen Streitigkeiten der Metro= polit zu Mainz, vielleicht auf Veranlassung des Würzburger Domcapitels, seinen Weihbischof zur Vornahme bischöflicher Verrichtungen im Bisthume Würzburg bevollmächtigte, weß= halb dieser sich den Titel General = Commissär in Pontificali= bus et Sacramentalibus beilegte.

Fürstbischof Gottfried von Limburg, der im J. 1443 zur Regierung gelangte, nahm ihn als seinen Weihbischof an. Von den Pontifical=Verrichtungen, welche er unter der Regierung desselben vorgenommen, kennen wir folgende:

Im J. 1444 am Tage der heil. Cäcilia weihte er zwei Altäre in der Kirche zu Hundsbach ein. Die hierüber aus= gefertigte Consecrations = Urkunde nennt ihn Generalvicar des Bischofs Gottfried in Pontificalibus [1]).

---

[1]) Arnsteiner Amtsbuch vom J. 1609 S. 324. Schon im J. 1349 gewähren mehrere Cardinäle der zu Ehren des heil. Andreas und der heil. Maria Magdalena fundirten Kirche zu Hundsbach einen Ablaß von vierzig Tagen, der von allen Gläubigen gewonnen werden konnte, welche

Eine weitere Nachricht von einer bischöflichen Function Hermanns bringt uns eine Urkunde vom J. 1448, nach welcher er den Altar der Kirchhofskapelle zu Zeil consecrirte:

Nos fr. Hermannus Dei et apostolice sedis gra⁻ Epus accon⁻ Rouerendi in Xpo pris dni dni gotfridi eiusde gra⁻ Epus herb⁻ vicarius generalis in pontificalibus recognoscimus ppntes, qd consecrauimus hoc altare sub Anno dni millesimo CCCC. xlviii° in honorem sanctorum, quorum reliquie hic continentur, helene, thome Apli, Johannis bapᵗᵉ, marci ewangeliste anthonii confess., hieronimi doctoris. In cuius rei testimonium sigillum meum est appositum ¹).

Das Siegel, noch ganz unverletzt, bildet ein Oval. In der Mitte steht unter einem Baldachin ein Bischof im Pontifical-Schmucke, in der linken Hand hält er den Stab, und die rechte hat er zum Segnen erhoben. Am unteren Theile des Siegels ist ein Wappenschild angebracht, auf welchem sich, wenn ich nicht irre, drei Schippen befinden. Um denselben steht die Inschrift: *S. Hermanni Dei gra⁻ epi⁻ acconensis.*

Gropp und Ussermann, sowie auch die Sammlung des Fabricius und selbst seine Grabschrift bezeichnen ihn als **Archiepiscopus**, allein er selbst nennt sich in den ange-

---

an bestimmten Festtagen die Kirche daselbst besuchen, sie mit Paramenten und heil. Geräthschaften beschenken oder auch beim Läuten der Abendglocke knieend drei Ave Maria beten würden. Auch die Kirche zu Obersfeld, zu Ehren des heil. Petrus und des heil. Urbanus geweiht, ward im J. 1464 von mehreren Cardinälen mit einem Ablaßbriefe begnabigt.

Fürstbischof Rudolph von Scheerenberg separirte im J. 1477 die beiden Filiale Hundsbach und Obersfeld von ihrer Mutterkirche zu Eussenheim und erhob Hundsbach mit dem Filiale Obersfeld zu einer Pfarrei. L. c. S. 299.

¹) Bischöfl. Archiv.

führten Urkunden, mit Ausnahme der Urkunde über die Con=
secration der Pfarrkirche zu Königsberg, nur **Episcopus**.
Er gehörte dem Minoriten=Orden an, starb am 8. Sep=
tember 1450 und wurde in der Franziskanerkirche dahier
begraben. Sein Epitaphium befand sich im Chore an der
Wand mit der Umschrift:

Anno Domini M. CCCCL. In die Nativitatis Mariae Obiit
Reverendus in Christo Pater et Dominus Hermannus
Archiepiscopus Acconensis. Ordin. Minor.

Nach dem Anniversarienbuche des Minoritenklosters zu
Würzburg vom J. 1629 legirte er demselben 50 fl.

16.

Johannes Hutter, Episcopus Nicopolitanus.

Johannes Hutter, gleichfalls dem Orden der Minoriten
angehörig, wurde vom Papste Nicolaus V. im Jahre 1451
(XVI. Kalend. Junii) zum Bischofe von Nicopolis in der
Provinz Cäsarea unter dem Patriarchiate von Jerusalem
creirt[1]. Er versah nebst dem Amte des Suffraganeats
unter den Fürstbischöfen Gottfried von Limburg, Johann
von Grumbach und Rudolph von Scheerenberg zugleich die
Stelle eines Lectors der Theologie.

Von seinen bischöflichen Verrichtungen kennt die Geschichte
folgende:

Am 14. Februar weihte er zu Heilbronn die Altäre
der außerhalb der Stadt gelegenen Frauenkapelle zum Nessel=
garten, einem ehemals berühmten Wallfahrtsorte, ein[2],

---

[1] Annales Minor. Tom. XII. p. 112.
[2] Das Gnadenbild — ein steinernes Vesperbild — war etwa im
J. 1442 in einer Feldmauer, ganz von Nesseln überwachsen — daher

unb am Pfingſtfeſte 1458 conſecrirte er bie Kirche bes gegen
bas Jahr 1455 geſtifteten Kloſters ber regulirten Chorherren
zu Birklingen ¹).

Im Jahre 1854 wurden bie ſieben Altäre, welche in
ber an ber Domkirche zu Würzburg angebauten Sepultur
ber ehemaligen Domherren in ſieben kleinen Chörchen gegen
bie öſtliche Seite angebracht waren, abgebrochen unb ent=
fernt. In ben Reliquien=Capſeln von brei bieſer Altäre be=
fanben ſich bie Urkunben über bie Conſecration berſelben, welche
Johannes Hutter vorgenommen hatte. Die Urkunben wei=
chen nach ihrem Inhalte einigermaßen von ben älteren unb
ſpäteren Conſecrations=Urkunben ab, inbem in benſelben
von ber Verleihung ber gewöhnlichen Abläſſe nichts erwähnt
wirb. Ich laſſe hier eine bieſer Urkunben folgen:

Nos frater Johannes Dei et apostolice sedis gratia Epus
Nicopolitanus Reverendi in Christo Patris Domini Johannis
Episcopi herbipolensis in pontificalibus Vicarius generalis

---

in urticeto — aufgefunben worden. Im J. 1448 wurbe neben ber
Gnabenkapelle ein Karmelitenkloſter gegrünbet. In Folge ber Reforma=
tion verließen mehrere unzufriebene Mönche bas Kloſter. Der Magiſtrat
ber Stabt Heilbronn wünſchte in ben Beſitz ber Kloſtergüter zu kommen,
unb ein Theil ber Bürger verwüſtete unb plünberte bie Kirche unb bie
Zellen ber Mönche. Der ſchwäbiſche Bunb vom J. 1526 befahl ber Stabt,
bas Eigenthum bes Kloſters zurückzugeben. Im Schwebenkriege ſchenkte
König Guſtav Abolph basſelbe ber Stabt. Die Mönche wurden ver=
trieben, unb bie Gebäube niebergeriſſen. Im J. 1650 erhielten bie Kar=
meliten nach einem kaiſerlichen Mandate ihr Eigenthum wieber unb be=
zogen auf's Neue ihr Kloſter. Im J. 1661 wurbe bas Gnabenbilb in
bie Karmelitenkirche zu Straubing übertragen. Im Anfange bieſes Jahr=
hunberts, wo bie Säcularifation über Stifte unb Klöſter hereinbrach,
wurbe bas Kloſter aufgehoben.

¹) Journal von unb für Franken. V. Bb. 5. Heft. S. 550.

recognoscimus per presentes, quod sub anno Domini Millesimo CCCCLIX istud altare consecravimus in honorem Corporis Christi, Albani martyris, juxta formam et ritum s.
romane ecclesie adhibitis solempnitatibus debitis et con-
suetis. In cujus rei evidens testimonium presentibus sigillum
nostrum etiam appensimus.

Das Siegel, an einem Pergamentstreifen hängend, ist
noch unverletzt. In der Mitte desselben unter einem Bal=
bachin steht ein Bischof ohne Mitra in der Rechten den
Stab und in der Linken eine Palme haltend. Zu seinen
Füßen ist ein Wappen mit drei Eicheln. Die Umschrift
lautet: S. Fris: Johannis Episc. Nicopolitani. Die bei=
den andern Altäre wurden im Jahre 1463 von demselben
Weihbischofe consecrirt, und hierüber dieselben Urkunden, wie
die vorstehende, ausgefertigt[1]). Die Urkunde in der Reliquien=
Capsel des vierten Altares konnte nicht mehr entziffert werden.

Wahrscheinlich gegen die Mitte des 15. Jahahunderts
wurde die Marienkapelle zwischen Ober = und Unterebersbach,
am rechten Ufer der Saale, hart an einem Berge erbaut[2]),

---

[1]) Bischöfl. Ordinariats = Archiv.

[2]) Die Zeit der Erbauung der ehemaligen Wallfahrts = und Marien=
Kirche zu Ebersbach dürfte aus einer Urkunde vom J. 1453 hervor=
gehen, nach welcher Jörge von Swinfurt, zu Neustadt unter Salzburg
gesessen, und Katharina, seine eheliche Wirthin, ein jährliches Seelen=
Gedächtniß „an der neuen Capelle zu Ebersbach im Riede"
stifteten. Durch fromme Vermächtnisse und Schenkungen nahmen die
Einkünfte der Kapelle zu, so daß bald daselbst ein Beneficium errichtet
wurde. Bischof Rudolph von Scheerenberg bestätigte dasselbe am Mon=
tage den 25. Mai 1467. Nach der Confirmations = Urkunde war das=
selbe ein beneficium simplex et non curatum, und vicaria trium
regum genannt; es wurde mit Zustimmung des damaligen Rectors der
Pfarrkirche zu Ebersbach errichtet, und der Beneficiat war verpflichtet,

und dieselbe nebst dem Marienaltare im J. 1460 am
Dienstage nach Exaudi von Johannes feierlich eingeweiht.

an jedem Montage eine heil. Messe de tribus regibus, am Donners=
tage de corpore Christi und am Samstage de Beata zu lesen oder
lesen zu lassen. In die pfarramtlichen Gerechtsame durfte derselbe sich
keinerlei Eingriffe erlauben, und das Vergebungsrecht dieser Pfründe
stand den Bischöfen von Würzburg zu. Die Einkünfte dieser neu gestifteten
Vicarie waren:

1) 9 fl. Zins von einem Kapitale von 180 fl. zu Neustadt a. d. S.;
2) 44 Malter Getreide, halb Korn, halb Haber, von zwei Höfen zu
   Burglauer und Strahlungen, um 225 fl. erkauft;
3) 5 fl. Zins von zwei Häusern in Neustadt;
4) 7 fl. von zehn Morgen Wiesen zu Steinach;
5) 4 Malter Gülthaber von der Centgrafen = Mühle zu Neustadt a. d. S.,
   um 40 fl. erkauft;
6) 7½ fl. von den Aeckern und Wiesen bei Salzburg um 150 fl.
   erkauft, und
7) eine Wohnung neben der Kapelle gelegen.
   (Archiv d. bischöfl. Ordinariats. Libr. Ingross. Tom. V. f. 138.)

Auch befand sich neben der Marienkapelle eine Brüderei. Die ersten
Nachrichten von derselben kommen schon im J. 1496 vor. Die Wohnung
der Brüder lag unter der Kapelle gegen Unterebersbach hin, und wurde
später zum Pfarrhause verwendet; die Wohnung der Schwestern hing an
einem Berge nahe an der Kapelle. Der jetzige Pfarrkeller ist noch ein Ueber=
bleibsel davon. Wahrscheinlich waren die Brüder bei der Marienkapelle,
die eine vielbesuchte Wallfahrtskirche war, zu religiösen Verrichtungen
verpflichtet. Zur Zeit der Reformation kam diese Brüderei in Verfall, und
Fürstbischof Julius suchte sie im J. 1583 wiederherzustellen; allein sie
war nicht von langer Dauer.

Am westlichen Ende des Dorfes Unterebersbach, an der Straße
gegen Steinach, auf einer Anhöhe steht noch ein altes Kirchlein, die
Berg = oder Peterskirche genannt, welches die ursprüngliche Pfarrkirche
war, und neben derselben stand auch das alte Pfarrhaus. Eine Urkunde
über die Errichtung der Pfarrei findet sich nicht vor. Nach der Sage
sollen die Edlen von Rothenkolben, die schon im 12. Jahrhundert in der

Am Sonntage vor Michaelis 1466 wurde der neuerwählte
Bischof von Würzburg, Rudolph von Scheerenberg, von
dem Fürstbischofe von Regensburg, Heinrich von Absberg,
consecrirt, und unser Weihbischof Johannes versah dabei die
Function eines Assistenten. Am 4. Oktober 1467 wurde
von ihm die heil. Bluts = Kapelle zu Burgwindheim'), im

---

bortigen Gegend begütert, mit dem Forstamte des großen Salzforstes
belehnt waren, und zu Unterebersbach in der Nähe der Bergkirche ein
Schloß hatten, die Stifter der Pfarrei und die Erbauer der Kirche ge=
wesen sein. Das v. rothenkolb'sche Wappen an einem Fensterbogen der
Südseite des Kirchleins spricht für diese Annahme. Im J. 1478 war
Euchar Kadem Pfarrer zu Ebersbach. Die Erträgnisse der Pfarrei waren
gering. Bis zur Reformation war sie mit eigenen Pfarrern besetzt;
dann aber wurde sie eine Zeit lang von dem damals zu Hohenroth
wohnenden Vicar und später gegen das Jahr 1560 von dem Pfarrer zu
Steinach versehen. Im J. 1566 wandten sich die beiden Gemeinden
Ober = und Unterebersbach an den Fürstbischof Friedrich von Wirsberg
und baten um Wiederbesetzung ihrer Pfarrei. Allein ihr Wunsch ging
erst unter Bischof Julius in Erfüllung.

Derselbe ließ im J. 1583 die alte baufällige Marienkapelle nieder=
reißen und von Grund aus an demselben Platze eine größere Kirche
erbauen. Er incorporirte die Vicarie trium regum im J. 1585 der
Pfarrei, hob das Institut der Brüderei auf, ließ die Brüderwohnung zum
Pfarrhause umschaffen, und errichtete im J. 1596 an der neuerbauten
Marienkapelle für die beiden Gemeinden Ober = und Unterebersbach eine
Pfarrei. (Archiv d. bischöfl. Ordinariats. Andres, Magazin f. Prediger.
I. Bd. S. 267 u. ff.

¹) Die Veranlassung zur Erbauung der heil. Bluts = Kapelle zu
Burgwindheim war folgende: Bei einer im J 1465 abgehaltenen Pro=
cession am Fronleichnamsfeste öffnete sich plötzlich die Kapsel der Mon=
stranz und die heilige Hostie fiel auf die Erde. Man bemerkte keine be=
sondere Ursache, wodurch die plötzliche Oeffnung der Kapsel und das
Herabfallen der Hostie veranlaßt wurde. Man fing alsbald an, den
Ort, wo das Allerheiligste auf der Erde gelegen, mit besonderer Andacht
zu verehren und zu besuchen. Schon im J. 1467 ward durch fromme

Jahre 1469 am V. Id. Octobris der Hochaltar in der Kloster=
Kirche zu St. Stephan in Würzburg[1]), und am 21. November
1476 die Frauenkapelle nebst drei Altären zu Schneeberg
eingeweiht[2]). Auf Ansuchen des Propstes Johannes Reinhold
aus Aschaffenburg reconciliirte er am 13. November 1477
die Kirche und den Kirchhof zu Triefenstein[3]). Er starb
am 25. Dezember 1478[4]) und ward in der Kirche seines
Ordens beigesetzt; ein Grabstein aber scheint ihm nicht errichtet
worden zu sein.

17.

Georgius Antworter, Episcopus Nicopolitanus.

Georg Antworter, Minorit, Baccalaureus und Lector
der Theologie, wurde von dem Fürstbischofe Rudolph von
Scheerenberg, unter Zustimmung des Dompropstes, Dr. Kilian

Spenden und durch die Bemühungen des Edlen Conrad von Thanhausen
eine Kapelle an der geheiligten Stätte errichtet, die am nächsten Sonntage nach Michaelis 1467 von dem Weihbischofe Johannes zur Ehre des
Leichnams Christi, des heil. Kreuzes, der Jungfrau Maria und anderer
Heiligen eingeweiht wurde. Bischof Rudolph von Würzburg und sein
Weihbischof bedachten dieselbe mit einem Ablasse von vierzig Tagen, und
Franz, Cardinal von Senes und Legat von Deutschland, begnadigte sie
im J. 1471 mit einem hunderttägigen Ablasse. Da die Kapelle die
zahlreich herbeiströmenden Wallfahrer nicht mehr fassen konnte, so wurde
um das J. 1596 dieselbe abgebrochen, und eine neue und größere erbaut,
die am dritten Pfingsttage der Weihbischof von Bamberg, Johann Oertlein,
einweihte. (Haas, Gesch. d. Slaven=Landes. II. Th. S. 34.)

[1]) Archiv d. bischöfl. Ordinariats Würzburg. Ordinations=Matrikel
v. J. 1716. S. 24.

[2]) Stopp, Gesch. d. Klosters Amorbach. S. 103 u. 145.

[3]) Ussermann, Episcopat. Wirceb. p. 382. Gesch. d. Canonie
Triefenstein. M. S. im histor. Verein f. Unterfr. u. Aschaffenb. N. 828.
S. 56.

[4]) Chron. Franc. l. c. f. 496.

von Bibra, des Dombecans, Wilhelm von Limburg, und des Domcapitels zum Suffragan von Würzburg ernannt. Das Ernennungsdecret ist unterm 25. Februar 1479 ausgefertigt und enthält bezüglich der Besoldung des neuen Weihbischofs folgende Bestimmung.

Bischof Rudolph übernimmt für sich und seine Nachfolger die Verbindlichkeit, ihm jährlich aus dem Fiscalat-Amte oder dem bischöflichen Aerar hundert rheinische Gulden verabreichen zu lassen, und verspricht zugleich, zur Ergänzung und Erhöhung dieser hundert Gulden ihm ein Beneficium liberae collationis verleihen zu wollen, damit er sich seiner bischöflichen Würde gemäß einer reichlicheren Sustentation erfreuen könne. Auch soll er auf seinen bischöflichen Reisen für sich nnd seine Begleitung eine geziemende Provision erhalten, und ihm gestattet sein, freiwillige Gaben der Gläubigen bei Ausübung seiner bischöflichen Functionen anzunehmen. Nebstdem gewährte ihm der Bischof die Gnade, sein Tisch- und Hausgenosse zu sein — quemque fratrem ad curiam sive mensam nostram episcopalem tamquam continuum commensalem et domesticum ascripsimus et per praesentes ascribimus [1]).

Georg Antworter wurde vom Papste Sixtus IV. (XIII. kal. Maii 1479) zu Rom zum Bischofe creirt und erhielt den Titel, wie sein Vorgänger, Episcopus Nicopolitanus.

Es scheint, daß zur damaligen Zeit den Suffraganen die ihnen von den Bischöfen, welchen sie Dienste leisteten, versprochene Sustentation nicht immer ungeschmälert verab-

---

[1]) Archiv b. bischöfl. Ordinariats Würzburg. Libr. Ingross. Tom. G. p. 215.

folgt und beßhalb zu Rom Klagen erhoben wurden. Um
diesem Mißstande, wodurch die bischöfliche Würde überhaupt
in Mißcredit kommen mußte, zu steuern, sah sich Papst
Sixtus veranlaßt, den Bischöfen zu Bamberg und Speyer
bekannt zu machen, daß Bischof Rudolph von Würzburg
und seine Nachfolger unter der Strafe des Interdictes und
der Suspension von der Regierung und der Administration
der Diözese gehalten seien, die dem neugewählten Suffragan
Georg zugewiesene Sustentation von hundert rheinischen Goldgulden ungeschmälert zu verabfolgen. Sollte jedoch diese
Verabfolgung von dem Bischofe Rudolph und seinen Nachfolgern nicht geschehen, so werden vorbenannte Bischöfe von
dem Papste bevollmächtigt, das Interdict und die Suspension
über sie insolange zu verhängen, bis der Weihbischof oder
sein Procurator die jährliche Pension vollständig erhalten
habe.

Dieses merkwürdige Breve lautet:

Sixtus Episcopus servus servorum Dei. Venerabilibus
fratribus Bambergensi et Spirensi Episcopis ac dilecto filio
Preposito ecclie Sancti Johannis de Celano Marsicaū Dioc̄
salutem et apostolicam benedictionem. Hodie motu proprio
dilecto filio Georgio Electo Nicopolitan̄ pensionem annuam
centum florenorum auri Renensis super fructibus redditibus
ac proventibus Mensc Episcopalis aut juribus curie fiscalis
herbipolensis sibi quoad viveret uel procuratori suo legitimo
per Venerabilem fratrem nostrum Rudolffum Episcopum herbipolensem et successores suos Episcopos herbipolenses pro
tempore existentes Annis singulis in certis loco et terminis
expressis sub interdicti ab ingressu ecclie et suspensionis a
regimine et administratione ecclie herbipolensis pennis integre persolvendam nec non uictum Mensam nuncupatum

in curia seu domo Episcopali herbipolensi ipsorum Rudolffi Episcopi et Georgii Electi ad hoc expresse accedente consensu per alias nostras litteras reseruauimus concessimus constituimus et assignauimus prout in eisdem litteris plenius continetur ¹). Quo circa discretioni uestre per apostolica scripta motu simili mandamus quatenus uos uel Duo aut unus uestrum scilicet postquam dicte littere uobis presentate fuerint per uos seu alium seu alios faciatis auctoritate nostra pensionem predictam Georgio Electo uel procuratori prefatis juxta reservationis constitutionis et assignationis predictarum nec non decreti nostri in eisdem litteris appositi continentiam atque formam efficaciter persolui ac uictum hujusmodi exhiberi. Et nihilominus quemlibet ex Rudolffo Episcopo et successoribus prefatis quem interdicti et suspensionis sententias hujusmodi uobis incurrisse constiterit, quotiens super hoc pro parte dicti Georgii Electi fueritis requisiti, tamdiu dominicis festiuisque diebus in ecclesiis, dum maior inibi populi multitudo ad diuina conuenerit, interdictum et suspensionem publice nuntietis faciatisqne ab aliis nuntiari, donec Georgio Electo uel procuratori prefato de hujusmodi pensione tunc debita fuerit integre satisfactum ipseque interdictus et suspensus ab hujusmodi sententiis relaxationis beneficium meruerit obtinere. Non obstantibus omnibus que in dictis litteris uoluimus non obstare. Seu si Rudolffo Episcopo et successoribus predictis uel quibusuis aliis communiter uel diuisim ab apostolica sct sede indultum, quod interdici, suspendi uel excommunicari non possint per litteras apostolicas non facientes plenam et expressam ac de uerbo ad uerbum de indulto hujusmodi men-

---

¹) Die hier angezogenen päpstlichen Schreiben vermissen wir noch zur Zeit.

tloncm. Contradictores auctoritate nostra appellatione postposita compescendo. Datum Rome apud sanctum petrum
Anno incarnationis Millesimo quadringentesimo septuagesimo
nono tertio decimo kal. Maij. Pontificatus nostri Anno octavo¹).

Von seinen bischöflichen Verrichtungen kennen wir meh=
rere. Am 2. Oktober 1480 weihte er die Kapelle des
Cisterzienser=Klosters Schönthal zu Mergentheim wieder
ein und beschenkte dieselbe mit den gewöhnlichen Ablässen.
Die Urkunde sagt:

Nos Georgius Dei et apostolicae sedis gratia Episcopus
Nicopolitanus, sacrae Theologiae professor, Reverendi in
Christo patris ac Domini D. Rudolphi eadem gratia Episcopus ecclesiae herbipolensis, orientalis Franciae ducis vicarius
in pontificalibus generalis, universis et singulis presentes
litteras inspecturis salutem et gratiae augmentum coelestia.
Splendor paternae gloriae, qui sua illuminat mundum in-
effabili claritate, pia vota fidelium de ipsius clementissima
majestate et misericordia sperantium, tunc praecipue benigno
favore prosequitur, cum devota populorum humilitas meritis
et precibus adjuvatur; Cupientes igitur ut Capella in Mergentheim ordinis cisterciensis Monasterii speciosae vallis, per
Nos Anno Dni 1480 die secunda mensis Octobris in honorem beatissimae Virginis, s. Joannis Baptistae, s. Joannis
Evangelistae, s. Bernardi, omnium SS., s. Mariae Magda-
lenae, s. Catherinae et s. Barbarae reconsecrata, congruis
honoribus frequentur, fidelesque ipsi eo liberius devotionis
causa ad ipsam confluant, quo inibi coelestis gratiae uberius
se conspexerint refectione; De omnipotentis Dei misericordia
et beatorum Petri et Pauli apostolorum, sanctorum quoque

¹) Archiv b. bischöfl. Ordinariats zu Würzburg. Lit. B. Nr. 13.

martirum Kiliani et Sociorum ejus auctoritate et meritis confisi, omnibus vere poenitentibus et confessis, qui in diebus
patronorum ipsius ecclesiae et altaris prefatis, genitricis Dei
Mariae annuntiationis, nativitatis, assumptionis, aliarumque
festivitatum ejus, ac dedicationis die, quae est proxima
dominica post assumptionis Virg. Mariae devotionis causa
ad ipsam convolaverint, et qui pro ornamentorum augmento,
in calicibus, libris, casulis et aliorum necessariorum manus
porrexerint auxiliatrices, quoties id fecerint, omnibus et
singulis eisdem 40 dies indulgentiarum criminalium, annum
venialium cum quinque carenis de injunctis eis poenitentiis
misericorditer in Domino relaxamus. In cujus rei evidens
testimonium has litteras sigilli nostri pontificalis duximus
appressione muniri. Dat. Herbipoli Anno Dni 1480 die
22. mensis Decembris [1].

In bemſelben Jahre ertheilte Georg für verſchiedene
in ber Kloſterkirche zu Bilbhauſen errichtete unb conſecrirte
Altäre einen Ablaßbrief; am 1. April 1481 unb am 25. April
besſelben Jahres nahm er bie Conſecration zweier Altäre in
ber hieſigen Kloſterkirche zu St. Stephan vor [2]); in die
s. Jacobi 1481 weihte er einen Altar in ber Pfarrkirche
zu Heibingsfelb. In ben brei über bieſe Acte ausgefertig=
ten Urkunben nennt er ſich gleichfalls „sacrae Theologiae
professor", woraus wir mit Recht ſchließen bürfen, baß
Antworter, ber zuvor Lector ſeines Orbens war, auch nach=
her als Weihbiſchof ſeinen Unterricht in ben theologiſchen
Wiſſenſchaften fortſetzte, unb bie Canbibaten bes Weltprieſter=
ſtanbes burch ſeine Vorträge in ber Theologie für ihren Beruf

---

1) Archiv b. biſchöfl. Orbinariats Würzburg. Orbinations = Matrikel.
V. S. 212.
2) L. c. Orbinations = Matrikel v. J. 1716. S. 26.

vorbereitete. Im J. 1481 consecrirte er die Kreuzkapelle bei Retzstadt, am 11., 12. und 13. Juni 1482 drei Altäre in der Klosterkirche zu Amorbach, und am 11. Juli des= selben Jahres den Hochaltar in der Gruft des genannten Klosters. Am 10. Juli 1486 verlieh er Allen, welche die Pfarrkirche zu Hundsbach an gewissen Festtagen besuchen würden, einen Ablaß von vierzig Tagen. Auch in dieser Urkunde nennt er sich Theologiae professor [1]).

Fürstbischof Rudolph hatte in dem Ernennungsdecrete des Georg Antworter zu seinem Suffragan versprochen, ihm zur Ergänzung und Erhöhung seines Salars ein Beneficium zu conferiren. Dieses mag auch wirklich bald geschehen sein, denn er siegelte als Weibischof und Pfarrer von Ober= schwarzach mit Bischof Rudolph eine über die Vererb= und Verleihung etlicher Pfarräcker zu Niederwindheim ausge= fertigte Urkunde vom 12. Dezember (Freitag nach concept. Mariae) 1488 [2]). Wie lange er diese Pfarrpfründe, die er wahrscheinlich durch einen Vicar versehen ließ, inne hatte, läßt sich aus Mangel schriftlicher Nachrichten nicht angeben.

Im J. 1490 Dominica quasimodogeniti weihte er die am Chore der Kirche zu Unterwittbach angebaute Kapelle ein [3]). Am 24. August 1492 verlieh Bischof Rudolph der Kirche auf der Festung Marienberg einen Ablaß von vierzig Tagen, und Bischof Georg ertheilte für dieselbe Kirche gleichfalls einen vierzigtägigen Ablaß. Am 16. Juli 1492 legte Antworter in Gegenwart des Dompropstes und General= Vicars Kilian von Bibra und des Dechants Dietrich zu St. Burkard in Würzburg und vieler anderen edlen Herren,

---

[1]) Arnsteiner Amtsbuch v. J. 1609.

[2]) Archiv des bischöfl. Ordinariats. Llbr. Ingross. Tom. K. p. 84.

[3]) L. c. Urkundenbuch über Triefenstein. S. 221.

Frauen und Jungfrauen den Grundftein zur Kirche, welche
Wilhelm von Bibra in dem Marktflecken Bibra erbauen ließ¹).

Im J. 1496 am 1. Juli hat Weihbischof Georg in der
Pfarrkirche zu Hilbburghausen einen Altar eingeweiht
und beßwegen folgenden Ablaßbrief de dat. Bessera den
15. August 1498 ertheilt:

Georgius Dei et apostolicae sedis gratia episcopus Nicopolitanus sacre Theologie professor Reverendi in Christo
patris et domini dni Laurentii eadem gratia Episcopi herbipolensis ... in Pontificalibus Vicarius generalis per presentes recognoscimus, quod anno millesimo quadringentesimo
nonagesimo sexto, indictione quarta decima, die vero veneris,
prima mensis Julii consecravimus in ecclesia parochiali sancti
Laurentii oppidi *Hildburghausen* herbipolensis diocesis *altare*
a novo erectum, infra sancte crucis et beate Katherine altaria
situm in honorem Salvatoris nostri Jesu Christi, visitationis
intemerate Virginis Marie, sancte Elisabethe ejus cognate,
sancte Marie Magdalene &c. Volumus igitur, ut praefatum
altare congruis frequentetur honoribus fidelesque ad id devotionis causa confluant, quo se uberius conspexerint refectos,
de omnipotentis Dei misericordia ... omnibus vere penitentibus confessis et contritis, qui in diebus patronorum
prefatorum dedicationisque ejusdem ad idem altare devotionis causa convolaverint, ac pro ejusdem conservatione lin-
teamina, ornamenta et alia pro divini cultus augmento ad
illud requisita manus porrexerint adjutrices, seu quevis alia
donaverint et legaverint, quotiens id fecerint quadraginta
dies indulgentiarum criminalium et annum venialium ...

---

¹) Vgl. Weinrich, Henneberg. Kirchenstaat. S. 547. Chron. Franc.
Tom. III. f. 494.

relaxamus. In quorum omnium fidem, robur et evidens
testimonium premissorum presentibus sigillum Pontificatus
nostri, quo in his fungimur, est appensum anno dómini 1498
die vero Mercurii quinta decima mensis Augusti in monasterio Vessera herbipoL Dioc. prefate ').

Im J. 1497 reconfecrirte Georg die Pfarrkirche zu
Wallbürn, im J. 1498 am 24. August weihte er die
Wallfahrtskirche zu Grimmenthal, die neue Wallfahrt
genannt, eine Stunde von Meiningen entfernt, zu Ehren
der heil. Anna und der Muttergottes Maria ein²), und
am Tage der Enthauptung Johannis den 29. August con=
fecrirte er zwei Altäre daselbst³).

Er entschlief am 17. März 1499 und ward in seiner
Ordenskirche dahier zur Ruhe bestattet. Der Leichenstein, der
ihm an der südlichen Abseite errichtet ward, stellt einen Bischof
in Pontifical=Kleidung dar und enthält die Inschrift:

Anno Domini MCCCCXCIX in die Gertrudis obiit Rndus
in Christo Pater et Dominus Georgius Episcopus Nicopolitanus, sacrae Theologiae professor Minorum òrdi-
nis et herbipolensis Ecclesiae in pontificalibus Vicarius
generalis, cujus anima requiescat in pace.

Nach dem schon genannten Anniverfarien = Buche des
Minoriten = Klosters v. J. 1629 legirte er demselben 145 fl.,
seine sämmtlichen Bücher, zwei silberne Meßkännchen, ein
Missale und seine bischöfliche Kleidung.

---

1) Krauß, Kirchen= Schul= und Landeshistorie. 2. Th. S. 121.
²) Brückner, Landeskunde. II. Th. S. 166.
³) Güthen, Poligraphia Meiningensis. S. 197.

18.

Casparus Grünwald, Episcopus Ascalonensis Bethleemitanus [1]).

Caspar Grünwald, zu Freiburg im Breisgau geboren, gehörte dem Dominicaner= oder Prediger=Orden an; er war Doctor der Theologie und Professor an der dortigen Uni=versität, berühmt durch seine theologischen Kenntnisse, so daß ihn sein Ordensgeneral, Joachim Turrianus, unterm 17. Juni 1492 mit dem Inquisitionsgeschäfte in den Diözesen Straß=burg, Basel und Constanz betraute. Nachdem er diesem Amte einige Jahre vorgestanden, wurde er von dem Fürstbischofe Lorenz von Bibra zum Weihbischofe von Würzburg ernannt, und ihm zugleich das Amt eines öffentlichen Lehrers der Theo=logie übertragen. Bischof Lorenz war nämlich bemüht, eifrige Seelsorger und tüchtige Prediger heranzubilden. Zu diesem Zwecke war in dem hiesigen Dominicanerkloster eine theo=logische Schule errichtet, wo nebst anderen Gelehrten auch der Weihbischof Grünwald Vorlesungen hielt. Seine Vor=lesungen hatten die Vicare der Stifte und die Candidaten des Weltpriesterstandes zu besuchen, um sich die zu ihrem hohen Berufe nothwendigen theologischen Kenntnisse zu ver=schaffen. Diesem Amte eines öffentlichen Lehrers der Theo=loge stand er bis zu seinem Tode mit allem Eifer vor.

Seine weihbischöflichen Verrichtungen, die uns bekannt geworden, sind:

Am Sonntage Lätare 1498 hat derselbe, wie P. Fried=rich Steil, der im J. 1690 Prior des Dominicaner=Convents

---

[1]) Askalon = Bisthum in Palästina, von welchem im 12. Jahr=hundert der bischöfliche Sitz nach Bethlehem verlegt worden ist. Wiltsch, I. Bd. S. 449.

zu Würzburg war, in der Geschichte seines Ordens berichtet, in seiner Klosterkirche einen Altar eingesegnet [1]). Am 15. Juni 1499 consecrirte er einen Altar in der Schottenkirche zu Würzburg und am 10. September desselben Jahres weihte er einen Altar in der Kirche zu Elfendorf ein [2]).

Unter dem Fürstbischofe Rudolph von Scheerenberg war zu Stadtschwarzach die Kreuzbruderschaft errichtet worden. Der Weihbischof Georg Antworter hatte dieselbe mit einem Ablasse begnadigt und auch Caspar Grünwald verlieh am Freitage nach Pfingsten 1499 derselben Bruderschaft einen vierzigtägigen Ablaß [3]).

Am 23. März 1501 verliehen Bischof Lorenz und sein Suffragan Caspar einen Ablaß von vierzig Tagen, welchen die Gläubigen vor dem in der Marienkapelle auf dem Markte zu Würzburg bei dem St. Leonardi=Altare errichteten Crucifix gewinnen konnten. In der von beiden Bischöfen ausgefertig= ten Urkunde, in welcher sie die glühendste Liebe zur Ver= ehrung des Bildes des Gekreuzigten ausgesprochen, heißt es:

Quod si cunctos orthodoxos populos quos per omnia divina superni numinis gubernat sapientia sub tali exhorta-tur signum salutiferae sanctae crucis Salvatoris Dni nostri Jesu Christi, in quo est salus, vita et resurrectio nostra, per quem salvati et liberati sumus regesque regnunt et cunctum suum firmant imperium, festiva veneratione coli debere sive illud crucis signum in solo seu in edibus vel

---

[1]) Gropp, Coll. T. I. p. 174. Er war demnach schon vor dem Tode seines Vorgängers, der vielleicht wegen Altersgebrechlichkeit keine Functionen mehr vornehmen konnte, zum Weihbischofe ernannt worden.

[2]) Archiv des bischöfl. Ordinariats Würzburg.

[3]) Andres, Magazin f. Prediger. I. Bd. S. 461.

in silicae autve in marmoribus sculptum fore cernatur, quanto plus magisque dignum profecto justum et salutare esse arbitramur hujuscemodi signaculum, in cujus stipite imago salvatoris suae passionis, subtus cujus capitis verticem venerabiles tam sanctae crucis tam aliorum locorum sanctorum, ubi Christus passus est, reliquiae, nec non quatuor sanctorum evangeliorum inicia quae testes sunt venerandae passionis Domini nostri per nostras manus solemni benedictione interveniente reconditae sint. Et hoc quidem in capella Beatae Mariae Virginis in theatro judeorum civitatis nostrae herbip. ante altare s. Leonhardi confessoris positum est et locatum coram omnibus puris mentibus cottidianitor venerari et commemorari debeat et per hoc nos et cuncti Christifideles de meritis sanctissimae passionis D.ⁱ nostri Jesu Christi eo uberius participes capatioresque reddamur efficiamurque. Idcirco nos Epi praefati et quilibet nostrum conjunctim et divisim omnibus Christifidelibus utriusque sexus, qui alias ad hujusmodi sacram ymaginis erigendam sculpturam operas suas consilium pariterque auxilium contulerint, scu deinceps coram illa ob reverentiam accrbissimae passionis Christi, ac eorundem reliquiarum et evangeliorum praedictorum devotionem reverenter inclinaverint, vel duas pia mente spallerint orationes autve lumen aliquod accenderint seu accendi fecerint ac incensum constituerint totiens quotiens haec omnia seu aliorum praedictorum fecerint quadraginta indulgentiarum dies in Domino relaxamus perpetuis futuris temporibus duraturarum [1]).

Am 24. Juli 1502 confecrirte er einen Altar in der ehemaligen Katharinen = Kapelle zu Würzburg; am Feste

---

[1]) Archiv des bischöfl. Ordinariats. Libr. Ingross. T. I. f. 89.

der Apostel Petri und Pauli 1503 weihte er den Chor und den hohen Altar der Pfarrkirche zu Rimpar, und am 9. Oktober 1508 einen Altar zu Ehren des heiligen Sebastian, Valentin und Rochus in der Pfarrkirche zu Sulz-dorf ein [1]).

Eine seltene Feier nahm derselbe am 4. August 1505 in der Dominicanerkirche vor. Er ertheilte im Auftrage und im Namen des Fürstbischofs und Herzogs in Franken, Lorenz von Bibra, dem Junker Michael von Ehenheim die Ritterwürde, und im J. 1510 spendete er ebendaselbst der Tochter dieses Ritters, Anna, das heil. Sacrament der Firmung [2]).

In demselben Jahre consecrirte er die Altäre in der Kirche zu Buchen, und im J. 1511 am 24. Juli dedicirte er unter Verleihung des gewöhnlichen Ablasses einen Altar in der Katharinen-Kapelle zu Würzburg.

Er segnete das Zeitliche am 31. Oktober 1512 und fand seine letzte Ruhestätte in seiner Ordenskirche am vormaligen Elisabethen-Altare.

Zur Verewigung seines Andenkens ward ihm ein Leichen-stein errichtet mit der Aufschrift:

Anno 1512 pridie Calendas Novembris obiit Reverendissi-mus P. Dns Casparus Episcopus Ascalonensis et Beth-leemitanus Sstae Theologiae Professor, ord. Praed. Reverendissimi nostri Episcopi herbipolensis, Ducis Franconiae Vicarius generalis [3]).

---

[1]) Bischöfl. Ordinariats-Archiv. Ordinations-Matrikel. Tom. VI. S. 312 und Tom. IV. S. 205.

[2]) Andres l. c. S. 462.

[3]) Gropp l. c. p. 176.

19.

Johannes Pettendorfer, Episcopus Nicopolitanus.

M. Johannes Pettendorfer, Baccalaureus der Theo=
logie, wurde im J. 1508 auf die Pfarrei ad divam Virginem zu Ingolstadt befördert, in demselben Jahre an
der dortigen, vom Herzog Ludwig dem Reichen gegründeten
und im J. 1472 feierlich eingeweihten und eröffneten Uni=
versität zum öffentlichen Professor der Theologie ernannt, und
als Mitglied in das Rathscollegium der Hochschule berufen.
Im J. 1509 wurde er mit der Würde und dem Amte des
Universitäts=Rectors bekleidet, machte im Sommer des ge=
dachten Jahres eine Reise nach Italien, hielt sich zu Ferrara
auf, und erlangte dort den Doctorgrad in der Theologie.
Zurückgekehrt von seiner Reise, resuscitirte er die theologische
Facultät, wurde Decan derselben und Vicekanzler der Uni=
versität. Der bekannte Kämpfer gegen die Reformatoren,
Johannes Maier, genannt Eck, aus dem Allgäu, der bisher
zu Freiburg im Breisgau Philosophie docirte, und im J.
1510 als Professor der Theologie nach Ingolstadt berufen
wurde, ward von Pettendorfer zum Doctor der Theologie
creirt.

Im Anfange des Jahres 1512 resignirte der Theolog
und Kanzelredner Pettendorfer seine Pfarrei, und folgte
dem Rufe des Fürstbischofes, Lorenz von Bibra zu Würz=
burg, der ihn zu seinem Suffragan ernannte. Auch wurde
demselben die vom Collegiatstifte zu Haug neu gegründete
Prädicatur=Präbende übertragen [1]). Er wird in einer Urkunde

---

[1]) Am 12. August 1507 hatte das Capitel des Collegiatstiftes zu
Haug beschlossen, die nächst in Erledigung kommende Präbende mit
Genehmigung des apostolischen Stuhles einem Magister oder Licentiaten

vom J. 1514 sacrae paginae professor genannt, woraus wir schließen müssen, daß er, wie seine beiden Vorgänger, für die Candidaten der Theologie Vorlesungen gehalten hatte.

Seine erste Pontifical=Handlung war die Verleihung eines vierzigtägigen Ablasses an die Kreuzbruderschaft zu Stadtschwarzach. Er nennt sich zwar in dieser Ablaß=Urkunde, welche vom 24. Januar 1512 datirt ist, nicht Vicarius Episcopi Laurentii in pontificalibus, sondern nur Episcopus Nicopolitanus, woraus wir entnehmen dürfen, daß er, obwohl zum Bischofe geweiht, das Suffra=ganeat noch nicht wirklich verwaltete, vielleicht aus dem Grunde, weil der Weihbischof Caspar Grünwald noch am Leben war.

Seine zweite Pontifical=Verrichtung, welche wir ken=nen, ist gleichfalls eine Ablaß=Verkündigung für die Kapelle zu Nagelsberg. In dieser Urkunde, welche am 14. August 1516 ausgefertigt ist, nennt er sich „Episcopus Nico-politanus, Reverendissimi in Christo patris et Dni Dni Laurentii Episcopi herbipol. *Vicarius in pontifica-libus generalis*", und gewährt einen Ablaß von vierzig Tagen Allen, welche die Kapelle am Tage ihrer Einweihung und an verschiedenen anderen kirchlichen Festtagen besuchen, oder zur Vermehrung der Ornamente, Kelche und dergleichen sich hilfreich erweisen, oder beim Läuten zum englischen Gruße drei Ave beten[1]). Im J. 1516 consecrirte er die Kirchhofs=

in der Theologie mit der Verbindlichkeit zu verleihen, daß derselbe an allen Sonn= und Festtagen in der Pfarrkirche des Stiftes Haug dem Volke das Wort Gottes verkünde. Die Gründung dieser Prädicatur=Präbende wurde noch in demselben Jahre vom Papste Julius II. und im J. 1517 von dem Fürstbischofe Lorenz bestätigt.

[1]) Archiv d. bischöfl. Ordin. Würzb. Libr. Ingross. T. B. f. 488.

Kapelle zu Preppach, und am 12. Sept. 1517 spendete
er den Christgläubigen einen Ablaß, welche die Kloster=
Spitalkapelle zu Amorbach besuchen würden[1]). Endlich ver=
richtete er die Function eines Assistenten, als am 2.
Oktober 1519 der neuerwählte Bischof von Würzburg, Conrad von
Thüngen, durch den Fürstbischof von Bamberg, Georg Erb=
schenk von Limburg, die bischöfliche Weihe erhielt[2]).

Einen anderen weihbischöflichen Act desselben konnte ich
nicht auffinden.

Im J. 1523 war Pettendorfer noch im Besitze seiner
Prädicatur = Pfründe zu Haug; denn in demselben Jahre
wurden ihm nach einem alten Procuratur = Regulativ für die
Prediger = Pfründe 25 fl. ausbezahlt. Dies ist die letzte Nach=
richt, welche Würzburger Actenstücke von dem Weihbischofe
und Prediger Johannes Pettendorfer uns bringen; von nun
an schweigen sie über ihn, dagegen melden Rotmar und
Engerd in den Annalen der Ingolstädter Akademie, daß er
zur Reformation Luthers übergetreten sei, und sich ein Weib
genommen habe. Sie schreiben:

„Vocatus est Pettendorferus Herbipolim et Suf-
fragancus constitutus. Ibi vero a catholica religione
defecit, et libidinis aestu inflammatus uxorem duxit,
et ad Lutheri castra transiit. Ei facultas theologica
in schola sua, in perfidiae illius et perjurii aeternam
memoriam, execrationemque monumentum, cum in-
versis gentilitiis insignibus fecit, ac tale subiccit tetra-
stichon anno 1525:

---

1) Chron. Franc. l. c.   -
2) Fries, Bischöfe von Würzburg. Neue Ausgabe. II. Bd. S. 9.

Desertor fidei, mendax e Praesule factus,

Ex pastore lupus, atque lutosus aper.

Ultricem tulit hanc inverso stemmate plenam,

Fumida Plutonis quod modo taeda cremat.«

Putamen fuit is Pettendorfer et quasi excrementum nostrae Academiae" ').

Sein Abfall von der Kirche geschah höchst wahrschein=lich im J. 1524. Ueber die Schicksale dieses Apostaten und seine weiteren Lebensverhältnisse vermag ich nichts Näheres zu berichten.

20.
Paulus Huthen, Episcopus Ascalonensis.

Nachdem der Apostat Pettendorfer von der Stelle eines Suffragans entfernt worden war, hat Bischof Conrad von Thüngen im J. 1525 den Friedrich Grau — Nausea —, der später auf den bischöflichen Stuhl von Wien erhoben wurde, das Suffraganeat von Würzburg angeboten. Allein Grau lehnte auf den Rath seines Freundes Joh. Brunus zu Bamberg, welcher ihm schrieb, er wisse keine Gründe, ihm zu der Stelle eines würzburgischen Weihbischofes zu rathen, indem sie zu sehr von Nebenumständen abhänge, und wenig Ehre und nicht viel Vortheil bringe, das Anerbieten ab²), und der Fürstbischof Conrad wählte zu seinem Suf=fragan den Weihbischof von Mainz, Paulus Huthen.

Derselbe war Canonicus an der Marienkirche zu Erfurt³), erhielt seinen Bischofstitel von dem Bischofssitze Askalon in

---

¹) Annal. Ingolstadt. Academ. Pars I. p. 75. 76. 80 et seq. 87.

²) Würzb. wöchentliche Anzeigen. Jahrg. 1798. S. 570.

³) Thuringia sacra p. 208.

Paläſtina [1]), und ſeine Erhebung zur weihbiſchöflichen Würde mag in das Jahr 1508 fallen, indem Gudenus über ihn bemerkt: Mitram ut capesseret, supplex a Julio II. petiit Jacobus A? 1508 [2]).

Im J. 1512 am 25. Auguſt weihte er die Pfarrkirche zu Lauenſtein ein [3]), und noch im J. 1516 und 1520 erſcheint er als Suffragan der Erzbidzeſe Mainz [4]).

Als Weihbiſchof von Würzburg begegnet er uns im J. 1525.

Seine erſte Ordination nahm er in Angariae Luciae deſſelben Jahres vor. Im J. 1526 ertheilte er 18 Candi=baten die Minores, an 17 das Subdiconat, an 17 das Diaconat, und an 23 die Prieſterweihe, von welchen 10 dem Säcular= und 13 dem Regular=Clerus angehörten [5]).

Die Reformation hatte, wie bekannt, auf den Clerus der Diözeſe Würzburg den nachtheiligſten Einfluß ausgeübt; ſie war auch in die Klöſter eingedrungen; Mönche und Nonnen huldigten der neuen Lehre, verließen ihre Klöſter, vertauſch=ten den Habit mit weltlicher Kleidung, zogen im Lande um=her, und achteten nicht auf die mehrfachen Aufforderungen ihres Biſchofs, in ihre Klöſter zurückzukehren und nach ihrer Ordensregel zu leben. Papſt Clemens VII. beklagt in einem am 11. Mai 1526 (V. Id. Maji) ausgefertigten und an den Fürſtbiſchof Conrad von Thüngen gerichteten Breve dieſe

---

[1]) Wiltſch l. c. II. Bd. S. 419.

[2]) Cod. dipl. T. IV. p. 818.

[3]) Oeſterreicher, Denkwürdigkeiten der fränk. Geſchichte. 1832. 1. St. S. 30.

[4]) Thuringia sacra p. 205. 206.

[5]) Ordinations=Matrikel vom J. 1520 — 1552 im Archive des biſchöf=lichen Ordinariats Würzburg.

traurigen Zuſtånde, und ertheilt ihm auf fünf Jahre die
Vollmacht, ſämmtliche Manns = und Frauenklöſter der Stadt
und Diözeſe Würzburg, auch jene, welche von der biſchöf=
lichen Jurisbiction durch apoſtoliſche Privilegien und Jnbulte
exemt waren, entweder ſelbſt oder durch Commiſſåre viſitiren,
und im Haupte und in den Gliedern reformiren zu laſſen.

Der Weihbiſchof Paulus wurde nebſt dem Dechant
zum Neumünſter, Mathias Mein, und dem Domherrn
und Archibiacon Michael von Seinsheim zum biſchöf=
lichen Viſitations = Commiſſär ernannt. Er machte dieſes dem
Kloſter Bildhauſen durch folgendes Schreiben bekannt:

Paulus Dei et apostolico sedis gratia Epus Ascalonensis, Reverendissimi in Christo Patris et Dni Dni Conradi
Epi herbipolensis et Franciae orientalis Ducis in Pontificalibus Vicarius generalis, Matthias Mein Collegiatae s. Joannis
novi Monasterii Decanus et Michael Seinsheim, cathedralis
ecclesiae herbipolensis Canonicus et Archidiaconus, Visitatores omnium et singulorum monasteriorum et religiosorum
locorum tam virorum quam mulierum civitatis et Dioecesis,
quorumcunque etiam cisterciensis et praemonstratensis ac
mendicantium ordinum, nec non militarium etiam a juris-
dictione, visitatione et correctione ordinaria per quaevis privilegia et indulta apostolica exemptorum a praefato Reverendissimo Dno Epo herbipolensi Apostolica et ordinaria authori-
tatibus subdelegati et deputati.

Datum et Decretum Herbipoli A.º 1527 die Jovis 14. mensis Maji [1]).

Das Jahr ſeines Todes iſt uns unbekannt. Seine letzte
Ordination hielt er in Angaria Trinitatis 1527, und es

---

[1]) Manuſcript des Kloſters Bildhauſen.

scheint, daß er in diesem Jahre oder im Anfange des Jahres 1528 mit Tod abgegangen ist, indem der Weihbischof von Bamberg, Andreas Heynlein, am Donnerstag den 5. Dezember 1527 eine Ordination dahier vorgenommen[1]), und von dem Bischofe Conrad berufen worden war, den zum Feuertode verurtheilten Augustiner = Mönch Ambrosius am Freitage nach Quasimodogeniti 1528 zu begrabiren[2]).

21.
Johannes Reutter, Episcopus Hipponensis[3]).

Johannes Reutter, Doctor und Professor der Theologie, gehörte dem Orden der Carmeliten an, war Prior des Conventes zu Ravensburg in der Diözese Constanz, wurde im J. 1526 auf dem zu Bamberg abgehaltenen Capitel zum Provinzial ernannt, und versah eben das Lectorat und die Predigerstelle seines Klosters zu Würzburg, als ihn Bischof Conrad am Donnerstage nach dem Sonntage Jubica 1528 zu seinem Suffragan erkor. Das Ernennungsdecret ist in der Form eines von beiden Theilen abgeschlossenen Vertrages ausgefertigt und enthält die Obliegenheiten und das Nähere über die Besoldung des neuernannten Rathes und Weihbischofes.

Nach demselben hatte er sich von dem Papste den bischöf= lichen Titel und die Confirmation auf eigene Kosten zu ver= schaffen, und nach erhaltener bischöflichen Würde und Weihe

---

[1]) Ordinations = Matrikel.

[2]) Fries in Ludewigs Geschichtschreibern des Bisth. Würzb. S. 908 und Theophil. Frank in seiner Geschichte des Frankenlands S. 230 erzählen diese schauerliche Hinrichtung umständlich.

[3]) Hippon — Kirchenprovinz vom nordwestlichen Afrika und zum Erzbisthume von Carthago gehörig. (Wiltsch l. c. I. Bd. S. 402.)

seine Residenz auf seine Kosten in der Stadt Würzburg zu nehmen. Er solle, wie es einem Bischofe gebührt, sich zur heiligen christlichen römischen Kirche getreulich halten, die Ordnung, Statuten und Satzungen derselben genau beobachten, den Anfechtungen ihrer Feinde soviel nur möglich Widerstand leisten, und seinem bischöflichen Amte nach seinem besten Vermögen treu und redlich vorstehen. Es ward ihm untersagt, für seine bischöflichen Verrichtungen und Acte etwas zu fordern oder anzunehmen, noch Andere zu bitten oder anzugehen, daß ihm etwas für seine Functionen gegeben werde; jedoch waren hievon ausgenommen die Procurationen, so „einem Bischove die beschriebene recht vergonnen und zugeben; das mag er nemen, doch das er dieselbigen nit ungebührlicher weis rechne oder hoch anschlage, oder einige geuerde darinne such oder gebrauch". Sollte ihm aber etwas ohne vorhergehende Forderung zur Verehrung und aus freier Mildthätigkeit gereicht werden, so sei ihm die Annahme dessen nicht verboten, doch dürfe hiebei kein Betrug oder Arglist gebraucht werden.

Auch soll sich der Suffragan die Aufrechthaltung der geistlichen Sachen, besonders des heiligen Glaubens, ernstlich angelegen sein lassen, denselben gegen etwaige Angriffe auf Aufforderung des Bischofs durch Predigten, mündliche Vorträge und Schriften vertheidigen, das Hochstift vor Schaden bewahren, die Geheimnisse des Bischofs und Stiftes verschweigen, dem Dompropst, Dechant und Capitel sowie der Geistlichkeit des Bisthums die gebührende Hochachtung erweisen, und alles das, was einem frommen Weihbischofe, Rath und Diener von Rechts und Billigkeit wegen zusteht, getreu und fleißig verrichten, thun und vollziehen.

Für seine Dienste sollen ihm von dem Fürstbischofe und seinen Nachfolgern jährlich 200 Gulden fränk. quartaliter

ausbezahlt werden. Mit dieser Besoldung habe er sich zu
begnügen, und an den Fürstbischof, seine Nachkommen oder
an das Stift keine weitere Forderung um Gehaltszulage zu
machen. Würde er mit der Zeit aus Alter und Gebrechlich=
keit seinem weihbischöflichen Amte nicht mehr vorstehen kön=
nen, und die Aufstellung eines anderen Weihbischofes noth=
wendig werden, so soll er eine jährliche Pension von 100 fl.
fränk. erhalten.

Vorstehende Punkte beschwor der neue Suffragan, und
stellte hierüber dem Bischofe einen Revers aus [1]). Dieser
ward mit den Insiegeln des Johann von Lichtenstein, Land=

---

[1]) Der Revers lautete:

Also bekenne ich Johann Reutter Doktor offentlich mit diese brive
vnd thue kunlt allermeniglich, das ich diese Verschreibung wie die obbestimet
ist, williglich angenomen hab. Gerete vnd versprich auch die selbigen In
allen Iren begrieffen punkten vnd artikeln War siet fest vnd vnuerbrüch=
lich zu halten, vnd mit allem trewen Bleys zuuolziehen, Wo ich aber
(das doch nit sein solle) diese Verschreibungen in arniem oder mehr stucken
verprechen vnd nit halten wurdt, als dan soll hochgemeldter mein gne=
diger Her von Wurtzburgk oder s.·g. nachkommen gut sug, recht und
macht haben, sich mit ainem anderen suffraganen Ires gefallen zuuer=
sehen, als dan sol die Verschreibung geuallen tod vnd ab vnd mir der=
selben zu geben oder zu thun nichts schuldig sein. Solches alles hab ich
seinen sg. mit Handt geneüten trewen gelobt, vnd dar zu uf die heiligen
euangelien ain gelert aide wissentlich geschworen, Glob vnd schwere das
also hiemit vnd in craft bits Prieucs on aller geuerde. Zu urkunth hab
ich mit seinem Bleis gebetten vnd erbetten, die ehrwurdigen Herren Johan
von Lichtenstein Laudrichter des Herzogthumbs zu franken vnd herren
Michel von Sainßheim official curie, bede Thumbherren zu Wurtzburgk,
das jr jglicher sein eigen Insigel sur mich an diß brieff gehenkt hat,
welcher sigelluugen Wir iez gemelte Johann von Lichtenstein vnd michel
von Sainßheim bede Thumbherren von vlenssiger bith wegen geschehen
bekennen, doch vns ... nachkomen vnd erben on schaden. Der geben ist
am Tag vnd im Jar wie obsteht.

richters des Herzogthums zu Franken, und des Officialis curiae Michael von Seinsheim versehen, und enthielt die Bedingniß, daß der Bischof Conrad und seine Nachfolger in dem Falle, wenn der gedachte Weihbischof den obigen Vertrag in einem oder mehreren Stücken brechen und nicht halten würde, Macht und Befugniß haben sollten, einen anderen Suffragan aufzustellen, und von jeder Verbindlichkeit gegen ihn — Johann Reutter — frei und ledig seien.

Unterm 29. Juli 1528 wurde über die mit Zustimmung des Domcapitels geschehene Ernennung des neuen Weihbischofes sowie über seine Obliegenheiten und Bestallung ein Notariats = Instrument ausgefertigt und ihm zur Erwirkung der päpstlichen Confirmation behändigt.

In der Bittschrift des Fürstbischofes vom 1. August desselben Jahres an Papst Clemens VII., um demselben ein erledigtes Bisthum anzuweisen, wird ihm das schönste Lob ertheilt. Conrad nennt seinen auserlesenen Gehilfen in der Verwaltung des Bisthums „ex legitimo matrimonio natum, virum multipliciter commendatum, rectitudinis zelo accensum, doctrina, vitae et morum honestate conspicuum, forma et scientia venustum, episcopali culmine non suo (Conradi) solum, sed multorum judicio dignum". Ebenso rühmt ihn Conrad in seinem Schreiben an den Bischof Laurentius von Präneste und Cardinal Tit. sanct. quatuor coronatorum, welcher um die Beförderung der Bittschrift ersucht wird [1]). Weder ein Breve über seine Bestätigung, noch ein Actenstück über seine Consecration zum Bischofe konnten wir auffinden. Nach einer Bemerkung in dem mehr

---

[1]) Bischöfl. Ordinariats = Archiv. Libr. Ingross. T. G. f. 51. 54 und 55.

citirten Chron. Franc. Tom. III. f. 502 scheint dieselbe am 9. October 1528 Statt gefunden zu haben.

Von seinen weihbischöflichen Verrichtungen kennen wir folgende.

Am Sonntage Esto mihi 1529 nahm er seine erste Ordination vor; am 27. Juni desselben Jahres weihte er die Kapelle und den Altar auf dem Schlosse Rothenfels, welche im Bauernkriege verwüstet und entweiht worden war, wieder ein; am 2. Advents-Sonntage 1531 consecrirte er den hohen Altar und drei Nebenaltäre in der Abteikirche des Klosters Theres; in vigilia s. Laurentii 1532 weihte er den obern Altar der Basilica der Benedictiner-Abtei zu Aura an der fränkischen Saale zu Ehren der heil. Martyrer Georg und Laurentius und des heil. Bischofs Otto ein [1]), und am 26. August 1534 nahm er die abermalige Einweihung der ebenfalls im Bauernaufstande entehrten Altäre in der Abtei-kirche zu Neustadt am Main vor.

Es starb am 8. Februar 1536 und erhielt in seiner Ordenskirche zu Würzburg zunächst des Einganges in die Sacristei seine Ruhestätte. Das Denkmal, welches ihm errichtet wurde, zeigte einen Bischof in Pontificalkleidung, und trug die Umschrift:

Anno 1536 die 8. Februarii obiit Reverendus in Christo
    Pater et Dominus Joannes Episcopus Hipponensis,
    Suffraganeus Herbipolensis, Sacri Carmelitarum Ordinis
    olim Provincialis, in hoc coenobio sepultus.

---

[1]) Reininger, Monographie der Benedictiner-Abtei Aura an der fränkischen Saale. S. 55. Archiv d. histor. Vereins f. Unterfr. u. Aschaffenb. XVI. Bd. 1. Heft.

22.

Augustinus Marius, Episcopus Salonensis [1]).

Wir begegnen nun unter ben Weihbischöfen von Würz=
burg einem berühmten Manne, ber unter ben Gelehrten bes
16. Jahrhunderts eine ehrenvolle Stelle einnahm und sich
in seinem erhabenen Wirkungskreise seltene Verbienste erwarb.
Wir haben bisher mehrere Weihbischöfe als ausgezeichnete
Männer kennen gelernt; Marius aber erhebt sich weit über
bieselben empor; er tritt in Wort und Schrift als wackerer
Vertheibiger ber katholischen Sache gegen bie Reformatoren
auf und glänzt als Kanzelrebner in verschiebenen Cathebralen
und als eifriger Suffragator ber Bisthümer Freising, Basel
und Würzburg. Gropp rühmt ihn: „Vir fuit eximiae
eruditionis ac virtutum longe praeclarissimarum, ob
hujusmodi animi decora ad sublimiores ecclesiasticas
dignitates certatim expeditus."

Augustin Marius war zu Läher, einem Dorfe in ber
Nähe ber Stabt Ulm, im J. 1485 geboren. Sein Vater
hieß Johannes Maher und seine Mutter Margaretha
Häifelerin. Seinen Geschlechtsnamen Maher latinisirte
er nach ber Sitte ber bamaligen Zeit in Marius. Seine
Stubien begann er zu Ulm und wurde nach ber Vollenbung
berselben um bas Jahr 1502 in bas Chorherrn=Stift zu ben
Wengen in Ulm aufgenommen [2]).

---

[1] K u e n, Collect. Scriptor. rerum histor. monastic. ecclesiastic.
var. religios. Ordin. Tom. V. P. II. p. 383 et seqq. Günzburg. 1765. —
G r o p p, Collect. Tom. I. p. 300 — 303. — M. Johannes, Verzeich=
niß ber Würzb. Weihbischöfe in Anbres Magazin f. Prebiger. II. Bb.
S. 141 — 160. — A. Marius, Schriften.

[2] Das Stift Wengen, ein eremtes Collegium regulirter Chorherren,
bem Erzengel Michael geweiht, welches nach ber Absicht bes Stifters

Seine Liebe zu den höheren Wissenschaften bewog ihn, seine einsame Klosterzelle, wo ihm die Gelegenheit zur Be=friedigung seiner Wißbegierde nicht geboten werden konnte, zu verlassen, und die Universität Wien, an welcher damals die berühmtesten Männer lehrten, zu besuchen. Er erwirkte deßhalb für sich und seinen Confrater Myllius (Müller) bei der römischen Curie ein auf sieben Jahre sich erstrecken=des Privilegium, durch welches ihm und seinem Freunde Myllius der Besuch der Wiener Universität gestattet wurde. Freudig verließen beide jungen Canoniker um das Jahr 1511 ihre Klosterheimath und wanderten begeistert für die Wissen=schaften der Hauptstadt Austria's zu. Diese Reise, bemerkt der Verfasser der Lebensgeschichte unseres Marius, geschah nicht ohne Zulassung der göttlichen Vorsehung, die ihn zu Höherem bestimmt hatte — „quod haud dubie ex speciali Numinis providentia factum est, ut nempe Augustinus

---

hauptsächlich Pilger= und Armen=Herberge sein sollte, wurde im J. 1183 von Witegow von Albeck auf dem Michelsberge nördlich bei Ulm gegründet. In den J. 1199 — 1206 wurde es von dem Berge herab in die Blau=Insel bei Ulm (die hohen und niederen Wengen genannt) übersiedelt, von wo es gegen das Ende des 14. Jahrhunderts in die Stadt Ulm versetzt wurde.

Unter Ambrosius Raut, der im J. 1521 zum Propste des Stiftes gewählt wurde, fand die Reformation bei den Bürgern Ulms rasche Auf=nahme und Verbreitung. Der Propst mußte im J. 1530 sein Kloster verlassen, und die Chorherren, mit Ausnahme eines einzigen, fielen vom katholischen Glauben ab, zogen den Habit aus, und erhielten vom Magi=strate, der die Klostergüter in Besitz genommen und sie durch einen Ad=ministrator verwalten ließ, eine jährliche Pension.

Im J. 1549 rief der Magistrat aus Furcht vor K. Carl V. den Propst Ambrosius zurück und übergab ihm wieder das Kloster und die Güter desselben. Durch die Bemühungen der Pröpste kam die Canonie allmälig wieder in Flor und bestand bis zur Säcularisation.

noster inter Academicorum pugnas et concertationes
expoliretur in instrumentum in secuturis calamitatibus
ecclesiae utile, iisque scientiis impleret animum, quibus plurium animarum saluti olim posset succurrere."
Ein altes Manuscript des Klosters Wengen sagt: Dominus
Martinus Myllius et Augustinus Marius, ambo presbyteri, et in nostro Wengensi coenobio quondam professi,
nostro a Canonicatu Papali cum Privilegio septennio
Viennam venerunt, et aliquibus annis studii ob gratiam
ibidem vitam duxerunt.

Michael, der Propst des Stiftes, entließ ungern seine
beiden Söhne.

Marius war glücklich in Wien, dem gefeierten Emporium
der Wissenschaft, angekommen, und ließ es sich nun ange=
legen sein, den Studien sich mit ungetheilter Kraft zu wid=
men, besonders waren es die Disciplinen der Philosophie
und Theologie, deren Studium er sich mit allem Eifer und
dem besten Erfolge hingab. Der Ingolstadter Professor und
Theolog, Johann Eck, erschien im J. 1516 zu Wien, und
der akademische Senat ertheilte ihm die Erlaubniß, an der
Universität öffentliche Vorlesungen in der Theologie zu hal=
ten, welche mit allgemeinem Beifall aufgenommen wurden.
Marius knüpfte mit dem berühmten Theologen freundschaft=
liche Verhältnisse an, und vertheidigte unter seinem Vorsitze
auf Befehl des Kaisers am 8. August 1516 vor einem zahl=
reichen Publicum mehrere Theses aus der Theologie. Obwohl
noch ein ungeübter Streiter in den höheren Wissenschaften,
bestand Marius diesen gelehrten Wettkampf mit aller Ehre
und dem größten Beifalle.

Um diese Zeit wurde er und sein Gefährte Myllius von
dem Propste des Stiftes Wengen wegen damaligen Mangels

an brauchbaren Religiosen aufgefordert, nach Ablauf des Septenniums in ihr Kloster zurückzukehren; allein sie kamen der Aufforderung nicht nach, und erwirkten, von ihren Freunden zu Wien unterstützt, bei der römischen Curie eine Verlängerung desselben auf weitere sieben Jahre. Durch freundliches und ausgezeichnet sittliches Benehmen und durch unermüdetes wissenschaftliches Streben gewannen beide sich Freunde und Gönner zu Wien, welche für ihren standesmäßigen Unterhalt alle Sorge trafen, so daß ihrem Stifte deßhalb nicht die geringste Last aufgebürdet wurde.

Im Jahre 1520 ward unserm Magister Augustinus Marius die Auszeichnung zu Theil, durch einstimmigen Beschluß des akademischen Senates zum Doctor der Theologie und im J. 1521 zum Decan der theologischen Facultät an der Universität Wien promovirt zu werden. Diese beiden Ehrenstellen, zu welchen er erhoben wurde, machten ihn nicht eitel und stolz. Nebst den vortrefflichen Anlagen des Geistes und Gemüthes besaß er auch die Gabe einer hinreißenden Beredsamkeit, von welcher seine Predigten auf verschiedenen Kanzeln der Stadt Wien das glänzendste Zeugniß gaben. Er galt als Lieblingsprediger der Wiener; seine Vorträge wurden von den höheren und niederen Ständen mit gleichem Beifalle aufgenommen, sein Ruf als Kanzelredner war bald weithin bekannt, so daß er schon im J. 1521 als Domprediger zu Regensburg angestellt wurde.

Culta Vienna docet rite, Doctumque coronat,
    Pergo Ratisbonam, Mystica sacra docens.

In einem Buche der Bibliothek des ehemaligen Klosters Oberzell, welchem Weihbischof Marius seine Büchersammlung vermacht hatte, befand sich ein Holzschnitt, welchen Gropp in Kupfer stechen ließ, und uns (Coll. I. p. 302) in einem Abdrucke mittheilt.

Dieses Hierographium zeigt uns verschiedene Insignien und Embleme. Am oberen Theile desselben sehen wir eine Mitra zwischen zwei Bischofsstäben; in der Mitte steht ein Kreuz; an der Spitze des mittleren Kreuzbalkens liegt ein aufge=schlagenes Buch; etwas weiter unter demselben lesen wir die Worte:

.Nil. Sine. Menda.

Unter den verschlungenen Buchstaben: C. M. A. D. zeigt sich ein Stern, und unter demselben der Name: Augustinus. Marius. Doctor.

Um das Kreuz herum ist kreisförmig ein Rosenkranz gelegt. Am Fuße des Kreuzes sind Marius Wappenschilbe — der eine mit einer Lilie, der andere mit einem Säemanne — abgebildet, und am oberen Theile eines jeden Schildes erblickt man die strahlende Sonne. Diese Wappenschilbe waren ihm wegen seines reinen priesterlichen Wandels und als Symbol seiner Thätigkeit im Lehr = und Predigtamte von dem Kaiser Karl V. verliehen worden.

An beiden Seiten des Kreuzes sind verschiedene geist=liche und ascetische Sinnbilber angebracht. Das ganze liebliche Bild steht in einer Rahme von zierlich gearbeiteten Säulen, und unter demselben lesen wir einige Verse, die sich in Kürze auf die bisherige Lebensgeschichte unseres Marius beziehen.

Laehera quem genuit, quemque educat Ulma puellum,
  Venga facit sacrum Religionis virum.
Erudit insignemque videt quem docta Vienna,
  Quique Ratisbonae semina spargo Dei.
Hoc tibi describor dubio pictasmate, Lector,
  Unica cui Christus, caetera vana, salus.

Idibus Decembris MDXXI.
aetatis XXXVI.

VIII*

Nicht lange versah Marius das Predigtamt in der Domkirche zu Regensburg; schon in dem folgenden Jahre 1522 wurde er von dem Bischofe Philipp von Freising zur Würde seines Weihbischofes erhoben. Er erhielt von der ehedem ansehnlichen aber längst verwüsteten Bischofsstadt Salona in Dalmatien den Titel: „Episcopus Salonensis". Ein altes Chartular des Stiftes Wengen bemerkt: Augustinus Marius, Doctor Theologiae factus, et Concionatoris munus Ratisbonae in cathedrali ecclesia assumpsit, et gradatim usque ad Suffraganci Frisingensis dioecesis dignitatem pervenit anno 1522.

Er verwaltete sein hohes Amt mit aller Sorgfalt und apostolischem Eifer, verkündete das Wort Gottes mit einer heiligen Begeisterung, und trat den Neuerungen, welche hie und da gegen die katholische Sache auftauchten, durch Wort und Schrift mit Ernst und Entschiedenheit entgegnen, so daß, wie sein Biograph in dem Eingangs angeführten Werke bezeugt, durch seinen Eifer und seine Wachsamkeit die Diözese Freising von den Gefahren der Irrlehren und Ketzerei bewahrt blieb.

Seitdem Marius die weihbischöfliche Würde bekleidete, schmückte er das oben näher beschriebene Hierographium mit dem Bischofsstabe und der Infel, und vermehrte die bereits angegebenen Verse mit dem Distichon:

Postque Salonarum Presul, qui tendo Frisingam
    Suffragator ubi munera sacra gero.
          Kalen. Marcii MDXXII.
              aetatis XXXVI.

Aus dieser Stelle geht hervor, daß Marius bereits im Monate März 1522 das Suffraganeat zu Freising angetreten und damals in seinem 36. Lebensjahre gestanden.

Von seinen bischöflichen Verrichtungen in Freisingen kann ich nur eine angeben. Im J. 1524 consecrirte er einen Altar daselbst. Die Consecrations = Urkunde enthält seine beiden Wappen; auf dem zur Rechten ist eine von der Sonne bestrahlte Lilie, und auf dem andern ein Säemann; über beide ist eine Insel zwischen zwei Bischofsstäben abgebildet[1]).

Fast vier Jahre lang hatte er dem Bisthume Freising als Weihbischof seine Dienste gewidmet, als er unvermuthet einen Ruf nach Basel erhielt. Die Reformation war in diese Stadt gedrungen; der Sacramentirer und Hauptwortführer des Protestantismus, Oekolampad, predigte daselbst und gewann immer mehr neue Anhänger. Der Bischof Christoph von Uttenheim und das Domcapitel von Basel riefen deß= halb unseren Marius, dessen Eifer für die katholische Sache bekannt, und dessen Ruf als Prediger schon längst nach Basel gedrungen war, herbei, die sinkende katholische Religion auf= recht erhalten zu helfen. Marius folgte mit Einwilligung seines Bischofes dem Rufe nach Basel in der Hoffnung, für die katholische Sache daselbst Erfrießliches wirken zu können; behielt aber sein Suffraganeat zu Freising noch bei, welches erst im J. 1529, als Augustin Marius die Domprediger= Stelle zu Würzburg übernommen hatte, wieder besetzt wurde[2]).

Der Weihbischof von Basel, Telamorius Limperger aus dem Eremiten=Orden der Augustiner, war im J. 1526 zur Irrlehre des Oekolampad übergetreten und von dem Bischofe zu Basel seines Amtes entsetzt worden. Marius ward an die Stelle des Apostaten als Weihbischof ernannt und ihm zugleich das Predigeramt in der Cathedrale übertragen.

---

[1]) Bugniet, Fr. v., Suffragan = Bischöfe von Freising. S. 29.
[2]) Schematismus d. Erzbisthums München=Freising. 1830. S. 151.

Hinc vocat ad munus geminum Basilea sub Oeco-
Lampadii in partes dogmate scissa duas.

Kaum war seine Ankunft in Basel bekannt geworden,
so suchte Oekolampadius ihn auf seine Seite zu bringen [1]).
Er schrieb ihm einen schmeichelhaften Brief, in welchem er
ihn beglückwünschte und also ermahnte: „er solle mit ihm
Christum, den Heiland, dermaßen predigen, daß die zer=
trennte Gemeinde in christlicher Eintrechtigkeit wiederum zu=
sammen wallet. Er würde Leute haben, die ihn wider sich,
als der eine neue Lehre eingeführet, verhezen würden; den=
selbigen solt er kein Ohr geben, sonder, wann er an seiner
Lehr Mangel befunde, mit ihm darum handeln, bericht zu
geben oder zu nehmen. Alle Zwietracht in der Stadt sei
daher allein entsprossen, weil viele die reine Wahrheit nicht

---

[1]) Johannes Oekolampadius (Hausschein), Reformator zu Basel,
war 1482 zu Weinsberg geboren, machte seine ersten Studien zu Heil=
bronn und Heidelberg und studirte die Rechtswissenschaft und Theologie
auf der Universität zu Bologna. Er wurde 1515 Pfarrer zu Basel,
1518 Domprediger zu Augsburg, schrieb gegen Eck und stand im Brief=
wechsel mit Luther und Melanchthou. Er trat am 23. April 1520 in
das bei Augsburg gelegene Brigittenkloster zu Altmünster, verließ das=
selbe 1522, ward Hausgeistlicher des Franz von Sickingen auf dem
Schlosse Ebernburg, las einen Theil der Messe in deutscher Sprache,
ging noch in demselben Jahre nach Basel und befreundete sich mit Zwingli.
Der Rath von Basel machte ihn bald zum Lector der h. Schrift und nach
zwei Jahren zum Pfarrer von St. Martin. Im J. 1528 nahm er sich eine
Frau, die ihm drei Kinder gebar. Durch sein Anstiften vertrieben im
J. 1529 die Bürger die katholischen Rathsherren, stürmten die katholi=
schen Kirchen, und unterdrückten den katholischen Gottesdienst in Basel.
Er gab nebst seiner Schmähschrift gegen die heil. Messe noch einige
Schriften heraus, und endete, durch ein fressendes Geschwür schleunig
entkräftet, am 24. Nov. 1531 sein Leben. (Wetzer, Kirchenlexikon.
7. Bd. S. 705 u. ff.)

annehmen wollen, gleichwie die Pharisäer von den Aposteln nicht anders getrennet, als daß sie mehr auf ihrer Väter Satzungen und menschliche Gerechtigkeit, dann das alte Wort Gottes gehalten. Ihm wäre wohl bewußt, daß er die Zeit her, so er zu Basel geprediget, nichts gelehret, das nicht durch Gottes Wort möcht erhalten werden. Alle durch ihn angerichte Enderungen seien dermaffen, daß man sie ohne Verletzung des Gewissens nicht unterlassen könnte; vermahne derohalben ihn, welchen er selbst dahin geneigt sein achte, Gott diese Ehr zu thun, und nichts höher, dann sein Wort zu halten, was demselben widrig, nicht zugeben, laut des Apostels Spruch, welcher wölle, daß ein jeder, so in der Kirchen redet, nur Gottes Wort rede. Wo er ihm darneben Liebe, Freundschaft und Dienst erzeigen könnte, wollt er beß bereit sein, zur Förderung der Ehre Gottes und Erbauung des Nechsten" [1]).

Marius, mit christlicher Klugheit und dem Schilde des Glaubens gewaffnet, schloß sein Ohr dieser zischenden Schlange und schmeichelnden Stimme, blieb der katholischen Sache treu und vertheidigte dieselbe mit unerschrockenem Muthe.

Im Juni 1526 fand die bekannte Disputation zwischen den Katholiken und den Sacramentirern zu Baden in der Schweiz Statt. Der Bischof von Basel hatte Augustin Marius dahin abgeordnet, das Dogma der katholischen Kirche zu vertheidigen. Eck stand an der Spitze der katholischen Doctoren, und Oekolampad, das Haupt der Abtrünnigen, eröffnete den Kampfplatz. Nach mehrtägigem Disputiren wurde an die anwesenden Doctoren die Frage gestellt, ob sie die aufgestellten Theses des Johannes Eck oder jene seiner Gegner vor-

---

[1]) Kuen l. c. p. 380.

zögen. Die Mehrheit der Gelehrten entschied sich für Eck, und auch Marius, ein beredter Anwalt der katholischen Sache, unterzeichnete die Lehrsätze desselben.

Marius kehrte nach Basel zurück; aber die Streitig= keiten zwischen den Religionsparteien hörten nach der Dis= putation zu Baden, welche für Oekolampad unglücklich ge= endet hatte, nicht auf, sondern traten immer heftiger hervor. Oekolampad machte inzwischen einen weiteren Versuch, Marius für seine Partei zu gewinnen. Unterm 4. Dezember 1526 schrieb er abermals an denselben, und drückte sein Bedauern aus, daß das Evangelium in der Stadt Basel nicht ein= mündig und ohne Zwiespalt geprediget werde; er hoffe, daß sich Marius herbeilassen würde, diesem Uebel der Zwie= tracht zu begegnen und mit ihm die reine Lehre zu verkün= den, und begehre von ihm, daß er der Wahrheit gemäß lehre, und von seinen Vorträgen über das Ansehen und die Gewalt der Kirche — der Hauptursache der Zwietracht — ablasse. Zugleich forderte er Marius auf, über jene Lehrsätze, bei welchen ihre Meinungen getheilt seien, sich schriftlich oder mündlich mit ihm zu benehmen; sollte er aber diesem Be= gehren nicht nachkommen und ihm nicht eine gebührliche Ant= wort geben, so sei er und seine Mitprediканten entschlossen, ohne Ansehen der Person freimüthig ihre Lehren zu verkünden.

Auch dieses Schreiben verfehlte seinen Zweck; Marius ließ sich nicht darauf ein, trat mit seinen Widersachern in keine Gemeinschaft, und fuhr fort, unerschrocken die katholische Wahrheit zu predigen.

Der Rath von Basel suchte die Parteien zu versöhnen und zu vereinigen. Schon im J. 1526 hatte er in diesem Sinne ein Mandat an sämmtliche Geistliche der Stadt erlassen. Allein er vermochte nicht, den entfesselten Geist der Neuerer zu bändigen. Besonders heftig traten diese gegen das heilige Meßopfer auf, und erklärten dasselbe öffentlich auf den Kanzeln für eine Abgötterei und einen Greuel vor Gott. Die katholischen Prediger sahen sich gezwungen, diese schmählichen Angriffe abzuwehren und die Heiligkeit des heil. Meßopfers zu vertheidigen. Um diese Kämpfe, wodurch unter dem Volke Aufregung und Unruhe entstanden, abzuschneiden, erließ der Statthalter des Bürgermeisterthums und der Rath der Stadt Basel unterm 16. Mai 1527 ein neues Mandat, in welchem Marius und seine Mitprediger aufgefordert wurden, aus der heiligen Schrift des alten und neuen Testamentes nachzuweisen, daß die Messe, wie sie bisher gehalten wurde, selig und heilig, ein Opfer, von dem Sohne Gottes eingesetzt sei, in welchem er von den Priestern zur Auslöschung der Sünden Gott dem Herrn aufgeopfert werde.

Ebenso erhielt der Pfarrer zu St. Martin, Oekolampad, sowie seine Mitprädicanten, den Befehl, ihre Beweise aus der heiligen Schrift beizubringen, daß die Messe, wie sie bis auf diese Zeit gehalten werde, unnütz und ein Greuel und Gotteslästerung sei. Binnen vier Wochen sollten die Führer beider Parteien ihre Schriften dem Rathe vorlegen, und sämmtlichen Prädicanten der Stadt, welcher Meinung und Partei sie auch angehörten, wurde strenge untersagt, die Messe zum Gegenstande ihrer Kanzelvorträge zu machen.

Oekolampabius beeilte sich, seine Schmähschrift gegen die heilige Messe bei dem Rathe einzureichen. Er versuchte in seiner Darstellung, aus den Schriften des alten und neuen Testamentes die vorgeblichen Beweise herauszufinden, daß die Messe ein Greuel und eine Abgötterei sei. Ich will die Irrgänge seiner sogenannten biblischen Begründung nicht weiter verfolgen, sondern nur auf seine Schlußerklärung den Leser hinweisen, in welcher er seine Schmähungen gegen das heilige Meßopfer ausschüttete: „Nun sagen wir, und wissen auch, es mit der Schrift beizubringen, daß auf Erden unter den Christen keine größere Abgötterei, Unordnung, Gotteslästerung, Simonie und allerlei Verderben der Seele vorgegangen sei und noch vorgehe, als in der Messe der Papisten".

Diese maßlose Schmähschrift unterzeichneten die lutherischen Prediger zu Basel:

Joannes Hußschin, genant Oecolampadius, Lütpriester by S. Martin.

Markus Berschi, Lütpriester by S. Lienhardt.

Wolfgangus Wysenburg, Lütpriester im Spital.

Joannes Lüthart, Prediger zue Barfüßer. •

Thomas Gyrfalk, Prediger zue Augustinern.

Balthasar Vögeli, Diacon zu S. Lienhardt.

Hieronymus Bothanus, Diacon by S. Martin.

Auch Marius und seine Mitarbeiter im Weinberge des Herrn reichten bei dem Rathe ihre Schutzschrift für das heil. Meßopfer ein. Sie ist datirt Basel am 16. Tage des Heumonats 1527. In seiner Anrede an den Rath bemerkt der Weihbischof, daß er jederzeit bereit sei, über seine Lehre schriftlich oder in anderer Weise Rechenschaft abzulegen, insoferne er von seinem Fürsten und Herrn, dem erwählten Bischofe und seinem Domcapitel, als von seiner ordentlichen Obrigkeit, dazu aufgefordert würde. Der Bischof und das Domcapitel seien die rechtmäßigen Oberen, von welchen allein alle Prediger wegen ihres Glaubens und ihrer Lehre zur Rechtfertigung gezogen werden könnten. Er habe dieses bereits unterm 20. und 24. Mai dem Bürgermeister erklärt. Von seiner Obrigkeit sei es ihm verboten, sich über Religionssachen in irgend eine Disputation einzulassen; da aber der

Rath von dem Bischofe und dem Capitel begehrt habe, daß
er (Marius) eine Schrift für die Messe nach Inhalt des
Mandats dem Rathe vorlege, so wolle er dieses thun aus
freien Stücken, aus sich selbst allein, und somit
seine Schutzschrift für das heilige Meßopfer dem Rathe übergeben.

Marius Schutzschrift ist in der Form einer Vorstellung
an den Bürgermeister und die Stadträthe von Basel abgefaßt und beschränkt sich auf die Beantwortung der durch das
Mandat vom 16. Mai an ihn gestellten Fragestücke. Er
beweist es aus den Schriften des alten und neuen Testamentes, aus den Zeugnissen der Apostel und durch die un-
unterbrochene Lehre der Kirche von ihrem Anfange an bis
auf diese Zeiten, daß die Messe, von Jesus Christus eingesetzt, mit Recht heilig genannt werde, daß sie ein wahres
Opfer sei; daß in derselben Christus, sein Leib und sein
Blut unter den Gestalten des Brodes und Weines, durch
die Priester dem Allerhöchsten aufgeopfert werde, und daß
sie ein Opfer für die Lebendigen und Todten sei. Er widerlegt die Behauptung und Schmähung der Irrlehrer, daß die
Messe ein Greuel und Abgötterei sei, erinnert, daß die
katholische Lehre von dem heiligen Meßopfer bei der zu Baden
abgehaltenen Disputation gutgeheißen worden, und richtet
am Schlusse seiner Schrift an die Rathsherrn die Worte:
„Ihr wollet uns und unseren Zuhörern vergönnen, bei
unserer Mutter, der christlichen Kirche, zu verbleiben, und
uns, die wir nichts neues üben, in Frieden gedulden, und
wollet euch zu Herzen nehmen, daß der unserigen noch nicht
gar wenig sind, indem am heil. Pfingstfeste vier Tausend
im Domstifte gesehen worden, dem Worte Gottes zuzuhören,
an welchem Tage auch mehr Menschen gebeichtet, und das
hochwürdige Sacrament nach christlicher alter Ordnung unter

einer Gestalt empfangen haben, als auf demselben genann=
ten Tage vor acht Jahren geschehen ist."

Dem Schlusse der Schrift ist eine Protestation beige=
geben, welche von Augustinus Marius und eilf Geistlichen
der Stadt Basel unterschrieben ist, als:

Leonharbus Rebhan, Predicant des Stiftes zu S. Peter.

Joannes Remp, Lütpriester im nieberen Basel.

Hermannus Bollinger, Lütpriester zu S. Alban.

Ambrosius Pelargus, Leßmeister der heil. Schrift, jetzund
Predicant zu Basel bei den Predigern.

Ubalricus Mertz, Leßmeister der heil. Schrift, Prior
daselbst.

Joannes Ubalrici, Leßmeister der heil. Schrift.

Balthasar Valibus, Lütpriester am hohen Stift.

Sebastianus Müller, Lütpriester zu S. Peter.

Henricus Kolner, Chorherr zu S. Peter und Diener
der Sacramente.

Kaum hatte Dr. Hausschein von dem Inhalte der Schrift
des Marius Kenntniß erhalten, so trat er alsbald mit einer
neuen langen Schmähschrift gegen den Weihbischof auf, welche
er im J. 1528 auch im Drucke herausgab. Sie ist in jener
derben Sprachweise abgefaßt, mit welcher die Reformatoren
über Alle herfielen, die nicht ihrer Meinung waren. Sie
beginnt mit einer Epistel an Augustinus Marius, in welcher
diesem unter Anderem auch der Vorwurf gemacht wird, daß
er fortfahre, täglich Unkraut in den Acker des Herrn zu
säen, daß er von dem Wege der Wahrheit abgetreten sei
und das Volk von der göttlichen Wahrheit abführe. Nach
diesem Prologe sucht nun Oekolampad die von Marius
biblisch begründete Darstellung der katholischen Lehre von
dem heil. Meßopfer nach seiner Weise zu widerlegen. Er geht

die Schrift des Weihbischofes Punkt für Punkt durch, beschuldigt denselben der Unkenntniß in der heil. Schrift und der falschen Auslegung derselben; man werde aus ihm nicht klar, was die Messe sei, er wisse es wohl selber nicht, obgleich er ein Bischof sei. Marius habe keinen seiner Lehrsätze bewiesen; er möge protestiren oder nicht protestiren, so müsse dennoch seine Darlegung, daß die Messe ein Opfer sei, als unchristlich erklärt werden.

Der Senat der Stadt Basel entschied, daß die Streitsache über die Messe zur Entscheidung an ein Concil gehöre, und erließ unterm 7. October an die Bürger den Beschluß, daß den Parteien Freiheit in Glaubenssachen, jedoch unter Wahrung der bürgerlichen Eintracht, gestattet sei.

So standen die Parteien schroff gegen einander. Die Neuerer gaben sich alle Mühe, das Ansehen des Weihbischofs Marius zu untergraben, und ihn bei dem Volke verdächtig und gehässig zu machen. Zu diesem Ende suchten sie ein Schriftchen über die **Mißbräuche und Betrügereien der Weihbischöfe** unter dasselbe zu verbreiten. Oekolampad verlangte den Druck dieser Schrift in einem Briefe an Zwingli vom 30. October 1526: „Praeterea si libellus de *Suffraganeorum imposturis* a Typographo ad excudendum non suscipietur, satage, ut et ipsum recipiam. Petitur enim ab auctore. Verum expediret, illorum fraudes et stoliditates detegi."

Noch im J. 1527 hatte Marius einen Kampf mit den Wiedertäufern zu bestehen. Johann Denk aus Bayern, oder nach anderer Angabe aus der Schweiz, welcher zu Regensburg von dem damaligen Domprediger daselbst, Augustinus Marius, Wohlthaten empfangen hatte, und wegen seiner Geschicklichkeit in der lateinischen und griechischen Sprache

zum Schulmeister an dem dortigen hohen Stifte befördert
worden war, trat bald nachher zur Lehre Luthers über, wurde
Rector bei St. Sebald in Nürnberg, bekam aber 1524 sei=
nen Abschied mit dem Befehle, sich zehn Meilen von der
Stadt entfernt zu halten, ging, nachdem er sich an ver=
schiedenen Orten herumgetrieben hatte, nach Basel und stellte
sich an die Spitze der Wiedertäufer. Er gewann für diese
Secte viele Jünger und Anhänger, unter welchen sich beson=
ders ein gewisser Carlin hervorthat. Denk starb im J. 1528
an der Pest [1]).

Carlin hatte etliche irrige Lehrsätze verfaßt, die er bei
dem Volke zu verbreiten suchte, und wurde deßhalb gefäng=
lich eingezogen. Um seinem Unwesen zu steuern, forderte
im J. 1527 der Rath von Basel den Domprediger und Weih=
bischof Marius nebst dem Prediger zu St. Peter, Leonhard
Rebhan, sowie die beiden Prediger Oekolampad und Thomas
Gyrfalk auf, die Artikel Carlins zu widerlegen, und ihn zu
vermahnen. Oekolampad verlangte, daß auch Johann Denk
zu dieser Disputation beigezogen würde. Marius erschien
mit seinem Mitprediger an dem bestimmten Tage, lehnte
jedoch jede Disputation ab, und erbat sich von dem Rathe
die Begünstigung, ihm seine Schrift wider die Irrlehren
des Wiedertäufers Carlin vorlegen zu dürfen. Die Bitte
wurde ihm gewährt, die Disputation unterblieb, und Marius
übergab dem Rathe seine Schrift. Carlin hatte folgende
Lehrsätze aufgestellt:

1) Die Kindertaufe ist ein Greuel vor Gott und eine
   Abgötterei. (Er suchte diesen Satz also zu beweisen:
   Alles, was der himmlische Vater nicht gepflanzt hat,

---

[1]) Döllinger, Reformat. I. Bd. S. 192 u. ff.

ist ein Greuel vor Gott; da nun die Kindertaufe von Gott nicht eingesetzt ist, so ist sie ein Greuel.)

2) Die Obrigkeit ist von Gott eingesetzt; so aber die Obrigkeit außerhalb dem Befehle und Geheiß Christi handelt, so ist sie nicht christlich, und ist man nicht schuldig, ihr gehorsam zu sein.

3) Eidschwören ist verboten, und gebührt niemanden, zu schwören; denn was über „ja" und „nein", das ist vom Argen; deßhalb soll man gar nicht schwören, um keinerlei Sachen willen.

4) Wer anders lehrt und thut, als Christus gethan hat, der ist ein Verführer.

Marius widerlegt die einzelnen Irrlehren, welche in den vorgetragenen Artikeln vorkommen, durch die heilige Schrift; bemerkt, daß Carlin den Text der heil. Schrift, wodurch er seine Lehre zu beweisen suchte, nicht wohl angesehen und verstanden habe, den todten Buchstaben, nicht aber den Geist derselben kenne; daß seine Vermessenheit, die er vorbringe, die Frucht eines revolutionären Geistes sei, und gibt dem armen Manne die ernste Mahnung, seine Irrthümer abzulegen, und von dem irrigen „Verstand" der Lehre Christi abzustehen.

In den Kirchen Basels, welche die lutherischen Prediger inne hatten, wurde im J. 1527 die heilige Messe und der katholische Gottesdienst abgeschafft und der Gesang deutscher Psalmen, die Oekolampad mit Schmähungen gegen die katholische Kirche anfüllte, eingeführt. Aus jenen Kirchen aber, in welchen die katholischen Prediger ihren Gottesdienst abhielten, vermochte der Reformator, obwohl er sich mit seiner Partei alle Mühe gab, den katholischen Cultus noch nicht zu verdrängen. Die Katholiken bildeten noch die Mehrzahl, und ihre Seelsorger, an deren Spitze der eifrige Weihbischof

Marius stand, suchten dieselben in ihrer Anhänglichkeit an
die Kirche zu bestärken. Oekolampad fuhr fort, Alles auf=
zubieten, um zu seinem Ziele zu gelangen; er schmähte und
lästerte den Papst, die Bischöfe, die Priester. Seine Taktik
war, die Papisten dem Volke verhaßt zu machen. Obwohl
Marius und seine Mitprediger ihre öffentlichen Vorträge
mit aller Mäßigung und Klugheit abhielten, und jede hef=
tige und aufregende Sprache vermieden, so wuchs dennoch
Tag für Tag der Haß und die Wuth der Neuerer gegen die
katholische Sache und ihre Vertheidiger. Erasmus erzählt:
Ein vornehmer Eiferer des Evangeliums kam, wohl be=
trunken, von einem Hochzeitsschmause in die Domkirche, sah
den Prediger Marius auf der Kanzel; er hörte von ihm
nicht eine Silbe, die irgend eine Secte berührte; kaum aber
hatte Marius seine Predigt geendet, so schrie er: „Du lügst,
Mönch! das dich die Pest erschlüge!') — Mentiris,
monache! ut te percutiat mala pestilentia!

So rückte immer näher das verhängnißvolle Jahr, in
welchem die katholische Religion in Basel trotz der noch
zahlreichen katholischen Bevölkerung mit Gewalt unterdrückt
wurde. Oekolampad war Dictator von Basel geworden; er
war es, der am Charfreitage und am zweiten Osterfeste 1528
die Menge zum mehrmaligen Bildersturme aufregte und die
Aufwieglung der Bürger in den Tagen des Februars 1529
hervorrief. Am Aschermittwochen den 10. Februar drangen
sie in die Kirchen, schleppten die Bilder, Schnitzwerke, Beicht=

---

¹) Erasmus macht zu diesem Vorgange die Bemerkung: Hoc si
quis Catholicus fecisset in ecclesia diversae communionis, quod
praemium retulisset? quid supplicii de illo sumptum est? cessit
in vicum aliquem ad tridunm, et rediit. Audis clementiam evan-
gelicam?

ſtühle und Altäre auf den Münſterplatz, theilten ſie in zwölf Haufen, und übergaben ſie den Flammen. Ein Henker ſtand an der Spitze der wüthenden Schaar. Oekolampad drückte ſeine Freude über ein ſolches Treiben an Capito alſo aus: „Meiner Treue! ein ſehr trauriges Schauſpiel für die Aber= gläubiſchen; ſie hätten Blut weinen mögen. So grauſam verfuhr man gegen die Götzen und aus Schmerz darüber verſchieb die Meſſe. Die Gegner bezeichnen mich als den Anſtifter aller dieſer Bewegungen.“ So tobte die Leiden= ſchaft, ſo wüthete die Unbulbſamkeit, ſo raſete die Gewiſſens= tyrannei, um das freie Evangelium — das reine Wort Gottes — einzuführen [1]).

Der Biſchof von Baſel, ein Franke, Philipp von Gundels= heim, der nach der Reſignation des alterſchwachen Biſchofs Chriſtoph Utenheim im J. 1527 zu deſſen Nachfolger erwählt worden war, verließ mit ſeinem Capitel und der treu geblie= benen Geiſtlichkeit die Stadt Baſel; und Auguſtin Marius, der, wie er ſelbſt in ſeinem Schreiben an Dr. Fabri vom 31. März 1529 erwähnt, in den größten Lebensgefahren geſtanden, verließ gleichfalls die Stadt und begab ſich nach Freiburg im Breisgau.

Auch die Profeſſoren der Hochſchule, unter denen ſich Erasmus von Rotterdam befand[2]), verließen Baſel und gingen nach Freiburg. Die Univerſität ſtand veröbet; ſie zählte keine Profeſſoren und keine Studirenden mehr.

---

[1]) Vgl. Wetzer, Kirchenlexikon. VII. Bd. S. 709.

[2]) Erasmus ſagte der Stadt Baſel, dem ehemaligen Lieblings= Aufenthalte der Gelehrten, in folgenden Verſen Lebewohl:

Jam, Basilea, vale, qua non urbs altera multis
Annis exhibuit gratias hospitium!
Hinc precor omnia laeta tibi, simul illud Erasmo,
Hospes uti ne unquam tristior adveniat.

In einem Schreiben vom 25. Mai 1529 an den Fürst=
bischof von Würzburg, Conrad von Thüngen, gerichtet, schil=
derte Marius die traurigen Vorgänge zu Basel also: „Cui
non constat, quantis adversae fortunae et fati ferme
deploratis incursibus sacramentaria illa furia me nuper
invaserit? et, cum ex celeberrima Basilcensium urbe et
Academia (dum illic plus valeret multorum, et omnium
praecipue insititiorum hominum insania, quam inclyti
Magistratus prudentia) merito abierim: et, cum modo
Reverendissimum ejusdem urbis praesulem, canonicos-
que dignissimos una cum toto suo cloro, subito omnibus absolutis sacris, Oecolampadianum pestilens virus
ingrassans, ad id adegerit, ut una omnes alio migrandi
meditationem suscipere sint coacti. Unde de me actum
penitus judicassem, nisi sacrae literae quarum prae-
conio jam annos non paucos deditus fui, contra per-
versissimas saeculi nostri haereses me sublevassent;
ut sperarim constantissime, gratam brevi superventuram
horam. Nimirum cogitatum meum jactavi in Dominum
Deum meum, eique totum denuo me devovi confidenti-
que animo dixi: „Tu mea, Christe, salus.“

Das freundschaftliche Verhältniß, welches zwischen Eras=
mus und Marius zu Basel bestand, wurde durch die beklagens=
werthe Veranlassung, welche beide nach Freiburg geführt, nicht
im Mindesten gestört, sondern zwischen beiden Flüchtlingen
noch inniger geschlossen. Sie verkehrten an ihrem neuen
Aufenthaltsorte als wahre Freunde mit einander, und bald
ergab sich auch die Gelegenheit, wo der Freund dem Freunde
einen Freundesdienst leisten konnte. Die Dompredigerstelle
zu Würzburg, welche in den Jahren 1527 und 1528 von
dem Prior des Dominicanerklosters, Thomas Plum, ver=
sehen wurde, kam in Erledigung. Marius wünschte als Pre=

biger wieber verwenbet zu werben, unb Erasmus, ber sich
ber besonberen Freunbschaft unb Achtung bes Bischofs von
Würzburg erfreute, empfahl bemselben seinen Freunb, unb
bewirkte, baß Marius von bem eblen Fürsten balb nach
Würzburg gerufen wurbe, um bie basige Domprebigerstelle
zu übernehmen, unb sich bei ber geistlichen Regierung als
Rath gebrauchen zu lassen. „Erasmus illum Conrado
Episcopo Wirceburgensi commendavit, tantumque ob-
tinuit, ut mox Herbipolim vocatus sacrum oratorem
in cathedrali ecclesia ageret, ac inter ecclesiaticos con-
siliarios haberet locum."

Marius säumte nicht, bem Rufe zu folgen, unb traf
alsbalb Anstalt zu seiner Abreise. Gegen bas Enbe bes
Monats Mai 1529 verließ er Freiburg, versehen mit einem
Schreiben seines Freunbes Erasmus vom 16. Mai, in wel=
chem bieser ihn neuerbings bem Fürstbischofe empfiehlt: „Iti-
dem ego, qui et humilis et ignotus ad tantum Prin-
cipem *ultro* scribere non vereor, quoniam impudentiae
crimen alia ratione non possum refugere, hujus auda-
ciae causam in *Augustinum Marium* rejicere cogar: qui
quum istuc adornaret iter, sub tuis signis ecclesiae
Dei militaturus, noluit absque meis litteris discedere,
mira facundia mihi depingens ingenii tui naturaeque
simulachrum., quod nemo pietatis amans non posset
non tum amare tum suspicere. — Habebit tua pietas
strenuum ac fidelem συνεργὸν *in restituendis Ecclesiae
collapsis rebus, Augustinum Marium*, quem tibi non commendo, cum sciam, et pro suo merito, et pro tua
humanitate tibi esse commendatissimum: quin potius
opto et spero, futurum, ut ego per illum fiam com-
mendatior; qui si dignaberis, hunc homunculum clien-
tulorum tuorum numero adscribere, quod unum possum,

132

polliceor, voluntatem ad omne obsequium promptissimum."

Marius wurde zu Würzburg freundlich aufgenommen; er übergab dem Fürstbischofe sein in Freiburg edirtes Werk des Erzbischofs Guimundus über die Eucharistie, und hielt am 6. Juni den dritten Sonntag nach Pfingsten 1529 seine erste Predigt in der Domkirche zu Würzburg. Daß es ihm in seinem neuen Wirkungskreise als Domprediger und geist= licher Rath in der Frankenhauptstadt gefiel, dürfen wir aus dem Umstande schließen, daß er noch im J. 1530 an seinen Freund Erasmus wegen seiner Empfehlung ein Dankschreiben richtete, worauf dieser unterm 22. Mai desselben Jahres ihm antwortete: Pro mea commendatione nihil mihi debes; habeo in te ipso pharmacum, quo bonos omnes tibi concilias.

Im Juni 1530 wurde der in der Reformationsgeschichte berühmte Reichstag zu Augsburg eröffnet. Der Fürstbischof Conrad von Würzburg besuchte denselben, und seine Begleiter waren Augustin Marius und der Augustinerkloster=Profeß zu Würzburg, ehemaliger Exercitienmeister Dr. M. Luthers zu Erfurt, später sein heftiger Gegner, Bartholomäus Arnoldi von Usingen [1]). Unter den vielen anwesenden

---

[1]) Derselbe war ein gelehrter und frommer Ordensmann, und ein heftiger Kämpfer gegen die damaligen Häretiker. Er starb am 9. Sept. 1532 zu Würzburg und erhielt in seiner Klosterkirche ein Epitaphium mit den Inschriften:

(Oben am Stein:) Mnemosynon
Religiosi Patris Bartholomaei de Usingen Theologiae integerrimi
et Ecclesiae contra Lutheranos invicti propugnatoris
hic locatum
I. H. S.   M. R. A.

katholischen Theologen und Gelehrten wurde dem Würzburger Domprediger die Auszeichnung zu Theil, zu den zwanzig Doctoren gewählt zu werden, welche beauftragt waren, das lutherische Bekenntniß — die nachher sogenannte Augsburger Confession — zu widerlegen „qui (Marius) inter confutationis laboratores fuit". Unter diesen thaten sich besonders hervor: Joh. Faber, Joh. Eck, dann Augustin Marius und Andere. Er nahm in der Reihe der zwanzig Doctores pontificii die dritte Stelle ein [1]).

(Um das Bildniß:)

Anno salutis 1532 5. Idus Sept. mortem obiit eximius Vir *Bartholomaeus Arnoldi* de Vsingen sacrae Theologiae atque Augustinianae religionis professor, acerrimus haereseon hac tempestate adversus catholicam Ecclesiam saevientium impugnator, cujus anima requiescat in pace.

Ein anderes Denkmal widmete ihm der Weihbischof Marius. Er ließ ein Bildniß desselben malen, welches im Speisesaale des Augustinerklosters aufgehängt wurde, und die Inschrift hatte:

Bartholomaeo Arnoldi Usingo
Augustiniano Theologo
Augustinus Marius
propter pietatem pingi praecepit Discipulus.

Das erstere Denkmal ging beim Abbruche der genannten Kirche im J. 1824 aus Richtachtung zu Grunde, das andere mag vielleicht noch irgendwo erhalten sein.

[1]) Diese Doctores waren:

1) D. Joan. Eck.
2) D. Joan. Faber, praepositus Budensis.
3) D. Augustinus Marius, Episcopus Salonensis.
4) D. Conrad. Wimpina, Ordinarius Francofordiensis.
5) D. Joan. Cochlaeus.
6) D. Paulus Hugo, Provincialis Carmelitarum.
7) D. Conrad. Colle, Prior apud Praedicatores Coloniae, qui scripsit contra nuptias Martini Lutheri.

Auf biesem Reichstage lernte Marius ben Erzbischof von Mainz, Albert, kennen, welchem er später bei einer bischöflichen Verrichtung assistirte unb sich mit ihm über bie Religionsangelegenheiten berathete.

Im October traf Marius in Würzburg wieber ein, hielt seine erste Prebigt am Feste ber Apostel Simon unb Jubas, unb setzte sein Prebigtamt bis zu seiner Beförberung zur Würbe eines Würzburger Weihbischofes in gewohntem Eifer fort.

Nach bem unterm 8. Februar 1536 erfolgten Ableben bes Weihbischofes Johannes Reuter wurbe Marius zu bessen Nachfolger ernannt. Nach bem Berichte Gropps scheint er, ba er schon im 51sten Lebensjahre stanb, bie mit bem weih= bischöflichen Amte verbunbenen Beschwerben genau kannte, unb nach einem Leben voll Anstrengung, Thätigkeit unb Mühsalen ben Rest seiner Tage in Ruhe zu beschließen wünschte, nicht geneigt gewesen zu sein, zum brittenmale ber bischöfliche Gehilfe zu werben. Nur ben bringenben Vor=

8) D. Bartholom. Usingen, Augustinianus, secutus Episcopum herbipolensem.

9) D. Joan. Mensingerus, Ordin. Praedicatorum.

10) D. Joan. Dillenberger, Confluentiae Prior Praedicatorum.

11) D. Joan. Burchardi, Vicarius Ordinis Praedicatorum.

12) D. Hieron. Montinus, Vicarius Episcopi Pataviensis.

13) D. Mathias Kretz.

14) D. Petrus Speiser, Vicarius Episcopi Constantiensis.

15) D. Arnoldus de Vasalia, Coloniensis.

16) Frater Medardus, Regi Ferdinando a concionibus, Ordinis Minorum.

17) D. Conrad. Thomann, concionator Ratisbonensis.

18) Augustinus á Gellersheim, Bremensis.

19) D. Guolfgangus Rebdorfer, Praepositus Stendaliensis.

20) D. Michael, Praedicatorii Ordinis Moguntiae.

ſtellungen ſeines hohen Gönners, des Fürſtbiſchofes Conrad von Thüngen, gab er endlich nach und übernahm das Suf=fraganeat.

> Herbipolis tandem verbi Praecone perusa,
> Injunxit fido Praesulis ipsa vices.

Von ſeinen Pontifical=Verrichtungen können wir nur folgende namhaft machen.

In angaria cinerum am 4. März 1536 nahm er ſeine erſte Ordination vor. Der Ordinations=Matrikel bemerkt hiebei: Augustinus Marius praedicator ecclesiae herbi-pol. ordinavit ex commissione Episc. Conradi tamquam *Vice-Suffraganeus.* In der von ihm in demſelben Jahre in angaria crucis sabbatho post exaltationem crucis (17. Sept.) vorgenommenen Ordination wird er mit Hin=weglaſſung des Beiſatzes *praedicator* „R<u>dm</u>! Episc. herbipol. *Suffraganeus acceptus*" genannt [1]).

Am 4. Auguſt 1538 war er Aſſiſtent, als der Carbinal und Erzbiſchof von Mainz zu Aſchaffenburg ſeinem neuen Suffragan die biſchöfliche Weihe ertheilte. Bei dieſer Gelegen=heit beſprach er ſich mit dieſem Kirchenfürſten über die da=maligen Religionsſtreitigkeiten und die Vereinigung, welche am 23. Mai 1536 zu Wittenberg von den Lutheriſchen und Zwinglianern verſucht worden war. Albert wünſchte die nähere Mittheilung der ſtreitigen Punkte, über welche ſie ſich zu vereinigen ſuchten. Sie betrafen die angeſtrebte Verein=barung über die Euchariſtie, Taufe und Abſolution. In einem Schreiben vom 1. Sept. 1536 überſchickte ſie Marius dem Carbinale. Es waren folgende Punkte:

---

[1]) Biſchöfl. Ordinariats=Archiv. Ordinations=Matrikel vom J. 1520.

L. Concedunt, sacramenti unione, panem esse corpus Christi; hoc est, sentiunt porrecto pano, simul adesse et vere exhiberi corpus Christi. Nam extra usum, cum adservatur in pyxide, aut ostendatur in processionibus, ut fit a Papistis, sentiunt non adesse corpus Christi.

Subscripserunt:

Zwinglici: Capito. Bucerus. Frechus. Otherus. Licostenes. Musculus. Gervasius. Scholasticus. Bernhardi, Francofort. Mart. Germani.

Lutherani: Mart. Lutherus. Creizinger. Bugenhagen. Melanchton. Menius. Miconius. Alberus. Schardinus.

II. De baptismo infantium omnes sine ulla dubitatione consenserunt, quod necesse sit infantes baptizari.

Subscripserunt, qui supra.

III. De absolutione optant omnes, ut in ecclesia etiam privata absolutio conservetur, et propter consolationem conscientiarum, et quia valde utilis est ecclesiae disciplina illa, in qua privatim audiuntur homines, ut imperiti erudiri possint. Nam profecto tali colloquio et examine opus est rudioribus; neque ideo vetus confessio et enumeratio delictorum probanda aut requirenda est; sed colloquium illud propter absolutionem et institutionem conservatur.

Iidem qui supra subscripserunt[1]).

Karl V. hatte, um die Religions = Irrungen beizulegen, und die Ruhe in Deutschland herzustellen, die Abhaltung eines Religionsgespräches, wodurch er seinem Ziele näher zu kommen glaubte, auf den 6. Juni des Jahres 1540 bestimmt. Von Seite des Bischofs von Würzburg wohnten

---

[1]) Gudenus, Cod. dipl. T. IV. p. 640 et seqq.

demſelben Lorenz Truchſeß von Pommersfelden und
der Weihbiſchof Auguſtin Marius bei. Es lief dieſe Zu=
ſammenkunft, bei welcher kein proteſtantiſcher Fürſt erſchien,
fruchtlos ab; und während Marius mit ſeinem Freunde zu
Hagenau ſich befand, beſchloß ſein hoher Gönner und Fürſt,
Conrad von Thüngen, zu Würzburg ſeine irdiſchen Tage.

Im Juni 1540 verrichtete Marius die Wiedereinweihung
der im Bauernkriege entehrten Stiftskirche zu Fulba, im
J. 1541 conſecrirte er die Pfarrkirche zu Herlheim, am
27. November deſſelben Jahres weihte er den Altar der
Kirche zu Ruppertshauſen, und im Monate März des
genannten Jahres die Marienkapelle in dem Kloſter Ober=
zell ein, welchen letzteren Act folgendes Diſtichon verewigen
ſollte:

Abbas aediculam Thomas restaurat ut illam,
Sancto sic Marius chrismate sacrat eam.

Die Weihe des heiligen Chryſams am grünen Donners=
tage 1542 konnte er in der Domkirche nicht vornehmen. Seine
Geſundheit, welche ſein thätiges Leben hinburch unzähligen
Anſtrengungen und Beſchwerden getrotzt hatte, war enblich
erſchüttert. Um ſich zu erholen und burch den Genuß einer
reineren Luft ſeine eingetretene Schwächlichkeit wieder zu kräf=
tigen, verließ er ſeine Wohnung im Bruberhofe und bezog
eine Vicarie=Wohnung des Stiftes Haug. Da es ihm un=
möglich war, die Domkirche zu beſuchen, ſo beſchloß er, den
heil. Chryſam in ſeiner Wohnung einzuſegnen. Mit tiefer
Rührung und meiſtens ſitzend verrichtete er dieſe heilige Hand=
lung, nach deren Vollenbung der Chryſam unter einem Bal=
dachin in feierlicher Proceſſion in den Dom getragen wurde[1].

---

[1] Ludewig, Geſchichtſchr. d. Bisth. Würzb. S. 929.

Seine letzte Pontifical = Handlung geschah in angaria
s. crucis den 22. Sept. 1543. Er ertheilte 15 Aspiranten
zum geistlichen Stande die niederen Weihen, 12 das Sub=
und Diaconat, und 6 die Priesterweihe.

Mit diesem Acte schloß er seine weihbischöfliche Thätig=
keit, und am 25. November 1543 endete der edle, viel=
geprüfte, treubefundene Lehrer und Bischof im 58. Lebens=
jahre seine irdische Laufbahn.

Marius hatte das Kloster Oberzell und seine Bewohner
lieb gewonnen; öfters im Jahre begab er sich dahin, um
von den Mühen des Tages auszuruhen und seinen Geist
wieder zu erfrischen. Er gedachte der Zeller Chorherren, die
bei seinem Besuche ihn immer freundlich aufgenommen, in
seinem Testamente, indem er ihnen seine reichhaltige Biblio=
thek vermachte, als eine stete Erinnerung, seiner im Gebete
zu gedenken. In der Kirche zu Oberzell fand er, seinem
Wunsche gemäß, seine letzte Ruhestätte. Sein Grab bedeckte
ein großer, acht Schuh langer Stein; der obere Theil des=
selben zeigte die bischöfliche Insel; weiter unten lag der
Bischofsstab in drei Theile gebrochen; in der Mitte des Grab=
steines standen die beiden Worte:

Marius Eram.

Den untersten Theil zierten seine zwei Wappenschilde
und die Inschrift des Epitaphiums lautete:

Qui Marium saltem putat hoc recubare sepulchro,
   Illius humana mens ratione caret.
Cum Mario quoniam pietasque, fidesque jacontes,
   Divelli a Domino non potuere suo.

An der Wand wurde ihm ein zweites Denkmal von
weißem Marmor von der Pietät der frommen Söhne des
heil. Norbertus daselbst errichtet.

Zur rechten Seite hatte es die Inschrift:

Vitae Augustini Marii

C. R. (Canonici Regularis) Wengensis,

Episcopi Salonensis,

Exegesis:

Laehera me genuit, sed nobilis educat Ulma,
Wenga capit sacra religione virum.
Culta Vienna docet rite, Doctumque coronat;
Pergo Ratisbonam mystica sacra docens.
Inde Salonarum praesul contendo Frisingam,
Fungens officio Antistitis ipse pii.
Hinc vocat ad munus geminum Basilea sub Oeco-
Lampadii in partes dogmate scissa duas.
Herbipolis tandem verbi praecone perusa,
Injunxit fido praesulis ipsa vices.
Hoc tibi describor dubio pictasmate, Lector,
Unica cui Christus, caetera vana, salus.

Obiit Anno Domini MDXLIII. 25. Nov.

Sequimini.

Zur linken Seite:

Colloquium Viatoris et Marii.

Viator. Dic, quid eras hominis?
Augustinus eram Marius, quem Laehera profert.
Viator. Munere quo functus?
Marius. Praeconis primo Regeburgi, deinde Frisingae.
Post Basileae, avida protinus Herbipoli.
Viator. Cujus et Antistes?
Marius. Prisca Salonensis me ecclesia Sclavica jactat.

Viator. Suffragator ubi?

Marius. Frisingae, Basileae, inclyta et Herbipoli.

Viator. Vox tibi qualis erat?

Marius. Tu mea, Christe, Salus, sensi dum prospera, contra
Nil sine menda, cum me rapuere mala.

Viator. Unde haec magnifica arma tibi?

Marius. Testes virtutis Caesar dedit, atque laboris.

Sequimini Posteri.

Beide Epitaphien sind schon längst aus der Kirche ver=
schwunden. Das zweite wurde wahrscheinlich bei der in den
Jahren 1692 — 1710 vorgenommenen Erneuerung der Kirche,
weil es die Symmetrie störte, entfernt. Die im 12. Jahr=
hundert gegründete Abtei der regulirten Chorherren zu Ober=
zell, Prämonstratenser=Ordens, wurde, wie viele ihrer Schwe=
stern, eine Beute der Säcularisation. Der Chor der Kirche
mit seinen beiden Thürmen wurde im J. 1838 abgetragen
und das Langhaus dient jetzt zu einer Lagerhalle.

Augustin Marius Schriften.

Augustin Marius hat mehrere Schriften verfaßt, welche
im Drucke erschienen sind. Sie sind sehr selten. Die königl.
Bibliothek zu München besitzt die unter Nro. 1, 2, 4 und 5
bezeichneten Werke desselben, welche mir durch die freund=
schaftliche Vermittelung des Herrn Oberbibliothekars dahier,
Dr. Ruland, zum sachgemäßen Gebrauche mitgetheilt wurden,
wofür ich demselben meinen verbindlichsten Dank hiemit aus=
spreche.

Die Druckschriften des Marius, welche mir zu Gesicht
gekommen, sind folgende:

1. Seine Schutzschrift für das heilige Meßopfer[1]).
Wir haben oben schon bemerkt, daß die Reformatoren zu
Basel, namentlich Dr. Oekolampabius, das Meßopfer ver=
warfen, seine göttliche Einsetzung läugneten, über seine Kraft
und Wirkungen spotteten, und dasselbe für einen Greuel
und Gottesläfterung erklärten. Veranlaßt durch das Mandat
des Senates von Basel vom 16. Mai 1527, hatte der Dom=
prediger Marius seine Apologie für die heilige Messe aus
einer größeren Schrift besonders abgefaßt, und als Beant=
wortung der von dem Rathe an ihn gestellten Fragepunkte
über die Messe demselben übergeben, sich aber eine Abschrift
zurückbehalten, welche er einigen Herren zu Basel auf ihr
freundliches Bitten zum Lesen mitgetheilt hatte. Die Herren
mißbrauchten jedoch seine Güte, ließen heimlich von diesem
Manuscripte Abschriften nehmen, und begannen sie ohne
Wissen des Verfassers drucken zu laffen. Marius erhielt
von diesem Vorgange Kenntniß, und ersah aus den gedruck=
ten ersten Sexternen, daß der Inhalt seiner Schrift sehr
verändert, und ihm Sentenzen, Ausdrücke und Worte unter=
schoben worden, die mit seinen in dem Originale der Schutz=
schrift vorkommenden Aeußerungen nicht im Einklange stan=
ben. Der Verstümmelung seines Werkes, die von seinen
Feinden in böslicher Absicht geschehen, zu begegnen, war
Marius gezwungen, dasselbe, wie er es dem Rathe über=
antwortet hatte, durch den Druck bekannt zu machen.
Die Apologie ist im J. 1528 zu Basel gedruckt, umfaßt
mit der Vorrede und einem Register über die in der Abhand=
lung vorkommenden Hauptpunkte 38 Blätter in klein 8° und
hat den Titel:

---

[1]) Königl. Bibliothek zu München. Polem. 97.

„Eyngelegte schrifft auff anmutung eines christlichen Ratz, der loblichen Statt Basel, vom Opffer der Heilige, Selige Meß, Augustini Marii daselbst der hohen Styfft predicanten."

Tu mea, Christe, salus.

Diesen Denkspruch pflegte Marius dem Anfange, und einen andern: „Nihil sine menda" dem Schlusse seiner Schriften beizusetzen.

Die Schutzschrift beantwortet und begründet, wie wir bereits schon gezeigt haben, die vier Fragen:

1) Ob die Messe selig und heilig zu nennen;
2) ob sie ein Opfer
3) des Sohnes Gottes,
4) für Lebendige und Todte sei.

2. Eine zweite Schrift, welche Marius gleichfalls im J. 1527 verfaßte, ist gegen die Wiedertäufer gerichtet [1]). Dr. Joh. Fabri, Propst zu Ofen, der auf seiner Reise zu dem Reichstage in Speier im J. 1529 zu Freiburg im Breis= gau eintraf, und sich von Marius die Vorgänge in Basel berichten ließ, veranlaßte denselben zur Herausgabe dieser Schrift. Sie erschien im J. 1530 in deutscher Sprache im Drucke, und zählt mit der Vorrede und einem Schreiben des Marius an den genannten Dr. Fabri vom 31. März 1529 44 Blätter in klein 8°. Sie hat die Ueberschrift:

„Eyngelegte Schrift, so off anmutung eines Ersamen Ratß zu Basel, 1527 jar, wider Karlin N. Wibertäufer, D. Augustinus Marius Wihbischoff überantwort hat,

---

[1]) Königl. Bibliothek zu München. Exeg. 1179.

Belangent

Den Kinbertauf.

Die Oberkeit.

Das Eibschwören.

Die menschlichen Lehren."

Das Nähere über diese Schrift ist oben S. 126 schon angegeben worden.

3. Eine fernere Schrift, welche Marius ebirte, hat ben Titel:

„Guimundi Archiepiscopi Aversani de veritate Corporis et sanguinis Christi in Eucharistia, tres insignis eruditionis libri vetusti; sed jam primum propter ingrassantes passim sacramentorum eversores in lucem editi apud Friburgum Brisgaudiae; excudit illum in forma octava minore Joan. Faber Emmeus Juliacensis A? 1530.“

Er bebicirte biese Schrift bem Fürstbischofe von Würzburg, Conrab von Thüngen, von bem er bereits zum Dompreblger unb geistlichen Rathe zu Würzbnrg ernannt worden war. Das Debicationsschreiben ist in schöner lateinischer Sprache abgefaßt unb batirt Basel ben 25. Mai 1529. In bemselben hat Marius auch bie Veranlassung unb bie Absicht angegeben, warum er biese Schrift ebirte. Sie war ihm, als er sich noch zu Basel befanb, zu Hanben gekommen, unb schien ihm nach ben bamaligen Verhältnissen ganz geeignet, veröffentlicht zu werben. Allein bie zu Basel ausgebrochenen Unruhen verhinberten ihn, sein Vorhaben auszuführen. Erst zu Freiburg, wo er mehr Muße fanb, entschloß er sich, sie zu ebiren, in ber festen Ueberzeugung, baß burch Verbreitung bieses Werkes, in welchem ber Verfasser mit frommgläubigem

Gemüthe in klarer Darstellung und kräftiger Sprache das
Dogma von der Eucharistie begründete, der katholischen Sache
wesentlich gedient und der Secte der Sacramentirer siegreich
entgegengetreten werde.

Marius schließt diese Schrift mit einer Anrede an den
Leser, in welcher er das Lesen und Wiederlesen dieses Buches
bringend empfiehlt.

4. Laurentius Truchseß von Pommersfelden feierte am
4. September 1537 sein fünfzigjähriges Jubiläum als Dom=
herr zu Würzburg [1]). Der Weihbischof Augustin Marius,
der an demselben einen warmen Freund und Gönner gefun=
den, hielt bei dieser seltenen Feier in Gegenwart des ver=
sammelten Clerus der Stadt Würzburg in der Cathedrale
die Festrede. Sie erschien im J. 1538 zu Leipzig im Drucke
unter dem Titel:

Augustini

Marii Theologi, Reverendissimi Patris
et Domini, D. Conradi, Episcopi Herbipolensis
a Suffragiis, De

Merito et Praemio,

Oratio

Pro conferendo jubilaeo in Herbipolensi Cathedrali
Ecclesia, Amplissimo viro et domino Laurentio
Truchsess à Pommersfelden, ejusdem, et Vorma-

---

[1]) Derselbe wurde im J. 1486 als Domherr zu Würzburg aufge=
nommen; am 17. October 1487 zu Mainz präbendirt, am 1. Juni 1498
als Capitular aufgeschworen; 1508 ward er Domscholaster und 1514
Dombechant, auf welche letztere Würde er im J. 1528 resignirte. Zu
Worms war er Capitular und Custos. Er starb am 20. December 1543.

tiensis canonico, et Metropolitanae Moguntinae
Ecclesiarum, antea Jubilario, in consessu
totius Cleri habita
die quarto Mensis Septemb. Anno a nato salvatore, 1637[1]).
Tu mea Christe salus.
Nil sine menda.

Die Rede umfaßt 14 Quartblätter. Er verbreitet sich
in derselben zuerst über den Ursprung und das Alter der
Jubiläen=Feier überhaupt, und zeigt in einer zierlichen latei=
nischen Sprache mit einer überraschenden Kenntniß und
Belesenheit in den griechischen und lateinischen Dichtern
und Philosophen, daß es schon in den vorchristlichen Zeiten
allgemeine Sitte gewesen sei, die durch das Christenthum
noch erhöht eine heilige Weihe erhalten habe, die Verdienste
und ruhmvolle Thaten jener Männer, die das Greisenalter
erreicht, vor jüngeren in besonderem Grade zu ehren und
auszuzeichnen. Hierauf geht der Redner auf den Jubilar über;
rühmt das uralte edle Geschlecht der Pommersfelder; erwähnt,
daß dasselbe wegen seiner Verdienste von dem Kaiser Hein=
rich II. mit dem Truchseffenamte der Bamberger Kirche be=
gnadigt worden, und schildert dann das Wirken des Jubel=
greises in seiner hohen Stellung als Domherr zu Würzburg,
als Dignitar zu Mainz und Worms, und als Stellvertreter
des abwesenden Erzbischofes von Mainz im Bauernkriege
in lebendiger Sprache.

Am Schlusse seiner Rede forderte Marius den Dom=
becan und Generalvicar Johannes von Guttenberg auf, den
Jubilar mit dem Kranze zu schmücken:

---

[1] Königl. Bibliothek zu München.

X

„Tu igitur Domine Decane dignissime, ex nobi-
lissima et antiquissima familia a Gutenberg antesigna-
num nobis date, surge, et seniorem nostrum, tu eo
senior ipse, et aequali honore jam dudum dignissimus
facte, ad te adsume, et hanc, quam tibi porrigo, corollam
herbaceam, auro contextam, et sertum viride, in can-
didissimas tuas manus arripe, et ipsum nostro lau-
reando Laurentio Laureae loco impone, et interim,
quo tu tuum absolveris officium, faveto nobis, ut cum
jubilo Jubilario nostro absque te facto, congratulantes
a Deo Opt. Max. optemus, ne nobis abripiatur ab im-
mitissimis Parcis, nisi Nestoreos absolverit annos.
Dixi."

5. Dr. Friedrich Grau, der nach der damaligen Sitte
seinen Geschlechtsnamen in Nausea umänderte, war zu
Waischenfeld, Landgerichts Hollfeld, im Bisthume Bamberg
geboren. Er gehörte zu den gelehrtesten Männern seiner
Zeit, stand mit Erasmus, Johann Faber, Cochläus, Eck,
Wicelius und unserm Augustin Marius in dem freundschaft=
lichsten Verhältnisse und im vertraulichen Briefwechsel. Im
J. 1524 bekleidete er die Stelle eines Secretärs des Carbi=
nals und Nuntius Lorenz Campeggi; im J. 1525 hatte ihm
der Bischof Conrad von Thüngen, wie wir oben schon ge=
meldet, das Suffraganeat von Würzburg angetragen; dann
warb er Domprediger zu Mainz, Rath und Hofprediger
des Königs Ferdinand zu Wien, und nach dem Tode
des Bischofs von Wien, Johann Faber, im J. 1541
dessen Nachfolger. Er war ein fruchtbarer Schriftsteller,
schrieb über die Dicht = und Redekunst, über die Musik,
verfertigte Gedichte, Predigten und Reden, und verfaßte
historische, juridische, theologische, selbst physikalische und
astronomische Abhandlungen. Im J. 1551 wohnte er dem

Concilium zu Trient bei und starb am 5. Februar 1552
zu Wien [1]).

Friedrich Nausea hatte im J. 1535 auf seiner Reise
von Mainz nach Wien seinen Freund Marius in Würzburg
besucht,. und am St. Martinsfeste in der Domkirche eine
ausgezeichnete Predigt abgehalten, die mit allgemeinem Bei=
fall und Bewunderung aufgenommen worden.

Im Anfange des Monats März 1538 erhielt der Weih=
bischof Marius nach längerer Unterbrechung von seinem Freunde
wieder ein ihm willkommenes Schreiben, welches sich auf die
damaligen Religions = Streitigkeiten bezog; und Marius be=
eilte sich, dasselbe schon nach wenigen Tagen, unterm 11. März,
zu beantworten. Schon der Titel bezeichnet den Inhalt sei=
nes Schreibens; er lautet:

Augustini Marii, Episcopi Salonensis, ad Fridericum
Nauseam LL. et Theologiae doctorem, Caesareum
Ecclesiasten, de non simpliciter, sed omnium gra=
uissimo . errore negotii Eucharistici, ex Luthera-
norum et Zvuinglicorum concordia, egesto, *Epi-
stola* [2]).

Dieses Schriftchen in 4ᵗᵒ ist im J. 1538 zu Cöln im
Drucke erschienen, enthält nur 8 Seiten und verbreitet sich
in Kürze über die Irrthümer der Sectirer im Betreffe der
heiligen Eucharistie.

Die Religionsangelegenheiten hatten in Deutschland einen
Gang angenommen, dessen Ende eine allgemeine Verwirrung
drohte. Die Freunde und Vertheidiger der katholischen Sache

---

[1] Ein Beitrag zur Lebensgeschichte des F. Nausea ist in den Würz=
burger wöchentlichen Anzeigen v. J. 1798 S. 565 u. ff. abgedruckt.

[2] Universitäts = Bibliothek zu München. 20/46.

hatten die Ueberzeugung gewonnen, und sprachen dieselbe auch
öffentlich aus, daß nur durch ein Concilium, mit dessen Be=
rufung jedoch Rom noch zögerte, die Uebel beseitigt, die
Vereinigung der Parteien bewirkt und Ruhe im Reiche her=
gestellt werden könnten. Auch Marius war dieser Meinung,
und sprach sie in dem Briefe an seinen Freund aus, aber
auch seine Vermuthung, daß ein Concil nicht zu Stande
kommen werde. „Sufficiat mihi“, schreibt er, „ut reliquum
vitae meae transigam in percurrendis solidorum patrum
antiquis scriptis, et succisivum tempus pro animi solatio conteram in tuis amoenissimis, Eccii validissimis,
Fabri doctissimis, et Cochlaei mei amicissimis, prae-
ceptorum, et insuper in invisi amici Wicelii humanissi-
mis in lucem editis opusculis: maxime *quum nulla me
spes foveat, ut aliquando ecclesiae abusus repurgentur,
aut Sectarum invia eliminentur,* licet in pontifice summo
credam nihil abesse vel abfore, quod cogendae synodo
(quantum in eo est virium) inserviat, per quam Oecu-
menicam unicam, utrique naevo, justum cauterium tandem posset adhiberi. Misit ante sesquiannum idem
pontifex Paulus III., Paulum illum Vergerium, qui
quantum pro convocando concilio vel saltem eodem
apparando fecerit, tua testantur in hominem edita
Encomia, qui et tibi et tui similibus Germaniae Theo-
logis monitoria attulit ab ipso Pontifice diplomata,
quorum et mihi minimo etiam tale, tibi quale, et aliis
obtulit … Postea sunt indicta, loca et tempora, in
quibus synodus ipsa coacta esset celebranda, sed nihil
videtur elapsis his, et preteritis subsequutum, modo
subsequi, nec ego mihi persuadeo quicquam subsequu-
turum. Interea Sectarii confluunt, convolant, et oc-
culte conveniunt, suasque sectas, plusquam dissectas,

sive vel mille sectas conantur conferendo sub fuco concordiae in unum chaos conglobare. Habeo penes me
et nactus sum astu quod homines isti partiarii in id
attentaverint: mira profecto, monstruosa et portentosa."
Hierauf berührt Marius die irrige Lehre der Novatoren,
welche behaupten und dem Volke es predigen, daß Christus
im Sacramente nur im Genusse, und außer dem
Genusse nicht gegenwärtig sei. Er staunt über diesen gräu=
lichen Irrthum, der einen getheilten und todten Christus in
der Eucharistie annehme, und den unsinnigen Satz aufstelle,
daß nicht Kraft der heiligen Einsetzungsworte, son=
dern Kraft des Genusses die Gegenwart Christi im Sacra=
mente geschehe. „Auderent tandem homines illi inquam,
effrenes ex Lutherana impanatica (ut ita loquar) cum
antiquis ecclesiae antesignanis, praesentia et Zvving-
lica Omnimoda absentia, conflare ita impune mediam
quandam, videlicet tantum momentaneam, humano
nutui et usui obnoxiam, praesentiam, abominandam
et dictu horribilem. Audi, vide et lege, si non audi-
visti, vidisti vel legisti concordiae lacunam: fingunt et
praedicant, se sentire et docere, cum pane et vino,
vere et substantialiter adesse, exhiberi, et sumi corpus Christi et sanguinem, negant nihilominus fieri trans-
substantiationem, sed abnuunt qualemcunque localem
inclusionem continuam, hinc et addunt, nullam adesse
vel adfore durabilem corporis et sanguinis cum specie-
bus conjunctionem extra usum sacramenti." ...
Am Schlusse seines Briefes fordert Marius seinen Freund
Nausea und die Vertheidiger der Religion auf, gegen diese
Irrlehre aufzutreten und das katholische Dogma in Schutz
zu nehmen. „Ad haec mi Nausea, vos columina ecclesiae tacetis, quos catholica ecclesia et religio fatetur

suos esse vindices. Expergiscamini, accingamini, litterarum sacrarum arma arripite, et uno congressu utranque phalangem dissutili umbone et facile fragibili scilicet momentaneae praesentiae compactam prosternite, si unquam fuit vobis ansa praebita, ut Lutheri prodii effunderetis ollam, modo habetis viam, qua simplici popello, misere seducto, virus adhaerens fundo, ad unguem potestis detegere, et eidem dilucide persuadere, ut ad antiquum ritum ecclesiasticae coenae, desertis sectariorum nidulis revolet. Mibi minimo non est tanta vena, unde sitibundis animabus, exhausta palude, lucidam undam effundam, vobis, quibus fons est Jacob et puteus Christi, incumbit, ne diutius pereant, aut hydropysim contrahant in hujusmodi eluendis lacunis, siticulosae et pietati addictae conscientiae, effundito, veritatis et vitae flumina.

„Haec sunt, dulcissime mi Nausea, quae volui tibi respondere ad tuas mihi mellitissimas paucos ante dies missas litteras, et qualium te volui admonere, et vellem alios, tui similes admonitos, quae omnia te virum optimum spero non nisi optimi consulturum ...

Vale mi vir et amice jucundissime. Peapoli, XI. Marcii A⁰ dni M. D. XXXVIII."

6. Die weitere Schrift, welche Augustin Marius im Drucke herausgab, führt den Titel:

Marianus Bubo [1]).

Sie umfaßt 12 Blätter in 4⁰, und erschien im J. 1541. Ein Druckort ist nicht angegeben. Unter dem Titel befindet sich ein Holzschnitt, der fast den ganzen Raum der ersten

---

[1]) Königl. Bibliothek zu München. Phys. m. 110/23.

Seite einnimmt, unb eine Kirche mit einem Thurme unb neben berselben ein Ossorium barstellt. Auf bem Dache ber Kirche steht ein gewaltiger Uhu, ber sich anschickt, seine unheimliche Stimme in ber stillen Nacht ertönen zu lassen.

Unter bem Holzschnitte steht:

Lectorem alloquitur Bubo.

Pestem mugitu Bubo non adfero diram,
Sed quia sentisco, virus adesse, gemo.

Hierem. XXVII.

Nolite audire augures, quia mendacium prophetant vobis.

Auf ber Rückseite bezeugen Caspar Dirobechius, sacrae Medicinae Doct., unb Johannes Venatorius Kulsanus in Versen ber Schrift ihren Beifall.

Das zweite Blatt enthält bie Inhaltsanzeige ber Schrift, unb unter berselben bie Worte:

Bubo cur gemat.

Innocuum gemitu non terret Bubo fidelem,
Sed monet, ut praesens cogitet esse malum.

Tu nos Christe iuva.

Auf ber Rückseite bes Blattes sehen wir ben Wappen-schild ber Truchsesse von Pommersfelben unb unter bemselben stehen bie Verse:

Coelesti fulgent insignia clara colore,
Quem leo rex forti pectore nobilitat.
Candida sunt rubris fulgentia compita filis,
His natura docet, stemmata quanta sient.
Virtus, integritas fidei, constantia, candor,
Haec Bommersfeldae gloria gentis erit [1]).

---

[1]) Das Wappen ber Truchsesse von Pommersfelben hat im silbernen Felbe einen blauen springenben Löwen hinter zweien roth Querbalken.

Hierauf folgt das Dedications = Schreiben des Verfassers
vom 25. September 1541 an den Custos und Domherrn
Laurentius Truchseß von Pommersfelden, und die Veran=
lassung zur Herausgabe dieser Schrift.

Im Sommer kurz vor Anfang des Herbstes 1541
herrschte am Rheine und an der Donau und in einigen andern
Gegenden Deutschlands eine bösartige Epidemie, die jedoch in
Franken zuerst weniger gefährlich auftrat, aber um Ostern
1542 so heftig überhand nahm, und so viele Opfer forderte,
daß man in der Stadt Würzburg und auf dem Lande neue
Leichenhöfe anlegen mußte ¹). Man war wegen dieses Uebels
voll Furcht und Schrecken, und hielt die Uhu's (auch Todten=
käuzchen genannt), welche sich in großer Menge zeigten und
auf Kirchen und Thürmen heulten, für die Ankündiger der
sich nähernden Epidemie. Die Keckeren schoßen diesen Vogel
häufig nieder, allein vergebens; die Anzahl minderte sich
nicht; immer waren andere wieder da und ließen ihr Heulen
vernehmen. Augustin Marius wurde von seinen Freunden
aufgefordert, sein Urtheil über diese Erscheinung abzugeben.
Er that es in einer Abhandlung, in welcher er sich über
folgende Punkte verbreitete:

1) Quae Bubonis sit natura.
2) Num sit avis auguralis.
3) Quae sit augurii operatio.
4) Auguriorum quot genera.
5) Num Christiano liceat auguriari.
6) De suspecta auguriorum causa.
7) Auditi vel visi Bubones, non abigendi, sed
   tolerandi sunt.

---

¹) Vgl. Fries bei Ludewig S. 929.

Er beurkunbet in biefer Schrift eine tiefe Kenntniß in
ber Naturgeschichte unb beweist, baß bas Erscheinen unb
nächtliche Geheul biefes Vogels nicht bas Herannahen eines
außerorbentlichen Unglückes verkünbe. Er beschreibt ganz
genau bie Natur besselben, ber sich am Tage wegen ber
Schwäche feiner Sehekraft in verlassenen Orten, Höhlen
ober Gräbern aufhalte, unb nur zur Nachtszeit biefe verlasse,
um feine Nahrung; bie meistens in unreinen Dingen bestehe,
zu finben. Gerne fuche er bie Thürme unb Kirchen auf,
um in bas Innere berfelben zu gelangen, unb sich von bem
Oele ber Lampen zu fättigen. Er erklärt sich überhaupt
gegen jebes Augurium, unb bezeichnet es als Aberglauben,
aus bem Erscheinen ber Vögel, ihrem Fluge ober Gefange
künftige Begebenheiten vorherzufagen. „Domini sumus, in
manuque ejus includimur, vivamus sive moriamur.“
Nur bas augurium naturale billigt er, nämlich aus bem
Wanbern ber Strichvögel auf ben kommenben Sommer ober
Winter zu schließen. Man habe baher keine Ursache, ben
Uhu zu töbten unb zu verscheuchen; feiner Natur nach liebe
er bie unreine Luft, biefer folge er, unb nur in foferne
könne er zur Vorsicht mahnen, baß man ber unreinen
Luft ausweiche ober auf ihre Reinigung bebacht fei, unb
baß man auch feiner Sterblichkeit, an welche er uns erinnere,
gebenke.

Die Peroration beginnt mit ben Worten: „Desinite ergo
quotquot estis fratres catholici vatem vestrum Bubonem
a Deo natura illa praeditum, ut mortis instantis com-
monefaciat, odire, sed potius convertimini ad Dominum Deum nostrum. Emendate vitam vestram malam,
et Dominus abiget venenum“, unb schließt: „Augurare
lector tu, quid velim, meam audisti de Augurio Bubonis sententiam. Vale. Pcapoli Anno incarnati filii Dei

M. D. XLL quarta kalend. Mensis Novembris, in die
Simoni et Judae Apostolis sacro."

Marius ad Laurentium.

Coronide hoc ludit pro Decasticho.

Accipe Laurenti Bubonem candide, nostro
Judicio dignum vatis honore coli.
Vatis honore coli dignum, licet ille profecto
Horrisono gemitu concutiat trepidos.
Sed, scio, te minime terret gemibunda futuri
Vox, praesaga mali, nec movet, intrepidum.
Non est allator damni, sed sentit adesse,
Adfore, quod meruit, vita maligna, puta.
Pectora concutiat, sibi culpae conscius est qui?
Te nihil innocuum concutit, hocce scio.

Vale, donec meliora Bubo praenunciet et in aevum usque.

Τέλος.

7. Nach seiner Rückkehr von dem Reichstage zu Augs=
burg hielt Marius am Feste der Apostel Simon und Judas
1530 in der Domkirche zu Würzburg eine Homilie über den
Brief an die Römer 8, 28 — 39, und behandelte in der=
selben den damals streitigen Gegenstand über die Prädestina=
tion. Seine Rede wurde mit allgemeinem Beifall aufge=
genommen. Als im J. 1540 sein Nachfolger auf der Dom=
kanzel, P. Jakob Einfalt, ein Minorit von Colmar,
wegen Unpäßlichkeit nicht predigen konnte, so ersuchte er den
Weihbischof Marius, an dem Festtage Simon und Judas
die Domprebigt zu übernehmen. Dieser sagte es bereitwillig
zu. Am Tage zuvor war am Tische seines Freundes und
Gönners, Lorenz Truchseß von Pommersfelden, die Prä=
bestination Gegenstand des Gespräches. Marius wurde hie=

burd veranlaßt, seine vor zehn Jahren an ebendemselben Festtage vorgetragene Homilie aus seiner Büchersammlung hervorzusuchen, und sie in der Domkirche wieder abzuhalten. Der allgemeine Beifall, der ihm auch beim zweiten Vortrage derselben zu Theil wurde, bestimmte ihn, sie durch den Druck bekannt zu machen.

Sie erschien im J. 1542 unter dem Titel:

„De Praedestinatione divina D. Augustini Marii liber unus; hoc tempore turbulento lectu dignus. Eximio et Inclyto Viro Domino Laurentio Truchsess a Bomersfelden humiliter dedicatus."

Das Titelblatt zeigt das Wappen der Truchsesse von Pommersfelden mit den Versen:

Clara leo, divina color, non victa corona,
Candida ager, filium stemmata longa loquor.

An der Stirne der Dedication, welche das Datum Herbipoli 1. Febr. 1541 trägt, steht der Sinnspruch: Tu mea Christe salus.

Die Abhandlung selbst umfaßt folgende Punkte:

1) Quam sit magnum et efficax donum praedestinationis.
2) Quomodo omnia fiant ordine, etiam in mente divina.
3) Quid sit ordo requisitus in opere praedestinationis.
4) Quam firma sit et inconcussa promissio misericordiae divinae.
5) Quam nihil sit, quod judicialiter queat accusare, . praedestinationis praeditos gratia.
6) Quam indubitata sint signa, quibus electi se possint statuere, se praedestinatos esse.
7) Quomodo sit impossibile praedestinatum de manu Dei avelli finaliter.

Die ganze Abhandlung ist in schöner lateinischer Sprache geschrieben, und verbreitet sich, wie die vorstehenden Punkte zeigen, in ausführlicher Weise und im Geiste der heiligen Schrift und der Kirche über die Lehre der göttlichen Vorherbestimmung des Menschen.

Der Schlußrede ist ein alphabetisches Register über die in der Homilie vorkommenden wichtigeren Gegenstände beigegeben und unterzeichnet: „Nihil sine menda. 1541. 1. Februarij Peapoli.

Das ganze Werk hat 29 Blätter in 4⁰. Der Druckort ist nicht angegeben ¹).

8. Aus dem Inhalte der vorbezeichneten Abhandlung über die Prädestination entnehmen wir, daß Marius noch einige andere Werke verfaßt habe, die uns aber leider ungeachtet der Nachfrage in Bibliotheken und Archiven nicht zur Hand gestellt werden konnten.

Auf dem Blatte 17 N. V. L. am Rande citirt Marius eine von ihm verfaßte Schrift über die Anrufung der Heiligen: „Vide libellum nostrum de Sanctorum invocatione ad Abbatem Fuldensem“, und im Texte sagt er: „de quo latissime meam dixi sententiam in libello, cui indidi titulum: De Invocatione Sanctorum, Augistini Marii sententia.

Auf dem 19. Blatte Not. VI. G. seiner Homilie weist er gleichfalls am Rande auf eine von ihm verfaßte Schrift hin: „Vide nostram responsionem Recognitorum seu revisionem.“ Aus dem Register, welches seiner Abhandlung über die Prädestination beigedruckt ist, ersehen wir, daß der Titel

---

¹) Diese Schrift besitzt die f. Universitäts-Bibliothek zu Würzburg.

ber hier angezogenen Schrift lautet: *Marii revisio de libero arbitrio contra Recognitores.*

Aus dem oben schon angeführten Schreiben vom 1. Sept. 1538 an den Erzbischof Albert von Mainz ist ferner ersicht= lich, daß Marius ein Andachtsbuch für katholische Priester herausgegeben habe, denn er sagt in demselben: „Permovit me non parum F. P. R. visa in actu Missatico summa devotio, ut optem, et te aliquando lecturum, quae nuper pro *Catholicis sacerdotibus Missam catholice cele- brantibus* et asserendo et instituendo lusi, atque in parvum Tractatulum, XII. tamen capitum, redegi; dedicatum Cathedralis nostrae ecclesiae Decano, D. Theodorico a Thüngen, viro dignissimo, in quo sine cujuscunque vel opinionis vel sectae hominis insecta- tione institutum, quam infantiliter potui, prosequor.“

Nach dem Berichte Jöcher's in seinem Lexikon T. III. p. 187 hat Marius auch eine Schrift „De Praedicatione evangelica“ verfaßt.

Endlich bemerke ich noch, daß unter den Büchern des Marius, welche nach seinem Testamente das Kloster Ober= zell erhalten hatte, sich ein Manuscript=Codex befand unter dem Titel: Sermones Mariani pro tempore peregrinario, dominicis diebus, partim anno 1525 Basileae, partim anno 1529 et 30 Herbipoli habiti. Am Ende der Predig= ten steht die Bemerkung: Dominica tertia post Pente- costen sermo primus, Herbipoli habitus Anno Domini 1529. Aus dem Beisatze „pro tempore peregrinario“ dürfte hervorgehen, daß ein Theil dieser Predigten von Marius etwa auf seinen bischöflichen Visitationsreisen möge abgehal= ten worden sein.

Zum Schlusse will ich noch folgende Verse — Aristo- telica quaedam adagia atque dicteria — welche Augustinus

Mayer, als er sich in seinem Stifte zu Ulm befand, nieder=
schrieb, hier beisetzen:

Nitere, vera loqui, solus maneasque frequenter;
    Mentis propositum paucula verba canant.-
Quae pangenda tibi occurrunt, maturus inito,
    Iratumque animum mox cohibeto tuum!
Colloquio parcas, vitium fugito, memor esto,
    Mortis adesse diem, fer miseris et opem.
Protinus ignoto debes nunquam associari,
    Cunctis nec dictis est adhibenda fides.
Hosti non tuto credas, qui factus amicus,
    Arte solet fari blanda, ferire retro.
Commutare nequis, quod sponte tua, cito linguis
    Disceptare viro cumque potente cave.
Pectore si qua cavo secreta geris, mulieri,
    Et pueris fiant ne manifesta, vide.
Nam nihil occultant, nisi, quod non dixeris ipsis,
    Credere si nolis, experiare placet.
Scripsit Alexandro, Praeceptor dum fuit ejus,
    Doctus Aristoteles, quae documenta legis,
Cujus dicta Sophi Augustinus Mayer aravit
    Carmine, Posteritas ut memorare queat.

Ad lectorem.

Hypocrenaeo satur est quicunque liquore,
    Castiget digitis carmina nostra suis [1]).

---

[1]) Kuen l. c. p. 401.

23.

Georgius Flach, Episcopus Salonensis.

Georg Flach war zu Großheppach in Schwaben geboren, und trat nach Vollendung der Humaniora in das Benedictiner-Kloster Lorch im Würtembergischen ein. Hier zeichnete er sich durch Gehorsam und Frömmigkeit aus, bewies einen besonderen Eifer in den Studien, und wurde deßhalb von seinen Oberen auf die Universität zu Ingolstadt geschickt, um sich in den höheren philosophischen und theologischen Wissenschaften auszubilden. Im October 1543 ward er daselbst zum Doctor der Theologie promovirt, und hierauf zum Prior des Benedictiner-Stiftes zu Plankstetten in der Diözese Eichstädt ernannt [1].

Nicht lange stand er diesem Kloster-Amte vor. Noch zu Lebzeiten des Weihbischofes Marius wurde er von dem Fürstbischofe Conrad von Bibra nach Würzburg gerufen, und als Rath der geistlichen Regierung angestellt. Er nahm diesen Ruf nur unter der Bedingung an, daß ihm nach dem Tode des Marius das Suffraganeat übertragen würde. Fürstbischof Conrad ging auf sein Verlangen ein, und ernannte ihn nach dem am 25. Nov. 1543 erfolgten Ableben des Weihbischofes Marius zu seinem Suffragan.

Versehen mit den gewöhnlichen Empfehlungsschreiben an seine päpstliche Heiligkeit und an mehrere Cardinäle begab

---

[1] **Mederer,** Annal. Ingolstadt. Acad. P. I. p. 188. Plankstetten, Landgerichts Beilngries, eine Benedictiner-Abtei, wurde 1129 durch den Grafen Ernst von Hirschberg gestiftet. Im Bauernkriege wurde dieselbe theilweise zerstört, im Schwedenkriege geplündert, und im J. 1803 säcularisirt. Aus den Klostergütern wurde die jetzige Pfarrei Plankstetten gegründet.

sich Flach nach Rom, um seine Confirmation zu erwirken. Er erhielt den bischöflichen Titel seines Vorfahrers — Episcopus Salonensis — und wahrscheinlich auch daselbst die bischöfliche Weihe.

Er hatte eine größere Besoldung als Weihbischof als alle seine Vorgänger. Nach einem Schreiben des Fürstbischofes Melchior vom 11. Dezember 1555 bestand dieselbe in Folgendem:

1) 200 fl. Gehalt als Suffragan.

2) Im J. 1548 wurde ihm die Verwaltung des Schottenklosters, in welchem sich damals kein Mönch befand, übertragen, und ihm das jährliche Einkommen desselben, welches sich auf 600 — 700 fl. wohl belaufen mochte, zum standesmäßigen Unterhalte überlassen. Von den eingehenden Gefällen an Früchten durfte er seinen nöthigen Bedarf bestreiten, das Uebrige aber sollte er verwalten und seiner Zeit gehörig Rechnung darüber stellen.

3) Freie Wohnung in dem Schottenkloster; und

4) neben seiner Besoldung und den Accidenzien noch eine Zulage von 100 fl., welche ihm quartaliter der Fiscal zu verabfolgen hatte [1]).

In angaria crucis, den 22. September 1544, verrichtete er seinen ersten Pontificalact, indem er mehreren Candidaten des Säcular= und Regular=Clerus die höheren Weihen ertheilte. Am Sonntage nach Timotheus (25. Jan.) 1545 nahm er die feierliche Consecration des Fürstbischofes Melchior Zobel von Guttenberg unter Assistenz der Aebte

---

[1]) Archiv des bischöfl. Ordinariats Würzburg.

von Neuſtabt und Aura im Chore des Domes vor. Am 2. Mai 1546 aſſiſtirte er, als Biſchof Melchior ſeinem Metro=politan, dem neuerwählten Erzbiſchofe von Mainz, Sebaſtian von Heuſſenſtamm, die biſchöfliche Weihe ertheilte, und im J. 1548 wurde von ihm der vorletzte, von dem Biſchofe Melchior beſtätigte Abt des Benedictiner=Kloſters Murhart, Thomas Karlin eingeſegnet [1]).

Gegen das Ende des Jahres 1548 reiſte Weihbiſchof Flach nach Trient, um der dortigen Kirchenverſammlung im Namen ſeines Biſchofs beizuwohnen. Wie lange er daſelbſt verweilte, vermögen wir nicht anzugeben.

Der Fürſtbiſchof Melchior von Zobel erkannte es wohl, daß dem Umſichgreifen der Lehre Luthers, welche in dem fränkiſchen Bisthume immer weiteren Boden zu gewinnen ſchien, nur dadurch ein Ziel geſetzt werden könne, wenn der Säcular= und Regular=Clerus, die hohe und niedere Geiſt=lichkeit, die Dignitäre und Prälaten, rein und tadellos im Wandel und treu der katholiſchen Kirche ſich bewähren würden. Der Clerus, emporgehoben zur Erkenntniß ſeines heiligen

---

[1]) Murhart, eines der älteſten Benedictiner=Stifte des ehemaligen Bisthums Würzburg, im heutigen Königreiche Würtemberg am Kocher gelegen, wurde im J. 817 geſtiftet und beſtand bis zum J. 1558. Karlins Nachfolger in der Abtswürde, Otto Leonard Hoſſäs, fiel vom katholiſchen Glauben ab, verheirathete ſich, und überließ die Abtei ver=tragsweiſe an den Herzog Chriſtoph von Würtemberg, der nun pro=teſtantiſche Aebte daſelbſt aufſtellte. Durch das Reſtitutions=Edict des K. Ferdinand II. kam 1630 zwar das Kloſter wieder in die Hände der Benedictiner, und es wurde auch 1635 ein katholiſcher Abt eingeſetzt; allein dieſe neue Beſitzergreifung war nicht von Dauer; der weſtphäliſche Friede brachte Murhart im J. 1619 an das Haus Würtemberg. (Adami, Chronic. Monast. Murh. MS. im biſchöfl. Ordinariats=Archiv. Usser-mann, Episc. Wircab. p. 424.)

162

Berufes, und in Unbescholtenheit und Reinheit der Sitten seinem hehren Amte obliegend, würde von der Gefahr des Abfalles vom Glauben bewahrt werden, seine Anhänglichkeit an die katholische Kirche bethätigen, und die katholische Sache gegen die Irrlehrer siegreich vertheidigen.

Bischof Melchior ging daher mit Ernst an das Werk, die Sitten seines Clerus zu verbessern. Er berief zu diesem Ende im November 1548 seine Diözesan-Geistlichen nach Würzburg zu einer Synode. Weihbischof Flach eröffnete dieselbe mit einer trefflichen Rede über Christus und seine Kirche; er ermahnte in derselben die Versammelten zum Festhalten am Glauben, zur Ausübung guter Werke, zur Führung eines auferbaulichen Lebenswandels, und schloß mit der Aufforderung, von Sünden und Lastern abzustehen.

Hauptgegenstände der Synodalverhandlungen waren:

1) Es wurden die Synodal-Statuten, welche die früheren Bischöfe erlassen hatten, verlesen, bestätigt, und die Beobachtung derselben eingeschärft.

2) Es wurde im Namen des Bischofs Allen und Jedem geboten, den katholischen Glauben in seiner Reinheit und Integrität zu bewahren und zu lehren — „ut sanctam, sinceram et catholicam sanctae romanae et apostolicae Ecclesiae fidem haereditaria successione ab ipsis Christi Apostolis usque ad nos derivatam, integram et inviolatam, teneant, servent, doceant, et pro virili propugnent"; und

3) wurde dem Clerus die Verbesserung seines Lebens und seiner Sitten anbefohlen: „Neque prodest quam firmissime credere, pie docteque docere, nisi etiam pie religioseque vivatur" [1].

[1] Gropp. Coll. I. p. 311 et seqq.

Daß dem Fürstbischofe Melchior die Reform seiner Geistlichkeit sehr am Herzen gelegen war, und er sich alle Mühe gab, sie auch durchzuführen, beweist uns nachstehendes Mandat, welches er unterm 20. Januar 1550 an seinen Clerus erließ: „Novissime in visitatione nostra episcopali et vitam vestram ad reformationis formulam exegimus, et iterum iterumque hortati sumus, ut quottidie in ejus observatione proficiatis. Sicut autem nos sedulam operam impendimus, ut vobis haec reformatio esset quam commendatissima: ita vos semper promptissimos ad eam observandam offerebatis. Quamquam autem speremus, vos adhuc in eodem perseverare proposito: tamen ne forte nos judicium nostrum fallat, et sic ira Dei super nos perduret, diutiusque affligamur dissensionum incommodis, adhuc semel et ultimo paterne vos exhortando duximus. Exhortamur ergo vos Clerum nostrum aeque publicas et in dignitate constitutas ac privatas personas, vobisque serio praecipimus, ut vitam ducatis saepedictae reformationi ac synodalibus statutis conformem. Inprimis vero, ut *ebrietatem*, *compotandi certamina*, *ludos inhonestos* et *execrabilem Symoniam* fugiatis, *tabernas* et *theatra* devitetis, *casteque* et *continenter* viventes a *nephario concubinatu* abstineatis; sitis vero in catholica fide stabiles, in divino cultu seduli, in scholis theologicis frequentes in ambone aedificantes, in administratione sacramentorum diligentes, et in habitu coronae tonsura ac incessu servetis clericale decorum. Si haec feceritis, primo Deo opt. max. super sceleribus nostris placabitis, et consequenter pacem communem promovetis. Deinde facietis rem professione vestra dignam, et ad recuperandam pristinam authoritatem et favorem longe utilissimam: sin

XI*

minus, non est, quod posthac transgressores impunita-
tem sibi promittant, immo certo sciant, se non tam in
Synodo propediam futura, sed statim, ubi de trans-
gressione deprehensi aut convicti fuerint, puniendos, vel
per Decanos seu alios praelatos suos immediatos, vel
in casu negligentiae Praelatorum, aut rebellionis subditorum, per nos ipsos. Ne quem vero haec exhor-
tatio, ac mandatum vel ejus authoritas lateat, jussi-
mus, ut, passim in nostra dioecesi cum Vicariatus
nostri sigillo quantotius affigatur.“

Durch die Reformation waren die Klöster des fränkischen
Bisthums in einen desolaten Zustand gekommen. Papst
Clemens VII. hatte, wie wir bereits gemeldet, den Fürst=
bischof Conrad von Thüngen bevollmächtigt, die Klöster
seiner Diözese visitiren zu lassen, und die Religiosen, welche
dieselben verlassen, ihren Habit abgelegt hatten, und in welt=
licher Kleidung im Lande umherzogen, zur Rückkehr in ihre
Klöster, zur Einhaltung der Kloster=Clausur und zu einem
ihren Ordensregeln entsprechenden Lebenswandel anzuhalten.

Die vorgenommenen Visitationen erreichten jedoch ihren
Zweck nicht. Viele Mönche setzten ihren Ungehorsam gegen
die Befehle ihres Bischofes fort, und achteten nicht auf seine
wiederholten Mahnungen, in ihre Zellen zurückzukehren, und
nach der Vorschrift ihrer Constitutionen ein klösterliches Leben
zu führen.

Papst Julius III., der von dem traurigen Verfalle der
Mönchsorden im Bisthume Würzburg unterrichtet worden
war, erließ unterm 15. Mai 1554 an den Fürstbischof
Melchior ein Breve, in welchem er mit bekümmertem Her=
zen diese trostlosen Zustände, welche das Verderben und den
Untergang der Klöster herbeizuführen drohten, beklagte, und

demfelben bringend an das Herz legte, diefem Uebel zu fteuern. Er ertheilte ihm zu diefem Ende die Vollmacht, alle Abteien und Klöfter, auch die geiftlichen Ritterorden feines Bisthums, ohne Ausnahme, gleichviel ob diefelben von feiner bifchöflichen Jurisbiction befreit, oder dem apoftolifchen Stuhle unmittel= bar unterworfen feien, felbft zu vifitiren, oder durch Com= miffäre vifitiren zu laffen, und an dem Haupte und den Gliedern derfelben eine durchgreifende Reformation vorzu= nehmen.

Nach dem in dem genannten Breve ausgefprochenen Willen des Papftes Julius III. follten die Vifitationen der Klöfter fich nicht blos auf die Correction der Mönche be= fchränken, fondern es follte auch auf die Erhaltung der Klofter= güter und ihrer Gefälle vorzüglich Bedacht genommen werden. Die Aebte, Prioren und Conventualen follten ftrenge ver= pflichtet werden, ihre Befitzungen an liegenden Gründen und fonftigen Einkünften nicht zu veräußern; und da es in jener wirren Zeit vielfach vorgekommen war, daß Laien, Abelige und Fürften die Kloftergüter mit Gewalt und bewaffneter Hand an fich geriffen, und occupirt hielten, fo wurde der Fürftbifchof kraft apoftolifcher Autorität beauftragt, jene Laien, in welcher Würde, in welchem Anfehen und Range fie auch ftehen mochten — cujusvis dignitatis et excellen- tiae, etiam ducali et alia majori dignitate fulgentes — mit allem Ernfte und unter Androhung kirchlicher Cenfuren und Strafen aufzufordern, von fernerer Invafion der Klöfter und Ufurpation der Güter derfelben abzuftehen, und die bereits in Befitz genommenen Güter zurückzugeben. Würden diefelben diefer Forderung nicht Folge leiften, fo follten die Drohungen verwirklicht, über fie als Widerfpenftige und Rebellen die kirchlichen Cenfuren verhängt, und zum Vollzuge diefer Befehle das brachium saeculare angerufen werden.

Bischof Melchior säumte nicht, dem apostolischen Auf=
trage nachzukommen, und ernannte von Augsburg aus,
wo er sich auf dem damaligen Reichstage befand, unterm
24. Februar 1555 seinen Weihbischof Georg Flach, den
Dombechant Friedrich von Wirsberg und die beiden Dom=
herren Richard von der Kere und Erasmus Neu=
stetter zu Visitatoren der Manns= und Frauenklöster seines
Bisthums, welchen er, um das Visitationsgeschäft um so
schneller und glücklicher vollziehen zu können, den Decan zu
Haug, Oswald Schwab, die Theologen Johannes Arm=
broster, Jakob Hauck, Paulus Jeger und den Consistorial=
Assessor Dr. Conrad Fuchs als Assessoren und Räthe bei=
gab. Die Commissäre begannen alsbald ihr Geschäft und
machten den Abteien und Klöstern bekannt, daß an dem
zur Vornahme der Visitation bestimmten Tage alle Mönche
unter der Strafe der Excommunication in ihren Klöstern
sich einzufinden hätten, um der allgemeinen und speciellen
Inquisition und Reformation in geistlichen und weltlichen
Sachen zu gewärtigen.

Allein Bischof Melchior, obwohl er Alles aufbot, was
in seinen Kräften stand, das Werk der Reform seines Clerus
durchzusetzen, vermochte dasselbe dem gewünschten Ziele nicht
entgegenzuführen. Es traten ihm Hindernisse aller Art in
den Weg; die vielen und großen Drangsale, welche der mark=
gräfliche Krieg und die Grumbach'schen Händel über Franken
gebracht, erschwerten und vereitelten seine wiederholten Reform=
versuche. Der sogenannte Augsburger Religionsfriede,
der den Grundsatz aufstellte „cujus regio, ejus religio"
brachte statt Frieden noch mehr Verwirrung und Unheil.
Die von dem katholischen Glauben abgefallenen und zu der
Lehre Luthers übergegangenen Priester fanden bei dem Abel
Schutz und Unterstützung, und mit seinem so rasch und gewalt=

sam erfolgten Tode ruhte auch die von dem eifrigen und thätigen Bischofe angestrebte Reformation seiner Geistlichkeit.

Georg Flach verwaltete auch unter Friedrich von Wirsberg, der nach dem tragischen Ende des Bischofs Melchior Zobel von Guttenberg zum Fürstbischofe erwählt worden war, fernerhin das weihbischöfliche Amt. Ob derselbe an dem von dem Fürstbischofe Friedrich im J. 1561 errichteten Gymnasium in dem Agneten=Kloster zu Würzburg neben seinem weihbischöflichen Amte noch eine Lehrstelle bekleidete, können wir urkundlich nicht darthun; doch ist es nicht unwahrscheinlich, daß er dieser neuen Studien= Anstalt seine Thätigkeit widmete, indem er bei der öffent= lichen philosophischen Disputation, welche der für das errich= tetete Gymnasium von Freiburg berufene Professor Caspar Stiblin am 25. Mai 1561 in Gegenwart des Fürstbischofs und vieler Gelehrten abgehalten, unter den vier Opponenten der erste war [1].

Dem gelehrten Theologen, Mathematiker, Philosophen, Naturforscher, Dichter und Geschichtschreiber Trithem, welcher dem Schottenkloster zu St. Jakob dahier vom J. 1506 bis 1516 als verdienstvoller Abt vorgestanden, errichtete Flach ein Denkmal, indem er dem Steine, der seine Asche deckte, folgende Inschrift eingraben ließ:

Hanc meruit statuam Germaniac Gloria terrac
Abbas Trithemius, quem tegit ista domus.
Quam fuerit literis, simul et virtute celebris,
Admiranda sui dant monumenta styli.

---

[1] Wönike, Grundriß einer Geschichte der Universität zu Würzburg. I. Th. S. 39.

Arguit hoc etiam multorum gratia Regum,
  Ex quibus inprimis *Maximus Aemylius* ¹),
Maximus Aemylius Romani gloria sceptri,
  Qui fuit Austriacae clara propago domus.
Hujus magnifica fuit acceptissimus aula,
  Et primum tribuit docta caterva locum.
Absit suspicio de daemonis arte magia,
  Contra quam magnum scribere coepit opus.
Ut vivit fama, sic vivit mente beatus,
  Et videat summi coelica regna Dei ²).

Flach segnete das Zeitliche am 15. Dezember 1564 im
59. Lebensjahre und wurde in der Schottenkirche begraben.
Seine Testamentare, Michael Suppan, Dechant des Stiftes
Haug, die beiden Chorherren des Stiftes Neumünster, M.
Georg Fischer und M. Joh. Schaupp, Domvicar Joh. Textor
und die Stadträthe Heinrich Göbel und Moriz Neumann
errichteten ihm folgendes Denkmal, welches in Kürze seine
Lebensgeschichte enthält:

Rmo. in Chr. Patri ac Duo. D. *Georgio Flachio* Episc.
Salon. Ord. Benedicti s. Theologiae D. Viro animi
et corporis virtutibus spectatiss: Pietate, Integritate,
constantia, morum quoquo gravitate multum conspicuo:
Eruditione vero multarumque artium cognitione insigni,

---

¹) i. e. **Maximilianus I.** Trithem genoß die Achtung und Liebe
des Kaisers Maximilan I., wurde oft an den kaiserlichen Hof geladen,
und gedachte dieses Kaisers, der die Gelehrten seiner Zeit zu schätzen
wußte, ruhmvoll in seinen Schriften.

²) Das Epitaphium Trithem's wurde im J. 1813 in die Kirche
zum Neumünster versetzt, weil die Schottenkirche zu jener Zeit zu einem
Militärmagazin bestimmt war.

qui ex Heckenbach Sneviae vico oriundus in juvenili
aetate ultro sese Divino mancipaturus servitio proximum patriae *Lorchense* Monasterium ingressus, ibi-
que obedientiae, Pietatis ac Literarum studiis prae
aliis fervens, inde Ingolstadium missus, summos ibidem in Philosophia et Theologia gradus et honores con-
secutus est. Itaque fama eruditionis et virtutis clarior
factus á Rmo. *Conrado a Bibra* Electo Virceb. Praesule in Suffraganeum expetitus, Romam primum, deinde
etiam ad s. concilium Tridentinum a *Paulo III.* Pont.
Max. inchoatum tum sui ipsius, tum Rsmi *Melchioris*
Virceb. Epi. nomine profectus est, ac ita foris et domi
per annos viginti commisso muneri et debito boni
Episcopi officio vigilanter insistens Deo et Ecclesiae
Catholicae laudabiliter inservivit. Demum cum hoc
quoque Monasterium per annos XVI. rexisset, sub
piissimo Antistite et Principe *Friderico* beato fine in
Domino obdormivit. Anno Dni. MCLXIII. XVIII.
Calend. Januarii. C. B. mem. Exec. Test. H. Mon.
P. C. Vixit A. LVIII. M. IX. D. IX.

Durch die Stiftung eines Stipendiums für Studirende
hatte sich der Weihbischof Flach ein anderes und rühmlicheres
Denkmal errichtet. Er bestimmte nämlich in seinem Testa=
mente: „Item Wir begern an Vnsere Testamentarier, daß
sie zu Jngolstatt Jn vnserm namen für vnsere Freundt, sie
seien im Landt zw Wirtenberg oder zw Preßlaw, oder anderst=
wohe, auffrichten, Jn massen, wie wir vielleicht specificirn
werden; dartzu legirn und verschaffen wir Fünffhundert
gulden." Eine Specification und nähere Bestimmung hier=
über fand sich in seinem Testamente nicht vor; der Tod hatte
ihn übereilt; doch hatten seine Testamentare von ihm noch

die mündliche Erklärung vernommen, daß sie die Summe
von 500 fl. erhöhen, und die nöthige Veranstaltung nach
Gutbefinden selbst treffen möchten. Sie erhöhten die Capital=
summe auf 600 fl. fränk., übergaben sie dem Collegium
Georgianum zu Ingolstadt, und trafen mit Genehmigung
des Fürstbischofes Friedrich von Würzburg, der Universität
zu Ingolstadt und des Vorstandes des damaligen Col=
legiums am Montage nach Invocavit 1568 folgende Be=
stimmungen:

1) Der Stipendiat erhält im Collegium mit den übrigen
   Zöglingen Kost, Wohnung, Erziehung und Unter=
   richt. 2) Er studirt drei Jahre die Humaniora,
   vier Jahre Theologie und muß in den geistlichen
   Stand treten. 3) Der erste genießt dieses Stipendium
   acht, die folgenden nur sieben Jahre. 4) Die Testa=
   mentare präsentiren als ersten Stipendiaten einen
   Vetter des Weihbischofes, Namens Joh. Eichholz;
   den zweiten präsentirt der Bürgermeister und Rath
   zu Breslau in Schlesien, den dritten das Gericht
   und die Gemeinde zu Heckenbach, und so wechseln
   Breslau und Heckenbach ferner mit einander ab.
   5) Können beide ein Subject aus der Freundschaft
   des Stifters nicht mehr präsentiren, so tritt an ihre
   Stelle der Bischof von Würzburg, der dann einen
   Stipendiaten aus der Stadt oder der Diözese Würz=
   burg zu präsentiren hat. 6) Der Stipendiat ist ver=
   pflichtet, den marianischen Cursum täglich im Chor
   zu recitiren und fleißig für den Stifter und seine
   Angehörigen zu beten.

24.

Antonius Rescius, Episcopus Salonensis.

Rescius aus dem Prediger = Orden, ausgezeichnet durch Frömmigkeit und Wissenschaft, und seit einiger Zeit Lector der Theologie in dem Dominicaner = Kloster zu Cöln, war dem Fürstbischofe Friedrich von Wirsberg wegen seiner Sittenreinheit und tiefer Gelehrsamkeit auf das Beste empfoh= len worden. Der Fürstbischof suchte deßhalb denselben als Professor für sein neugegründetes Collegium im Agneten= Kloster zu gewinnen, erließ unterm 3. September 1562 ein huldvolles Schreiben an ihn, lud ihn ein, nach Würz= burg zu kommen, und eine theologische Professur zu über= nehmen, und wandte sich zugleich an den Prior des Prediger= Ordens zu Cöln, er möge der Abreise desselben keine Hinder= nisse machen, sondern sie thunlichst befördern.

Allein es verging doch einige Zeit, bis endlich Rescius von seinem Provinzial die Erlaubniß zur Uebersieblung nach Würzburg erhielt. Am 19. April 1563 sendete ihm der Fürstbischof ein Reisegeld von 50 Goldgulden, und endlich am 21. Juni desselben Jahres benachrichtigte der Provinzial den Bischof, daß Rescius, der inzwischen zum Doctor der Theologie erhoben worden war, vor dem Anfange des Herbstes in Würzburg eintreffen werde, um nicht nur eine theologische Professur an dem genannten Collegium zu übernehmen, son= dern auch seine Thätigkeit der Reform der Dominicaner= Klöster in Franken zu widmen [1]).

---

[1]) Keller, Dr., Gründung des Gymnasiums zu Würzburg. Pro= gramm zum Schlusse des Studienjahres 1849/50. S. 30--33. Beil. 9—12.

Durch ein Decret der geistlichen Regierung, welches den Beginn der theologischen Vorlesungen des Professors Dr. Rescius über den Psalter bekannt machte, wurden die Prälaten der Stifte und die Vorsteher der Klöster ermahnt, ihre jüngeren Cleriker anzuhalten, seine Vorlesungen, sowie auch die Lectionen, welche in artibus in dem Agnetenkloster vorgetragen wurden, zu besuchen.

Mehrere Jahre lang wirkte Rescius rühmlichst in der neu errichteten Studienanstalt, und wurde wegen seiner besonderen Verdienste von dem Fürstbischofe Friedrich zu seinem geistlichen Rathe und Suffragan ernannt. Unterm 7. März 1567 erhielt derselbe vom Papste Pius V. mit dem Titel eines Bischofs von Salona die Bestätigung und bischöfliche Weihe.

In dem Ernennungs- und Bestallungsdecrete, welches ihm durch den Fürstbischof ausgefertigt wurde, sind in ähnlicher Weise, wie bei dem Weihbischofe Joh. Reutter, seine Obliegenheiten als Weihbischof und geistlicher Rath, sowie das Nähere über seine Besoldung angegeben:

1) Soll sich der Suffragan, wie es einem Bischofe gebührt, zur heiligen, römischen, christlichen Kirche getreu halten; die Ordnung, Statuten und Satzungen derselben mit allem Fleiße vollziehen; den Anfechtern und Feinden derselben, soviel ihm möglich, Widerstand leisten; das Suffragan-Amt nach bestem Vermögen verwalten, und sich bei Ertheilung und Vornahme von Weihen, Consecrationen, Confirmationen und anderen bischöflichen Acten mit der Procuration, welche einem Bischofe die beschriebenen Rechte geben und zulassen, begnügen.

2) Soll sich derselbe in allen geistlichen Sachen, die besonders die Irrsale des katholischen Glaubens betreffen, jeder Zeit „mit Rathen, schicken, lesen, schreiben" und

anderem, was einem Bischof und Suffragan zusteht, unwiderstehlich gebrauchen lassen und des Stiftes Heimlichkeiten sein Leben lang verschweigen.

3) Soll er dem geistlichen Raths=Collegium, den Examinibus examinandorum beiwohnen und sein Gutachten getreulich abgeben; auch, wenn sonst ihm geistliche Personen geschickt werden, dieselben mit Fleiß examiniren und den Befund gewissenhaft anzeigen.

4) In dem Falle, daß er von seinem Ordensgeneral abberufen würde, soll er schuldig sein, sein Amt nicht zu verlassen, bis er einen andern qualificirten Suffragan gestellt habe. Desgleichen habe er die Kosten, welche der Fürstbischof auf seine Expedition und Consecration verwendet, im Betrage zu 581 fl. nach und nach zu ersetzen, und bei seinem Abzuge von seiner Stelle auf jede weitere Provision, die bei seiner Präsentation von Sr. päpstlichen Heiligkeit bewilligt wurde, zu verzichten.

5) Dagegen solle ihm, so lange er das Amt eines Suffragans und geistlichen Rathes versehen würde, die Wohnung in dem Schottenkloster zu St. Jakob eingeräumt, von dem Einkommen desselben Klosters 400 fl. an Geld, und zwar 200 fl. wegen der Lectur in Theologia und die übrigen 200 fl. wegen des Suffraganeats und Rath=Standes, nebst Brod und Wein, wie solches den jüngeren Domherren täglich insgemein ausgetheilt wurde, verabreicht werden.

6) Auch solle ihm von dem Hausrathe des Klosters, soviel er dessen bedürfe, zum Gebrauche überlassen werden; jedoch habe er über die ihm überlassenen Gegenstände ein Inventar anzufertigen, und dieselben bei seinem etwaigen Abzuge unversehrt wieder abzugeben.

7) Sollte er wegen Altersschwäche und Kränklichkeit sei=
nem Amte nicht mehr vorstehen können, so sollten ihm
als Pension jährlich 200 fl. ausbezahlt werden.

Die pünktliche Erfüllung dieser Bestimmungen und Be=
dingnisse mußte der Weihbischof Rescius mit einem Eide an=
geloben, und hierüber einen Revers dem Bischofe einhän=
digen [1]).

Fürstbischof Friedrich hatte seinen Lieblingsplan, die
Jesuiten nach Würzburg zu berufen und ihnen die erst in's
Leben getretene Lehranstalt am St. Agneten=Kloster anzu=
vertrauen, nicht aufgegeben. Das Domcapitel war dem
Jesuitenorden abgeneigt, und suchte durch allerlei Bedenklich=
keiten die Ausführung des Vorhabens des Bischofs zu ver=
hindern. Allein dieser ließ sich dadurch nicht beirren, und
wandte sich, ohne sein Domcapitel zu fragen, an das Ober=
haupt der Kirche, Papst Pius IV., und erbat sich von ihm
die Erlaubniß, das entvölkerte Clarissenkloster zu St. Agnes
den Vätern aus der Gesellschaft Jesu überlassen zu dürfen.
Der Papst erließ unterm 20. September 1565 ein Breve
an den Fürstbischof Friedrich, worin er ihm anzeigte, daß
er den Petrus Canisius, damaligen Prediger zu Augsburg
beauftragt habe, in seinem Namen den Bischof Friedrich zu
besuchen und zu grüßen, und die näheren Verhandlungen
über die vorhabliche Ueberlassung des Agneten=Klosters an
das Jesuiten=Collegium mit ihm zu pflegen. Der Bischof
solle das, was Canisius in dieser Sache und in allen übri=
gen Verhandlungen mit ihm rede und berathschlage, so auf=
nehmen, als ob der Papst selbst diese Verhandlungen gepflogen
habe, und am Schlusse seines Breve fordert Pius IV. den

---

[1]) Archiv d. bischöfl. Ordinariats Würzburg.

Fürstbischof auf, dem Jesuiten = Collegium seinen Schutz und sein Wohlwollen zu bewahren [1]).

Im Anfange des Jahres 1567 traf Petrus Canisius zu Würzburg ein, und hielt in der Fastenzeit desselben Jahres in der Domkirche unter außerordentlich starkem Zudrange des Volkes die Fastenprebigten ab. Die Verhandlungen, welche P. Canisius, als Bevollmächtigter des Papstes, wegen Ueber= gabe des Agneten = Klosters an das Jesuiten = Collegium und wegen der Uebernahme der Studienanstalt von Seite der Jesuiten mit dem Fürstbischofe Friedrich führte, waren mit dem besten Erfolge gekrönt. Im Herbste 1567 kamen die Jesuiten in Würzburg an, am 27. October zogen sie in das Agneten= Kloster ein und eröffneten die Schulen am 11. November desselben Jahres [2]).

Die Verhandlungen des ehrwürdigen und seeleneifrigen Petrus Canisius mit dem Fürstbischofe von Würzburg be= schränkten sich nicht auf die besagte Einrichtung des Jesuiten= Collegiums im Agneten = Kloster; noch Anderes und Wich= tiges hatte er mit dem Bischofe zu berathen. Durch die Re= formation waren in dem fränkischen Bisthume die kirchlichen Zustände in Verfall und Zerrüttung gekommen; sie boten ein trauriges Bild; Volk und Clerus lagen im Argen; sollte es besser werden, so mußte es die erste, ernsteste und unermüdetste Sorgfalt der Bischöfe sein, das Volk in der Religion wohl unterrichten zu lassen, den Seelsorger=, Stifts= und Regular= Clerus gründlich zu reformiren, und an den gelehrten Schu= len einen neuen und kirchlich gesinnten, einen eifrigen und für seinen hohen Beruf begeisterten Clerus heranzubilden.

---

[1]) Archiv d. histor. Vereines f. Unterfr. u. Aschaffenb. XIII. Bd. 1. u. 2. Heft. S. 88.
[2]) Keller, Dr., a. a. O. S. 16 u. 17.

Petrus Canisius, aufgefordert, sein Gutachten über die Reform des Clerus abzugeben, reichte dasselbe bei dem Fürstbischofe Friedrich schriftlich ein. Er legte seinem Gutachten einen theologischen Rath, welchen ein Kirchenprälat Deutschlands von ihm abverlangt hatte, schriftlich bei, in welchem er dem Bischofe in Sachen seines Gewissens und in der Leitung seiner Diözesanen die zweckmäßigsten Vorschriften gab.

Sein Gutachten über die Reform des Clerus theilte er ab in generelle und specielle Theses. In dem ersten Theile schildert er die damalige traurige Lage der Kirche Deutschlands, den Abfall so Vieler von der katholischen Religion, die Unentschlossenheit, Lauheit, Trägheit und Furchtsamkeit der Bischöfe und anderer geistlichen Vorsteher in Ergreifung der Mittel, welche zum Heile und zur Rettung der Kirche Deutschlands dienen könnten, und ruft am Schlusse aus: „Wenn so Petrus schläft und Judas wacht, dann geht Alles in das Schlimmere, daß zuletzt kaum der Schatten der alten Kirche uns übrig bleibt."

In dem zweiten Theile seiner Theses stellt er den Clerus unter dem Bilde eines Kranken vor, zeigt die Mängel und Gebrechen desselben, und gibt zugleich dem Bischofe und seinen Officialen die Mittel und Wege an, wodurch die Gebrechen desselben, wenn auch nicht vollständig, doch wenigstens theilweise, beseitigt werden könnten.

Petrus Canisius war einer der thätigsten Schüler des heiligen Ignatius; er wirkte mit apostolischem Eifer und dem glücklichsten Erfolge in Polen, Böhmen, fast in allen Provinzen Deutschlands und auch in unserem Frankenlande [1]).

---

[1]) Der ehrwürdige Petrus Canisius wurde am 24. Juni 1864 von Seiner Heiligkeit Papst Pius IX. selig gesprochen.

Deßhalb mögen seine Rathschläge, welche er vor dreihundert Jahren zur Verbesserung der Sitten des fränkischen Clerus dem Fürstbischofe machte, nicht unbeachtet bleiben. Sie gelten uns als eine kostbare Reliquie. Wenn auch der Inhalt dieser Actenstücke im Allgemeinen nur historischen Werth hat, so finden sich doch sowohl in den Rathschlägen, die er einem hohen Kirchenfürsten ·gab, als auch besonders in den genannten Thesen manche und ernste Wahrheiten, die zu allen Zeiten — auch in unseren Tagen — tief beherziget zu werden verdienen. Hier folgen die Actenstücke des seligen Canisius:

1. *Consilium theologicum ad conscientiam magni praesulis et Episcopi cujusdam Germani juvandam postulatum et propositum.*   •

Calamitosa sunt nunc tempora, et pergraves morbi omnium fere Ordinum in Germania, quae fidem, pietatem, obedientiam, continentiam et canonicam disciplinam omnem aut contemnit aut negligit. Eo magis advigilandum est pastoribus, et inprimis huic Antistiti cui consulere jubemur, ut serio dictum sibi putet illud. Attendite vobis et gregi vestro.

Primum igitur in quibus rebus conscientiae suae, deinde quomodo gregi subditisve suis attendere debeat, breviter et simpliciter quantum Domini Jesu gratia concesserit, per capita quaedam ostendetur.

Adsit voluntas et studium intelligendi, quae sui Ordinis et status sunt propria. Haec facile constabunt, si saepe subducat aliquid sibi temporis et ocii ad legendos canones sacrorum conciliorum, inprimis vero Synodi Tridentinae. Legat praeterea Concilium provinciale Moguntinum, et Reformationem Cleri Ratisbonae per Cardinalem Campegium, et Augustae non sine con-

XII

sensu Caesaris et omnium Catholicorum statuum aeditam. Legat quoque Catechismum romanum · et similia, quae ad rectam rationem peragendi in ecclesia cultus divini, ad catholicam administrationem sacramentorum, et ad disciplinam canonicam Clero et Episcopo necessariam maxime pertinent.

Grave crimen esse putet, neque per se cognoscere, quae sunt Episcopo ex jure divino et canonico cognoscenda, neque ad manum habere bonum et peritum virum, praesertim canonistam, qui monent subinde, de observandis et vitandis, circa functionem et jurisdictionem Episcopalem. Unde fieri solet, ut Episcopi plerique multa committant, quorum rationem neque judici Christo neque suis Ordinariis praelatis reddere queant, imo inexcusabili quadam juris ignorantia ducti, potestatis suae limites excedunt, nec raro in censuras ecclesiasticas incidunt periculose.

Habeat igitur sapientem et expertum Canonistam, et cum eo partiatur curas Episcopalis officii sui, gaudeat ab eo admoneri saepe, cum illo fidenter conferat de iis, quae pertinent ad ordinationem Clericorum, ad collationem beneficiorum, ad confirmationem parochorum, ad visitationem Ecclesiarum, ad reformationem graviorum abusuum, praesertim qui cultum divinum contaminant, et scandala publica secum trahunt. Talem vero Canonistam in Italia potius, quam in Germania inveniemus.

Habeat praeterea fidum confessarium, cui suam conscientiam singulis mensibus aperire et judicandam permittere possit. Ita fiet ut seipsum paulatim in quibusdam emendandis vincat facilius, et majorem Dei gratiam sentiat ad munus suum rectius obeundum.

Multa sanciuntur et jam ante sancita sunt a summis
Pontificibus, quibus Episcopi omnes obedientiam et
reverentiam debent maximam.' Fit tamen saepe numero,
ut mandata et decreta summorum Pontificum ab Episcopis ignorentur et negligantur. Unde nec ad inferiores
Episcoporum praelatos et pastores ea pervenire possunt. Quicquid autem inde periculi consequitur, in
caput Episcopi merito redundat, et illi debet imputari.
Quare consultum erit prorsus, ut Episcopus libenter
inquirat et studiose intelligat de sanctionibus Pontificum, sicut Romae publicari solent.

Ex his vero sanctionibus illae notandae sunt
maxime, quae ad curam animarum et officium Episcoporum spectant, quaeque sententiam excommunicationis majoris habent annexam. Talis est Bulla Coenae
Domini, ut vocant, aliaeque plures, quae ad R⸺ D.
Cardinalem Augustanum frequenter adferuntur. Certe
summo periculo sese objiciunt, et quasi contemnunt
Christi Petrique Cathedram, qui dispensant, statuunt,
ordinant in iis, quae sibi reservat apostolica sedes,
et quorum cognitionem, facultatem vel dispensationem
ad se solam vult pertinere. Nec est censendus ille
vere Catholicus qui poenam excommunicationis a Ponti-
fici maximo latam vilipendit, et cum debet, non vult
prorsus intelligere.

Recte faceret, si concilium hebdomatim institue-
tur, ex iis viris, quos probatiores agnoscit' in suo Clero,
cum his conferenda essent pleraque tum ad disciplinam
restituendam, tum ad praelatos et pastores juvandos
pertinentia. Non ita magno negotio multorum morbi
paulatim emendarentur, si Episcopus cognosceretur
serio advigilare, saepe inspectores et observatores

mittere, et paternam lenitatem cum justa judicis scveritate miscerc.

Nunc plerique non vigilant, quia vel dormit, vel non curat, vel indulgere pergit Episcopus. Pauci rogantur, an et quomodo Breviarium legant, quas in templo coeremonias observent, quomodo sacramenta ministrent, quam curam sacristiae vel sacrarii habeant. Haec vero absque omni gravi motu illis inculcari et ab illis exegi possent, qui sunt quidam catholici. Ad mores postea veniretur.

Si quando graviora incidant, quae permittenda, non sananda vel punienda videntur, Consilium doctorum adhibeatur, neque statim Episcopus hoc sibi licere putet, ut in sacris aut dispenset, aut indulgeat, praesertim ubi non solum Episcopus, sed etiam princeps est. Neque probandum illorum consilium putet, qui praesentibus rerum difficultatibus deterriti, nihil fere tentant, aut tentari volunt in Religione catholica vindicanda, sed homines potius quam Deum timent, praepostere timidi, ubi Dei honos et Ecclesiae dignitas necessarium a nobis zelum requirit.

Hic igitur etsi extrema tentare remedia non attinet, moderata tamen experienda videntur, sumptis nimirum initiis a rebus facilioribus et coniecta in omnipotentem Deum animi fiducia, ut paulatim erigamus disciplinam quae apud Catholicos prolapsa, et saepe contempta jacet, ex supina prorsus negligentia praesulum.

Tradatur parochis et confessariis modus, quem circa confitentes et poenitentes observent, ne alioquin coecus coecum ducat, Episcopus etiam peccatis communicet alienis. In absolvendo non erratur plurimum, dum nulla fere casuum (ut vocant) reservatorum habetur ratio, et confitenti ac enumerandi peccata mos apud plerosque intermittitur.

Hoc periculum evitaretur, si viva voce admonerentur serio et tempestive sacerdotes, quomodo hic se gerere et ab excommunicatione sibi suisque cavere debeant quemadmodum directorium polanci admonet.

Praeterea Vicarius Episcopi potestatem hanc, quae ad absolvendos haereticos attinet, tum Episcopo, tum sibi reservare debebat. Qua de re Decani omnes rurales, quos vocant, admonendi essent sedulo, ut inferiores parochos non sinerent falsem suam (quod aiunt) in messam alienam mittere.

Ex Concilio Tridentino excerpantur, quae populo sunt proponenda, et ex ejusdem concilii mandato publicanda, ut ne illa diutius negligi videantur, quae magni sunt sane momenti, praesertim de coniugiis clandestinis abrogandis, et de gradibus cognationis et affinitatis spiritualis. Sunt et alia, quae citra periculum ex eodem concilio iniungi Clero et in usum Ecclesiae verti possent, adeoque deberent ex officio Episcopali. Caetera quae a clero non facile obtinerentur videat Episcopus quo loco velit habere. Si non potest Synodum solennem celebrare, at faciem tamen eius aliquam retinere consultum esset. Ac propterea Pontifex maximus per literas monere posset de praecipuis causis, quae Synodum et reformationem ac concilii Tridentini executionem remorantur hoc tempore et difficillimo loco.

Fortasse prodesset aliud quoque scriptum in Urbem mittere, quo comprehenderentur ea, quae petenda sunt ab Apostolica sede ad gubernationem liberiorem et securiorem totius Ecclesiae sicut circa monasteria et beneficia vacantia circa excommunicatos, Apostatas, Irregulares, ut in sacris possint admitti, circa simoniacos et relapsos. In his concione diligenti opus est, si canonum praescriptum et obedientiam summo pastori debitam sequi velimus.

Postremo de subditis, quomodo illis Ordinarius habeat attendere, nunc monendi locus non est, et multa de hoc negotio scripta dedi Herbipoli post festum paschatis, quae nunc repetere non attinet.

Salvo semper iudicio melius sentientum.

Consilium Theologicum
D. Doctoris Canisii.

2. *Theses generales, ex quibus veluti fundamentis ad meditandam reformationem Ecclesiarum germanicarum facilius lector potest adduci.*

Videntes ac volentes perimus, nisi de morbis ac remediis Germaniae, quae veluti moribunda ac desperabunda jacet, serio deliberetur.

Catholica religio in praecipuis Germaniae ecclesiis non minus clam a domesticis falsisque fratribus, quam ab externis hostibus et haereticis palam oppugnatur.

Inter haec duo extrema fere versamur. Aut restituenda et vindicanda, aut turpiter nobis deserenda est religio.

Temporum iniquitas aegre fert vindicari serio religionem; poterit tamen multorum metus esse maior quam debeat, dum humana potius quam divina spectantur praesidia, et diffidentiae magis quam sanctae confidentiae capiuntur consilia in juvandis rebus afflictae ecclesiae.

Deserere vero causam religionis neque licet neque decet, neque expedit, sive temporalia, sive spiritualia, sive aeterna simul bona quorimus. Omnia demum religionis et salutis aeternae negotio posthabenda sunt: in fide sectariis nefas est cedere. Conciliationes exitium adferunt religioni.

Videntur quidam, sed qui pauci hodie cooperiuntur, in sanandis his Germaniae morbis rigidos et severos medicos agere, dum statim ad vivum resecant omnia, vel asperiora proscribunt remedia, quam inveterati morbi et aegrotorum imbecillitates in hoc rerum statu ferre posse videantur.

Alii sunt nimirum in curando lenti, segnes, meticulosi, ut nihil certi remedii meditentur aut aggrediantur, veluti nova quaedam e coelo miracula expectanda essent. Nobis interim stertentibus aut aliud agentibus ingravescunt morbi, crescunt haereses, pereunt animae, vigent scandala, dissipantur cleri bona, prophanantur ecclesiae, tota pietas et disciplina collabascit.

Est in confesso, e sectariis ad ecclesiam catholicam perpaucos redire, quantumvis illa multa concesserimus, plures autem ab ea deficere, et negotio religionis novandae favere cernimus. Equestris ordo vix paucos habet catholicos, si cum adversaria quidem parte conferatur.

Magnates et Magistratus qui supersunt catholici, aegre in officio continentur. Tum ubi religionem illi mutant, partam habent gratiam patronorum et vicinorum, quorum blandimentis, promissis et muneribus ad sectas facile pelliciantur.

Mutat populus vehementer in fide, magnaque vi preceps fertur ad eam religionem, quae specioso libertatis et Evangelii titulo doctis etiam et catholicis frequenter imponit. Nec sit difficile vulgi animos: qui ecclesiasticum fere jugum detrectant, ab avita illa tum simplicitate tum obedientia: ad sectariorum liberam disciplinam transferre.

Clerus nec suos morbos nec illa propemodum remedia ferre posse videtur. Videt adversariis gravem datam esse causam et dari adhuc, incusandi mores et abusus Ecclesiasticorum: sed adeo intellectum non tribuit haec tot annorum vexatio, ut malit quasi perire funditus rem ecclesiasticam, atque ut sinat se ad sacerdotale officium et observationem Canonum revocari. Urgent ac retinent mordicus usitatam hactenus vitae morumque licentiam, quae per se quidem videtur intollerabilis et summum probrum adfert toti ordini. At interim nihili pendunt veteres, receptas et laudabiles consuetudines et constitutiones in his quae ad cultum divinum, curam animarum, et vitae honestatem maxime pertinent: in caeteris nihil remittunt de suis juribus, privilegiis et consuetudinibus.

Episcopi et alii Praesides ecclesiastici, qui sunt hodie cordatiores, metuunt, se repulsam passuros, si a Canonicis: vel laevia quaedam: ad reformationem postulent. Terrentur consideratione temporum miseranda, novos semper motus timent, alius alium expectat, qui primus glaciem frangat, et frigidum suffundunt consiliarii et politici homines. Ita multis annis intermittuntur visitationes Ecclesiarum, non celebrantur Synodi, non recipitur et publicatur Concilium Tridentinum, ordinandi' non rite examinantur, regnant impune nefanda clericorum crimina. *Sic dormiente Petro et vigilante Juda in peius abeunt omnia, ut demum vix*

umbram veteris ecclesiae retineamus. Est summopere
timendum, ne respectus et affectus humani multos praelatos impediant, quo minus si rite perpendant, quam
Christo, quam ecclesiae ejus, quam ovibus fidei suae
concreditis debeant hoc tempore curam, vigilantiam,
operam atque diligentiam in arcenda luporum rabie,
in ovili conservando, in vindicanda religione, in reformatione ecclesiastici ordinis, aliqua saltem ex parte
instituenda.

3. *Videndum imprimis de quibus aegrotis curandis, aut*
   saltem a graviori morbo liberandis potissimum in
   hac ecclesia sunt instituenda concilia.

1. Aegroti sunt maxime qui relicto communionis
symbolo, quod in sumptione venerabilis sacramenti
cernitur, sectarios se palam profitentur, et in spiritualibus Episcopi sui contemnunt authoritatem.

Hic adjungendum videtur, ut ne fiant de Luthera-
nis Calviniani, sacrilegi et intollerabiles Catholicorum
persecutores.

Conferret etiam observare, quibus in rebus con-
sentiant et dissentiant novi praedicatores, et praesertim si nova quaedam et pestifera dogmata invehant,
longiusque discedant a confessione Augustana, cujus
professio tantum a statibus imperii fuit admissa.

Practerea videtur habenda ratio scriptorum eorum,
qui nova quaedam edunt, aut spargunt, hoc tempore,
ut quoad fieri potest, perniciosa vulgi curiositas et
temeritas in novis libris emendis et legendis coërceatur.

Nec esset abs re si Reverendissimus per fidos
quosdam et secretos amicos vel nuncios id curaret,

ut de statu vicinorum in religione subinde certior redderetur, ne hac etiam in parte segniores Catholici quam adversarii videantur.

Dubium est interim, an Reverendissimus possit vel habeat concedere, ut sacerdotes cum cruce et aliis ceremoniis adsint sepulturae haereticorum, et an aliquid novi in sacris sit sectariis permittendum.

2. Aegroti sunt in clero maxime, qui licet Catholicos se profitentur, tamen ad excommunicatos et irregulares pertinent. His annumero sacerdotes conjugatos et apostatas, qui citra ullam dispensationem et facultatem Pontificis vel ordinis sui sine habitu religioso vivunt, qui praeterea ante legitimam aetatem sacerdotalem ordinem sine ulla facultate sunt consecuti. Item qui libere et sine debita facultate absolvunt in casibus maioris excommunicationis vel reservatis sedi Apostolicae, quos vix pauci cognoscere videntur. Adjungi possunt aperte symoniaci et publici concubinarii et infames alii.

Hic diligenter consultandum videtur, qua ratione haec tanta scandala et crimina, si non omnino tolli, saltem iminui ac mitigari possint, ne in his tam crasse plerique peccent ex divini et canonici juris ignorantia inexcusabili.

Deinde considerandum, an opus sit his juvandis aegrotis maiorem authoritatem et dispensationem a Pontifice maximo impetrare, ut saltem si qui vellent se Deo et ecclesiae reconciliare legitime et tuto possint absolvi. Videtur autem omnino poenitentiarius aliquis sicut Augustae fit et alibi constituendus et publice indicandus, quem omnes in hujusmodi casibus gravioribus adeant, consulant et consequantur, qua de re admonere posset suos pastores Reverendissimus in capitulis quae vocant ruralibus vel in ipsa visitatione.

3. Non parum expediret fortasse visitatores quosdam designari, qui specialem curam haberent hujusmodi graviores casus observandi et cum R⁰ communicandi. Non enim dubium videtur quin multi tam scienter quam ignorantèr sint excommunicati, irregulares et ad omnem sacerdotalem actum inhabiles prorsus, quo saltem de salutis suae periculo convenit admoneri, ut R⁰ suam et aliorum conscientiam utrinque liberet.

4. Facilius ad meliora hi aegroti revocarentur, si saepius R⁰ nomine visitarentur vel ab officialibus ejus ad reddendam officii sui rationem evocarentur vel certos sibi praescriptos haberent limites intra quos consistere juberentur, donec de melioribus remediis aliquid rectius et diligentius a R⁰ constituatur.

5. Conferret etiam si Officiales R⁰ principales inter se hujus ecclesiae gubernandae onera partirentur ut constaret certius quando et quibuscunque rebus Ecclesiastici debeant consulere Vicarium, Officialem, Sigilliferum, et Fiscalem R⁰. Verendum enim haec officia saepe confundi, et ex omnibus vix unum aut alterum serio putare se obligatum iri, ut saltem extraordinarie miserrimis pastoribus et sacerdotibus consilium et auxilium adferat. Rogati et moniti tandem facimus quod ultro et tempestive facere debebamus si nobis cordi esset et cura tam ecclesiae quam pastorum et ovium Christi. Verum hoc citra cujusquam praejudicium et offensionem dictum velim.

6. Ex aegrotis supradictis quidam prorsus videntur intollerabiles, quia plus destruunt quam aedificant in ecclesia, qui vero propter necessitatem saltem ad

tempus tolerandi videntur amicis admonitionibus et
christianis visitationibus ad meliora excitandi, et paulatim adducendi essent. Maneat interim fixus scopus
R⁑ et Officialibus ejus ut primum quum fieri potest
rectius prospiceant ecclesiis quibus sacra indigne et
non sine ministorum excommunicatione tractantur.

7. Supersunt tertii generis aegroti in Ecclesiis
Collegiatis, qui graves vulgo notos abusus adferunt
plerique per symoniam ingrediuntur. Non est animus
ecclesiae nisi ad tempus propter lucrum inserviendi,
omittunt horas canonicas persolvere, pudet gestare
habitum ecclesiasticum, ac etiam quidam canonici et
decani nolunt sacrificare, aut sacerdotes effici, intermittuntur sacra et alia multa, quae pii fundatores in
divino cultu exerceri voluerunt. Domi aperta illorum
turpitudo cernitur, otio, luxui, crapulae, et aleae
vacant, sunt saepe civibus inhonestiores, delectum
ciborum et praescripta ecclesiae jejunia non sine magno
scandalo negligunt et contemnunt.

8. Difficile quidem sit horum temporum Canonicos et Vicarios ad officium revocare, sed aliquid tamen
hic efficeretur, si meliores praelati in hujusmodi ecclesiis eligerentur, si electi de opportunis remediis ad-
hibendis a R⁑ admonerentur, vel in aliqua congregatione inter se ipsi conferrent, quantum hoc quidem tempore a suis impetrari posse putarent. Nam
si ita dissimulanter in peius abire cuncta permittimus,
nec ullam curationem adhibemus, certo certius iram
Dei magis magisque provocamus, et veluti gladium
damus hostibus, quo et nos ipsos feriant et ecclesiam
perdant funditus justo Dei judicio ut plane timent
sapientes.

9. Prodesset etiam, si a canonicis quamprimum assumuntur, professio certa fidei catholicae exigeretur, si praterea diligens haberetur studiorum ratio et locorum, in quibus juniores canonici sunt instituendi. Demum si quotannis Decani suorum defectus et excessus maiores annotarent et annotatos cum R⁼⁼ vel Officialibus ejus conferrent. Nam hinc timor fortasse aliquis quibusdam injiceretur, probi vero rectius in officio continerentur.

10. Quartum infirmorum genus in monasteriis reperitur ubi plerique sine religione, sine ordine et regula viventes promissae paupertatis, continentiae ot obedientiae prorsus immemores esse videntur et exiguam divini cultus suaeque professionis rationem habere videntur.

11. Contra hos R⁼⁼ utatur potestate et facultate, quam satis *amplam* accepit a Concilio Tridentino.

12. Exigantur ab illis vel praelatis illorum, ut observentur decreta ejusdem concilii de regularibus, quo ad id ejus fieri potest.

13. Non tollerentur personae suspectae in monasteriis virorum vel mulierum cohabitantes aut aperte luxuriantes, severe prohibeantur choreae, frequentes commessationes, et ex hominibus diversi sexus familiares congressus, aut crebrae conversationes.

14. Opus est hic seria reformatione, ut saltem a compotationibus et commessationibus, vanitatibus, vagationibus et inhonestis studiis, aliisque scandalis ad sinceriorem vitae rationem monachi et monachae revocarentur, et secundum ordinis sui professionem vivere cogantur.

Am 2. April 1567 berief der Fürstbischof Friedrich seine geistlichen Räthe und Theologen in die bischöfliche Curie. Unter seinem Vorsitze und in Gegenwart des Petrus Canisius wurden die vorstehenden Thesen in Berathung genommen, deren Resultat folgendes Protokoll enthält:

Anno 1567.

In consilio ecclesiastico, die Mercurii 2. Aprilis in curia R^{mi} D^{ni} Epi Herbipolen., Praeside eodem R^{mo} et in praesentia R^{di} ac Celeberrimi viri D^{ni} D. Petri Canisii, celebrato, infrascripta sunt tractata negotia.

De forma absolvendi a sententiis maioris et minoris excommunicationis propositum fuit; cum constet hisce temporibus permultos in Dioecesi herbipolen. imperitos sacerdotes praeesse parochiis, et alios curam gerere animarum, timendum maxime sit, quod in observandis casibus reservatis papalibus et episcopalibus minime sint solliciti, nullumque omnino in absolvendo discrimen habeant, et circa absolutionis negotium in maiori et minori excommunicatione plurimum confessarii errent.

Circa hoc ergo negotium saluti animarum summe necessarium consultum visum fuit.

Inprimis, ut unica et communis forma absolvendi tam in maiori quam etiam minori excommunicatione juxta sacrosanctae catholicae et apostolicae ecclesiae ritum et ordinem per totam Dioecesim herbipolen. observetur. Et hinc D^{ns} D. Canisius quandam certam formam praescripserat, quam in medium producebat, cum tamen eadem solummodo quadraret ad absolutiones in sententia minoris excommunicationis, D^{ni} Consiliarii legerunt formulas ex quodam Appendice in

Agenda Herbipolen. comprehensas. Considerato ergo, quod ibi habeantur distincti modi absolvendi a maiore atque etiam minore excommunicatione simul etiam ab irregularitate, una cum informacione succenta, qualiter sese confessarii circa confessiones audiendas, et in casibus reservatis nec non absolvendi usu, gerere debeant, quod clarius et expeditius praescribi vix possit. Ut ergo uniformitas in hoc negotio a parochis et aliis confessiones audituris servetur, aestimarunt Dⁿⁱ Theologi, haud inutile fore, ut materia illa de Appendice extrahatur, et una cum articulis casuum reservatorum prelo excudenda detur, omnibus et singulis confessariis in civitate et Dioecesi herbipolen. distribuenda et communicanda.

Et cum etiam de sacramentis extent sincera, integra ·et catholica scripta D. Petri à Soto, Polami et aliorum, exhortentur quoque parochi, ut quilibet exemplar sibi emat, et fideliter ac diligenter legat, perlegat ac relegat, Et sic fieri non posse, quin etiam rudes et imperitiores insinuantur, quid negotii qualitas exiget, et quomodo sese in opere tam pio et sancto gerere debeant.

Et si forte essent, qui vel rem ipsam non intelligerent ideoque teneri informatione indigerent, prout nonnulli casus satis difficiles, et consilio sano indigent, ut ergo sciant sacerdotes confessarii, ad quem ex consilio et informatione recurrendum sit, opere pretium etiam visum fuit, ut R^{mus} D^{nus} Epus Herbipol. certum deputet Poenitentiarium summum qui in hoc negotio parochis consilio indigentibus presto sit et succurrat. Et sic sperandum, huic rei satis nunc prospectum esse, et feliciter institutam.

Circa Theses à R⁺ᵉ D⁺ᵒ D. Canisio pro reformatione ecclesiasticarum personarum compositae, et R⁺ᵉ
D⁺ᵒ Epo˜ Herbipol. exhibitae, atque a consiliariis ecclesiasticis perlectae deliberatum fuit, cum antehac D⁺ⁱ
theologi de modo instituendae visitationis consulta-
taverint aliquoties, et etiam certos articulos visitationis composuerint, R⁺ᵉ D⁺ᵒ Epo˜ debita reverentia prae-
sentari fecerint, et omnes ab executione nunc pendunt,
in scripto ipsi adhuc quiescunt.

Cum vero nunc Theses judicio optimo D⁺ⁱ D. Canisii
circa hoc negotium visitationis sint compositae, ex quibus conspicitur quae videantur necessaria in juvandis
morbis collapsae fere ecclesiae. Cum tamen negotium
hoc requiret maturam deliberationem consultum fuit
visum, ut cuilibet theologo concedatur, copiam earundem thesium conscribere, ut cum judicio legere, per-
legere et relegere, et quid faciendum sit sententiam
suam super iis declaráre possint [1]).

Ob und welche Berathungen über die Reformvorschläge
des Petrus Canisius später unter der Regierung des Fürst=
bischofes Friedrich von Wirsberg Statt gefunden haben,
kann ich nicht angeben; wohl aber sagt uns die Geschichte
des Hochstiftes Würzburg, daß der Fürstbischof Julius
Echter von Mespelbrunn die Reform seines Curat=,
Stifts= und Regular=Clerus mit kräftiger Hand begonnen
und mit gesegnetem Erfolge durchgeführt hat.

Wenden wir uns nun wieder, nachdem wir dem seligen
Petrus Canisius eine dankbare Erinnerung geweiht, zu unserem
Weihbischof Anton Rescius. Er blieb auch ferner, als die

---

[1]) Archiv des bischöfl. Ordinariats Würzburg.

Jesuiten das Agneten=Kloster bezogen und die Schulen da=
selbst übernommen hatten, in seinem Amte als Professor der
Theologie.

Neben seiner Professur und dem Suffraganeate war ihm
noch die Abministration des Schottenklosters, dessen Einkünfte
er größtentheils als Salar bezog, von dem Fürstbischofe
Friedrich übertragen worden [1]).

Ueber seine bischöflichen Verrichtungen kann ich nur
Weniges melden. Nach dem Ordinations=Matrikel nahm
er in angaria sitientes 1568 die Weihe mehrerer Ab=
spiranten des geistlichen Standes vor. — Im J. 1568 am
21. April feria tertia post Pascha consecrirte er aus
Auftag des Erzbischofes Daniel von Mainz einen Altar in
der Jesuitenkirche daselbst und ertheilte in der gewöhnlichen
Weise den Gläubigen einen Ablaß von vierzig Tagen, wel=
chen sie an mehreren Festtagen, sowie am Tage der Ein=
weihung der Kirche und dieses Altares gewinnen konnten.
Dieser Feierlichkeit wohnten bei: P. Ant. Bink, Provincial
der Jesuiten=Collegien der rheinischen Provinz, P. Lambert
Auer, Rector des Jesuiten=Collegiums zu Mainz, P. Petrus
Sylvius, Professor der Theologie an demselben Collegium,
Guilelmus Lymburgius, Theol. Licent., und viele Priester
und Alumnen des dortigen Jesuiten=Collegiums [2]).

Unter Julius, der nach dem Ableben Friedrichs von
Wirsberg zum Fürstbischofe von Würzburg erhoben wurde,
verwaltete er auch fernerhin das weihbischöfliche Amt. Julius

---

[1]) Nach dem Tobe des Weihbischofs Rescius übernahm die fürst=
liche Kammer das Kloster mit seinen Gefällen in Verwaltung, bis end=
lich im J. 1595 der Fürstbischof Julius das Kloster wieder herstellte,
von Neuem dotirte und mit Mönchen aus Schottland besetzte.

[2]) Chron. Franc. Tom. III. f. 512.

schätzte ben gelehrten und thätigen Profeſſor und Weih=
biſchof Reſcius und ernannte ihn am 2. Januar 1582 bei
der feierlichen Eröffnung der von ihm gegründeten Univerſität
zum Decan der theologiſchen Facultät.

Am 22. Januar deſſelben Jahres benedicirte Reſcius
in der Kirche des Stephansklosters zu Würzburg die beiden
neuerwählten Aebte, Michael Chriſt für Bildhauſen und
Kilian Lantz für das Kloſter zu St. Stephan.

Am 22. September 1582 hielt er in der Kirche des
Schottenkloſters ſeine letzte Ordination ab, und ſtarb am
23. Januar 1583.

Nach Grepp fand er wahrſcheinlich ſeine Ruheſtätte in
dem genannten Kloſter, aber ein Grabſtein wurde ihm nicht
errichtet.

Reſcius war bei Allen beliebt, beſonders durch ſeine
Gelehrſamkeit in verſchiedenen Zweigen der Wiſſenſchaft all=
gemein geachtet, und mit vielen Gelehrten befreundet.

Der berühmte Philolog Franziskus Mobius von Brügge
in Flandern richtete an ihn folgende Verſe:

Ad Reverendissimum D. Antonium Rescium Episcopum
Salonensem, Suffraganeum Wirzeburg. Ss. Th. Doctorem.

Si quid in his, Venerande, meus peccaverit error;
    Grandia non magno dum studet ore loqui;
Fac culpas quascunque, tuas, mea crimina laudes
    Et patrio, Pater, hos corrige jure modos.

Non ego sacra volo studio violare prophano,
    Sed Domino grates dicere et ipse Deo.
In quo si pecco, nollem peccasse; precorque
    Aequior hoc naevis sit Tua lima meis.

Von ihm erſchien eine Schrift im Drucke unter dem Titel:
„Praecipua capita Doctrinae Christianae, edita a facul-
tate Theologica Lovaniensis universitatis, demon-
stranda vero et comprobanda ex verbo Dei in Scholis
Theologicis, per *Fratrem Antonium Rescium* Ordinis
Praedicatorum ac s. Theologiae Doctorem."

Der Druckort iſt nicht angegeben, und es ſcheint, daß
er die Schrift als Leitfaden bei ſeinen theologiſchen Vor-
leſungen im Agneten=Collegium herausgegeben habe ¹).

25.
Sebastianus Bollinger, Episcopus Salonensis.

Fürſtbiſchof Julius war nach dem Tode des Weihbiſchofs
Reſcius ſorgfältigſt bedacht, das erledigte Suffraganeat mit
einem tüchtigen und gelehrten Manne wieder zu beſetzen. Der
Canzler, Dr. Crebſer, wendete ſich in einem Schreiben vom
18. October 1583 an Dr. Albert Hunger, Profeſſor der
Theologie und Procanzler der Univerſität zu Ingolſtadt, und
erſuchte ihn im Auftrage ſeines Fürſtbiſchofes, ihm einen
gelehrten Theologen zu benennen, welcher ſich zur Uebernahme
des Suffraganeats qualifizire, und bemerkt zugleich, daß ſein
Fürſt demſelben eine Dienſtbeſoldung neben einem Canonicate
anweiſen würde.

Dr. Hunger bezeichnete in ſeinem Rückſchreiben vom
23. November 1583 den damaligen Pfarrer an der Frauen=
kirche zu Ingolſtadt, Sebaſtian Bollinger, Licenziaten
der Theologie, als ganz geeignet für die fragliche Stelle.
Bollinger ſtammte aus der Diözeſe Salzburg. Straßburg

---

¹) Ruland, Dr., Series et vitae professorum s. Theologiae p. 5.
XIII*

gab ihm seine erste Bildung, zu Ingolstadt absolvirte er die theologischen Studien, und wurde im J. 1581 auf die Pfarrei ad divam virginem daselbst befördert. Der Pro-canzler Hunger gibt ihm das rühmliche Zeugniß: „virum esse egregia prudentia, gravitate simul et suavitate morum, qui in humanioribus et politioribus studiis Argentorati, in philosophicis et theologicis Ingolstadii justos profectus fecerit et prorsus dignum se videatur praestiturus pro laude merentis."

Sebastian Bollinger nahm die ihm angebotene Stelle bereitwillig an, erhielt in dem Collegiatstifte zum Neumünster eine Canonicat-Präbende, von welcher er unterm 9. October 1584 durch Procuration Besitz ergriff, und als Wohnung wurde ihm das Schottenkloster angewiesen. Seine Ernennung als Bischof von Salona erfolgte unterm 17. August 1584. Die päpstliche Confirmations-Bulle lautet:

Gregorius Episcopus servus servorum Dei. Dilecto filio Sebastiano Bollingero, Electo Salonen. salutem et apostoli-cam benedictionem. Apostolatus officium meritis licet impari-bus nobis ex alto commissum, quo Ecclesiarum omnium regimini divina dispositione presidemus utiliter exequi quoad juvante Domino cupientes soliciti corde reddimur et solertes, ut cum de Ecclesiarum ipsarum regiminibus agitur com-mittendis tales eis in Pastores preficere studeamus qui popu-lum sue cure creditum sciant non solum doctrina verbi sed etiam exemplo boni operis informare commissasque sibi eccle-sias velint et valeant auctore Domino salubriter regere feli-citer gubernare. Dudum siquidem provisiones Ecclesiarum omnium tunc vacantium et in antea vacaturarum ordinationi et dispositioni nostre reservavimus decernentes ex tunc irri-tum et inane si secus super his a quocunque quavis aucto-

ritate scienter vel ignoranter contingeret attentari. Post-
modum vero Ecclesia Salonensis, que in partibus infidelium
consistit ac cui bone memorie Antonius Episcopus Salonensis dum viveret presidebat, per obitum dicti Antonii Episcopi
qui extra romanam curiam debitum nature persolvit Pastoris
solatio destituta. Nos vacatione hujusmodi fide dignis rela-
tibus intellecta ad provisionem ejusdem ecclesie celerem et
felicem de qua nullus preter nos hac vice se intromittere
potuit sive potest reservatione et decreto obsistentibus supradictis ne ecclesia ipsa longe vacationis exponatur incommodis paternis et solicitis studiis intendentes post deliberationem quam de preficiendo eidem ecclesie personam utilem
et etiam fructuosam cum fratribus nostris habuimus diligen-
tem, Demum ad te presbyterum Salisburgensis dioecesis
Licenciatum in Theologia, cui apud nos de vite munditia
honestate morum spiritualium providentia et temporalium cir-
cumspectione aliisque multiplicum virtutum donis fide digna
testimonia perhibentur, direximus oculos nostre mentis Quibus
omnibus debita meditatione pensatis eidem ecclesie de persona tua nobis et eisdem fratribus ob tuorum existentiam
meritorum accepta de ipsorum fratrum consilio apostolica
auctoritate providemus, Teque illi in Episcopum preficimus
et Pastorem curam et administrationem ipsius ecclesie tibi
in spiritualibus et temporalibus plenarie committendo in illo
qui dat gratias et largitur praemia confidentes quod dirigente
Domino actus tuos prefata ecclesia sub tuo felici regimine
regetur utiliter et prospere dirigetur ac grata in eisdem spiritualibus et temporalibus suscipiet incrementa. Jugum igitur
Domini tuis impositum humeris prompta devotione suscipiens
curam et administrationem prefatas sic exercere studeas soli-
citer fideliter et prudenter quod Ecclesia ipsa Gubernatori
provido et fructuoso Administratori gaudeat se commissam,

198

Tuque preter aeterne retributionis premium nostram et sedis
apostolice benedictionem et gratiam exinde uberius consequi
merearis. Volumus autem quod postquam presentes literas
habueris expeditas ad dictam ecclesiam te conferas et resideas personaliter in eadem, quodque extra tuas civitatem
et Dioecesin Salonensem pontificalia officia nequeas exercere.
Datum Romae apud sanctum Marcum Anno incarnationis
dominice Millesimo quingentesimo octuagesimo quarto decimo
septimo M. Augusti Pontificatus nostri Anno tertio decimo.

Durch eine zweite päpstliche Bulle wurde er, da es ihm
unmöglich sei, sich zu der ihm angewiesenen bischöflichen Kirche
in partibus infidelium zu begeben und allba zu residiren,
von dieser Residenzpflicht dispensirt, und ihm gestattet, nach
seiner bischöflichen Weihe die Pontifical=Verrichtungen mit
dem Consens des Fürstbischofes in der Diözese Würzburg
frei und erlaubt vornehmen zu dürfen.

Die bischöfliche Consecration wurde ihm durch den Suffragan von Bamberg, Johann Ertlin, Bischof von Natura[1]),
unter der Assistenz der Aebte zu Schwarzach und St. Stephan
am Feste der Empfängniß Mariens den 8. Dezember 1584
dahier ertheilt.

Seine erste Pontificalhandlung, welche der neue Weih=
bischof am 22. Dezember 1584 in der Schottenkirche dahier
vorgenommen, war die Diaconen= und Priester=Ordination.
Er pflegte in der Regel seine Ordinationen in der Kloster=
kirche zu den Schotten vorzunehmen. Im Februar 1587
wurde er als Canonicus im Neumünster installirt und ihm
der letzte Platz unter den Canonikern angewiesen. In einem
Schreiben an den Fürstbischof vom 17. Februar desselben
Jahres beschwerte er sich hierüber, fand es, an den unteren

---

[1]) Ehemaliger Bischofssitz am Pontus Eurinus.

Sitzen den letzten Platz unter den Chorherren einnehmen zu müssen, seiner Stellung als Weihbischof nicht angemessen, und bat, der Fürstbischof möge deßhalb nach seiner Meinung und Gutachten eine andere Anordnung treffen.

In den Jahren 1588 und 1589 bekleidete er die Rectorwürde an der neu errichteten Julius=Universität. Am Samstage in angaria Reminiscere 1590 hielt er in der Schottenkirche seine letzte Ordination ab, trat hierauf, von dem Bischofe Julius mit einer Gesandtschaft beauftragt, seine Reise nach Rom an, ging, nachdem er sein Geschäft glücklich voll= endet, nach Loretto, um an diesem berühmten Wallfahrts= orte seine Andacht zu verrichten, und starb auf seiner Rück= kehr aus Italien am Feste des heil. Kilian, den 8. Juli 1590, zu Brixen.

Die Vollstrecker seines Testamentes errichteten ihm in der Stiftskirche zum Neumünster am ersten Pfeiler des Mittel= schiffes nächst der Kanzel ein Epitaphium mit der Inschrift:

Reverendissimo in Christo Patri Domino Sebastiano Bollingero Episcopo Salonensi, Suffraganeo Herbipolensi ss. Theo- logiae Licentiato atque hujus sacrae Aedis Canonico, qui Roma, legationis munere feliciter expedito, redeundo in itinere Brixiae moritur VIII. Julii anno M. D. XC. Executores ult. volunt. Monument. P.

26.

Eucharius Sang, Episcopus Augustopolitanus [1]).

Nach dem Tode des Weihbischofs Sebastian Bollinger hatte Julius mehrere Jahre lang keinen Suffragan ange=

---

[1]) Gropp, Coll. Tom. II. p. 279.

nommen. Er verrichtete selbst die Ordinationen und ließ öfters durch den Weihbischof von Bamberg, Johann Ertlin, den Candidaten des geistlichen Standes die Weihen dahier ertheilen; erst im J. 1597 wurde ein Franke, Eucharius Sang, zum Weihbischofe erkoren.

Derselbe war zu Mellerichstadt geboren, · studirte zu Würzburg, trat am 11. Juli 1574 in's geistliche Seminar daselbst und erhielt am Ostersamstage den 2. April 1575 die Tonsur. Fürstbischof Julius schickte den talentvollen Alumnus Sang zur weiteren Ausbildung nach Rom in das deutsche Collegium, ernannte ihn bald nach seiner Rückkehr von Rom zu seinem Hofkaplan und geistlichen Rath, übertrug ihm die Hofpredigerstelle, nnd verlieh ihm ein Canonicat am Collegiatstifte zu Haug, an welchem er später zur Dignität des Scholasters gelangte. Im J. 1587 wurde er Professor der Moraltheologie und am 9. September 1591 zugleich mit dem gelehrten Jesuiten Serrarius nach öffentlicher Defension zum Doctor der Theologie promovirt. Er war auch Regens des Clericalseminars, Decan der theologischen Facultät und bekleidete dreimal die Würde eines Rectors der Julius-Universität.

. Dem Fürsten und Bischofe Julius lag es sehr am Herzen, die katholische Religion in seinem Bisthume wieder herzustellen und die Sitten des Clerus zu verbessern. Zu diesem Zwecke hatte er nicht nur gelehrte Anstalten und Schulen errichtet, Pfarreien und Beneficien gestiftet, eine neue Kirchenordnung und Statuten für die Ruralcapitel eingeführt, sondern auch in seiner Diözese Missionen und Visitationen als ein kräftiges Mittel angeordnet, das Volk in den Glaubens- und Sittenlehren gründlich zu unterrichten, und eine bessere Kirchenzucht unter dem Säcular- und Regular-

Clerus einzuführen. Er selbst nahm Visitationen in vielen Städten vor und entsendete fromme und seeleneifrige Priester hinaus auf das Land, Missionen zu halten, die Gläubigen zu belehren, ihre Beichten zu hören, die irrenden Schäflein zur Heerde zurückzubringen, den Mängeln und Gebrechen in den Pfarreien abzuhelfen, und die Hirten zur Wachsamkeit zu ermahnen. Solche Missionen wurden nicht blos in einzelnen Städten abgehalten, sondern sie dehnten sich zu gleicher Zeit fast über alle Aemter des Bisthums aus. Die Zeit ihrer Feier geschah vor und nach Ostern; in diesen geheiligten Tagen erscholl in den fränkischen Gauen der Ruf des Evangeliums, der Ruf zur Rückkehr zu der alten katholischen Kirche, und gleich einer heiligen Feuersäule schlugen die Gottesworte der Missionäre empor, um tief in den Herzen des Volkes zu zünden.

Julius beauftragte zu dem Missionsgeschäfte mehrere seiner geistlichen Räthe, die Väter aus der Gesellschaft Jesu, bewährte Religiosen aus den Klöstern Schwarzach, Theres, Banz, Bildhausen, Brombach und Neustadt a. M.; selbst von Fulda berief er Jesuiten, welche in den Rhöngegenden, in den Aemtern Bischofsheim, Flabungen und Hilbers die Missionen besorgten. Unter diesen Missionären zeichnete sich Euchar Sang aus. Er wurde mehrere Jahre nach einander angewiesen, im oberen Theile Frankens, in den Aemtern Wildberg, Königshofen, Mellrichstadt und Neustadt, unter Beihilfe des geistlichen Rathes Maler Missionen vorzunehmen, die Pfarreien und Kirchen, Schulen und Kapellen zu visitiren und hierüber dem Fürstbischofe Bericht zu erstatten.

So entfaltete Sang in seinem ausgedehnten Wirkungskreise einen rastlosen Eifer und eine unermüdete Thätigkeit. Julius liebte und schätzte ihn und erhob ihn in Anerkennung seiner Verdienste zu seinem Weihbischofe.

Im J. 1597 wurde Dr. Euchar Sang vom Papste
Clemens VIII. zum Bischofe von Augustopolis in Arabien [1])
in partibus infidelium bestimmt. Die Constitutions=Bulle
ist batirt Rom bei St. Peter den 16. Februar (14. Kal
Martii) 1597; sie ist fast in benselben Worten und in der=
selben Weise, wie jene seines Vorgängers, ausgefertigt. In
derselben sagt Clemens: „Teque illi — ecclesiae Augustopolitanae — in Episcopum preficimus et pastorem curam
et administrationem tibi in spiritualibus et temporalibus committendo ... Volumus autem, quod, postquam
presentes literas habueris expeditas ad predictam ecclesiam te conferas et personaliter resideas in eadem, quodque extra tuas civitatem et ecclesiam Augustopolitanam pontificalia nequeas exercere."

Von der Residenzpflicht, welche ihm diese Bulle auf=
erlegt, wird er durch einen unter bemselben Datum erlasse=
nen päpstlichen Indult wieder entbunden: „Cum autem
sicut accepimus pro tempore existens Episcopus Herbipolensis in civitate et dioecesi Herbipolensi hujusmodi
Suffraganeum habere consueverit, tuque ad dictam
ecclesiam Augustopolitanam, que in partibus infidelium
consistit, commode nequeas te conferre et apud illam
personaliter residere, Nos volentes te meritorum tuorum intuitu favore prosequi gratiose tuis in hac parte
supplicationibus inclinati tibi quod ad dictam ecclesiam Augustopolitanam accedere et apud illam personaliter residere minime tenearis, quodque postquam
munus consecrationis susceperis in civitate et dioecesi
Herbipolensi duntaxat de consensu venerabilis fratris

---

[1]) Wiltsch l. c. I. Bd. S. 213.

nostri Julii et pro tempore existentis Episcopi Herbipolensis Pontificalia hujusmodi exercere libere et licite
valeas."

Eine britte Bulle enthält die Absolution des ernannten
Bischofs von jeder kirchlichen Censur — a quibusvis excommunicationis, suspensionis et interdicti aliisque
ecclesiasticis sententiis, censuris et poenis a jure vel
ab homine quavis occasione vel causa latis, ut illi —
ecclesiae Augustopolitanae — puro corde et sincera
conscientia praesidere possit.

Die vierte Bulle des Papstes Clemens VIII. bestimmt
für den erwählten Bischof eine Besoldung von dreihundert
Ducaten in Gold, welche demselben, und zwar die eine
Hälfte am Feste Johannes des Täufers und die andere am
Feste Weihnachten von der Kammer des Fürstbischofes Julius
und seiner Nachfolger jährlich ausbezahlt werden soll, und
verhängt zugleich, wie es Papst Sirtus IV. im J. 1479
bei der Confirmation des Weihbischofs Georg Antworter
gethan, die Strafe des Interdictes und der Suspension über
Julius und seine Nachfolger, wenn von denselben die fest-
gesetzte jährliche Pension nicht entrichtet würde.

Aus diesem Actenstücke sehen wir, daß die Päpste stets
ernstlich darauf bedacht waren, den Suffraganen eine ihrer
bischöflichen Würde angemessene Sustentation zu sichern; und
anderer Seits drängt sich uns die Vermuthung auf, daß
die Fürstbischöfe noch zur damaligen Zeit ihren Weihbischöfen
eine standesmäßige Besoldung nicht gewährten oder die versprochene nicht vollständig oder nicht zur gehörigen Zeit verabfolgen ließen, so daß sich die Päpste gezwungen sahen, mit
Interbict und Suspension a regimine zu drohen. Die päpstliche Bulle lautet:

204

Clemens Episcopus servus servorum Dei. Dilecto filio
Euchario Electo Augustopolitan. &c. ... Motu proprio non
ad tuam vel alterius pro te nobis super hoc oblate petitio-
nis instantiam, sed de nostra mera liberalitate Tibi pensionem annuam trecentorum ducatorum auri de cammera super
mense episcopalis Herbipolensis fructibus redditibus et proventibus, etiam si super illis alie pensiones annue aliis personis ecclesiasticis reservate existant, tibi quoad vixeris vel
procuratori tuo ad hoc a te speciale mandatum habenti per
dictum Julium Episcopum cujus ad hoc expressus accedit
assensus et successores suos ecclesie herbipolensis Presules
seu Administratores pro tempore existentes annis singulis
pro una videlicet in beati Joannis Baptiste et altera medie-
tatibus pensionis hujusmodi in D$\underline{ni}$ nostri Jesu Christi nati-
vitatum festivitatibus integre persolvendam et per te ...
posteaque munus consecrationis susceperis percipiendam exi-
gendam et lenandam tenore presentium reservamus constituimus et assignamus Decernentes Julium Episcopum et
successores predictos ad integram solutionem pensionis hujusmodi tibi faciendam juxta reservationis constitutionis et assignationis presentarum tenorem fore efficaciter obligatos ac
Volentes et eadem auctoritate statuentes quod ille ex Julio
et successoribus predictis qui in dictis festivitatibus vel saltem infra triginta dies illarum singulas immediate sequentes
pensionem predictam per eum tibi tunc debitam non per-
solverit cum effectu lapsis diebus eisdem ingressus ecclesie
interdictus existat, cujus interdicti relaxationem, donec tibi
vel eidem procuratori de pensione hujusmodi integre satisfactum aut alios tecum vel cum dicto procuratori super hoc
amicabiliter concordatum fuerit, preterque in mortis articulo
constitutus, nequeat obtinere. Si vero per sex menses dictos
triginta dies immediate sequentes sub hujusmodi interdicto

animo quod absit permanserit indurato ex tunc effluxis mensibus eisdem a regimine et administratione illins ecclesie Herbipolensis suspensus existat communibus non obstantibus constitutionibus et ordinationibus apostolicis contrariis quibuscunque. Aut si Julio Episcopo et successoribus predictis vel quibusvis aliis communiter vel divisim ab apostolica sit sede indultum, quod ad prestationem vel solutionem pensionis alicujus minime teneantur et ad id compelli non possint per literas apostolicas non facientes plenam et expressam ac de verbo ad verbum de indulto hujusmodi mentionem et qualitate alia dicte sedis indulgentia generali vel speciali cujuscunque tenoris existat per quam presentibus non expressam vel totaliter non insertam effectus hujusmodi gratie impediri valeat quolibet vel differri et de qua cujusque toto tenore habenda sit in nostris literis mentio specialis Nulli ergo omnium hominum liceat hanc paginam nostre absolutionis, reservationis, constitutionis assignationis decreti et voluntatis infringere vel etiam ausu temerario contraire. Si quis autem hoc attentare presumpserit indignationem omnipotentis Dei et beatorum Petri et Pauli apostolorum ejus se noverit incursurum. Datum Romae apud sanctum Petrum Anno incarnationis dominice nonagesimo septimo decimo quarto Kal. Martii Pontificatus nostri anno septimo.

Unter demselben Datum bevollmächtigte Papst Clemens VIII. in einer besonderen Bulle den Bischof von Almeria in der Kirchenprovinz Umbrien und die Officialen zu Würzburg und Münster, im Falle von Seite des Bischofs Julius oder seiner Nachfolger die bestimmte jährliche Pension an Euchar Sang nicht entrichtet worden sei, die verwirkte Suspension des betreffenden Bischofs auf Anstehen und Requisition des Suffraganen Sang an den Sonn= und Festtagen dem zahlreich versammelten Volke öffentlich solange bekannt zu machen, bis

berſelbe ober fein Procurator hinſichtlich ber Penſion voll⸗
ſtänbig befriebiget ſei. Die hierauf bezügliche Bulle glaube
ich vollſtänbig mittheilen zu ſollen:

Clemens Episcopus servus servorum Dei. Venerabili
fratri Episcopo Amerien. et dilectis filiis Herbipolen. et
Monasterien. officialibus salutem et apostolicam benedictionem. Hodie dilecto filio Eucbario Electo Augustopolitano
pensionem annuam trecentorum ducatorum auri de cammera
super mense episcopalis herbipolensis fructibus redditibus
et proventibus sibi quoad viveret vel procuratori suo ad id
ab eo speciale mandatum habenti per venerabilem fratrem
Julium Episcopum Herbipolensem et successores suos ecclesie Herbipolensis presules seu administratores pro tempore
existentes annis singulis in certis terminis tunc expressis
sub interdicti ingressus ecclesie et deinde suspensionis a
regimine et administratione dicte ecclesie sententiis integre
persolvendam ipsius Julii Episcopi expresse tunc accedente
consensu per alias nostras literas reservavimus constituimus
et assignavimus prout in dictis literis plenius continetur.
Quo circa discretioni vestre per apostolica scripta mandamus, quatenus vos vel duo aut unus vestrum scilicet postea
quam dicte litere vobis presentate fuerint per vos vel alium
seu alios faciatis auctoritate nostra pensionem predictam
Euchario quoad vixerit vel procuratori suo predicto juxta
reservationis constitutionis et assignationis presentarum ac
decreti nostri in eisdem ... literis appositi continentiam et
tenorem integre persolvi. Et nihilominus quemlibet ex Julio
Episcopo et successoribus predictis quem interdicti et suspensionis sententias incurrisse vobis constiterit quoties super
hoc pro parte dicti Eucharii requisiti tam diu dominicis et
aliis festivis diebus in ecclesiis dum maior inibi populi multitudo ad divina convenerit suspensum publice nuncietis

et faciatis ab aliis nunciari ac ab omnibus arctius evitari donec
Euchario vel procuratori predicto de pensione hujusmodi debita
fuerit integre satisfactum ipseque suspensus et interdictus interdicti et suspensionis hujusmodi relaxationis beneficium meruerit
obtinere, contradictores per censuram ecclesiasticam appellatione postposita compescendo. Non obstantibus omnibus que
in dictis literis voluimus non obstare. Aut si Julio Episcopo
et successoribus predictis vel quibusvis aliis communiter vel
divisim ab apostolica sit sede indultum quod interdici suspendi vel excommunicari non possint per literas apostolicas
facientes plenam et expressam ac de verbo ad verbum de
indulto hujusmodi mentionem. Datum Rome apud sanctum
Petrum Anno incarnationis dominice Millesimo quingentesimo
nonageimo septimo decimo . quarto Kl. Martii. Pontificatus
nostri anno septimo.

Die Confecration bes Euchar Sang zum Bischofe wurbe
über zwei Jahre hinausgeschoben; bie Ursache bieser Ver-
zögerung ist mir unbekannt. Erst im J. 1599 am Feste
Mariä Geburt wurbe berselbe vom Fürstbischofe Julius selbst
zum Bischofe geweiht.

Seine Pontifical-Verrichtungen, welche er während einer
zwanzigjährigen Verwaltung bes weihbischöflichen Amtes vorgenommen, sind äußerst zahlreich und beurkunden seine außer-
orbentliche unb angestrengteste Thätigkeit, von welcher uns
fast jebe Stabt unb jebes Dorf ber umfangreichen Diözese
Würzburg bie Beweise liefern kann.

Am 18. September 1599 hielt er seine erste Orbina-
tion in ber Universitätskirche ab, unb fast alle seine Orbina-
tionen nahm er in biesem neuen akabemischen Tempel vor.

Bischof Julius hatte bekanntlich während seiner Regierung viele Kirchen theils neu erbaut, theils restaurirt,

welche zum großen Theile von Euchar Sang eingeweiht wurden. Wir wollen diese Consecrationen der Kirchen, Kapellen und Altäre, soweit die hierüber noch vorhandenen Acten es ge= statten, der Reihenfolge nach näher angeben.

Im Laufe des Monats December 1601 consecrirte er folgende neuerbaute Kirchen: die Kirche außerhalb der Stadt Flabungen auf dem Berge, die Kirchen zu Bastheim, zu Sonbernau mit einem Altare, zu Frickenhausen, Hollstadt mit Altären, Heustreu und Oberelsbach mit den Altären, und die Kapelle mit einem Altare zu Brend. In demselben Monate und Jahre reconciliirte er die Kirchen in Knetzgau, Sand, Stadtlauringen, Sulzfeld, Hendungen, Weisbach, Münnerstadt und Sondheim. Auf dieser Visitationsreise weihte er für verschiedene Kirchen 35 Altäre, benedicirte sechs neu= errichtete, reconciliirte neun entweihte Cömeterien, und ertheilte achttausend Menschen das heil. Sacrament der Firmung.

Im J. 1604 den 25. September weihte er die Schloß= Kapelle zu Würzburg und einen Altar derselben zu Ehren des heil. Kilianus in Gegenwart des Erzbischofes Schweikhard von Mainz mit großer Feierlichkeit ein.

Am 26. Juli 1609 consecrirte er zu Ehren des heil. Stephanus die Pfarrkirche zu Randersacker nebst den Seiten= altären; am 2. August die Kirche zu Biebelrieth mit drei Altären; am 4. October die außerhalb der Stadt Mergent= heim auf dem Gottesacker erbaute Kirche zu Ehren des heil. Michael und am 5. October zwei Altäre in dem Prediger= Kloster daselbst. Am 7. October 1609 weihte er drei Altäre in dem Kloster zu Tückelhausen, am 11. October zwei Altäre im Kloster zu Schönthal und am 12. October desselben Jahres die Kapelle außerhalb des Klosters.

Im J. 1610 den 2. August weihte er die Kirche und den Hochaltar zu Schwarzenau nebst zwei Seitenaltären;

am 23. August einen Altar zu Gaibach, am 24. August einen Altar im Hause des Abtes zu Schwarzach, am 25. desselben Monats den Hochaltar zu Ehren des heil. Laurentius zu Reupelsdorf, am 31. October die Kirche und Altäre zu Leinach, am Feste aller Heiligen den Altar und die Kirche zu Ehren des heil. Erzengels Michael zu Hofstetten, und am 14. November 1610 consecrirte er die Jesuitenkirche zu Würzburg zu Ehren des heil. Michael, den hohen Altar und zwei Nebenaltäre, und am 25. November die St. Antonius= Kapelle dahier.

Im J. 1612 am 24. Juni nahm er die Kircheinweihung zu Schwanfeld und am 2. Juli jene zu Dippach vor.

Ferner verrichtete Weihbischof Sang nachstehende Consecrationen:

Am 1. September 1613 wurde durch ihn die feierliche Einweihung der neuen Wallfahrtskirche zu Dettelbach in Gegenwart des Bischofes Julius, mehrerer Aebte, Decane vieler Priester und adeliger Personen vorgenommen. Nach gendigter Feier hielt Julius auf freiem Felde ein Mittagsmahl, wobei er nahe an 4000 Arme speisen ließ.

Am 6. October weihte er in Gegenwart des Fürstbischofes Julius die Kirche zu Ettleben in honorem s. Michaelis Archangeli und die beiden Nebenaltäre ein, ertheilte an demselben Tage 150 Menschen die heil. Firmung und consecrirte am 7. October die Kirche zu Opferbaum zu Ehren des heil. Lampertus. Am 10. October consecrirte er die restaurirte Pfarrkirche zu Münnerstadt und vier Altäre. Bischof Julius verherrlichte durch seine Gegenwart diese kirchliche Feier. Am 11. October consecrirte er drei Altäre in der Wallfahrtskirche auf dem Michaelsberge bei Münnerstadt; am 12. October die Kirche zu Wegfurt und drei Altäre; am 13. in Gegen=

wart des Fürstbischofes Julius die Kirche zu Bischofsheim nebst dem Hochaltare und den beiden Seitenaltären; am 14. October die Kirche und drei Altäre zu Schönau und zwei Glocken; am 15. die Kirche mit den Nebenaltären zu Weisbach; am 16. die Kirche und zwei Altäre zu Ginolfs; am 17. die Kirche und den Hochaltar zu Burgwallbach und benedicirte daselbst drei Glocken und an demselben Tage den Leichenacker zu Schmalwasser.

Am 18. October desselben Jahres wurden von ihm die Kirche zu Oberthulba und zwei Altäre, hierauf die Kirche zu Westheim, am 19. jene zu Wirmsthal, am 20. die Kirche mit dem Hochaltare und zwei Nebenaltären zu Euerdorf, am 21. die Kirche und die beiden Altäre außerhalb des Chores zu Wasserlosen, den 27. October die Kirche in Moos, und am 21. November die Pfarrkirche ad sanctam Gertrudem zu Würzburg nebst dem Hochaltare und den Seitenaltären eingeweiht. Während der Zeit vom 6. bis 21. October wur=den ungefähr zweitausend Gläubige gefirmt.

Am 7. September 1614 nahm Weihbischof Sang die Con=secration der Kirche und Altäre zu Lengfurt, am 8. September die der Kirche zu Marktheidenfeld, am 9. jener zu Rothen=fels, am 10. der Kirche zu Gössenheim, und am 13. des=selben Monats der Kirche zu Laudenbach vor, bei welchen Feierlichkeiten Fürstbischof Julius gleichfalls anwesend war. Am 14. September weihte er die Kirche und Altäre zu Himmel=stadt und am 1. November die Michaels=Kapelle im Kloster zu Bildhausen ein.

Im J. 1616 den 14. August dedicirte Sang die Pfarr=kirche und vier Altäre zu Lauda an der Tauber, an dem darauffolgenden Tage, am Feste Maria=Himmelfahrt, die außerhalb der Stadt gelegene Kapelle, und am Sonntage nach dem Feste Agapitus die Pfarrkirche zu Balbersheim.

Am 12. September 1618 weihte er die Großenbergs-
Kapelle zu Mellerichstadt, und am 18. October die Marien-
Kapelle zu Buchen ein.

Den Abt zu St. Stephan in Würzburg, Kilian Gulle-
mann, benedicirte er am 17. Mai 1609, und den Abt desselben Klosters, Erhard Irthel, am 6. September 1615,
sowie den Propst Johann zu Triefenstein am 1. Sonntage
im Advent 1617.

Bei seiner Visitationsreise wahrscheinlich im J. 1615
nahm Weihbischof Sang folgende Functionen vor:

Am Sonntage nach Simon und Judas segnete er den
Leichenacker zu Königshofen ein, hielt hierauf das Hochamt
und spendete an achthundert und sieben Menschen das Sacrament der heil. Firmung.

Am Feste aller Heiligen feierte derselbe zu Neustadt a. S.
das Amt der heil. Messe, hielt an das Volk eine Predigt
über die Firmung und ertheilte das heil. Sacrament derselben
an tausend und 29 Menschen. Der Act der Firmung endete
Abends gegen vier Uhr.

Am Allerseelentage hielt er Amt und Predigt zu Mellerichstadt und ertheilte an Tausendvierhundertzweiundsiebzig die
heil. Firmung. Um halb fünf Uhr Abends beschloß er erst
die Feierlichkeit.

Am anderen Tage benedicirte er den neuen Leichenacker
zu Großwenkheim, predigte allda von dem Sacramente der
Firmung und spendete dasselbe an zweihundert und fünfzehn
Firmlinge aus.

An dem folgenden Donnerstage weihte er die neue Kirche
zu Kleinwenkheim ein und hielt gleichfalls eine Exhortation
über die Firmung, welche er an zweihundert und 24 Firmlinge ertheilte. Am Freitage fuhr er von Bildhausen aus

wieder nach Kleinwenkeim, weihte zwei Altäre und firmte achthundert und acht Menschen. Am Samstage consecrirte er zu Bildhausen vier Altäre und sang das Hochamt. Am Sonntage hielt derselbe Amt und Predigt zu Münnerstadt, reconciliirte die Kirche und den Leichenacker und spendete an dreihundert und 64 Menschen die heil. Firmung. Nach Bildhausen zurückgekehrt, weihte er am Montage abermals daselbst vier Altäre und ertheilte an zweihundert Firmlinge das heil. Sacrament.

Nach einem Verzeichnisse, in welchem jedoch der Tag und das Jahr nicht angegeben ist, wurden von Euchar Sang noch folgende Kirchen eingeweiht:

Die Kirchen zu Oberbach, Hilders, Lahrbach, Simmers= hausen, Bücholb in= und außerhalb des Dorfes, Mübes= heim, Halsheim, Heugrumbach, Beinsgesang, Ober= pleichfeld, Unterpleichfeld, Rieden bei Werneck, Bergt= heim, Hausen, Prosselsheim, Grumbach, Wipfeld, Eß= leben, Opferbaum, Zeuzleben, Brebersdorf, Reiers= bach, Wülfershausen, Saal, Breitensee, Arnshausen, Reuterswiesen, Bocklet, Hendingen, Eussenhausen, Wolf= mannshausen, Oberstreu, Großeneibstadt, Kist (cum consensu Archiepisc. Moguntin.). Ferner die ehe= malige Pfarrkirche s. Martini zu Würzburg, die Gottes= ackerkirche zu Mergentheim, die Kirchen zu Stupach, Obergriesheim, Nipperg, Hainstatt, Bergheid, Rieden= heim, Allersheim, Oesfeld, Oberlauba, Heckfeld, die Spitalkirche in Röttingen, die Kirche zu Aub, die der Carthäuserklöster in Astheim und Tückelhausen, Wolks= hausen, die Spitalkirche zu Karlstadt, die Kirche zu Zell in der Gasse, Margetshöchheim, Thüngersheim, Estenfeld, Lengfeld, Rottendorf, Bürgerroth, die Ritterkapelle zu Haß= furt, die Kirche zu Oberschleichach, Lengfurt, Fallenstein,

Forberg, die Schloßkirche zu Schwarzenberg, die Kirche
zu Altmannshausen, Marktbibart, Eschernborf, Harb=
heim, Retzstadt, Pülferingen, Erlenbach und Karbach.
Noch am 1. März 1620 nahm Weihbischof Sang eine
Ordination in der hiesigen Jesuitenkirche vor und schon am
11. März desselben Jahres schloß der Tod sein thätiges und
ersprießliches Wirken. Der gelehrte und fromme Bischof hatte
seine Lebenstage der Beförderung der Ehre Gottes, der Ver=
herrlichung Mariens, der Wiederherstellung und Erhöhung
der katholischen Kirche gewidmet. Sein Andenken ist in
Franken gesegnet und lebt noch in den milden Stiftungen,
die er gemacht, in seiner Vaterstadt fort.

Fürstbischof Julius hatte den Plan gefaßt, zu Münner=
stadt ein Seminarium puerorum im Sinne des tribentini=
schen Conciliums zu errichten; sein am 11. September 1617
erfolgtes Ableben hinderte die Ausführung desselben und
überließ sie seinem Nachfolger Johann Gottfried von Asch=
hausen. Dieser Fürst traf Anstalten, das projectirte Knaben=
seminar in's Leben zu rufen. Euchar Sang hatte dieses
Vorhaben mit Freuden begrüßt und zur Gründung eines
für die oberen Stiftslande gesegneten Instituts einen Beitrag
von viertausend Gulden in seinem Testamente bestimmt[1].
Allein der frühe Tod des Fürstbischofes Johann Gottfried
(1622) schob die Errichtung desselben auf eine ungewisse
Zeit hinaus.

Auch hatte der in die Ewigkeit hinübergegangene Weih=
bischof in seinem Testamente seine Vaterstadt mit Legaten be=
dacht; nämlich 600 fl., deren Zinsen arme in die Ehe ge=
tretene Töchter von Mellerichstadt beziehen sollten, und 500 fl.,

---

[1] Vgl. Reininger, N., Münnerstadt und seine nächste Umgebung.
S. 263.

von deren Abzinsen eine Person von der Sang'schen Familie
und nach dem Erlöschen derselben eine Person aus Mellerich=
stadt in dem dortigen Spitale unterhalten werden sollte [1]).
Dem Kloster zu St. Stephan in Würzburg hatte er 100 fl.
legirt.

Der Verlebte wurde in der Kirche des ehemaligen außer=
halb der Stadt gelegenen Stiftes Haug beigesetzt, und ihm
ein Grabbenkmal errichtet mit der Inschrift:

> Anno Domini 1620. 11. Martii Reverendissimus in Christo
> Pater ac Dominus D. Eucharius Sang, Episcopus
> Augustopolitanus, Suffraganeus Herbipolensis, sacrae
> hujus aedis Canonicus et Scholasticus, pie in Domino
> obiit, cujus corpus sub hoc tumulo anima in coelo
> requiescat. Amen.

Euchar Sang's Schriften.

Sang war ein gründlich gebildeter Theolog; er besaß
eine seltene Gelehrsamkeit, und zeichnete sich als Redner durch
seine zahlreichen öffentlichen Vorträge aus, die er bei feier=
lichen Gelegenheiten und seinen Missions=, Visitations= und
Firmungsreisen abgehalten hat.

Der gelehrte Jesuit Maximilan Sandaeus, welcher ihm
seine zu Mainz im J. 1619 erschienene Schrift: „Hyper-
bole et Castigatio prodigao Jesuitarum liberalitatis, in
vocibus universalibus, convictae in Hollandia" gewid=
met, spricht ihm in der Dedication das glänzendste Lob:
„Quippe qui a teneris animarum politioris literaturae
tectorio oblitum in patria, postea Romae, in Germa-
norum Collegio, id est, meo sensu, in virtutis contu-

---

bernio, et gymnasio Romano, hoc est, veritatis ipsius-
met contestatione, in Sapientiae Theatro, vivis sacrae
doctrinae coloribus ita expolivisti, ut ad absoluti imaginem Theologi nihil desiderari videri possit. Itaque
nimirum fuit, solertissimum pastorem post reditum ex
Urbe, Tua inter selectissimos, opera, quam praecla-
ram navasti, in reducendo ad ovile, per avia palam-
bundo pecore uti voluisse. Sed nimirum hoc proemium
esse debcat illius muneris, quod Tibi nullo ambitu,
vel favitorum prensationibus, sed judicio ac nomina-
tione prudentissimi Principis a Summo Hierarcha est
delatum ').

Auch der berühmte Jesuit und Professor der Theologie
an der Universität Petrus Thyräus verherrlichte durch die
Debication eines nach dessen Tode im J. 1603 erschienenen
Werkes unseren Sang:

Eucharlo Sangio

Augustopolitano Praesuli ampliss.

Julii Antistitis Wirceburgici, Ducis Franc.

Proepiscopo,

Virtutis, doctrinae sanctioris
Sapientiae reconditioris, totiusque humanitatis

Exemplari, Lumini Patriae

Amico Heu Unice

Posthumum huncce Partum
Aπατopα Parenti Optumo
desertum pupillum Orphanotropho liberaliss.

Emoriens

In fidem dat, commendat
Petr. Thyræus
Anno CIꟻ. IꟼLIII. Non. Decemb.*).

---

¹) Gropp l. c.
ⁱ) Ruland, Dr. Ant., Series professor. p. 29.

Von den Schriften des Weihbischofes Euchar Sang, welche im Drucke erschienen sind, bezeichne ich folgende:

1) Oratio funebris in flebilem mortem nobilissimi viri Theodorici Echteri à Mespelbrunn, Caesari et Praesuli Wirceburgensi á consiliis, conscripta &c. Wirceburgi, MDCI. In 4º.

Theoderich Echter von Mespelbrunn war ein Bruder des Fürstbischofs Julius, und Weihbischof Sang hielt diese ausgezeichnete Leichenrede in Gegenwart desselben und der Familie des Verstorbenen. Am Schlusse derselben richtete er im Namen des in die Ewigkeit hinübergegangenen Vaters ernste Worte der Mahnung an dessen Söhne, die in fernen Gegenden weilten, ihren Studien obzuliegen.

2) Beneficia vetera et nova Divae Virginis Dettelbacensis. Wirceb., typis Georgii Fleischmanni. 1607. 4º.

Diese Schrift, durch eine Vorrede und Ode dem Fürstbischofe Julius dedicirt, enthält in 27 Capiteln den geschichtlichen Ursprung der miraculosen Marienkapelle zu Dettelbach, und die Angabe der zahlreichen wunderthätigen Heilungen und Errettungen aus Lebensgefahr, welche durch die Fürbitte und Hilfe Mariens an vielen Gläubigen geschahen. Am Ende ist eine Apologie für die Wunder beigegeben und die Approbation der theologischen Facultät beigesetzt: „Miranda Beneficia D. Virginis Dettelbacensis a Rmo Suffraganeo Euchario Sangio &c. scripta plures Doctores recensuerunt: quibus omnia ex fide relata esse visa sunt. Opus certe eruditum et pium, ut unum ex beneficiis debeat censeri.“

Um dieses Werk auch dem Volke zum Lesen in die Hand zu geben, wurde dasselbe in die deutsche Sprache übersetzt:

Der allerseeligsten Jungfrawen Mariä Alte und Neue zu Dettelbach geschehene Wunderzeichen, durch den Hoch= würdigen in Gott Batter und Herrn, Herrn Eucharium Sang ... mit besonderer Trew und Fleiß in Latein beschriben. Jetzunder aber durch den Ehrnhaften Wohl= gelehrten Herrn Johann Victorn, fürstl. Würzb. Raths= schreibern, dem gemeinen Mann zur Nachrichtigung in Teutsche Sprach transferirt. Würzburg, bei Fleisch= mann. 1608. 4⁰.

3) Confirmationis et extremae Unctionis Sacramen- torum novae legis Encomia; in usum parochorum Dioecesis Wirceburgensis conscripta. Wirceburgi, typis Georgii Fleischmann. 1609. 8⁰.

In der an den Fürstbischof Julius gerichteten Vorrede gibt Sang die Veranlassung und den Zweck dieser für den Seelsorge = Clerus bestimmten Druckschrift an:

„Vidimus, Reverendissime et Illustrissime Prin- ceps, annis abhinc paucis, in hac Franconia nostra, quando clavum arcae Wirceburgensis adhibitus es, vastum et ingens non aquarum, sed errorum diluvium. Rupti erant fontes abyssi magnae et cataractae inferni reclusae; mergebantur plerique, moniti de imminenti periculo et clade. Durabat strages et calamitas, quod summe dolendum, non exiguo temporis spatio, sed plurimis annis: nec deerant, qui optabant, ejusmodi cataclysinum esse perennem ac perpetuum. Denique Clementissimus Deus calamitosam nostram conditionem miseratus, pulsis pestiferis aquis, serenitatem adduxit, montium cacumina apparuerunt, prisca et orthodoxa fides diu suppressa caput denuo feliciter extulit: ritus, ceremoniae et sacra prius despecta et contempta, in veneratione et cultu esse coeperunt. Emissus tum ad lustrandam Dioecesim; reversus, quod res erat, aperui, eluvionem desinere. Tuli qúoque ad Te, postquam sacra Infula donatus sum, pulchrum ac viridem olivae ramum; hominum à me sacro oleo in fronte signatorum millia quadraginta. Et nunc duas alias olivae baccas offero, et in tuas trado manus, Confirmationis et extrmae Unctionis, quae oleo sacro conficiuntur Encomia, jussu Tuo, Tuorum in parochorum usum et commodum conscripta ¹).

4) Oratio funebris in obitum sereniss. Caesaris Rudolphi II. in cathedrali Ecclesia Wirceburgensi habita. 1612. 4͆ͦ.

5) Oratio in solenni B. Macharii translatione e sacello perveteri Wirceb. Coenobii Scotorum ad templum s. Jacobo apostolo sacrum habita Anno 1615. 4͆ͦ.

6) Oratio in anniversaria electionis Die Reverendiss. et Illustr. Praesulis et Ducis Julii habita eidemque dedicata. Wirceburgi, excudebat Conradus Schwindtlauff. A͆ͦ 1616. 4͆ͦ

7)　　　Triumphus Franconiae

ob veterem in ea Religionem ante pluros annos restitutam,

Illustrissimo et Reverendissimo Domino

JOANNI GODEFRIDO

Bambergensi et Wirceburgensi Episcopo, Franc. Duci

Dicatus

a Reverendissimo Suffraganeo Herbipolensi

EUCHARIO SANG,

Theologiae Doct. An. M. DC. XVIII.

Wirceburgi in Officina Stephani Fleischmanni. 4to.

---

¹) Gropp l. c. p. 280.

Diese schöne Abhandlung, dem Fürstbischofe Gott=
fried von Aschhausen geweiht, ist der Schwanengesang des
greisen Weihbischofes, in welchem er den Sieg der katholi=
schen Kirche in Franken, welchen der große Fürstbischof
Julius durch seine Antireformation nach vielen Mühen
und Kämpfen errungen, in lebendiger Sprache und in hei=
liger Freude und Begeisterung feiert. Er bezeichnet in der=
selben näher eingehend die Art und Weise, in welcher Julius
dieses große und beschwerliche Werk begann, beharrlich fort=
setzte und mit gesegnetem Erfolge zu Ende führte, und for=
dert die Diözesanen auf, dem Allerhöchsten Dank zu sagen
für die Segnungen, die Julius über Franken gebracht.

Am Schlusse richtet der begeisterte Redner an den
dahingeschiedenen Fürstbischof Julius die Worte:

„Tu populum Tuum, non ex Aegytiis tenebris,
sed ex summa rerum divinarum ignoratione ad fidei
christianae lumen traduxisti. Tu tanquam alter Moyses
primus omnium vastissimum simul et profundissimum
ingressus es mare, quando instaurando, et quasi post-
liminio revocando priscam Religionem Tua in Dioecesi,
sectariis Te animose opposuisti, caeterosque in Germania Praesules, ut intrepide sequerentur, idemque
aggrederentur opus, exemplo Tuo, cum nominis Tui
gloria immortali, provocasti. Decus istud, uti caetera
omnia Tua, in Annalibus scribentur Franconicis, ut
futuris semper temporibus in eis legatur, pestilentes
Calvini Martini Islebiensis opiniones, quae quasi con-
tagione omnes propemodum nominis christiani Pro-
vincias pervaserunt, auctoritate et vigilantia Tua ex
hac Franconia nostra disjectas, dissipatas, extinctas
et exterminatas esse.

Tu Praesul et Dux, ut Saul, ut David, tuos
superasti et debellasti hostes; sed longe meliori, quam
illi ratione: majori item numero: Saul millenos, David
docem millenos: Tu supra centies millenos, non oppri-
mendo, sed oppressos erigendo: non in servitutem
adducendo, sed a teterrima servitute in veram liber-
tatem asserendo; non percutiendo aut perdendo, sed
sanando et conservando; non sanguinem eorum fun-
dendo, sed ne Christi Salvatoris sanguis pro eis frustra
effusus esset, efficiendo, vicisti. Religionis instauran-
dae causam periculose suscepisti, animose gessisti,
feliciter consumasti. Qua Te corona donabimus? ...
Haud dubitamus, Tibi impositam jam coronam de lapide
pretioso, a Deo ter Optimo, Maximo, cui laus omnis
et gloria debetur in omnem aeternitatem" ¹).

27.

Jodocus Wagenhauber, Episcopus Augustopolitanus ²).

Jobocus Wagenhauber aus Flabungen, Doctor der
Theologie, wird wegen seiner Gelehrsamkeit, seiner Redner-
gabe und der vielen Tugenden, die ihn schmückten, von den
Geschichtschreibern gerühmt. Schon Fürstbischof Julius zeichnete ihn aus; er verlieh ihm im J. 1607 ein Canonicat
am Collegiatstifte Neumünster, und ernannte ihn zu seinem
Hofprediger und im J. 1611 zu seinem Caplan. Als im
J. 1612 die Gräfin Elisabetha von Stollberg mit Tod abgegangen war, fielen in Folge des Recesses vom J. 1556 die ehe-

---

¹) Die sub Nro. 2, 4 mit 7 bezeichneten Schriften sind in Groppe
Coll. Tom. I. p. 610, 637, 649, 686 und 695 abgedruckt.

²) Gropp l. c. p. 203. Archiv des bischöfl. Ordinariats Würzburg.

maligen gräflich wertheimischen Lehen an das Hochstift Würzburg zurück. Unter diesen Lehenstücken befand sich auch der Pfarr=ort Lengfurt, in welchem unter der Herrschaft der Grafen von Wertheim der Protestantismus Aufnahme und Beförderung gefunden hatte. Julius, in Besitz dieser Lehensorte gelangt, begann alsbald, dieselben zu reformiren. Er ließ den lutheri=schen Prediger zu Lengfurt entfernen und entsendete unterm 5. October 1612 seinen Hofprediger und Caplan, den Chor=herrn Dr. Wagenhauber, dahin, die Gemeinde Lengfurt zur katholischen Kirche zurüzuführen. Mit apostolischem Eifer unterzog sich derselbe diesem Bekehrungsgeschäfte, und bewirkte es, daß schon unterm 14. März 1613 ein katholischer Pfarrer, Samuel Werner, Dr. der Theologie, eingesetzt werden konnte.

Im J. 1617 wurde Wagenhauber mit dem wichtigen Amte eines Generalvicars betraut und im darauffolgenden Jahre als Capitular seines Stiftes aufgeschworen. Dreimal, im J. 1620, 1621 und 1631, bekleidete er die Würde eines Rector Magnificus der Julius=Universität zu Würzburg.

Fürstbischof Johann Gottfried von Aschhausen ernannte den Hochverdienten unterm 19. Dezember 1620 zu seinem Suffragan. Durch eine Bulle des Papstes Gregor XV. d. d. Non. Kal. Juni (24. Mai) 1622 Rom bei Sanct Maria der Größeren wird er zum Bischofe — Episcopus Augustopolitanus in partibus infidelium — creirt. Die anderweitigen Bullen bezüglich der Residenz an der ihm an=gewiesenen bischöflichen Kirche, der Absolution a censuris ecclesiasticis und der ihm bestimmten und von der bischöf=lichen Kammer zu leistenden Pension zu hundert Ducaten jährlich sind in derselben Weise ausgefertigt, wie wir sie bei seinem Vorgänger angegeben haben, und es verhängt gleichfalls der Papst die Strafe des Interdictes und der Suspension über den zeitlichen Bischof von Würzburg, der

bie genannte Penſion an ſeinen Suffragan nicht verabfolgen
laſſen würde, unb ermächtigt unb beauftragt ben Propſt unb
Dechant bes Domſtiftes ſowie bie Officialen ber Kirche von
Würzburg in bem gegebenen Falle bie verwirkte Strafe bes
Jnterbictes unb ber Suspenſion auf ben Canzeln bem Volke
promulgiren zu laſſen.

Vor ſeiner Conſecration hatte ber Erwählte folgenben
Eib abzulegen, ber ihm in einer beſonberen Bulle vorge=
ſchrieben war:

Gregorius episcopus servus servorum Dei. Dilecto filio
Jodoco Electo Augustopolitano salutem et apostolicam benedictionem. Cum nos pridem ecclesie Augustopolitane certo
tunc expresso modo pastoris solatio destitute de persona
tua nobis et fratribus nostris ob tuorum exigentiam meritorum accepta de fratrum eorundem consilio apostolica
auctoritate duxerimus providendum preficiendo te illi in
Episcopum et pastorem prout in nostris inde confectis literis plenius continetur. Nos ad ea que ad tue commodi-
tatis augmentum cedere valeant favorabiliter intendentes
tuis in hac parte supplicationibus inclinati Tibi presbitero
ut a quocunque quem malueris catholico Antistite gratiam
et communionem apostolice sedis habente accitis et in hoc
sibi assistentibus duobus vel tribus catholicis Episcopis
similes gratiam et communionem habentibus munus consecrationis recipere libere valeas ac eidem Antistiti ut recepto
prius a te nostro et Romane ecclesie nomine fidelitatis debite
solito juramento juxta formam presentibus annotatam munus
predictum auctoritate nostra impendere licite tibi possit plenam et liberam dicta auctoritate earundem tenore presentium
concedimus facultatem. Volumus autem et auctoritate predicta
statuimus ac decernimus quod si dictus Antistes non recepto
per eum a te predicto juramento munus ipsum tibi impendere

et tu illud suscipere presumpseritis idem Antistes a pontificali exercitio et tam ipse quam tu ab administratione tam
spiritualium quam temporalium ecclesiarum vestrarum sus-
pensi sitis communes. Praeterea et volumus quod formam
hujusmodi a te tunc prestiti juramenti nobis de verbo ad
verbum per tuas patentes literas tuo sigillo munitas per
proprium Nuntium quantocius destinare procures. Adeoque venerabili fratri nostro Archiepiscopo Patracensi cui
dicta ecclesia metropolitico jure subesse dignoscitur nullum
imposterum prejudicium generetur; forma autem juramenti
quod prestabis talis est. Ego Jodocus Electus Augustopolitanus ab hac hora in antea fidelis et obediens ero beato
Petro sancteque apostolice Romane ecclesie ac Domino nostro
Domino Gregorio Papa XV. suisque successoribus canonice
intrantibus non ero in consilio aut consensu vel facto ut
vitam perdant aut membrum seu capiantur aut in eos vio-
lenter manus quolibet ingerantur seu iniurie alique inferan-
tur quovis quesito colore, consilium vero quod mihi credi-
turi sunt per se aut nuncios seu literas ad eorum damnum
me sciente nemini pandam Papatum Romanum et Regalia
sancti Petri adiutor eius ero ad retinendum et defendendum
contra omnem hominem. Legatos apostolice sedis in eunde
et redeundo honorifice tractabo et in suis necessitatibus ad-
juvabo, jura honores privilegia et auctoritatem Romane ecclesie Domini nostri Papae et sacrorum patronorum conservare
defendere augere et promovere curabo. Nec ero in consilio
facto vel tractatu in quibus contra ipsum Dominum nostrum
vel eandem Romanam ecclesiam aliqua sinistra vel prejudicialia
persone honoris juris status et potestatis eorum machinen-
tur et si talia a quibuscunque procurari novero vel tractari
impediam hoc pro posse et quamcitius potero commode signi-
ficabo eidem Domino nostro vel alteri per quem ad ipsius

notitiam poterit pervenire. Regulas sanctorum patrum decreta ordinationes sententias dispositiones reservationes provisiones et mandata apostolica totis viribus observabo et faciam ab aliis observari. Hereticos Schismaticos et rebelles Domino nostro et successoribus predictis pro posse persequar et impugnabo. Vocatus ad sinodum veniam nisi prepeditus fuero canonica prepeditione. Apostolorum limina singulis quadriennii personaliter et per me ipsum visitabo et domino nostro ac successoribus predictis rationem reddam de toto meo pastorali officio deque rebus omnibus ad mee ecclesie statum ad cleri et populi disciplinam animarum denique quo mee fidei credite sunt salutem quovis modo pertinentibus et vicissim mandata apostolica predicta humiliter recipiam et quam diligentissime exequar quod si legitimo impedimento detentus fuero predicta omnia adimplebo per certum nuncium ad hoc speciale mandatum habentem ex gremio mei capituli aut alium in dignitate ecclesiastica constitutum seu alias personatum habentem et his mihi deficientibus per dioecesanum sacerdotem et clero deficiente omnino per aliquem alium presbiterum secularem vel regularem spectate probitatis et religionis de supradictis omnibus plene instructum de hujusmodi autem impedimento docebo per legitimas probationes ad sancte Romane ecclesie Cardinalem proponentem in congregatione sacri concilii Tridentini per supradictum nuncium transmittendas. Possessiones vero ad mensam meam pertinentes non vendam neque donabo neque impignorabo neque de novo infeudabo vel aliquo modo alienabo etiam cum consensu capituli ecclesie mee inconsulto Romano Pontifice et si ad aliquam aljenationem devenero penas in quadam super hoc edita constitutione contentas eo ipso incurrere volo. Sic me Deus adjuvet et hec sancta Dei evangelia. Datum Rome apud sanctam Mariam maiorem Anno incarnationis dominice Millesimo sexcentisimo vigesimo secundo. Nono Kl. Junii. Pontificatus nostri Anno secundo.

Die feierliche bischöfliche Weihe wurde dem Neuernann=
ten am 18. September 1622 im Chore der Cathedralkirche
von dem Fürstbischofe Johann Gottfried unter Assistenz der
Weihbischöfe von Bamberg und Eichstädt ertheilt. Sämmt=
liche Prälaten des Bisthums Würzburg ,mit Ausnahme jener
von Schönthal und Amorbach wohnten der Feierlichkeit bei.
Jahr, Monat und Tag seiner Inauguration als Suffragan
der fränkischen Kirche ward durch folgendes Chronobistikon ver=
herrlicht:

Vt bIs septeno oCtobres soL ante CaLenDas
    FuVLserat, en fVLges steLLa, IoDoce, noVa.
GoDefrIDVs DVX FranConIae
IoDoCVM VVagenhaVber tIara ornabat.

In seinem Collegiatstifte stieg der Weihbischof Wagen=
hauber bald zu höheren Würden empor. Im J. 1624 wurde
er zum Scholasticus, und am 10. Dezember 1630 zum
Dechant erwählt.

Von seinen weihbischöflichen Verrichtungen nennen wir
folgende:

Am 24. September 1622 nahm er seine erste Ordina=
tion in der Domkirche vor. Noch in demselben Jahre weihte
er die entheiligt gewesene Kirche zu Großeneibstadt ein, und
consecrirte einen Altar in der großen Klosterkirche zu Bild=
hausen. Am 14. November 1624 weihte er die neu her=
gestellte sogenannte Thorkirche des gedachten Klosters, im J.
1627 die St. Josephs = Kapelle zu Triefenstein, und am
30. August 1630 die Kapelle zum grünen Baum in Würz=
burg, welche der Stadtrath hatte restauriren lassen, ein.

XV

Unter der Regierung des Fürstbischofs Philipp Adolph von Ehrenberg hatten die Hexen-Verfolgungen, welche schon seit einer langen Reihe von Jahren eifrig betrieben worden waren, ihren Höhepunkt erreicht. Viele Hunderte von Men= schen ohne Unterschied des Alters, Geschlechtes und Standes fielen als Opfer des gräulichen Irrwahnes der Hexerei. Auch viele Priester der Stadt Würzburg wurden der Zauberei angeklagt, in's Gefängniß geworfen und processirt. In der Zeit vom 16. September 1628 bis 19. Juli 1629 zählen wir 38 Geistliche, nämlich 6 Vicare des Domstiftes, 11 Canoniker und 8 Vicare des Stiftes zu Haug, 7 Canoniker und 1 Vicar vom Neumünster, 1 Vicar des Stiftes zu St. Burkard und 4 Alumnen des fürstbischöflichen Seminars, welche sämmt= lich zur Degradation verurtheilt wurden.

Der Weihbischof Wagenhauber mußte diesen unglück= lichen Opfern seine amtliche Thätigkeit widmen. Nachdem den Justificirten in dem Palaste der fürstbischöflichen Canzlei das Degradations = Urtheil verkündet worden war, wurden sie in die in demselben Gebäude (dem jetzigen Bezirksgerichte) ehemals befindlichen Kapelle ad sanctum Briccium geführt und allda von dem Weihbischofe in feierlicher Weise nach den canonischen Vorschriften begradirt. Hierauf wurden sie der weltlichen Curie übergeben unter der Bitte, es möchten die Elenden in keine Gefahr des Todes und der Verstümmelung gebracht werden.

Ueber den Act der Degradation war ein eigener Gerichts= hof gebildet; derselbe bestand im Januar 1629 aus folgen= den Mitgliedern:

Judex aequissimus: Dr. Ribner, Canonicus zu Haug und fürstbischöflicher Generalvicar.

Assistenten: Weihbischof Wagenhauber; die beiden Aebte Wilhelm vom Schottenkloster und Andreas zu

St. Stephan; Marcus Hammelmann, Decan zu Haug; Balthasar Jorban, Theol. Doctor, Decan im Neumünster; Dr. Seb. Bergtolt, Scholasticus und Canonicus in Haug ¹); Dr. Joachim Gantzhorn, Assessor des Vicariats und Offi= cialats; M. Georg Neibler, substitutus Procurator, und Michael Nötzelius, Notar.

Urtheil: „Nos supradictus Joannes Ridnerus pro tribunali sedentes, solumque Deum ejusque timorem ac justitiam prae oculis habentes, per hanc nostram sententiam definitivam, quam de Theologorum et Jurisperitorum consilio, more maiorum in his scriptis ferimus, *Jesu Christi* Domini nostri, Beatae Mariae Virginis nominibus pie et devote invocatis, dicimus, declaramus, pronunciamus et definitive sententiamus: Reos propter ipsorum horrendissima, gravissima, nefandissima et damnabilissima apostasiae consummatae, sodomiae verae, idololatriae perfectae, sacrilegii, aliaque in actis designata et expressa, in omnipotentis Dei omnium Creatoris manifestam et intolerandam contumeliam et injuriam directa, atque ab ipsismet reis sponte, ultro et libere judicialiter aliquoties constanter confessata maleficia, atque adeo de omnibus istis malis facinoribus et delictis propria et libera atque judiciali confessione convictos, de jure sacrorum canonum suis officiis et ordinibus sacris et ecclesiaticis sententialiter perpetuo privamus in his scriptis, ipsosque ab illis verbis deponimus, et pronunciamus, realiter et actualiter secundum traditionem canonum degradandos et in saeculari Curiae tradendos.“

---

¹) Derselbe wurde am 21. April 1629 gleichfalls der Hererei ange= klagt und begrabirt.

Degrabation: „Qua sententia publicata Reverendissimus Dominus Suffraganeus in Pontificalibus, pro
reali ejusdem executiono in Sacello D. Briccii praesentibus Dno Vicario in spiritualibus generali, ceteris-
que assistentibus supradictis specialiter rogatis et
deputatis, aliisque clericis ministrantibus presbyteri,
diaconi et subdiaconi officio fungentibus, Reorum
praefatorum polices et indices rasit, vestibus sacer-
dotalibus, Diaconi, Subdïaconi sive Levitica, stola,
manipulo, amictu candido spoliavit, potestate introeundi
sacrarium, tangendi pallas, calices, ceroferarii, exor-
cistae, lectoris, ostiarii clericique officio privavit, et
vestitu exivit, todondit, et tonderi jussit et calvari,
e sorte clericali amovit, et degradandos Curiae saeculari
tradidit, ac officium judicis saecularis imploravit, ut
Reos sic degradâtos in suum forum recipiat, rogans cum
omni affectu, quo potuit, ut amore Dei, pietatis et
misericordiae intuitu, et suo sibique Assistentium inter-
ventu miserrimis hisce nullum mortis et mutilationis
periculum inferatur.“

Nach geschehener Degrabation fiel der Unglückliche in
bie Hände des weltlichen Richters, ber das Urtheil des Todes
burch bas Schwert und bas Feuer über ihn fällte.

Der Jesuit P. Friebrich Spee, ber in einer im J.
1631 herausgegebenen Schrift zuerst ben furchtbaren Hexen=
glauben bekämpfte, äußerte sich gegen ben Churfürsten Johann
Philipp von Schönborn, ber in Franken bie Hexenprocesse
aufhob, „baß bie zum Tobe verurtheilten Hexen, welche sich
aus Furcht vor ben Qualen ber Tortur bes ihnen angeblich=
teten Lasters ber Zauberei schulbig bekannt, ihm als Bei=
stanb in ihren letzten Augenblicken unter Heulen unb Schluch=
zen ihre Unschulb, ihr Elenb unb bie Unwissenheit unb Bos=

heit ihrer Richter betheuert und Gott als dessen Zeuge angerufen hätten". Die Acten über viele Hexenprocesse, die
mir vorliegen, beweisen, daß die Unglücklichen nur bei Anwendung der Tortur Geständnisse über die scheußlichsten Dinge,
die sie gethan haben sollten, machten, dagegen nach Entfernung der Marterwerkzeuge die Geständnisse zurücknahmen.

Am 20. September 1631 nahm der Weihbischof Wagenhauber eine Ordination in der Cathedralkirche vor, wohl nicht
ahnend, daß bald nach dieser Function Ereignisse eintreten
würden, die ihn zwangen, die Stadt und Diözese zu verlassen. Der Sieger bei Leipzig näherte sich Franken; die
Grenzfestung von Königshofen war gefallen, und in wenigen
Tagen stand das siegreiche schwedische Heer vor den Thoren
Würzburgs, welche sich ihm öffneten. Aus Angst und Schrecken
vor dem Feinde hatte sich die Geistlichkeit aus der Stadt geflüchtet; der Fürstbischof fand es räthlich, seine Hauptstadt
zu verlassen, und auch sein Suffragan Wagenhauber folgte
ihm und brachte seine Person und seine bischöflichen Klein-
odien zu Cöln in Sicherheit.

Nach der Niederlage der Schweden bei Nördlingen kehr-
ten die Flüchtlinge wieder zurück. Am 23. Dezember 1634
begrüßte ihn freudig das katholische Volk, als er in der
Domkirche, aus welcher der während der schwedischen Herrschaft eingeführte protestantische Cultus verdrängt worden
war, im Pontifical-Schmucke erschien, um den Zöglingen
des Priester-Seminars die heiligen Weihen zu spenden.

Dies war sein letzter weihbischöflicher Act. Die vielen
Mühen und Drangsale, die Sorgen und Bekümmernisse,
welche er während seines dreijährigen Exils ausgestanden,
hatten seine Kräfte geschwächt und das Ende seiner Tage
beschleunigt. Er entschlief in dem Herrn am Freitage den
19. Januar 1635 in seinem 54. Lebensjahre, und erhielt

feine lezte Ruheſtätte in der Stiftskirche zum Neumünſter vor dem Hauptaltare. Der Grabſtein trägt die Inſchrift:

Reverendissimus in Christo Pater ac Dominus Dns Jodocus Wagenhauber, Fladungensis, ss. Theolog. Doctor. Episcopus Augustopolitanus, Suffraganeus Herbipolensis. Hujus Ecclesiae Decanus, pientissime obiit XIX. Januarii, Anni M. DC. XXXV. Aetatis anno LIV. cum ex Suecico exilio rediisset. Cujus anima Deo vivat.

28.
Zacharias Stumpf, Episcopus Domitiopolitanus [1]).

Derſelbe war zu Flabungen geboren und erhielt ſeine Bildung in dem deutſchen Collegium zu Rom. Zurückgekehrt in ſein Vaterland wurde er bald wegen ſeiner Kenntniſſe ausgezeichnet und zu den wichtigſten Aemtern berufen. Der Fürſtbiſchof Johann Gottfried von Aſchhauſen ernannte ihn zu ſeinem Hofkaplan; am 16. November 1620 wurde er zugleich mit dem Canonicus zu Haug, Johannes Ribner, zum Doctor der Theologie promovirt, ward Canonicus und Cantor des Collegiatſtiftes Haug, erſcheint im J. 1624 als fürſtbiſchöfl. Fiſcal und ſpäter als Generalvicar.

Die Grafen von Hanau hatten das Kloſter Schlüchtern eigenmächtig an ſich gezogen. Durch ein Decret des Kaiſers Ferdinand II. vom 10. Dezember 1626 wurden ſie angewieſen, dasſelbe dem Biſchofe von Würzburg, Philipp Adolph von Ehrenberg, zu reſtituiren, der einige Mönche aus dem St. Stephans = Kloſter zu Würzburg dahin abſendete, um das alte Benedictiner = Stift zu reſuſciren. Im J. 1628

---

[1]) Gropp l. c. p. 804.

wurde von dem Fürstbischofe eine besondere Commission dahin abgeordnet, Besitz von dem Kloster zu nehmen und die Einrichtung desselben zu beschäftigen. Der Fiscal Stumpf befand sich unter den fürstlichen Commissären und hielt bei dieser Gelegenheit am Sonntage Quinquagesima in der Klosterkirche vor einem zahlreich versammelten Volke, unter welchem sich viele Calvinisten eingefunden hatten, eine ausgezeichnete Canzelrede über das frohe Ereigniß, daß das Kloster seinem ursprünglichen Zwecke durch die Bemühungen des Bischofs von Würzburg wieder zurückgegeben worden. Allein schon im J. 1648 wurde in Folge des westphälischen Friedens das Kloster Schlüchtern an die Grafen von Hanau abgetreten, welche hernach ein Gymnasium allda errichteten.

Fürstbischof Franz Graf von Hatzfeld ernannte im J. 1636 unsern Zacharias Stumpf zu seinem Suffragan. Er wurde vom Papste Urban VIII. in der gewöhnlichen Weise als Bischof von Domitiopolis in partibus infidelium in der Kirchenprovinz von Isaurien unter dem Metropolitan von Seleucia[1]) constituirt und am 15. Februar 1637 zu Dillingen von dem Fürstbischofe von Augsburg zum Bischofe geweiht. Durch eine päpstliche Bulle wurde sein Salar als Suffragan auf 600 Reichsthaler festgesetzt; er begnügte sich jedoch aus freiem Willen mit einem jährlichen Gehalte von 500 Reichsthalern.

Seinen ersten Pontifical=Act nahm er am 5. März 1637 vor, indem er in der Kirche seines Collegiatstiftes zu Haug ordinirte und das heilige Sacrament der Firmung spendete. Am 7. März hielt er eine große Ordination in der Domkirche, und am Osterfeste den 12. April 1637 ertheilte

---

1) Wiltsch l. c. I. Bd. S. 203.

er dem Fürstbischofe Franz von Hatzfeld, der sich wegen der Kriegsereignisse und seines mehrjährigen Exils zum Bischofe nicht weihen lassen konnte, in der Cathedrale die bischöfliche Consecration. Im J. 1638 am Sonntage vor dem Feste des heil. Martinus benedicirte er in Gegenwart des Bischofs Franz in der Kirche zu St. Stephan die vier Aebte, Caspar vom Michaelskloster zu Bamberg, Benedictus vom Kloster Theres, Johannes Aubomarus im Schottenkloster dahier und Alexander aus dem Schottenkloster zu Erfurt. — In demselben Jahre begrüßte ihn die Alma Julia als Rector Magnificus.

Er segnete das Zeitliche am 30. Januar 1641 und wurde in seiner Stiftskirche beigesetzt. Als aber diese wegen der Fortification der Stadt später abgebrochen wurde, so wurde seine Leiche nebst dem Grabsteine in die Carmeliten=Kirche transferirt [1]). Der Grabstein trug die Inschrift:

A. Dni. 1641. Jan. 30. pie in Christo obdormivit R.^{mus}
Dns. Dns. Zacharias Eps. Domitiopolit. R.^{ml} et Illust.^{ml}
Epi. Bamb. et Wirceb. Suffragan. SS. Theol. Doctor.
Can. et Cantor Ecclesie Haug. cujus anima Deo vivat.

Nach dem Tode des Weihbischofs Zacharias nahm der Mainzer Suffragan, Wolther von Strevesdorf, Bischof von Ascalon in Palästina, aus dem Orden der Eremiten=Augustiner, in der Diözese weihbischöfliche Verrichtungen vor. Am 5. September 1645 consecrirte derselbe einen Altar in der Kirche des Frauenklosters zu Unterzell.

Zum Nachfolger des Weihbischofs Stumpf wurde Adam Groß aus Thüngersheim, Doctor der Theologie, Dechant

---

[1]) Diese Carmelitenkirche wurde im J. 1824 niedergerissen.

des Stiftes Haug, fürstbischöflich geistlicher Rath und Rector
der Julius=Universität, von dem Fürstbischof Johann Philipp
von Schönborn ernannt, und vom Papste als Episcopus
Domitiopolitanus creirt, aber an demselben Tage, den
11. Januar 1645, wo die Bestätigungs=Bullen von Rom
dahier angelangt waren, wurde er, vom Schlage getroffen,
in die Ewigkeit abgerufen.

Es wurde ihm in der Stiftskirche zu Haug folgendes
Epitaphium errichtet:

Anno a Christo nato 1645 Januarii XI. subito vita functus
Admodum Reverendus et magnificus D. Adamus Gross,
ss. Theologiae Doctor, Canonicus et Decanus hujus
ecclesiae, nec non etiam denominatus et confirmatus
Suffraganeus herbipolensis, cujus anima Deo vivat.
Amen.

29.

Joannes Melchior Söllner, Episcopus Domitio-
politanus ¹).

Wie seine drei unmittelbaren Vorgänger stammte auch
Söllner aus den oberen Stiftslanden; er war am 18. October
1601 zu Neustadt an der fränkischen Saale geboren und
studirte um das Jahr 1614 die Humaniora zu Würzburg.

Am 13. April 1617 wurde ihm eine Präbende im Stifte
Neumünster zu Theil. Am 28. März 1626 empfing er durch
den Weihbischof Jodocus Wagenhauber in der Domkirche die

---

¹) Seine Lebensbeschreibung von Joan. Friedrich Dümler, geistlichem Rathe und Caplan des Weihbischofs Söllner, ist bei Gropp
Coll. Tom. II. p. 473 abgedruckt.

Priesterweihe und feierte sein erstes heiliges Meßopfer am
3. Mai in der Stiftskirche zum Neumünster. Er lag mit
rastlosem Eifer den Studien ob, und errang sich in den
philosophischen und theologischen Wissenschaften die ausge=
breitetsten Kenntnisse. Noch nicht 25 Jahre alt, wurde ihm
nach öffentlicher Defension die Doctorwürde in der Theologie
zuerkannt; am 18. Dezember 1627 rückte er in die Classe
der Stifts=Capitulare ein, ward im J. 1629 zum geistlichen
Rathe, im J. 1636 zum fürstbischöflichen Generalvicar be=
fördert und den 23. Juli 1647 zum Dechant des genannten
Stiftes erwählt. Dreimal stand er der Julius=Universität
als Rector vor.

Johann Philipp von Schönborn, Fürstbischof von Würz=
burg und Churfürst von Mainz, ernannte den frommen und
gelehrten Söllner, der sich als Generalvicar in der Verwaltung
der Diözese in einer durch den verderblichen Krieg so schwierig
gewordenen Zeit viele Verdienste erworben hatte, zum Weih=
bischofe von Würzburg. Papst Innocenz X. bestätigte seine
Ernennung und constituirte ihn als Episcopus Domitiopolitanus in der üblichen Form. Die hierauf bezüglichen
Bullen sind zu Rom bei Maria der Größeren unterm
7. Dezember 1648 ausgefertigt. Er wird in denselben von
allen kirchlichen Censuren losgesprochen, von der Residenz=
pflicht an dem ehemaligen bischöflichen Sitze Domitiopolis
dispensirt, ihm eine jährliche Besoldung von der bischöflichen
Mensa zu 300 Ducaten bestimmt und ihm aufgegeben, vor
seiner Consecration zum Bischofe die professio fidei und
den gewöhnlichen Eid abzulegen.

Am 6. Juni 1649 erhielt er die bischöfliche Weihe.
Melchior Söllner bewährte in seinem neuen Wirkungskreise
mit dem Amte eines Generalvicars auch fernerhin betraut,
einen rastlosen Eifer und eine unermüdete Thätigkeit, die

Ehre Gottes und das Heil der Diözesanen zu fördern. Er untersuchte bei seinen Visitationsreisen die kirchlichen Zustände des Bisthums, und war bemüht, die Mängel und Gebrechen, welche durch die lange andauernden Kriegsstürme herbeigeführt worden waren, zu beseitigen und die nöthigen und zweckmäßigen Anordnungen zu treffen, durch welche eine würdige Feier des Gottesdienstes vorgeschrieben und auf Befestigung des Glaubens und der Sittenreinheit bei Priester und Volk gedrungen wurde.

Nachdem der Friede zurückgekehrt war, hatte der Fürstbischof Johann Philipp von Schönborn die Abhaltung von Diöcesan = Synoden anbefohlen. Es wurden dieselben am 23. Dezember 1649, am 10. März und 13. Dezember 1650 und am 4. März 1653 in der Domkirche gefeiert.

Bei jeder dieser Synoden hielt der fromme Weihbischof, von einer heiligen Begeisterung getragen, an den zahlreich versammelten Clerus eine salbungsvolle Ansprache.

Diese vier Synodalreden erschienen im J. 1666 bei Elias Michael Zink zu Würzburg im Drucke unter dem Titel:

Corona Honoris
CLERI HERBIPOLENSIS
efformata atque exornata
Quatuor Orationibus Synodalibus
a
Reverendissimo in Christo Patre ac Domino
D. Joanne Melchiore Episcopo Domitiopolitano,
Suffraganeo Herbipolensi &c.
Habitis Annis 1649. 1650. 1653[1]).

---

[1]) Die vier Synodalreden sind in Gropps Coll. II. p. 478 — 506 abgedruckt.

In diesen Vorträgen, die zunächst an den Diözesan-Clerus gerichtet sind, sucht der Weihbischof und General-Vicar Söllner auf die hohe Würde des Priesterthums hinzuweisen, die heiligen Pflichten, die den Priestern und Seelsorgern obliegen, ihnen in's Gedächtniß zu rufen, und dieselben mit den dringendsten Worten aufzufordern, ihrem Hirtenamte mit Eifer und Sorgfalt vorzustehen, und sich die zu einem segensvollen Wirken so nothwendigen Tugenden der **Klugheit, Gerechtigkeit, Mäßigkeit, Sittenreinheit** und **Standhaftigkeit** anzueignen.

In der ersten Synodalrede, welche vor der Weinachtsfeier am 23. Dezember 1649 abgehalten wurde, führt er seine Zuhörer im Geiste an die Krippe des Herrn zu Bethlehem, schildert die Demuth und die Liebe des im Fleische erschienenen Sohnes Gottes, bezeichnet die Krippe als einen Lehrstuhl der göttlichen Weisheit, Erbarmung und Liebe, und ermahnt die Priester, die sich Gott, seiner Kirche und seinem Dienste geweiht, sich aufzumachen, mit David auf den Berg des Herrn zu steigen, dem Irdischen zu entsagen, das Himmlische zu suchen, das Jesuskind gleich den Hirten und Engeln unter Lobgesängen anzubeten, und von ihm seine Liebe zu lernen.

Die zweite und vierte Rede hat hauptsächlich die Hinfälligkeit des Menschen, die Nothwendigkeit der Buße, und die **Strafgerichte** Gottes, welche über den verstockten Sünder hereinbrechen werden, zum Gegenstande. Der Redner stellt hier den Menschen im Bilde eines Töpfergeschirres dar, welches der Herr gemacht und belebt hat, und zu jeder Zeit zerschlagen kann; er erinnert an die Worte der Schrift: „Du bist Staub, und wirst in Staub zurückkehren"; er gedenkt in erschütternder Sprache des Strafgerichtes Gottes, der Sündfluth, in welcher der Allerhöchste in seinem gerechten

Zorne den Menschen, den er erschaffen, vom Angesichte der
Erde vertilgte; er sieht vor sich eine neue Sündfluth, die
über Deutschland hereingebrochen, eine Fluth von Sünden
und Lastern, die den christlichen Ländern Verderben und
Untergang drohe; er ruft die Sünder zur Buße; er sucht sie
aus ihrem tiefen Sündenschlafe durch die göttlichen Straf=
gerichte, die ihnen bevorstehen, aufzurütteln, und mahnt und
warnt und droht mit dem Ausspruche der Schrift, daß die
Sünder, wenn sie ihre Buße vernachlässigen, und von ihren
Sünden nicht ablassen, von Gott verlassen werden. Und
verlassen sein von Gott, welch' ein schrecklicher
Zustand! „O vera, et vere amarissima abyssus ama-
ritudinis! O immensum plane et inexhaustum mare
angustiarum et tribulationum! Tunc invocare, et non
audiri; tunc exsurgere confugereque ad praesidium
Christi, et non invenire! Quis dabit capiti meo aquam,
et oculis meis fontem lacrymarum, ut defleam die ac
nocte inevitabiles angustias unius hujus verbi: *Tunc
invocabunt me, et non exaudiam?*“

In dem dritten Vortrage spricht der Redner so schön
und wahr von der Tugend der Reinigkeit des Herzens und
Wandels; er bezeichnet die Feinde, die derselben nachstellen,
und gibt die Mittel an, durch welche dieselbe bewahrt wer=
den könne. Besonders sollen die Priester, die zur Bewahrung
der Reinigkeit vermöge ihres heiligen Berufes und durch
Gelübde verpflichtet sind, und die das Sinnbild derselben,
die Krone, auf dem Haupte tragen, sich stets es angelegen
sein lassen, auf ihrem Lebensgange diesen Seelenschmuck un=
befleckt zu erhalten. Den unenthaltsamen Priestern ruft der
für die Sittenreinheit seines Clerus eifernde Bischof die furcht=
baren Worte zu: „Sacerdotum peccata contra castitatem
sunt gravissima — ab iis commissa, quorum vertices

sacra corona condecorat; quorum manus immaculatum agnum indies pene immolat, aut potius sacrilege mactat; quorum linguas et ora sacrosanctus redemptionis nostrae cruor toties purpurat! Sic prô dolor! sacerdotes Dei fiunt daemones ridiculi, et qui tanquam spirituales imperatores orcum deberent justo terrore concutere, hi infami et impia turpitudine scelerum suorum eundem faciunt tripudiare et laetari. Hinc prô dolor! luctus coelorum, hinc tristitia spiritus sancti, hinc redintegrata flagra et opprobria Christi Domini, hinc exultatio inferni, hinc justa, eaque saepissime aperta Dei vindicta, hinc nostrae lacrimae. Sic sal infatuatum projicitur foras, et non solum ab hominibus sed etiam daemonibus conculcatur. Fratres sobrii estote *et vigilate, quia adversarius vester diabolus tanquam leo rugiens circuit, quaerens quem devoret, cui resistite fortes in fide;* estote fortes in bello, et pugnate cum antiquo serpente, et accipietis regnum aeternum.“

Da Johann Philipp von Schönborn neben dem Bisthume Würzburg auch die hohe Würde eines Churfürsten von Mainz und eines Bischofes von Worms bekleidete, die weltlichen Regierungsgeschäfte denselben vielfach in Anspruch nahmen, und ihn oft von seiner Residenzstadt Würzburg entfernt hielten, so lag die Last der Administration der fränkischen Diözese auf den Schultern des Weihbischofs und Generalvicars Dr. Söllner. Mit Ernst, Klugheit und Kraft unterzog er sich dieser schwierigen Aufgabe der Verwaltung, sich stets bewußt und es nie verbergend, daß er für die Verantwortung seiner Administration einzutreten habe. Er führte bei dem geistlichen Rathe jederzeit das Präsidium, leitete den Gang der Berathungen mit aller Umsicht, und sorgte dafür, daß die Beschlüsse des geistlichen Rathes in

Vollzug gesetzt wurden. Als Mitarbeiter und Gehilfen im
geistlichen Rathe standen ihm folgende Männer zur Seite:
Georg Heinrich v. Künsberg, Domherr zu Bamberg
und Würzburg, Landrichter des Herzogthums Franken, und
Official; Georg Sartorius, Doctor der Theologie, Canonicus und Cantor zu Haug, und Fiscal; Martin Ziphälius,
s. Theol. Dr., Canonicus und Scholaster im Neumünster [1]),
Joh. Neumayr, s. Theol. Dr., Canonicus des Stiftes
Neumünster und Hofkaplan; Friedrich Wisner, der Theologie Doctor, Canonicus und Scholasticus zu Haug; Franz
Christoph v. Rosenbach, Canonicus des Domstiftes von
Würzburg und des Ritterstiftes Comburg; Stephan Weinberger, s. Theol. Lic., Canonicus im Neumünster und
Regens des Seminars zum heil. Kilian; Friedrich Dümler, s. Theol. Dr., Canonicus im Neumünster und weih-

---

[1]) Martin Ziphälius war zu Rottweil geboren, wurde im J. 1626
zum Doctor der Theologie promovirt, hielt nach dem Abzuge der Schweden von der Festung Marienberg in der dortigen Schloßkirche am 22. April
1635 den ersten katholischen Gottesdienst wieder ab, der seit dem Einfalle
der Schweden im J. 1631 daselbst unterblieben war, und versah das Amt
eines Schloßpfarrers zwanzig Jahre lang. Im J. 1641 ernannte ihn
der Fürstbischof Franz von Haßfeld zum geistlichen Rathe. Er starb am
29. October 1655.

Derselbe bewies einen großen Eifer für die katholische Religion und
gab zur Vertheidigung derselben einige Schriften heraus:

1) Katholische Confession gegen die Augsburgische und andere Particular-
Confessionisten in 530 Dilemmaten, zweifachen Fragen, Ja oder
Nein ꝛc. Würzburg, gedruckt bei Elias Mich. Zink. 1652. 8°.

2) Katholische Prob in fünf Ursachen, als nämlich: Abgötterei, Abfall
vom Glauben, schädliche Früchte der Lehr, Gleißnerei, Tyrannei;
daß dessenwegen ein jeder Christ die vermeinte Religion der Cal-
vinischen, Lutherischen und anderen Unkatholischen dieser Zeit fliehen,
und meiden soll. Würzburg, bei Elias Mich. Zink. 1654. 8°.

bischöflicher Caplan, und Georg Günbell, Präses des
Bartholomiten=Institutes.

Neben seinen Functionen als Präsident des geistlichen
Raths=Collegiums legte er auch anderwärts, besonders bei
seinen bischöflichen Reisen, eine bewunderungswürdige Thätig=
keit und einen apostolischen Eifer an den Tag. Er visitirte
nicht nur Pfarreien, Kirchen, Kapellen und Klöster, er
spendete nicht nur die h. Sacramente der Beicht, des Altars
und der Firmung, sondern er erschien auch in Dörfern, Städten
und Klöstern als beredter Prediger auf der Kanzel, dem Volke
das Wort Gottes zu verkünden, oder stand im Pontifical=
Schmucke am Altare, das heilige Opfer des neuen Bundes
zu feiern. Sein Biograph, Dr. Dümler, rühmt ihn: „Zelo
et Dei gloriam et proximi salutem promovendi sic
ferebatur, ut pene excedat fidem. Testantur ardentes
ejus *omni loco et tempore* opportune et importune in
pagis, oppidis, urbibus, coenobiis, claustris habitae con-
ciones; testatur facilitas ejus, cum a Religiosis, ut in
festivitatibus fundatorum et illustrium sanctorum vel
pro cathedra diceret, vel Pontificali ritu ad aram faceret, rogabatur.“

Während seines siebenzehnjährigen Amtes als Weih=
bischof nahm er über zweihundert Ordinationen vor, weihte
zweiundbreißig Kirchen ein, und consecrirte sechszig Altäre.
Am 4. September 1661 consecrirte er die Kreuzkapelle zu
Eibelstadt. In der Kirche zum Neumünster weihte er fol=
gende Altäre: am 16. October 1650 den Hochaltar zu Ehren
Mariens, des heil. Mauritius und seiner Gefährten, des
heil. Augustinus und Nicolaus; den Altar auf der Evangelien=
seite zu Ehren der Jungfrau Maria, des heil. Apostels Andreas
und der Heiligen St. Kilian, Colonat und Totnan, und den
Altar auf der Epistelseite gleichfalls zu Ehren Mariens und

der Heiligen Joseph, Joachim und Anna. Am 17. October desselben Jahres consecrirte er einen Altar in der Kapelle zunächst der Präpositur zu Ehren der heiligen Jungfrauen und Martyrer Barbara, Margaretha, Ursula und Theresia, und am 1. August 1664 dedicirte er einen Altar gegen die Thüre der Kirche in honorem Virg. Mariae, der vier= zehn Nothhelfer, der Heiligen Aquilin, Ignatius Loyola, Franz Xaver und Elisabetha. Den Christgläubigen, welche der Weihe beiwohnten, gewährte er einen Ablaß von einem Jahre, und Jenen, welche jährlich am Gedächtnißtage der Einweihung der genannten Altäre die Kirche besuchen, einen Ablaß von 40 Tagen [1]). Er benedicirte fünfzehn Aebte, zwei Aebtissinnen, hundertzwanzig Glocken, und ertheilte 170,692 Firmlingen das h. Sacrament der Firmung. Selbst in seiner Krankheit, die ihm nicht erlaubte, das Zimmer zu verlassen, ordinirte er am 20. März und 10. April 1666 in seiner Wohnung. Am grünen Donnerstage den 22. April weihte er die heiligen Oele, und am 24. April 1666 nahm er bei großer Leibesschwäche zu Hause seine letzte Ordina= tion vor.

Schon von Jugend an hegte Söllner eine innige Ver= ehrung und Andacht zur Jungfrau Maria. Er nahm zu ihr in seinen Anliegen seine Zuflucht; betete auf den Knieen liegend vor ihren Votivbildern und Statuen mit glühender Inbrunst, und fand, wie er selbst bekannte, oft wunderbarer Weise durch ihre Fürbitte Erhörung und Hilfe. Er ließ sich als Mitglied der hiesigen marianischen Sodalität aufnehmen, wohnte eifrig den gottesdienstlichen Uebungen und Andachten

---

[1]) Chron. Francon. Tom. III. f. 525. Universitäts = Bibliothek. M. ch. q. 90.

derselben bei, und begleitete mehrmal die Stelle eines Prä=
fecten der Sodalität. Er zeigte sich als besonderer Verehrer,
Beförderer und Protector der in vielen Städten des Franken=
landes eingeführten Rosenkranz=Bruderschaft. Als im Februar
1641 der weimarische General Rosen mit seinen feindlichen
Truppen vor Münnerstadt stand und der Stadt den Unter=
gang drohte, nahmen die bedrängten Einwohner und Sodalen
der Bruderschaft des heil. Rosenkranzes zu Maria, der Hel=
ferin in jeder Noth, ihre Zuflucht. Der Feind hob plötzlich
die Belagerung auf, zog in unerwarteter Eile ab, und die
Stadt war gerettet. Man schrieb diese glückliche Rettung
der Fürbitte Mariens zu und der damalige Generalvicar
Söllner verherrlichte dieses frohe Ereigniß in wohlklingenden
Versen durch folgendes sinnreiche Gedicht:

Hinc Rosa victus abit Rosa quem Benedicta triumphat,
 Serpentem Victrix quae pede Virgo premit.
Angelicas pia turba Rosas diffundere coelo
 Perge, Triumphatrix te Rosa virgo tegit.
Sic Rosa vincetur terrestris, Coelica vincet
 Prosternetque piâ Colla superba manu.
Nunc florete Rosae, nam sic Rosa diva Rosarum
 Per vestras reprimit bella cruenta Rosas [1]).

Die Liebe zu Christus, dem Gekreuzigten, durchdrang
mit gleicher Gluth sein frommes Herz. Er war gewohnt,
am Studirpulte und am Arbeitstische das Crucifixbild vor
Augen zu haben, und übte bis zu seinen letzten Tagen eine
große Devotion zu dem in der vorderen Gruft unter dem
Chore befindlichen Crucifixbilde in der Kirche zum Neumünster.

---

[1]) Vgl. meine Schrift „Münnerstadt und seine nächste Umgebung"
S. 57.

Vor diesem uralten Bilde versammelte sich an den Freitagen
zahlreich das gläubige Volk, das bittere Leiden und Sterben
Jesu Christi zu verehren. Da diese Andacht während der
schwedischen Kriegsunruhen in Abnahme gekommen war, so
war der Weihbischof und Stifts = Dechant Söllner um das
Jahr 1650 darauf bedacht und bemüht, diese Andacht zu
dem leidenden Heilande wieder herzustellen und zu erhöhen.
Er ließ deßhalb die Gruft renoviren, mit neuen Altären und
Bildnissen des Leidens Christi versehen, und machte die Stif=
tung, daß unter der wöchentlichen Freitagsmesse nach ge=
lesenem Evangelium von dem Priester eine halbe Stunde
lang eine kurze Anrede an das Volk gehalten werde, um
dasselbe zur Liebe und Nachfolge unseres leidenden Heilandes
zu ermahnen und aufzumuntern. Die Stiftung wurde im
J. 1657 vom Fürstbischofe Johann Philipp von Schönborn
bestätigt[1]), und der in Liebe zu Jesus erglühte Weihbischof
hielt fünfzehn Jahre lang genannte Freitagsmesse und Pre=
digt mit Eifer und großem Seelen = Nutzen der Gläubigen.
Söllner lebte ein frommes, heiliges Leben, ein Leben strenger
Ascese, der Entsagung, Selbstverläugnung und Abtödtung;
er disciplinirte sich mit der Geißel und dem Cilicium und
bediente sich statt eines weichen Federbettes eines harten Lagers
selbst noch in seiner Krankheit. Des Nachts überließ er sich
vier Stunden dem Schlafe, und am Tage gönnte er sich nur
eine halbe Stunde Ruhe und Erholung, die übrige Zeit war
seinen Berufs = und Amtsgeschäften, dem Gebete und den
Betrachtungen gewidmet. Er erschien im Chore bei der Matu=
tin und verrichtete täglich das heil. Meßopfer. Sein ganzes
Aeußere, seine Kleidung, sein Gang, seine Reden und seine

---

[1]) Gropp l. c. p. 471.

Unterhaltung zeigten den einfachen, demüthigen, sanften Mann, den apostolischen Bischof. Strenge gegen sich, übte er Milde gegen Andere; nur den Halsstärrigen und Unverbesserlichen gegenüber zeigte er den ernsten und strengen Bischof und Generalvicar.

Er war ein wahrer Vater der Armen, barmherzig und wohlthätig gegen jeden Nothleidenden. Dem Bettler auf der Straße versagte er nie eine Gabe, und der Arme, der vor seiner Thüre erschien, durfte niemals ohne Almosen von seinem Gesinde abgewiesen werden. Besonders unterstützte er solche, die öffentlich zu betteln sich schämten, mit reichlichen Gaben, indem er Manchen zwanzig, Anderen dreißig und vierzig Thaler unter Verschweigung seines Namens zukommen ließ, und so manche Familien ganz allein unterhielt. Der Zudrang der armen Leute zu seinem Hause war so groß, daß er in einigen Jahren mehr als hundert und dreißig Malter Getreide denselben als Almosen verabreichte. Sein Testament noch gibt Zeugniß von seiner Liebe und Mildthätigkeit gegen die Armen, indem er die Armen und sein Stift als Haupterben seines Nachlasses einsetzte.

Im Februar 1666 fing er an zu kränkeln, und die Schwäche seines Körpers nahm bald in einem solchen Grade zu, daß er kaum in seinem Zimmer auf= und abgehen konnte. Doch unterließ er es während seiner Krankheit nicht, öfters das heil. Meßopfer zu feiern, und bat unter Thränen zu Gott um Wiederherstellung seiner Gesundheit, wenn es anders in seiner weisen Vorsehung liege, seine Lebenstage noch einige Zeit zu verlängern, um seine wenigen Kräfte dem Dienste des Allerhöchsten und dem Wohle der Kirche widmen zu können. Als er am Feste der Kreuz=Auffindung, an welchem er vor vierzig Jahren zum erstenmale das heilige

Meßopfer dargebracht hatte, die Messe celebrirte, und um Erhaltung der Gesundheit eifriger als je gebetet hatte, aber kein Anzeichen der Erhörung seines Gebetes, wie früher, bemerkte, so ging er voll Bestürzung aus seiner Hauskapelle seiner Krankenstube zu, und vor Ermüdung auf der Stiege etwas ausruhend, flehte er mit weinenden Augen, Gott wolle ihn doch wissen lassen, worin er ihn beleidiget habe. Und es vernimmt der fromme Bischof ganz deutlich dreimal diese Stimme: Dabitur tibi aliquid melius. Es wird dir etwas Besseres zu Theil werden. Von diesem Augenblicke an ward seine Seele voll Trost und mit Ergebung in den göttlichen Willen erfüllt; er bereitete sich auf sein nahes Ende vor, und verbrachte die wenigen Tage, die ihm noch gegönnt waren, in beständigem Gebete, in den Uebungen des Glaubens, der Hoffnung und Liebe, der Demuth und Zerknirschung und in der Sehnsucht nach Jesus, seinem Erlöser. Sein Tod war das Echo seines Lebens. Im Rufe der Heiligkeit entschlief er am 16. Mai 1666 sanft in dem Herrn, um von ihm zu empfangen, was ihm die himmlische Stimme versprochen: Dabitur tibi aliquid melius.

Er wurde in seiner Stiftskirche zum Neumünster in der von ihm restaurirten Gruft im mittleren Gange zunächst an der Treppe zur Erde bestattet. Der Grabstein, auf welchem sich eine Inschrift und die bischöflichen Insignien befanden, wurde bei der vor mehreren Jahren vorgenommenen Restauration der Gruft leider aus derselben entfernt, und zur Deckplatte des Ganges verwendet, welcher zwischen der neumünsterer Schule und Kirche in den ehemaligen Leichenhof führt!

30.

Stephanus Weinberger, Episcopus Domitiopolitanus [1]).

Stephan Weinberger bekleidete unter sechs Fürstbischöfen und über 35 Jahre lang das Amt eines Suffragans von Würzburg. Er war am 1. August 1624 zu Abensberg in Bayern geboren, studirte zu Ingolstadt und erwarb sich an der dortigen Universität die Würde eines Magisters der Philosophie und Licentiaten in der Theologie. Die Professoren der Universität stellten ihm im J. 1649 das Zeugniß aus:

„Illustravit hanc in litteris industriam constans in Deum Deiparamque pietas, egregia morum integritas atque modestia, summa Majorum reverentia, ac legum academicarum observantia, rarae denique virtutis forma."

Im J. 1649 zum Priester geweiht, trat Weinberger in das von Bartholomäus Holzhauser gegründete Institut der in Gemeinschaft lebenden Säcular-Cleriker, kam nach Tittmoning, wo dasselbe zuerst errichtet worden war, erhielt an der dortigen Collegiat- und Pfarrkirche zum heil. Laurentius ein Canonicat und wurde zugleich mit dem Seelsorge-Amte der Pfarrei betraut. Sechs Jahre lang wirkte er daselbst mit allem Eifer und segensvoll im Weinberge des Herrn.

Johann Philipp von Schönborn, Churfürst und Erzbischof von Mainz und Bischof von Würzburg, hatte die in Gemeinschaft lebenden Weltgeistlichen näher kennen gelernt, und sie wegen ihrer gleichförmigen Kleidung, ihres reinen, sittlichen Wandels und ihrer unermüdeten Thätigkeit in der pfarrlichen Seelsorge besonders liebgewonnen. Von dem

---

[1]) Gropp l. c. p. 683 et seq. Archiv d. bischöfl. Ordinariats. Libr. Ordination. de A°. 1667—1703.

Grundsatze geleitet, daß jene Priester, welche mit den pfarr=
amtlichen Verrichtungen gehörig vertraut seien, und in der
Ausübung der Seelsorge die nothwendigen Erfahrungen be=
säßen, vorzüglich geeignet und im Stande seien, die jungen
Geistlichen zu tüchtigen Predigern und guten Seelenhirten
heranzubilden, beschloß der Bischof Johann Philipp, die
Leitung des Clericalseminars zu Würzburg den Jesuiten ab=
zunehmen, und sie seinen Lieblingen, den Bartholomiten, zu
übertragen. Am 5. Januar 1654 kamen sonach in Begleitung
des damaligen Dombechantes zu Mainz, Freiherrn von Saal,
die drei Bartholomiten Ulrich Rieger, Andreas Burkardt
und Johann Weisenrieder zu Würzburg an und übernahmen
die Leitung des Seminars zum heil. Kilian. Unterm 12. De=
zember 1655 machte der Fürstbischof dieses in einem eigenen
Patente seinen Diözesanen bekannt, und forderte sie auf, ihre
Söhne, die sich dem Studiren widmen wollten, seinem von
den Bartholomiten geleiteten Seminare anzuvertrauen [1]).

Im Laufe des Jahres 1655 trafen noch mehrere Mit=
glieder des Holzhauser'schen Institutes im Bisthume Würz=
burg ein, und unter diesen befand sich Stephan Weinberger,
dem am 17. März des genannten Jahres die ansehnliche
Pfarrei zu Grafenrheinfeld verliehen wurde. Er blieb aber
nicht lange daselbst; denn schon im Anfange des Jahres 1656
wurde er zum Regens des Clericalseminars und zum geist=
lichen Rathe ernannt. Im J. 1659 erlangte er ein Canoni=
cat im Stifte Neumünster, trat im J. 1670 in die Reihe
der Capitulare dieses Stiftes ein, und wurde am 31. August
1688 zum Dechante desselben erwählt. Eilf Jahre hatte er

[1]) Näheres über das Institut der Bartholomiten und den Bestand
desselben in der Diözese Würzburg s. Reininger „Münnerstadt und
seine nächste Umgebung" S. 281 u. ff.

dem geistlichen Seminare als Regens vorgestanden, als er in
Ansehung seiner tiefen Gelehrsamkeit, seines frommen und
priesterlichen Lebens und seiner bewährten Verdienste um die
Bildung des jungen Clerus von dem Churfürsten und Bischofe
Johann Philipp zur Würde seines Suffragans und Generalvicars in spiritualibus im J. 1667 erhoben wurde, und
am 2. October desselben Jahres auch von ihm zu Mainz
die bischöfliche Consecration erhielt.

Die hohe Würde, zu welcher er emporgestiegen, machte
ihn nicht stolz und eitel; er blieb der bescheidene, demüthige
Bartholomit, und war unablässig bestrebt, allen Anforderungen, welche sein neu übernommenes Amt an ihn machte,
gewissenhaft zu entsprechen. Weinberger war die Demuth
und Herablassung selbst, ein Feind des Hochmuthes und der
Eitelkeit. Als ihn schon in seinem vorgerückten Alter einer
seiner Freunde bereden wollte, sich Kleidungen von Seiden-
stoff anzuschaffen, gab er ihm lächelnd zur Antwort: „Num
me in senilibus meis diebus modo superbire facietis?
Creator Adamum pellibus et ovium lana vestivit. Morem
reservabimus antiquum, dum pauperes multis annis
longe graviores centones portare videmus." Niemanden
verweigerte er den Zutritt zu ihm; mußte er vermöge seines
Amtes mit Personen des anderen Geschlechtes sprechen, so
geschah dieses öffentlich oder in der Nähe eines Dritten. Sein
bescheidenes Wesen sprach sich auch in der geringen Beschaffenheit seines Hauses und seiner Wohnung aus, an deren Thüre
mit großen Buchstaben die Worte standen: „In Parvis Quies."

Er führte ein strenges Leben der Abtödtung, des Fastens
und Gebetes; täglich feierte er das heil. Meßopfer und wohnte
dem Breviergebete im Chore bei; an den Sonn- und Feiertagen hörte er in der Domkirche die Predigt an; nebst den
täglichen Meditationen erforschte er dreimal des Tages sein

Gewissen und wallfahrtete aus inniger Verehrung Mariens
öfters nach Dettelbach und Höchberg. Vor dem Schlafen=
gehen verrichtete der fromme Bischof vor dem Crucifixbilde
mit ausgespannten Armen oder mit niedergebeugtem Ange=
sichte sein Abendgebet. Seine Ruhestätte nahm er zu gewissen
Zeiten auf hartem Holze. Er wachte über Reinheit der Sitten,
und gestattete den Seinigen nicht, ein Wort zu reden, wo=
durch irgendwie Aergerniß gegeben werden könnte. Die Tugend
der Reinheit legte er in einer Schrift, welche er auf seine
Kosten drucken ließ, den Geistlichen mit einbringender Rede
an das Herz, und pflegte die neugeweihten Priester väterlich
und mit Thränen im Auge zu ermahnen, daß sie sich vor
Unlauterkeit hüten sollten.

Er war ein Vater der Armen, ließ keinen Bedrängten
unbeschenkt von sich gehen, keinen Armen von seiner Thüre
abweisen. Als dieses jedoch einmal zur Winterszeit von sei=
nem Gesinde geschah, und er es bemerkte, schickte er sogleich
seine Diener aus, den Armen aufzusuchen und zurückzubringen,
und erquickte ihn sodann an seinem Tische. Die Hausarmen,
dürftige Wittwen und Waisen, die Mendicanten=Religiosen
und arme studirende Jünglinge erfreuten sich seiner Freigebig=
keit. In seinem Testamente bestimmte er 300 Gulden für
die Armen und 65 Malter Korn, aus welchem Brode ge=
backen werden sollten, um sie unter dieselben auszutheilen.

Zeugniß von seinem tief religiösen Sinne gibt uns sein
Testament, welches also beginnt:

In Nomine sanctae et individuae Trinitatis, Patris
et Filii et Spiritus sancti. Amen. Ego Stephanus &c.
animam meam ad imaginem et similitudinem Dei crea=
tam, pretioso sanguine Christi redemptam, et a Spiritu
sancto in baptismate sanctificatam, eidem sanctae et
individuae Trinitati restituo et commendo, humillime ·

rogans, ut in ultimo agone, a quo pendet aeterna beatitudo, eam potenti sua manu contra malignos spiritus, eorumque insultus paterne defendere, egressam ex corporeo suo ergastulo et carcere, ex infinita sua misericordia et bonitate, propter infinita merita Jesu Christi filii sui unigeniti, redemptoris mei suscipere et ad aeternam sui visionem admittere dignetur, Amen.

Flexis nunc genibus profiteor fidem catholicam, quam tenet et profitetur sancta romana apostolica ecclesia, et in ea, extra quam nemo salvus fieri potest, vivere et mori volo, rejiciens nunc et pro semper omne, quod huic sanctae fidei contrarium est et adversatur.

Pro beneficiis creationis, redemptionis, vocationis ad fidem catholicam et venerabile institutum Clericorum secularium in commune viventium; item conservationis vitae in tot annos, humillimas ago gratias, omnes creaturas tam in coelo, quam in terra invitans, ut pro his omnibus et tantis beneficiis Deum meum una mecum laudent, glorificent et exaltent: *quoniam bonus, quoniam in saeculum misericordia ejus.* Psal. 105. v. 1.

De omnibus peccatis meis doleo medullitus, quod tantam Majestatem et Bonitatem offenderim ego terrae vermis et nihilum. Per infinitam misericordiam Dei et vulnera Jesu Christi veniam rogo et spero: *non enim vult Deus mortem peccatoris, sed ut convertatur et vivat.* Ezech. c. 33 v. 11.

In sanctissimam voluntatem Dei quoad vitam et mortem me resigno, sive enim vivimus, sive morimur, Domino vivimus et morimur. Omnibus ignosco: *dimittite et dimittetur vobis.* Marc. 11. v. 25.

O sanctissima Mater Dei et Virgo Maria! monstra te esse matrem. Sancte angele Dei, custos mei! Sancti

mei patroni, coelites omnes, qui jam cum Deo regna-
tis in coelo, orate pro me, ut post hanc miseram vitam
vobiscum sim in coelis, et laudem Deum meum in
aeternum, Amen.

Zum Haupterben seiner Hinterlassenschaft ernannte er
das unter der Leitung der Bartholomiten stehende Seminar
zum heil. Franz von Sales zu Dillingen mit der Bestimmung,
daß von den Zinsen des aus seinem Nachlasse zu bildenden
Fondes so viele studirende Jünglinge in dem genannten
Seminare verpflegt werden sollten, als wie weit die Summe
der jährlichen Zinsen reiche. Den ersten Anspruch zum Genusse dieses Stipendiums hatten nach dem Willen des Stifters
Studirende aus Franken, und in Ermanglung dieser
auch andere. „Studiosi suscipiendi sint *Francones*, ad
minimum Logici, juvenes bonae indolis morum ingenii
et bonae spei, deficientibus his suscipiantur alii aeque
boni et digni [1]).

Vielen hat er während seines fünfundbreißigjährigen
Suffragancats die heiligen Weihen und das Sakrament der
h. Firmung ertheilt. Vier Bischöfe von Würzburg wurden von
ihm consecrirt. Im J. 1675 am 6. Januar weihte er
Johann Hartmann von Rosenbach, der im J. 1673
zum Fürstbischof erwählt worden war, zum Bischofe; in demselben Jahre am Pfingstfeste den 2. Juni erhielt von ihm
zu Bamberg der Bischof von Bamberg und Würzburg, Peter
Philipp von Dernbach, die bischöfliche Weihe. Johann
Gottfried von Guttenberg wurde von ihm am 22. Dezember 1686 zum Priester geweiht und am 29. desselben

---

[1]) Im J. 1717 war Joh. Phil. Deckher aus Grünsfeld im Genusse
dieses Stipendiums. Die weiteren Schicksale dieser milden Stiftung sind
mir unbekannt.

Monats und Jahres zum Bischofe consecrirt. Am Sonntage den 5. Juli 1699 ertheilte·er unter Assistenz der Aebte von St. Stephan zu Würzburg und Münster=Schwarzach dem neuerwählten Fürstbischof, Johann Philipp von Greifen= klau, die bischöfliche Weihe.

Bei der feierlichen Consecration des Erzbischofs Hartard Damian von Mainz, welche der Bischof von Würzburg, Peter Philipp von Dernbach, am 8. September 1676 vor= genommen, fungirte Weinberger als Assistent. Dieselbe Funktion verrichtete er, als am 1. Mai 1680 der Erzbischof von Mainz, Anselm Franz Friedrich von Ingelheim, die bischöfliche Weihe erhielt. Den erwählten Bischof von Bam= berg, Marquard Sebastian von Stauffenberg, ordinirte er am 1. November 1686 zum Diakon, am weißen Sonntag den 6. April 1687 zum Priester und leistete Assistenz, als derselbe an dem letztgenannten Tage von dem Fürstbischofe von Würzburg, Johann Gottfried, zum Bischof consecrirt wurde. Am 5. September 1688 assistirte er gleichfalls bei der feierlichen Consecration des Bischofs von Worms, Johann Carl von Frankenstein.

Sechszehn Prälaten wurden von ihm benedicirt; am 19. November 1667 der Abt Eucharius Weiner zu St. Stephan in Würzburg; am 28. September 1670 Franz Wundert von Brombach; am 21. August 1672 Christoph Helm, Propst zu Triefenstein; am 30. April 1673 Placidus Büchs, Abt von Münsterschwarzach; am 18. Juni 1673 Georg Bauer, Propst zu Heidenfeld; am 6. October 1675 Robert Metzel aus Vollach, Abt zu Bildhausen; am 21. Juni 1678 Placidus von Drost, Abt zu Fulda; am 21. August desselben Jahres Anton Reuter zu Theres; am 10. August 1689 Laurentius Hetzer zu Oberzell und Ambrosius Cook im Schottenkloster zu Würzburg; am 2. Juli 1690 Friedrich Agrikola zu Bild=

hausen; am 5. August 1691 Augustin Böth von Münster-
Schwarzach; am 4. Januar 1692 Godefridus Hamerich, Abt
zu Oberzell; am 7. Juni 1693 Albertus Koch, Propst zu
Heidenfeld; am 3. October 1694 Valentin Bencard zu Triefen-
stein und am 25. November 1696 P. Candidus, Abt von
Ebrach.

Am 16. Juli 1763 benedicirte er die Aebtissin Johanna
Dielym zu Himmelspforten und am 18. Juni 1679 die
Aebtissin Maria Franziska Leisin zu St. Afra in Würzburg.
Er hattte 213 Generalordinationen, welche an bestimmten
Tagen des Jahres vorgenommen wurden, 8840 außergewöhn-
liche Ordinationen abzuhalten, und 304,848 Personen die
heilige Firmung gespendet.

Die Kirchen und Kapellen, welche von ihm eingeweiht
wurden, sind folgende:

Im J. 1667: am 16. Oktober die Kirche der PP.
Capuciner in Ochsenfurt; am 27. Juli 1669 die Kirche in
Mönchsberg; 1670 am 12. October die Franziskanerkirche
zu Altstadt bei Hammelburg; im J. 1671: am 23. August
die Kirche zu Mernes in der Erzbiözese Mainz; am 25. Aug.
die Kapelle sancti Valentini bei Lohr; am 6. September
die Kirche in Dornberg. Im J. 1672: am 24. Juli die
Kirche zu Herbolzheim bei Neibenau; am 16. August die
Kirche zu Dürrbach; am 11. September die Filialkirche zu
Nimbach; am 18. September die Filialkirche zu Ottendorf;
im J. 1673: den 25. Juli die Kirche zu Simmringen; am
29. April 1674 die Kapelle in dem Dieterichs=Spital zu
Würzburg; am 5. August die Kapuzinerkirche mit 2 Altären
zu Karlstadt; am 9. October 1675 die Kirche zu Heustreu,
deren Mauern neuerbaut und erweitert worden waren; im
J. 1678: den 22. Juni die Kirche der Klosterfrauen ordin.
s. Benedicti in der Stadt Fulda; am 26. Juni die Franzis-

kanerkirche auf dem Vollersberge; im J. 1679: die Kirche ad s. Afram zu Würzburg und am 27. August die Kirche mit 3 Altären zu Wiesenfeld.

Im J. 1680: am 11. September die Kirche mit 2 Altären und 2 Glocken zu Sulzthal; am 31. August die Kirche zu Aschfeld; am 1. September die Kapelle zu Harbach.

Im J. 1682: am 26. April die Kirche mit 3 Altären auf dem Finbelberge bei Saal; am 2. Mai die Kirche in Leinach; am 3. Mai die Augustinerkirche mit 4 Altären zu Münnerstadt; am 3. September die Pfarrkirche und 3 Altäre in Osterburkheim; am 26. October die Kirche zum heil. Sebastian außerhalb Bamberg und am 1. November die Franziskanerkirche mit 5 Altären zu Kronach.

Im J. 1683: am 17. August die Kirche und 3 Altäre in Gebsattel; am 18. August die Schloßkapelle daselbst und 2 Altäre; am 19. die Schloßkapelle zu Schillingsfürst; am 20. die Kirche der PP. Franziskaner allda mit 3. Altären; am 21. die Kirche zu Bellertshausen nächst Schillingsfürst; am 25. die Kirche auf dem Berge bei Comburg, und am 29. desselben Monats die Kapelle zu Lauda.

Im J. 1684: am 10. September die Kirche zu Unterwitt= bach; am 13. Mai 1685 die Kirche zu Waldzell, Filial von Steinfeld, und am 12. August desselben Jahres die Kirche B. M. Virg. de Carmelo mit 4 Altären zu Zellingen.

Im J. 1688: den 29. September die Kirche zu Düll= stadt; am 23. September 1691 die Augustinerkirche mit 3 Altären zu Würzburg.

Im J. 1692: den 29. Juni die Kirche zu Binsfeld; den 3. Juli die Kirche zu Premich; am 6. Juli die Kirche mit 4 Altären auf dem heil. Kreuzberge bei Bischofsheim; am 11. die Kirche und 3 Altäre in Stockheim; am 13. Juli die Kreuzkapelle außerhalb Mellerichstadt; am 28. September die Kapelle im Bronnbacherhofe zu Würzburg, und am 17. October die Kapelle bei den Carthäusern dahier.

Im J. 1693: die Kirche mit 3 Altären zu Altenbanz; am 8. Juli die Pfarrkirche und 3 Altäre zu Bergrheinfeld; am 9. Juni die Kirche und 3 Altäre zu Linbach nächst Heidenfeld.

Im J. 1494: am 27. September die Filialkirche zu Zell bei der Pfarrei Holzkirchen; am 2. October die Kirche in Triefenstein mit 4 Altären; am 17. Juli 1695 die Kirche zu Veitshöchheim und 3 Altäre; am 4. September die Kirche zu Garstadt, Filial von Hergolshausen; am 8. September die Kirche zu Vasbühl, einem Filiale von Schleerieth; am 25. Juli 1696 die Pfarrkirche zu Wülflingen mit 3 Altären; am 8. September 1697 die Pfarrkirche in Freudenberg und 3 Altäre; am 8. September 1698 die Kirche in Heßlar mit 3 Altären.

Im J. 1699: die Filialkirche zu Oerlenbach; am 4. Mai 1700 die Kirche in Gaibach nebst 3 Altären; am 9. Mai die Franziskanerkirche in Moßbach und 3 Altäre; am 16. Mai die Kirche in Höchberg mit 3 Altären; am 29. Mai 1701 die Kirche mit 3 Altären zu Buchen, und am 5. Juni die Kirche zu Karlburg mit 2 Altären.

Nebstdem weihte er noch eine große Anzahl von Altären, Glocken und 25 Leichenhöfe ein.

Am 30. Mai 1703 wurde der fromme, in seinem heiligen Amte unermüdete Weihbischof Weinberger vom Schlage gerührt, und entschlief im 79. Jahre seines Lebens am 13. Juni des genannten Jahres gottergeben in dem Herrn.

Die Bestattung der Leiche zur Erde und die Abhaltung der Exequien für den verewigten Weihbischof wurden am

16. Juni in der Stiftskirche zum Neumünster vorgenommen. Als Officiator fungirte der Abt Gerard zu St. Stephan und die Leichenrede hielt der Professor der Theologie, Jesuit Philipp Gersenius. Dieselbe erschien unter dem Titel:

Phoenix redivivus — oder Ewig= und unsterbliches Leben des in seinem eigenen Nest noch brennenden, doch niemahl gantz sterbenden Sonnen=Vogels, erneuert bei einem unverhofften tödtlichen Hinfall Weyland deß Hochw. Herrn Herrn Stephani v. Gottes u. d. h. Apost. Stuhls Gnaden Bischoffen zu Domitiopel ... in der Stifts=Kirch Neu=Münster, vorgetragen. 1703. den 16. Juni. Würtzburg b. Joh. Michael Kleyern, Univers.= Buchdruckern. Fol. [1]).

Das Epitaphium, welches der Trauerrede beigegeben, verkündet die Tugenden und das gottselige Leben des verklär= ten Bischofs, indem es zu uns spricht:

Umbram

Quaeris Viator?

Illam tibi, detracta nobis Luce, Mors
sub Palma fecit.

Accede, Fruere;

Cave tamen, ne tumulum teras.

Nidus est, quem vides, latet Phoenix
in cinere

Plenus dierum.

Amoris depastus incendio, sumptuoso
funere sibimet parentavit;

Inter gemmas et aromata abiens in
pretiosam mortem;

Ut redeat in gloriosam vitam.

---

[1]) Ruland, Dr., Series et vitae professorum ss. Theol. p. 96.

Felix iter!

Hebes es, si suavitatem non odoraris

Tota *Franconia* dicam, an *Phoenicia*
diffusam?

Necdum evaporavit insigne Bustum.

Moveo fumum ab oculis, caligi-
nem a verbis.

Stephanus

Sub lapide quiescit, *coronatus* Im-
mortalitate.

Vis scire, cui vitae sit mortuus?

Epitomen habe.

Episcopus

fuit.

Satis est. Dixi omnia.

Nosti, cui vertici Mitra, cui manui
Pedum detur?

Scilicet

Sancta Sanctis.

Annis triginta sex, quibus sacrum
Praesulatum tenuit,

Suffraganeus

Quantum putas se extulit?

Tantum, ut ipsas Virtutes superarit,
Quas sibi famulari fecit

Sacerdos Magnus.

Taceo caetera satellitia Dignitatum; ne
mortuo ruborem incutiam,

Cui vivo, honores audire suos, mo-
destiae vulnus erat.

Referre Sanctitatis ejus insignia Volu-
men excederet, necdum Lapidem.

XVII

Interroga de iis quemcunque obvium:
latent neminem.
Publicum erat Pietatis Spectaculum:
Religionis illustre Ornamentum.
Habuit in eo Franconia Patrem,
quem veneraretur:
Solatium, quód ex Sanctitate caperet:
Gloriam, quam ex intaminato Se-
nio traheret.
Tantum thesaurum pretiosa Mors
rapuit,
Non eripuit;
Dum illius Exemplum reliquit Clero,
Desiderium Urbi,
Memoriam Patriae, Animam coelo.

31.

Joannes Bernardus Mayer, Episcopus Chrysopolitanus[1].

Wir haben bisher öfters Gelegenheit und die Freude
gehabt, Weihbischöfe unserer Diözese kennen zu lernen,
welche, reich an Wissenschaften und Tugenden, allgemeine
Achtung und Verehrung genossen. An diese Reihe ausge=
zeichneter und edler Männer schließt sich Johannes Bernard
Mayer, Suffragan von Würzburg, in würdiger Weise an.

Derselbe wurde zu Lauba, einem freundlichen Städtchen
án der Tauber, am 4. November 1669 geboren. Seine
Studien begann und vollendete er zu Würzburg. Bei seinen

---

[1] Gropp, l. c. p. 757 und T. IV. S. 630 n. ff. — Baum Dr.,
Casp. Arnold, Leichenrede auf den Weihbischof Mayer. — Ordinations=
Matrikel v. J. 1705—1747.

ausgezeichneten Geistesanlagen und seinem unverdrossenen
Fleiße machte er in denselben die glänzendsten Fortschritte,
besonders in den philosophischen und juridischen Wissenschaften.
Im J. 1692 vertheidigte er öffentlich, unter dem Vorsitze
des Professors und Regens des Seminars zum heil. Kilian,
Dr. Phil. Braun, pro laurea doctorali mehrere juridische
Thesen de jure Asyli mit größtem Beifalle, und ging im
J. 1694, um den Schatz seiner Kenntnisse zu vermehren,
nach Holland, Frankreich, Italien und Rom. Hier in der
Weltstadt, der Schule der Weisheit, Künste und Wissen=
schaften, fand er reichlich Gelegenheit, nicht nur in allen
Zweigen des Wissens sich weiter auszubilden, sondern auch
durch den Umgang mit gelehrten, frommen und weisen Männern
für Geist und Herz jene Richtung zu gewinnen, in welcher
er in dem Berufe, den er sich gewählt, sicher und glücklich
das Ziel seiner Wünsche erreichen konnte.

Er war entschlossen, in den geistlichen Stand zu treten,
und seine Dienste der Kirche Gottes zu widmen. Er begab
sich daher in das Collegium der Propaganda, um in diesem
Missionshause den Geist zu seinem hohen Berufe mehr zu
stärken und sich zum Empfang der heiligen Weihen vorzu=
bereiten. Am 9. Mai 1694 empfing er die Minores, am
5. Juni das Subdiakonat, am 18. September das Diakonat
und am 18. Dezember desselben Jahres wurde er in der
Kirche zu St. Johannes im Lateran auf den Titel seines
eigenen Vermögens zum Priester geweiht. Am Weihnachts=
feste, bem 25. Dezember 1694, brachte er in der Crypte der
St. Peterskirche, nahe an der Grabstätte der Apostelfürsten
Petrus und Paulus, sein erstes heiliges Meßopfer Gott dem
Allerhöchsten dar.

Zur Priesterwürde erhoben lebte er nun ein wahrhaft
priesterliches Leben. Täglich trat er an den Altar, das Heiligste

zu feiern, und vollbrachte den Tag im Studiren, im Gebete und in Betrachtungen. Seine Seele glühte vom apostolischen Eifer, den Heiden in fernen Landen die Segnungen des Christenthums zu bringen. Mit einem jungen Cleriker, der sich gleichfalls in dem Collegium befand, und sich dem Missions= geschäfte geweiht hatte, stand er in dem vertrautesten Ver= hältnisse, und erhielt, als er sich schon von Rom entfernt hatte und nach Würzburg zurückgekehrt war, im J. 1702 von seinem Freunde aus dem fernen Reiche China ein Schreiben, worin Mayer eingeladen wurde, sich als Missionär nach China zu begeben.

Fürstbischof Johann Gottfried von Guttenberg, der von dem wissenschaftlichen Streben und dem frommen sittlichen Wandel dieses jungen Priesters in Rom unterrichtet worden, und im Begriffe stand, seinen Neffen, Christian Ernst von Guttenberg, Canonikus = Domizellar zu Bamberg und Würz= burg, zu seiner weiteren Ausbildung nach Rom zu schicken, ernannte Mayer zum Hofmeister desselben.

Im J. 1696 verließ Bernard mit seinem Zöglinge Rom und kam nach Würzburg zurück. Beide fanden bei dem Fürstbischofe die freundlichste Aufnahme, und Mayer, den Johann Gottfried in seiner Nähe haben wollte, wurde an den fürstbischöflichen Hof berufen, und erhielt den ehrenden Auf= trag, die römischen Correspondenzen und Geschäfte mitbesorgen zu helfen. Am 1. October 1697 wurde er von dem Fürst= bischofe in einer wichtigen Sache mit einer Gesandtschaft nach Rom betraut, und während er bemüht war, das ihm über= tragene Geschäft zu Rom in Erledigung zu bringen, ver= nahm er die Trauerkunde von dem am 14. Dezember 1698 erfolgten Ableben seines hohen Gönners, des Bischofs Johann Gottfried, und kehrte alsbald nach Franken zurück.

Der neuerwählte Fürstbischof, Johann Philipp von
Greiffenklau, welcher unsern Mayer am 26. März 1699
zur Beschleunigung der Bestätigung seiner Wahl an den
päpstlichen Nuntius zu Cöln gesendet hatte, wußte seine
Verdienste zu schätzen und ernannte ihn zu seinem Hofkaplan
und Ceremoniar, und noch in demselben Jahre zum
geistlichen Rathe. Am 10. Mai 1700 wurde er zum Doktor
beider Rechte promovirt und im nemlichen Jahre als Pro=
fessor des canonischen Rechts an der Universität angestellt.
Mit der Professur überkam er das mit derselben verbundene
Canonikat am Collegiatstifte zu Haug. Rasch war Mayer
fast im Laufe eines Jahres mit drei ansehnlichen Stellen be=
gnadet worden, und schon nach wenigen Jahren wurde der=
selbe nach dem Tode des Stephan Weinberger zur weih=
bischöflichen Würde erhoben.

Sein Ernennungsdekret zum Suffragan wurde von dem
Fürstbischofe Johann Philipp unterm 23. Juli 1704 nach
Rom befördert, und in dem am 15. Dezember in die octava
conceptionis B. M. Virg. abgehaltenen Consistorium ward
er vom Papste Clemens XI. zum Bischofe von Chrysopolis
in der Kirchenprovinz von Arabien unter der Metropolis von
Bostra ') präconisirt. Die Bestätigungsbulle ist batirt Rom
apud s. Petrum A⁰ incarnationis dominicae 1705 septimo Cal. Februarii (26. Januar). Durch dieselbe wird
er zur Ausübung der Pontifical = Handlungen in der Kirche
und Diözese Würzburg ermächtigt, die Beibehaltung seines
Canonicats im Stifte Haug ihm gestattet, und nebstdem eine
Besoldung von 300 Dukaten aus der fürstbischöflichen Kammer
angewiesen. Eine zweite Bulle des Papstes vom 31. Januar
1705 enthält die gewöhnliche Asolution von allen kirchlichen

') Wittich, l. c. I. Bd. 196, und II. Bd. 320.

Censuren und ertheilt dem Erwählten die Facultät, sich nach
eigener Wahl von einem Bischofe unter der Assistenz zweier
Aebte zum Bischofe weihen zu lassen.

Die feierliche Consecration wurde auf den ersten Sonntag in der Fasten, den 1. März 1705, bestimmt und von
dem Fürstbischofe Johann Philipp von Greiffenklau vorgenommen. Die beiden Aebte Hyacinthus von St. Stephan
dahier und Godefridus von Oberzell assistirten bei der heiligen
Handlung.

In seinem bischöflichen Wappen führte er drei Maien-
blümchen, tria lilia convallium ').

Mit dem Amte eines Suffragans wurde ihm zugleich
von dem Fürstbischofe das Präsidium der geistlichen Regierung
übertragen und im J. 1707 ward er wegen seiner großen
Verdienste zum geheimen Rathe ernannt.

Johannes Bernard bewies in seinem wichtigen und
ausgedehnten Wirkungskreise eine bewunderungswürdige Thätigkeit und bewährte in der Leitung der Verwaltung der Diözese das rastlose Streben, die Wohlfahrt und Gerechtsame
des Bisthums zu wahren, die Disciplin des Clerus zu handhaben und die Religiösität der Diözesanen zu fördern. Er
war stets wachsam, unerschrocken, klug, bescheiden, emsig,
gerecht, ernst, strenge, liebevoll, und erwarb sich während
der 43jährigen Verwaltung seines hohen Amtes den Ruhm
eines frommen, seeleneifrigen und demüthigen Bischofs ²).

---

¹) Illa anima in lilii dignitate comparatur, quae a mortalitatis
radice ad coelestem pulchritudinem assurgit, et munditiae cando-
rem corde et corpore custodit, et proximos quosque odore bonae
opinionis reficit. S. Greg. in Cant. 2.

²) Nulla splendidior gemma in omni praecipue ornatu summi
Pontificis, quam humilitas; haec nempe si amittitur, illa virtutum
aggregatio non nisi ruina est. S. Bern. L. 2 de consider.

Wir sehen ihn das Jahr hindurch in allen Stifts=,
Abtei=, Kloster= und Pfarrkirchen hiesiger Stadt bald als
Prediger auf der Kanzel, dem Volke das Wort Gottes zu
verkünden, bald im Pontificalschmucke am Altare, um das
Hochamt zu feiern und die öffentlichen Prozessionen abzu=
halten. In der ganzen weitschichtigen Diözese ist fast keine
Kirche oder Pfarrei, kein Kloster und keine Abtei, kein
Spital und keine Schule anzutreffen, die er nicht besucht
und begrüßt, die er nicht genau visitirt, wo er nicht die
Mängel und Gebrechen, die er gefunden, gerügt und ver=
bessert, wo er nicht unterrichtet und ermahnt und bischöfliche
Verrichtungen vorgenommen hat. Besonders war sein Augen=
merk auf die Visitation der Pfarreien und Pfarrkirchen ge=
richtet, bei welcher er das vorgeschriebene strenge Scrutinium
über Pfarrer und Capläne gewissenhaft und ohne alle Nach=
und Rücksicht abhielt. Jährlich nahm er diese Visitationen
vor; niemals setzte er sie aus; selbst noch in seinem hohen
Alter, kaum ein Monat vor seinem Tode, unternahm er im
August 1747 eine Visitationsreise durch Schwaben bis an
den Neckarstrom in die entlegensten Landkapitel Bühlerthan
und Neckarsulm, um die fernen Schäflein zu weiden, sie mit
dem Sakramente der h. Firmung zu stärken und ihre Kirchen
und Altäre zu weihen.

Schon auf seiner Rückreise fühlte er die Abnahme seiner
Körperkräfte und die Anzeigen seiner nahen Auflösung. Er
bereitete sich nach der Anweisung des heiligen Hilarius auf
seinen Tod vor; empfing in Andacht und Zerknirschung des
Geistes die heiligen Sakramente und rief aus der Tiefe der
Seele mit dem heiligen Bernardus: Desidero te millies, mi
Jesu, quando venies? Am 7. September 1747, am Vor=
abende der Geburt Mariens, seiner von ihm in zartester Andacht
stets verehrten Schutzmutter, beschloß der gottselige Bischof

im 78. Jahre seines Alters seine irdischen Tage, und wurde
am 11. September unter Begleitung des gesammten Clerus
der Stadt und dem großen Zudrange des Volkes in seiner
Stiftskirche zu Haug unter der Kuppel, nahe beim Eingange
in den Chor, zur Erde bestattet.

Er bekleidete fast 43 Jahre lang die weihbischöfliche
Würde und war der älteste unter den gesalbten Bischöfen
Deutschlands. Sowie er im Leben ein Vater der Bedrängten
und Armen gewesen, so wollte er es auch noch nach seinem
Tode sein; er setzte in seinem Testamente seine Vaterstadt
Lauda zum Haupterben ein, um aus seinem Nachlasse ein
Spital daselbst zu errichten, und von den Früchten seiner
Ersparnisse zu ewigen Zeiten die Armen zu pflegen.

Ich kann nicht umhin, die schedula mortualis hier
beizusetzen, welche uns in wenigen Zügen ein treues Bild
seines Lebens, seines Wirkens und seiner Tugenden gibt:

Anno Domini supra millesimum septingentesimum
quadragesimo septimo pridie festum Beatae Virginis
Natae, ad horam post vesperas nonam, Sacramentis
moribundorum rite praemunitus, summa in voluntatem
divinam animi cum resignatione denatus fuit

Reverendissimus et Perillustris Dominus

D. Joannes Bernardus Mayer,

Laudanus, Dei et apostolicae sedis gratia Episcopus
Chrysopolitanus, Celsissimi et Reverendissimi S. R. I.
Principis, ac Domini D. *Anselmi Francisci* Episcopi
Herbipolensis &c. Suffraganeus, Consiliarius intimus,
et Consilii ecclesiastici Praeses, insignis Collegiatae
Ecclesiae ad utrumque s. Joannem in Haugis Canoni-
cus Capitularis &c. annorum 77. mensium 10. cum tri-
duo. Quem Roma omnis scientiarum et virtutum genere

excultum anno 1694 die 18. Decembris creavit Presbyterum, Patria Herbipolis venerata fuit 1700. Consiliarium ecclesiasticum, ac juris utriusque Doctoratus Laurea dotatum, sacrorum canonum Professorem publicum inter insignis Ecclesiae Collegiatae in Haugis Canonicos retulit; denique anno 1705 die prima Martii Episcopatus, et 1707 Consiliariatus intimi honore insignivit. Singularis illius cum morum innocentia vitae integritas, humilitas in agendo, in conversando prudentia, sobrietas in domesticis, in publicis composita ad omnes reverentiae leges humanitas, in Deum religio, decoris domus dominicae dilectio, in proximum charitas, beneficientia in pauperes, quam post mortem etiam praedicabit Hospitalis Laudani dives fundatio, indefessus Episcopalibus in functionibus labor et industria, ordinatis 1735 Tonsuristis, 1689 Minoristis, 2204 Subdiaconis, 2213 Diaconis, 2297 Presbyteris, consecratis 3 Episcopis, Abbatibus 19 et Abbatissis 4 benedictis, dedicatis Ecclesiis 143, Altaribus fixis 686, Portatilibus 444, Coemeteriis 22, Campanis 509, confirmatis inexplicabili cum patientia personis 341220. Haec inquam virtutum et meritorum copia spem nobis facit indubiam visionis ipsius in coelis beatificae, tot laborum pro Deo, et proximo exantlatorum coronae: praesertim cum muneri suo, deficientibus etiam viribus minime deficiens, confecto nuper ad Suevos et ad Nicarum itinere difficillimo, consummato insuper Celsissimi nostri consecrationis actu auspicatissimo, ceu felicissimo laborum suorum complemento, nonnisi intensissima inter amoris divini suspiria Creatori suo unitus, cum summa adstantium aedificatione, sibi semper constans, placidissime in Domino obdormierit. Verum cum judicia Dei abyssus multa,

fidelium precibus ac suffragiis illius animam enixe com-
mendamus.

Während seines Pontifikates nahm er folgende Weihe=
Acte vor:

Am 8. April 1725 ertheilte er dem Fürstbischofe Christoph
Franz von Hutten unter Assistenz des Abtes Januarius von
Schwarzach und des Propstes Sigismund von Klosterheiden=
felb die bischöfliche Weihe.

Am 9. Juni 1726 consecrirte derselbe den Bischof von
Anemora in partibus infidelium und Suffragan von Erfurt
Christoph Ignaz v. Gudenus, und am 27. August 1747,
wenige Tage vor seinem Tode, nahm er die Weihe des neu=
erwählten Fürstbischofs von Würzburg, des Grafen Anselm
Franz von Ingelheim, vor. Die Weihbischöfe Christoph von
Mainz und Franz Joseph von Bamberg assistirten ihm bei
dem feierlichen Acte.

Als am 30. October 1729 der Fürstbischof von Bam=
berg und Würzburg, Friedrich Carl von Schönborn, seinem
Bruder Franz Georg, Churfürsten und Erzbischofe von
Trier, in dem Dome zu Bamberg die bischöfliche Consecra=
tion ertheilte, fungirte Bernard Mayer als Assistent. Ferner
assistirte er und der Weihbischof von Erfurt Jacob Sennft
bei der feierlichen Consecration des Fürstbischofs von Würz=
burg Johann Philipp Franz von Schönborn, welche am
10. November 1720 durch seinen Onkel, den Churfürsten
und Erzbischof von Mainz Lothar Franz, in der Cathe=
drale zu Würzburg vorgenommen wurde. Dieselbe Function
eines Assistenten bekleidete er und der Suffragan zu Speyer
Peter Cornelius v. Beyweg, als am 9. September 1714
der Bischof von Speyer Heinrich Hartard v. Röllingen durch
die Hand des Suffragans von Mainz, Edmund Gedult
v. Jungenfeld, die bischöfliche Weihe erhielt

Am 29. Juni 1707 benedicirte er den Propst zu Triefen=
stein, Petrus Bertsch; am 29. September 1710 infulirte
er den Abt Sigismund von Oberzell; am 25. Juli 1713
den Abt Augustin vom Schottenkloster zu Würzburg; am
29. September 1713 den Abt Albericus zu St. Stephan
dahier; am 5. Juni 1715 den Abt Georg Fuchs zu Theres;
am 11. Juli 1717 den Abt Januarius zu Schwarzach
und den Abt Maurus im Schottenkloster; am 11. Juli
1719 den Propst Sigismund zu Heidenfeld; am 28. Juli
1720 den Abt Benedict von Banz; am 6. Juni 1728
den Abt Martin zu Langheim; am 6. (?) October 1729
den Abt Kilian Kneuer zu Neustadt a. M.; am 11. März
den Abt Gregor von Banz; am 8. September 1733 den
Abt Placibus Reich von Neustadt a. M.; am 8. August
1734 den Abt Stephanus von Langheim; am 21. Nov.
1738 den Abt Georg zu Oberzell; am 25. Juli 1739
den Schotten=Abt Augustinus; am 1. Mai 1742 den
Propst Jacobus zu Triefenstein; am 19. Juni 1742 den
Abt Christoph Balbus zu Schwarzach, und Hierony=
mus Held, welcher im J. 1741 zum Abte von Ebrach
erwählt wurde.

Vier Aebtissinnen wurden von ihm benedicirt; drei von
dem Kloster St. Afra in Würzburg, als: 1714 Maria
Lioba: 1717 am 29. September Maria Febronia;
1729 den 29. September Maria Victoria; und im J.
1716 die Aebtissin Sophia im Kloster zu Himmelspforten
bei Würzburg.

Von den Kirchen und Kapellen, welche Joannes Bernard
eingeweiht, will ich nur jene anführen, welche zu dem gegen=
wärtigen Sprengel das Bisthums Würzburg gehören:

Im J. 1705 den 20. September die Kirche zu Gelchs=
heim; den 26. September 1706 die Kirche zu Hirschfeld;

1707 am 21. Juni die Kirche zu Waldbrunn; am 30. Juni die Kirche zu Lengfurt und am 29. August die Kirche zu Hoheim, Filial von Kitzingen.

Im J. 1708: am 21. August die Kirche zu Burkard= roth; am 23. die zu Riebenberg; am 27. die Kirche zu Nord= heim v. d. Rh.; am 30. jene zu Wargolshausen, einem Filiale von Wülfershausen; am 1. September die Kirche zu Unter= eßfeld; am 2. September die Kirche zu Althausen; am 3. Sep= tember die Kirche zu Weichtungen, am 9. October die Schloß= kapelle zu Gaibach, und am 14. die Kirche zu Ettleben.

Im J. 1710: am 26. Juni die neuerbaute Kirche zu Maßenbuch, am 27. Juli die Kirche der Minoriten zu Schönau; am 17. August die Spitalkirche zu Gerolzhofen; am 19. August die Kapelle im Rannunger Thal mit Hochaltar in honorem Christi crucifixi; am 24. August die Kirche zu Heufurt; am 26. August die Kirche zu Mittelstreu; am 28. die Kirche zu Trappstadt; am 29. jene zu Sternberg; am 31. die Kirche zu Kleinbardorf; am 1. September die Kirche des ehemal. Klosters St. Johannis; am 5. die Kirche zu Wülflingen und am 17. November die Kirche zu Böttigheim.

Im J. 1715 am 1. October die Kirche zu Münster, einem Filiale von Bühler.

Im J. 1717: den 8. October die Kirche zu Holzkirchen auf dem Berge, und den 9. October jene zu Holzkirchhausen.

Im J. 1726: am 30. Juni die Kirche zu St. Veit; am 26. Juli jene zu Schmalwasser und am 11. August die Kirche zu Fahr.

Im J. 1729: am 25. October die Kirche zu Lohr, einem Filiale von Pfarrweißach und am 26. die Spitalkirche zu Ebern.

Im J. 1730: am 13. Mai die Kirche zu Gaukönigs= hofen; am 18. Juni jene zu Euerhausen; am 23. Juli jene zu Helmstadt; am 27. August die Kirche zu Sulzdorf, und am 22. October die Kirche zu Netzstadt.

Im J. 1731: am 2. September die Kirche zu Arnstein; am 22. die Kirche zu Kolizheim; am 25. die Kirche zu Herl= heim; am 26. die Filialkirche zu Sulzheim; am 27. jene zu Alitzheim, und am 30. die Kirche zu Kürnach.

Im J. 1732: am 9. September die Kirche zu Zeil, und am 10. die Kirche zu Stettfeld.

Im J. 1733 den 10. September die Filalkirche zu Halsbach, und im J. 1734 den 10. October die Kirche zu Mühlhausen, einem Filiale von Kürnach.

Im J. 1735: am 13. April die Kirche zu Leuzendorf; am 15. die Kirche zu Goßmannsdorf; am 16. die Filial= kirche zu Ostheim, und am 26. Juni die Kirche der Fran= ziskaner zu Schwarzenberg.

Im J. 1737: am 20. Mai die Kirche zu Wolfsmünster; am 22. die Kirche zu Abelsberg; am 23. die Kirche zu Kars= bach; am 24. die Kirche zu Sachsenheim; am 23. Juni die Kirche zu Wildflecken; am 25. die Kirchhofkapelle zu Bischofs= heim v. d. Rh.; am 17. November die Kirche zu Löffelsterz; am 18. jene zu Waldsachsen, und am 19. jene zu Hambach, einem Filiale von Maibach.

Im J. 1739 den 9. August die Allerseelenkapelle zu Volkach.

Im J. 1743: am 1. October die Kirche zu Merkers= hausen; am 2. October die Kirche zu Alsleben; am 4. jene zu Bundorf und am 8. die Kirche zu Stadtlauringen.

Im J. 1744: am 28. Juli die Kirche zu Gemeinfeld; am 27. September die Kirche zu Poppenhausen, einem Filiale zu Ebenhausen; am 2. October die Kirche zu Engenthal; am 3. die Kapelle zum heil. Kreuze außerhalb Machtils= hausen, und am 5. October die Kirche zu Schwemmelsbach.

Im J. 1745: am 5. September die Kirche zu Gaibach, und am 17. October 1745 fungirte er als Assistent, als von dem Fürstbischofe Friedrich Carl von Schönborn die von ihm neuerbaute Kirche in der Vorstadt Etwashausen von Kitzingen in honorem s. Trinitatis et Salvatoris D. J. Chr. Crucifixi eingeweiht wurde [1]).

Im J. 1746: am 22. Mai die Kirche zu Gramschatz und am 23. die Kirche zu Binsbach.

32.

Daniel Joannes Antonius de Gebsattel, Episcopus Sigensis [2]).

Nach dem Ableben des hochverdienten Weihbischofes Mayer sah sich der Fürstbischof Anselm Franz von Ingelheim wegen seiner Kränklichkeit gedrungen, alsbald einen neuen Suffragan zu ernennen. Seine Wahl fiel auf den Capitular und Custos des Ritterstiftes zu St. Burcard dahier, Daniel Johannes Anton von Gebsattel.

Derselbe war am 29. September 1718 geboren. Seine Eltern waren Joh. Gottfried Christoph von Gebsattel,

---

[1]) Bei Abtragung des alten Altares dieser Kirche fand man folgende Urkunde: „A° Domini MDCXXX. 29. mensis Junii Ego Jodocus Episcopus Augustopolitanus &c.... reconciliavi ecclesiam hanc et consecravi altare hoc in honorem B. M. Virg. ss. Petri et Pauli ... et singulis Christifidelibus hodie unum annum et in die anniversario consecrationis hujusmodi ipsam visitantibus 40 dierum de vera indulgentia in forma ecclesiae consueta concessi.“

[2]) Trauerrede am Grabe des Weihbischofes Daniel Joh. Anton Freiherrn von Gebsattel, gehalten zu Würzburg in der Ritterstiftskirche zum heil. Burcard von Franz Berg, Professor der Theologie, im J. 1788 den 16. Juli. Gedruckt bei David Christian Blank. 4°.

Herr zu Sondheim, Lebenhan und Leutershaufen, Churcölnifcher Kammerherr, des oberrhein. Kreifes Obrift 2c., und Anna Therefia Chriftiana Juliana Freiin von und zu Baft= heim. Kaum eilf Jahre alt erhielt er fchon eine Canonicat= pfründe des Ritterftiftes St. Burkard.

Er befaß die trefflichften Anlagen des Geiftes, eine be= fondere Liebe zu den Wiffenfchaften und galt unter feinen Mitfchülern als einer der hoffnungsvollften Jünglinge. Mit allem Eifer lag er den Studien der Philofophie, Theologie und der Jurisprudenz ob, errang fich in dem philofophifchen Curfe zu Fulda unter feinen Mitfchülern den erften Platz, und wurde nach abgelegter öffentlicher Probe zum Doctor beider Rechte promovirt.

Am 21. October 1742 empfing er in der Stiftskirche zu St. Burkard die Priefterweihe, und ward von dem Fürft= bifchofe, dem feine Kenntniffe und feine tüchtigen Eigenfchaf= ten für das öffentliche Leben nicht entgangen waren, im Jahre 1746 zum Rathe der geiftlichen Regierung, und fchon nach zwei Jahren zum Weihbifchofe ernannt. Im J. 1779 wurde er auch zum Dechant feines Ritterftiftes erwählt.

Am 1. April 1748 ward derfelbe in dem Confiftorium der Cardinäle zu Rom als Bifchof von Siga und Suffragan des Bifchofs von Würzburg beftimmt, und in dem am 6. Mai deffelben Jahres abgehaltenen Confiftorium vom Papfte Benedict XIV. als Episcopus Sigensis in partibus in- fidelium präconifirt [1]).

Seine feierliche Confecration zum Bifchofe gefchah am Pfingftfefte den 2. Juni 1748 durch den Fürftbifchof Anfelm Franz in der hiefigen Domkirche. Da zu dem Weihe=Acte

---

[1]) Siga, ehemal. Bifchofs=Sitz in Afrika — in **Mauritania Cae-saarea.** Allgem. hiftor. Ler. Leipzig 1730. 2. Th. S. 487.

die Assistenz zweier Aebte von dem Papste nicht gestattet
worden war, so wurden der Suffragan von Bamberg, Franz
Joseph Hahn aus Würzburg, und der Suffragan von Speyer,
Joh. Adam Buckel aus Heibingsfeld, als Assistenten eingeladen.

„Der Weihbischof von Gebsattel sah nun", wie Professor
Berg in seiner Leichenrede sagt, „ein weites Feld seiner Thätigkeit offen; mit Freuden unterzog er sich der Last der Verwaltung einer weit ausgedehnten Diözese mit den Fürstbischöfen **Anselm Franz, Karl Philipp, Adam Friedrich und Franz Ludwig**, deren erster Rathgeber er war.
Es lagen ihm unzählige Geschäfte ob; mit allem Eifer nahm
er die Visitationen des Bisthums vor, um sich mit dem Zustande desselben bekannt zu machen; mit eisernem Fleiße harrte
er über die ihm gemachten Aufträge; mit Genauigkeit stattete
er seine Berichte ab; mit Klugheit machte er Vorschläge zur
Verbesserung der fränkischen Kirche; mit Muth vertheidigte
er die bischöflichen Gerechtsame, und bei so vielen Pontifical-
Verrichtungen in einer weiten Diözese, die er 40 Jahre be-
sorgte, bei den Firmungen von zweimalhundert und neun-
undzwanzig Tausenden, bei allen den tausend Weihungen
der Geistlichen, ja bei allen diesen manchfaltigen und ermüden-
den Beschäftigungen konnte er noch so viel Zeit und Kräfte
erübrigen, um an der Verwaltung unserer Diözese einen
großen Antheil zu nehmen.

In ihm schlug ein redliches Herz; er war ferne von
Verstellung, Falschheit, und Intriguen; die Ehrlichkeit galt
ihm als die beste Politik; er bewährte ein herablassendes und
gefälliges Wesen; jeder, der eine Angelegenheit hatte, fand
zu ihm ungehinderten Zutritt; und wo er auch des Amtes
wegen zürnen, wo er Verweise geben, und das Gewicht seiner Amtes fühlen lassen mußte, so verstand er sich unübertreff-

lich darauf, nebst dem Essig auch Oel in die Wunde zu gießen."

Große Verdienste hatte sich der Fürstbischof Adam Friedrich von Seinsheim um den Volksunterricht erworben. Ihm verdankt Franken die Organisation des Elementarschulwesens, und die Errichtung eines Schulseminars im J. 1771, einer Anstalt, die man damals in wenigen Ländern angetroffen. Er bestimmte für dasselbe einen Fond von 30,000 fl., welchen der damalige Kanzler, Christoph Philipp von Reibelt, mit einer gleichen Summe vermehrte. Der Weihbischof von Gebsattel betheiligte sich bei Gründung dieser Anstalt mit Rath und That in rühmlichster Weise, und schenkte dem Seminarfond noch bei seinen Lebzeiten tausend fränkische Gulden. Als Vorstand der fürstlichen Schulcommission widmete er nicht nur dieser neuen Anstalt, an welcher er mit ganzer Seele hing, und deren Emporblühen er kräftig zu fördern suchte, sondern auch dem Gymnasium seine volle und weise Thätigkeit.

Zehn Jahre bekleidete er die Würde eines Rectors der Julius-Universität und leistete in dieser Eigenschaft der Hochschule wesentliche Dienste.

Der Jesuiten-Orden, der in Franken über zweihundert Jahre segensvoll gewirkt, wurde aufgehoben, seine Güter wurden eingezogen und zu wissenschaftlichen Zwecken bestimmt. Adam Friedrich verfügte sich in das dahiesige Jesuitencollegium und verkündete den versammelten Vätern mit zitternder Stimme die Aufhebungsbulle „Dominus et redemtor noster" vom 21. Juli 1773. In Folge dieser Auflösung ging das Lehramt an den höheren Studienanstalten, welches die Väter aus der Gesellschaft Jesu eine lange Zeit mit allem Eifer verwaltet hatten, in andere Hände über. An den Berathungen über die neuen Einrichtungen und Anordnungen,

die nun getroffen werden mußten, und an der Ausführung
derselben nahm v. Gebsattel den thätigsten Antheil. Er unter=
zog sich diesem mühevollen Geschäfte mit aller Sorgfalt, und
gestand seinen Freunden, daß ihm diese Angelegenheit Tage
voll Kummer und anstrengender Arbeiten gebracht.

Anton v. Gebsattel war von einem tiefreligiösen Sinne
durchdrungen. Mit Andacht und Auferbauung feierte er seine
gottesdienstlichen und bischöflichen Verrichtungen. Er hegte
eine besondere Devotion zu Maria, der Mutter des Herrn,
und besuchte öfters im Jahre ihre Gnadenkapelle zu Dettel=
bach. Alljährlich begab er sich auch dahin, um in dem dor=
tigen Franziskanerkloster in stiller Zurückgezogenheit acht Tage
lang den geistlichen Uebungen obzuliegen und seinen Geist
zu erfrischen.

Von seinen bischöflichen Verrichtungen nennen wir fol=
gende:

Am 14. April 1749 wurde der Domcapitular Carl
Philipp von Greiffenklau als Fürstbischof von Würzburg
gewählt und nach Eintreffen der päpstlichen Bestätigung am
5. October desselben Jahres von dem Weihbischofe v. Geb=
sattel unter Beistand der Suffragane von Speyer, Joh. Adam
Buckel, und Heinrich Joseph Nitschke von Bamberg zum
Bischofe geweiht.

In Folge des unterm 24. Juli 1751 zu Hammelburg
abgeschlossenen Vertrags wurde von dem Papste Benedict XIV.
die Abtei Fulda zum Bisthume erhoben und den Fürstbischöfen
von Würzburg die Auszeichnung zu Theil, sich des Palliums
zu bedienen und das Kreuz vortragen zu lassen. Der Papst
hatte drei Bischöfe, nämlich die Bischöfe von Speyer und
Bamberg und den Weihbischof von Würzburg, committirt,
den Fürstbischof Carl Philipp mit dem heiligen Pallium
zu bekleiden; jedoch war es dem Fürstbischofe freigestellt, sich

entweder von den genannten drei Bischöfen zugleich oder auch von einem derselben diese Auszeichnung ertheilen zu lassen. Carl Philipp wählte zur Vornahme dieses Actes seinen Weih= bischof v. Gebsattel, welcher am 6. Januar 1753 nach dem im Pontificale vorgeschriebenen Ritus denselben vollzog. Die Feierlichkeit fand unter dem Geläute der Glocken und dem Donner der Kanonen im hohen Dome statt, in Gegenwart des gesammten Regular= und Säcular=Clerus, der Vicare und Canoniker aller Stifte der hiesigen Stadt, der Aebte von Ebrach, St. Stephan, Schwarzach, Neustadt, vom Schottenkloster dahier, von Brombach, Oberzell und der bei= den Prälaten von Triefenstein und Heidenfeld.

Am 15. Juni 1755 wurde von dem Bischofe von Speyer, Christoph Franz von Hutten, Adam Friedrich, Graf von Seinsheim, der am 7. Januar durch einhellige Wahl zum Fürstbischofe von Würzburg erhoben worden, zum Bischofe geweiht. Bei der feierlichen Consecration assistirten die Weih= bischöfe von Speyer, Würzburg und Bamberg.

Am 19. Juni 1757 fungirte der Weihbischof von Geb= sattel als erster Assistent, als der Bischof von Fulda, Adal= bert von Walbersdorf, durch den Suffragan von Mainz, Christoph die bischöfliche Consecration empfing.

Am 13. November 1763 assistirte er bei der Consecra= tion des Erzbischofs von Mainz, der sich wegen Kränklich= keit mit Hinweglassung aller Feierlichkeiten in einem Zimmer seiner Residenz durch seinen Suffragan weihen ließ.

Am 1. November 1767 wurde Joh. Philipp Carl Anton von Fechenbach, Capitular des Domstiftes zu Würzburg, kaiserlicher, churfürstlich cölnischer und churfürstlich bayerischer geheimer Rath, Großcommendator des St. Georgen=Ordens, infulirter Propst des Collegiatstiftes zu Landshut und bevoll=

mächtigter Minister des Reichstages zu Regensburg, von dem Fürstbischofe Adam Friedrich in der Hofkirche zu Würzburg zum Bischofe von Tenara consecrirt. Der Weihbischof von - Würzburg fungirte bei dieser Handlung als erster und der Suffragan von Bamberg, Heinrich Joseph Ritschle, als zweiter Assistent.

Im J. 1776 den 17. März nahm Weihbischof von Gebsattel in Fulda die feierliche Consecration des zum Suffragan von Fulda ernannten Freiherrn von Piesport, Dechants an der dortigen Cathedrale und Propstes auf dem Andreas= berge vor. Seine Assistenten waren der Weihbischof von Erfurt, v. Eckard, und der Abt des Klosters Schwarzach, Ludwig Beck.

Am 29. Juni 1778 vollzog er zu Fulda dieselbe Ponti= ficalhandlung, indem er dem neuerwählten Dombechant und Suffragan daselbst, Freiherrn v. Breidbach zu Bürresheim, Bischof von Jericho in partibus infidelium, unter dem Bei= stande der beiden Weihbischöfe v. Scheben von Worms und v. Eckard von Erfurt die bischöfliche Weihe ertheilte.

Am 28. October desselben Jahres assistirte Weihbischof v. Gebsattel, als die Consecration des zum Bischofe von Hymerien ernannten Suffragans von Bamberg, Joh. Adam Behr aus Forchheim, vorgenommen wurde.

Franz Ludwig, Freiherr von Erthal, wurde am 18. März 1779 zum Bischofe von Würzburg erwählt, und am 19. September von seinem Bruder, dem Churfürsten und Erzbischofe von Mainz, Friedrich Carl, zu Bamberg zum Bischofe consecrirt. Als erster Assistent des Consecrations= Actes fungirte der Weihbischof v. Gebsattel und als zweiter der Suffragan Behr von Bamberg. Im Auftrage Seiner päpst= lichen Heiligkeit wurde Franz Ludwig am 8. Dezember 1779 von dem Weihbischofe v. Gebsattel in der Domkirche in Gegen=

wart der Geistlichkeit der Stadt und der Aebte des Bisthums in feierlicher Weise, wie seine Vorfahrer, mit dem Pallium geschmückt.

Folgende Prälaten und Aebtissinnen wurden von ihm benedicirt:

Im J. 1752 den 17. September der Propst Ambrosius Disch zu Triefenstein; 1754 am 25. August der Abt Bonifacius Geßner zu Bildhausen aus Großwenkheim; 1755 am 11. Mai der Abt Gregorius Haiger zu Theres; 1771 den 1. Januar der Propst Friedrich Eyrich zu Triefenstein; am 13. November 1757 die Aebtissin M. Innocentia Grumbach zu Himmelspforten; am 13. Juli 1760 die Aebtissin Maria Constantia aus Volkach zu St. Afra in Würzburg; am 31. August 1766 die Aebtissin zu Himmelspforten Antonia Oestreicher von Aub, und am 3. September 1769 Maria Constantia Eyrich, Aebtissin zu Himmelspforten.

Von den Kirchen und Kapellen, welche Anton v. Gebsattel eingeweiht hat, will ich nur jene bezeichnen, die zu dem jetzigen Bisthume Würzburg gehören:

Im J. 1748 den 11. Juni consecrirte er die Kirche zu Greussenheim; am 1. August die Klosterkirche zu Theres, und am 8. October die Kirche zu Lebenhan.

Im J. 1749 am 1. August die Kirche zu Oberweisenbrunn; am 7. die Kirche zu Eckweisbach; am 11. jene zu Hausen, Filial von Flabungen; am 14. die Kirche zu Eussenhausen, und am 22. desselben Monats die Kirche zu Kleineibstadt.

Im J. 1751 am 24. October die Kirche zu Gambach; 1752 den 27. September die Kirche zu Sand, einem Filiale der Pfarrei Zell a/Ebersberg; am 30. September die Kirche zu Schwappach; am 3. October jene zu Michelau; am 4. die Kapelle zu Gerolzhofen, und am 7. die Kirche zu Lülsfeld.

Im J. 1753 am 9. September die Kirche zu Sulz=
feld a. M.

Im J. 1754: am 22. August die Votivkirche zu Ipt=
hausen, einem Filiale von Königshofen; am 23. die Kirche
zu Eyershausen; am 28. die Kirche zu Neufes, Filial von
Bundorf; am 29. die Ursulakirche auf dem Berge bei Als=
leben; am 1. September die Kirche zu Löhrieth; am 4. Sep=
tember die Augustinerkirche zu Münnerstadt — ecclesia nova
et ratione picturae, valde pretiosa, und am 16. October
die Kirche zu Versbach.

Im J. 1755: am 7. September die Kirche zu Limbach,
und am 14. desselben Monats assistirte er, als von dem
Fürstbischofe Adam Friedrich die Kirche zu Zeuzleben ein=
geweiht wurde.

Im J. 1756: am 23. August die Kirche zu Eltings=
hausen; im September 1759 die Kirchen zu Kaltenbrunn
und Kirchlauter. Bei der am 6. September durch den Fürst=
bischof vorgenommenen Consecration der Kirche zu Schweben=
ried leistete er Assistenz.

Im J. 1766: am 29. Juni die Kirche zu Mechenried
und am 2. Juli die Kirche zu Untertheres. Am 1. October
1769 die Kirche zu Untereisenheim; am 21. October 1770
die Kirche zu Sonderhofen; und am 22. August 1772 die
Kirche zu Großwenkheim.

In demselben Jahre am 14. September wurde von
dem Fürstbischofe Adam Friedrich von Seinsheim die neu=
erbaute thaumaturgische Kirche zu den vierzehn Heiligen ein=
geweiht. Die Suffragane von Würzburg und Bamberg
assistirten bei der Consecration und verrichteten die Weihe
der Altäre. Dieser Consecrationsact wurde mit großem Auf=
wande und vieler Feierlichkeit vorgenommen. Es verherrlichten
denselben durch ihre Gegenwart die Aebte von Langheim

und Banz, die Domherren Carl Friedrich Wilhelm v. Erthal,
v. Bussech, Bernard und Philipp v. Redwitz, Philipp Anton
v. Bubenhoven; der Dompropst v. Hutten und der Dombechant
Voit v. Salzburg von Bamberg; die Religiosen des Klosters
Langheim und viele Geistliche aus Bamberg, sowie andere
vornehme Herren.

Nach Vollendung der Kircheinweihung begaben sich der
hohe Consecrator, die beiden Suffragane und sämmtliche ge-
ladene Gäste in das Kloster Langheim, wo ihnen das splen-
dideste Gastmahl bereitet war.

Am 6. August 1775 benedicirte v. Gebsattel die neuerbaute Pfarrkirche zu Kissingen, und assistirte, als der Fürstbischof unterm 22. August des genannten Jahres sie feierlich
einweihte.

Am 24. September 1776 consecrirte derselbe die Schloßkapelle zu Neuhaus bei Neustadt an der Saale, und am
23. Juni 1781 weihte er die Magdalene-Kirche, auf einem
Berge bei Oberschwarzach gelegen, ein, bei welcher einige
Zeit lang ein Franziskaner-Hospitium bestand.

Im J. 1782 fing er an zu kränkeln und war in den
folgenden Jahren nicht mehr im Stande, die General-Ordina-
tionen an den gewöhnlichen Quartalen vorzunehmen. Nur
in seiner Hauskapelle verrichtete er noch einige Weihacte,
während die Ordinationen durch den Fürstbischof Franz
Ludwig oder durch den Weihbischof von Bamberg vorgenommen
wurden.

Im J. 1784 resignirte er wegen Kränklichkeit das Decanat
an dem Ritterstifte zu St. Burcard, und entschlief in dem
Herrn am 12. Juli 1788 nach einer langwierigen Aus-
zehrung und nach dem Empfange der heiligen Sacramente
im 70. Jahre seines Alters und im 40. seines bischöflichen
Amtes.

Weihbifchof v. Gebfattel war ein Wohlthäter der Stifts=
firche zu St. Burfard; er fand in derfelben feine letzte
Ruheftätte und fein Andenken wurde durch eine meffingene
Tafel an der füdlichen Octogonfäule des Querfchiffes mit
folgender Jnfchrift verewigt:

Anno 1788. Die 12. Julii obiit in Domino Reverendissimus et Perillustris D. Daniel Joannes Antonius L. B.
de Gebsattel, Episcopus Sigensis, Reverendi ac Cels.
Principis nostri Suffraganeus Vicarius in Pontificalibus
Generalis, consiliarius intimus et Ecclesiasticus, Equestris hujus Ecclesiae Decanus et Benefactor. Requiescat
in Pace.

33.

Andreas Josephus Fahrmann, Episcopus Almirensis [1]).

Fahrmann, am 8. November 1742 geboren, war der
Sohn eines angefehenen Bürgers und Winzers zu Zell bei
Würzburg, und von der Natur reichlich begabt. Er hatte
ein einnehmendes Aeußere und die trefflichften Geiftesanlagen.
Der Chorherr der Abtei des Prämonftratenfer=Ordens zu
Oberzell, Lorenz Wollbach, bemerkte die vielen Fähigkeiten
des Knaben und bewog deffen Vater, ihn ftudiren zu laffen.
Er ertheilte ihm felbft die erften Anfangsgründe in der lateini=
fchen Sprache, und im eilften Jahre feines Alters kam der
talentvolle Jüngling an das Gymnafium zu Würzburg, welches

---

[1]) Nekrolog der Teutfchen für das neunzehnte Jahrhundert von
Schlichtegroll. Gotha 1802. I. Bd. S. 63 u. ff. — Trauer=Rede bei
der Begräbniß des Verewigten, gehalten vom geiftl. Rathe Dr. Onymus.
Würzb. 1802. Fol. — Ruland, Dr. Ant., Series profess. ss. Theologiae p. 165. — Archiv d. bifchöfl. Ordinariats Würzburg.

damals unter der Leitung der Jesuiten stand. Nachdem er
den Cursus der philosophischen Studien an der Universität
mit Auszeichnung vollendet hatte, trat er als der Vierte
seiner Classe am 31. October 1759 in das fürstbischöfliche.
Seminar zu Würzburg, studirte daselbst mit unermüdetem
Fleiße und zeichnete sich als einen der besten Köpfe in den
damals üblichen theologischen Disputationen aus.

Nach sechsjährigem Aufenthalte in dieser geistlichen Bil=
dungsanstalt wurde er am 21. Dezember 1765 zum Priester
geweiht, und angewiesen, vom Seminare aus excurrendo
in der Seelsorge zu Hausen bei Fährbrück Aushilfe zu leisten.
Noch in demselben Jahre übernahm er bei dem Referendär,
geheimen Rath v. Prümmer die Hofmeisterstelle, defendirte
1766 mehrere Theses aus der Theologie, und erlangte im
J. 1767 das Licentiat derselben.

Im J. 1770 hatte er das Erziehungsgeschäft in dem
v. Prümmer'schen Hause beendet, und ward nun als Caplan
an der Pfarrei des Julius = Spitals angestellt. Nur ein
Jahr versah er diese Stelle; 1771 ward er zum Oeconomus
und Hofmeister der adeligen Jugend in dem fürstlichen Semi=
nar ernannt, am 1. September 1773 zum Doctor der Theo=
logie promovirt, und einige Tage darauf an die Stelle des
Jesuiten P. Hermann Lumm zum Professor der Moraltheo=
logie befördert. Mit diesem Lehrstuhle erhielt er zugleich
die Predigerstelle bei der akademischen und Bürger = Sodalität.
„Er trat", schreibt der Verfasser seines Nekrologs, Prof.
Förtsch, „sein Lehramt an, ganz durchdrungen von bem
Gedanken, daß die Moral unter allen theologischen Disci=
plinen diejenige sei, welche auf die Ruhe und Glückseligkeit
jedes Einzelnen und auf das Wohl des ganzen Staates den
mächtigsten Einfluß habe. Er fühlte das Erhabene seines
Berufes zum Lehrer derjenigen, von welchen einst das Volk

unterrichtet werden sollte, und er strengte alle Kräfte an, um sein Amt mit Nutzen zu verwalten."

Bis zum Jahre 1779 versah er mit Ruhm seine Professur. Am 16. October des genannten Jahres wurde er wegen seines Rednertalentes zum Prediger und Chorherrn im Stifte Haug erwählt. Er galt als der beliebteste Kanzel= redner; er besaß alle Eigenschaften eines ausgezeichneten Redners, einen klaren Verstand, ein treues Gedächtniß, eine große Einbildungskraft, eine angenehme Stimme, eine leben= dige Sprache, eine würdevolle Haltung, und noch mehr ein Herz voll Glauben, ein Herz voll glühender Wärme für Tugend und Menschenwohl. Fremde und Einheimische, Hohe und Niedere, Gelehrte und Ungelehrte strömten herbei, seine Predigten zu hören, und die Alumnen des geistlichen Semi= nars wurden angewiesen, denselben beizuwohnen, um von ihm sowohl die Behandlung des Predigtstoffes als auch sei= nen Vortrag zu lernen. Noch als Weihbischof, wo ihn so viele Geschäfte in Anspruch nahmen, versah er das Predigtamt.

Im J. 1780 wurde Fahrmann geistlicher Rath, und im J. 1786 nach dem Tode des gelehrten, beliebten und durch seine Tugend und Frömmigkeit allgemein geachteten Regens des geistlichen Seminars, Valentin Joseph Vornberger, zum Vorstande desselben von dem Fürstbischofe ernannt. Er übernahm ungerne diese Stelle, zu welcher ihn das volle Vertrauen seines Fürsten gerufen, und nur unter der Be= dingung, nach drei Jahren dieselbe niederlegen zu dürfen. Während der Zeit, in welcher er diesen wichtigen Posten bekleidete, war er stets bestrebt, würdige Priester und Seel= sorger heranzubilden. Bei Aufnahme der Candidaten war er sehr behutsam; er erkundigte sich genau über ihr sitt= liches Betragen und prüfte sie strenge über ihre Kenntnisse. Durch seinen einsichtsvollen Rath leitete er die Studien der

Alumnen; er ordnete mit Klugheit Alles im Hause; er belebte Alles durch seine eigene Thätigkeit, und gewann das Zutrauen Aller. Auch die Capläne in der ganzen Diözese, über welche der Regens des Seminars nach damaliger Anordnung die Aufsicht führen mußte, hatten an Fahrmann einen klugen und gütigen Vorstand; er gab ihnen bei ihrem Austritte aus dem Seminare die besten Rathschläge, wies jedem die seinen Kräften angemessene Stelle an, und suchte, die verdienteren Capläne zu befördern, und zur Besserung jener, die einer Correction bedurften, die geeigneten Mittel anzuwenden.

Franz Ludwig beabsichtigte seinem geistlichen Seminare eine neue Einrichtung zu geben, und beschloß, das bisher leer gestandene und geräumige Jesuiten=Collegium zur Wohnung der geistlichen Alumnen einrichten zu lassen. Um sowohl der Eintheilung dieses Gebäudes als auch der übrigen inneren Einrichtung die möglichste Vollkommenheit zu verschaffen, beauftragte er den Regens Fahrmann, mehrere auswärtige Seminarien zu besuchen, um das Gute, was er bei denselben fände, auch in Würzburg einzuführen. Er trat die Reise zu diesem Zwecke am 6. Mai 1787 an, sah sich zuerst in den Seminarien Süddeutschlands um, durchreiste dann den östlichen Theil von Frankreich, besuchte die Seminarien zu Straßburg und Besançon, und traf im Juli desselben Jahres wieder in Würzburg ein.

Die Vorschläge, welche Fahrmann über die zweckmäßige Einrichtung des Seminars machte, erhielten den Beifall des Fürstbischofs, und es wurde mit der Ausführung derselben sogleich begonnen. Im J. 1789 war die Einrichtung vollendet und am 9. Juni des genannten Jahres verließen die Seminaristen das Seminar zum heil. Kilian und hielten ihren feierlichen Einzug in das neueingerichtete Gebäude.

Franz Ludwig erhöhte durch seine Gegenwart diese Feierlich=
keit, hielt eine nachdrucksvolle Rede an die Alumnen, in
welcher er sie väterlich ermunterte, sich zu ihrem wichtigen
Berufe wohl vorzubereiten, nahm dann in ihrer Mitte das
Mittagsmahl ein, und wohnte noch der Disputirübung bei.

Im J. 1786, in welchem er mit dem Amte eines Vor=
standes des Priester=Seminares betraut worden, ward er
auch zum Custos seines Stiftes zu Haug erwählt, und hatte
als solcher die Seelsorge der Stiftspfarrei zu verwalten.
Mit Liebe und Eifer widmete er sich diesem heiligen Seelsorger=
Berufe, und lag demselben noch als Weihbischof und bis an
sein Ende mit aller Liebe und Sorgfalt ob.

Die drei Jahre, für welche Fahrmann die Stelle eines
Regens angenommen hatte, gingen mit dem Jahre 1789
zu Ende. Fürstbischof Franz Ludwig war nun darauf be=
dacht, ihn bei seinem Austritte aus dem Seminare, dem er
musterhaft vorgestanden, und dessen neue Einrichtung er
geschickt und klug geleitet hatte, für seine Verdienste würdig
zu belohnen, und ihm einen Posten anzuweisen, wo er noch
mehr als bisher für das Beste des Bisthums wirken könnte.
Und dieser Posten, zu welchem er von dem Fürsten aus=
ersehen, war die schon über ein volles Jahr erledigte Stelle
eines Würzburger Weihbischofes. Sein Ernennungs=Decret
ist d. d. Bamberg am 15. October 1789 ausgefertigt, und
in demselben sagt Franz Ludwig, daß er ihn in Ansehung
„seiner vielfältig bewährten tiefen Gelehrsamkeit, ausnehmen=
den und zweckmäßigen Klugheit, wahren canonischen Geistes,
seiner festen, dem Kirchen=Regierungs=Geschäft vollkommen
angemessenen Grundsätze, und überhaupt seiner wesentlichen
um die Diözese sich gesammelten Verdienste zu seinem würz=
burgischen Suffragan ernenne".

In dem Schreiben an Seine päpstliche Heiligkeit Pius VI.,
in welchem der Fürstbischof um die Confirmation des neu=
ernannten Weihbischofs nachsucht, weist er auf die Nothwendig=
keit der Aufstellung eines Suffragans für das fränkische Bis=
thum hin, und gibt dem Neuerkorenen in den gewähltesten
Ausbrücken das schönste Lob:

„... Experientia edoctus, quam difficile sit Episcopos Germaniae in tanta dioecesium vastitate, si praesertim duae uni concreditae sint, et ob conjunctas simul
utriusque Regiminis Principalis curas et inde imminentia
saepius ex improviso negotia, quae moram non patiun-
tur, alieno ejusmodi pontificalium functionum subsidio
penitus vel diutius saltem carere, de alio denuo viro
in partem laborum vocando atque in defuncti (Suffraganei) locum surrogando necessario cogitandum mihi
esse putavi.

Praevia proinde divini Numinis invocatione de
maturo consilio selegi ad id muneris ex Clero meo
Herbipolensi illum, quem *illibata vitae morumque integritas, solida divini humanique juris peritia, singularis
disciplinae ecclesiasticae zelus, ac specialis quaedam, quam
in variis, quae tenuit, officiis sibi comparavit, praefatae
dioecesis meae cognitio, cum accedente communis Cleri
populique voto prae caeteris dignum reddidere, Andream
Josephum Fahrmann*, sacerdotem, ss. Theologiae Doctorem, consiliarium meum intimum et ecclesiasticum,
insignis Ecclesiae collegiatae ad utrumque s. Joannem
in Haugis Canonicum capitularem, Praedicatorem et
Custodem, hactenus Seminarii mei episopalis et cleri
junioris in eodem in studiis ecclesiasticis aeque ac vitae
clericalis elementis rite imbuendi atque efformandi *Prae-
sidem, virum gravem et prudentem rerumque agendarum*

peritum, in omnibus ecclesiasticis functionibus diu exerci-
tatum atque probatum eaque doctrina, quae Episcopum
maxime decet, conspicuum."

Durch eine päpstliche Bulle d. d. Rom bei St. Peter
1790 ben 29. März (4. Kal. Aprilis) wurbe ber neuernante
Suffragan bestätigt unb zum Bischofe von Almira, einem
ehemaligen Bischofssitze unter bem Patriarchate von Antiochien,
präconisirt. Die Confirmations = Bulle gestattete bemselben
ben weiteren Fortbezug ber Einkünfte seines Canonicates,
seiner Präbicatur = Präbenbe unb Custobie bes Collegiatstiftes
Haug, unb bestimmte ihm zur Erhöhung seiner Sustentation
eine jährliche Pension von breihundert Ducaten aus ben Ge=
fällen ber bischöflichen Mensa. Am 16. Mai 1790 wurbe
er von bem Fürstbischofe Franz Ludwig unter Assistenz bes
Suffragans von Mainz, Valentin Heimes, Bischofs von
Aulon, unb bes Suffragans von Fulba, Lothar v. Braib=
bach zu Bürresheim, Bischofs von Jericho, in ber Hofkapelle
zu Bamberg zum Bischofe geweiht.

So hatte Fahrmann bas wichtige unb beschwerliche
Amt eines Weihbischofs übernommen. Er hatte als solcher
nicht nur bie gewöhnlichen Weihen ber Aspiranten bes geist=
lichen Stanbes, bie Consecrationen ber Kirchen unb Altäre,
bie Spenbung bes heil. Sacramentes ber Firmung [1]), unb
bie Visitationen ber Pfarreien in bem weitschichtigen Bis=
thume vorzunehmen, sonbern er hatte auch als Director ber
geistlichen Regieruug bie Leitung ber bahin einschlagenben
Geschäfte zu besorgen. Er war gleichsam bie Seele bei ben
Versammlungen unb Verhanblungen ber geistlichen Räthe.
Er verstanb es, mit aller Klugheit jebe Art ber Geschäfte

---

[1]) 1466 Canbibaten hatte er bie Priesterweihe, unb 55,460 Per=
sonen bie Firmung ertheilt.

zu führen; er durchschaute mit hellem Blicke die verworren=
sten Dinge; er wußte leicht für jede Angelegenheit eine Aus=
kunft zu verschaffen; er hatte bei allen seinen Vorschlägen
und Berathungen eine reine Absicht, die das Wohl der Kirche
und der Diözese bezweckte.

Noch im August des Jahres 1790 hielt er seine erste
Visitations = und Firmungsreise zu Kissingen, Aschach, Neu=
stadt, Münnerstadt und Gelbersheim ab. Bei seinen Visita=
tionen begleitete ihn der geistliche Rath und Schulvisitator
Holler, und jede Visitation nahm fast den ganzen Tag in
Anspruch. Nach dem Eintritte in die Kirche ertheilte er den
bischöflichen Segen, hielt eine salbungsvolle Ansprache an das
Volk, feierte das allerheiligste Opfer, spendete dann die heil.
Firmung, entließ die Firmlinge mit einer väterlichen Ermah=
nung, nahm hierauf die Visitation der Kirche vor, prüfte
die Schuljugend in allen Unterrichts = Gegenständen, ließ die
Gemeindevorsteher, die Schullehrer, die Benefiziaten, die Capläne
und endlich auch die Pfarrer vorrufen, um sich bei denselben
über den Zustand der Pfarrei zu erkundigen, und jedem die
angemessenen Bescheide und Weisungen zu geben. Erst am
Abende konnte er an einige Ruhe und Erholung denken.

Dieses beschwerliche Visitationsgeschäft setzt er nicht nur
Tage, sondern Wochen und Monate lang fort, und täglich
stand, wie uns ein Augenzeuge, der geistliche Rath und sein
Begleiter Holler, berichtet, der unerreichbare Mann da mit
eben dem hohen Geiste, dem regen Eifer, dem Anstande, der
Lebhaftigkeit, der Theilnahme, am letzten Tage, wie am
ersten.

Nach dem am 14. Februar 1795 erfolgten Ableben
des Fürstbischofes von Bamberg und Würzburg, Franz
Ludwig von Erthal, hatte das Domcapitel den 12. März
desselben Jahres als Wahltag eines neuen Fürsten und Bischofs

beſtimmt. Vor der Wahl hielt der Weihbiſchof Fahrmann an die verſammelten Dignitäre und Domcapitulare in der kleinen Capitelsſtube eine Anrede. Ich laſſe dieſelbe, die uns an entſchwundene Zeiten, an den Wahlact des letzten Fürſt= biſchofs von Würzburg und Herzogs von Franken ſo lebhaft erinnert, hier folgen:

„Reverendissimum capitulum regnans immortalem sibi gloriam comparavit, quod viduatam per aliquot septimanas Ecclesiam herbipolensem benignissime aeque ac sapientissime gubernaverit, et suavissima sua agendi regendique ratione et comitate acerbum illud vulnus per mortem pientissimi et post hominum memoriam summi Francisci Ludovici urbi et patriae inflictum felicissime leniverit. Tempus nunc et hora monent, ut de eligendo novo Celsissimo Principe Episcopo consilium ineatur, et per canonicae electionis viam Ecclesiae et Patriae de novo Pastore et Patre prospiceatur. Magnum quidem fateor et arduum est hoc electionis negotium, et cum gravissimis obligationibus conjunctum: agitur enim de salute imperii, dioeceseos, et patriae, agitur de eligendo Ecclesiae romanocatholicae Episcopo, de eligendo S. R. I. Principe, de eligendo Franciae orientalis Duce, de eligendo communi patriae Patre, paucis ut omnia dicam, agitur de eligendo viro, a cujus potestate et voluntate maxima pars publicae salutis dependeat, quem omnes ut Dominum revereantur et timeant, omnes ut Patrem complectantur et diligant, et qui in ancipite hac temporum tempestate fluctuantem reipublicae navim dextre moderari, omnibusque omnia fieri didicerit. Ast cum omnes inclyti Electores hic in augusto conclavi congregati rem omnem cum Deo gratiarum luminumque

fonte auspicati sint, — cum porro corpore et sanguine
Christi refecti et confortati, invocatoque Spiritu sancto
pleni ad gerendum electionis negotium accesserint, —
cum demum semoto omnium partium studio, unico nonnisi
boni publici amore animati et accensi in Eum consensuri
Eumque canonice electuri sint, quem ex illustrissimo
gremio suo episcopali principalique solio dignissimum,
ac imperio Ecclesiae et Patriae utilissimum charissimumum-
que fore judicaverint: non vanus ego Augur sum, in-
stantem electionem et R<u>mis</u> Electoribus et Celsissimo
eligendo in perpetuam Nominis commendationem aeter-
numque honoris et gloriae monumentum cessuram esse.
Agite igitur R<u>mi</u> D<u>ni</u>, et quid Deo, quid Religioni, quid
conscientiae, et quid demum omnium bene sentientium
votis et exspectationi debeatis, pensate et permittite,
ut coronidis loco verba illa in I. cap. Actuum Apostolorum consignata, et ab Apostolis electionis negotio
occupatis prolata, et mihi ingeminare et ad Deum
dirigere liceat: *Tu, Domine, qui corda nosti omnium,
ostende, quem elegeris ex his omnibus Unum. Dixi.*"

Georg Karl, Freiherr von Fechenbach, Domdechant von
Mainz, und ein Freund und Vertrauter des verewigten
Fürsten Franz Ludwig, wurde gewählt und am 21. Juni
1795 in der Cathedrale zu Würzburg feierlich zum Bischofe
consecrirt. Consecrator war der damalige Erzbischof von
Tarsus und Coadjutor von Mainz, Freiherr Carl Theodor
von Dalberg, und Assistenz leisteten bei dem Weiheacte der
Bischof von Ypern in Flandern, der wegen der dortigen Kriegs=
ereignisse sich nach Würzburg geflüchtet hatte, und der Suffra=
gan Fahrmann von Würzburg.

Am 8. September 1797 ertheilte der Churfürst von Cöln
und Deutschordens = Hochmeister Maximilian Franz seinem

XIX

neuernannten Suffragan, Clemens August von Merle, Bischof
von Bethsaida in partibus infidelium, in der Schloßkirche
zu Mergentheim die bischöfliche Weihe, bei welcher Feier=
lichkeit Fahrmann und der Abt Christoph von Oberzell
assistirten.

Am 21. Juni 1794 benedicirte er den Abt vom Kloster
Schwarzach, Judas Thabbäus Sigerst; am 26. Juni 1796
die Aebtissin Rosalia Dietrich zu St. Afra und am 28. August
1799 die Aebtissin Augustina Münch zu Himmelspforten.

Am 6. August 1794 weihte er die Pfarrkirche zu Markt=
scheinfeld und am 25. November des gedachten Jahres die
Kirche des Hofspitals dahier zu Ehren der vierzehn heil.
Nothhelfer ein.

Am 4. Mai 1801 leitete Fahrmann als fürstbischöflicher
Commissär die letzte Abtswahl im Kloster Banz, und am
13. desselben Monats nahm er als päpstlicher Bevollmäch=
tigter dem Fürstbischofe Georg Karl, der als Coadjutor
des Fürstbischofs von Bamberg, Christoph Franz Freiherrn
von Buseck, ernannt worden war, den vorgeschriebenen Eid ab.

Am 5. September 1801 begann er seine letzte Visitations=
und Firmungsreise; er firmte und visitirte Kirchen und
Schulen zu Mergentheim, Commersdorf, Schönthal, Neckar=
sulm, Gundelsheim, Mosbach, Hardheim und kehrte über
Gerlachsheim nach Würzburg zurück. Auf dieser Reise
hatte er sich einen hartnäckigen Catarrh zugezogen; er achtete
denselben aber nicht, besuchte bei der größten Kälte den
Chor, die Sitzungen der geistlichen Regierung, und hielt
sogar noch als Custos seine Predigten ab. Bei diesen An=
strengungen kam die Krankheit, während er einer Sitzung
auf der geistlichen Regierung beiwohnte, plötzlich zum Aus=
bruche; er fühlte die heftigsten Schmerzen, und erkannte

in biesen sogleich bie Vorboten seines nahen Todes. Vor=
bereitet unb gestärkt burch bie heiligen Sacramente sah er
bemselben mit Ruhe unb Ergebung in ben Willen Gottes
entgegen. Am 6. Februar 1802 Vormittags um halb 11
Uhr rief ihn ber Herr zu sich, ber ihn lieb hatte unb beß=
wegen so frühe zu sich nahm.

So enbete Weihbischof Fahrmann, im 60. Jahre seines
Alters unb im 13. seiner bischöfllichen Wirksamkeit — bie
Zierbe unb ber Stolz bes Clerus unb ber Liebling bes Volkes.

Seine letzte Ruhestätte fanb er in seiner Stiftskirche
nahe an ben Treppen zum Chore.

Sein Testament, welches er wenige Tage vor seinem
Tobe niebergeschrieben hatte, zeugt von seiner eblen unb wohl=
thätigen Gesinnung. Zu seinen eingesetzten Erben gehörten
auch bas Collegiatstift zu Haug, bas arme Kinberhaus unb
bas epileptische Haus zu Würzburg. Jebes ber Armen=
Institute zu Würzburg, Versbach, Acholshausen unb Mittel=
zell hatte er mit 50 fl. bebacht.

Von seinen Schriften sinb nur zwei im Drucke erschienen:

Theses selectae ex universa Theologia. Wirceburgi,
typis Nitribitt. 1766. 4.

Theologisches Gutachten über bie Bahrbt'sche Uebersetzung
bes neuen Testamentes. 1778.

Chronographicon:

MortVVs est seXta FebrVarII
annos LX. natVs
et PIetate et DoCtrInae
gLorIa NobILItatVs.

34.

Gregorius de Zirkel, Episcopus Hippensis [1]).

Der Fürstbischof Georg Carl säumte nicht, die durch den Tod des Weihbischofes Fahrmann erledigte Stelle eines Suffragans von Würzburg zu besetzen. Er konnte unter den gelehrten und verdienstvollen Männern seiner Residenzstadt eine baldige und glückliche Wahl treffen. Seine Wahl fiel zuerst auf den geistlichen Rath, Capitular des Collegiatstiftes zu Haug und Professor des Kirchenrechtes an der Julius = Universität, Dr. utriusque juris Johann Philipp Gregel [2]).

Allein Gregel konnte sich wegen seiner schwächlichen Gesundheitsverhältnisse nicht entschließen, die auf ihn gefallene und für ihn so ehrende Wahl anzunehmen. Er reichte bei dem Fürstbischofe sein Ablehnungsgesuch ein, und brachte unter Anderem in demselben vor:

---

[1]) Trauerrede bei der Todesfeier des Weihbischofes Gregor von Zirkel, gehalten am 23. Dezember 1817 im hohem Dome zu Würzburg vom Domprediger Dr. Erhard. Bamberg und Würzburg, in d. Göbhard'= schen Buchhandlungen. 1818. gr. 4. — Gregorius v. Zirkel, Bischof zu Hippen und Weihbischof von Würzburg. Ein Beitrag zu dessen Charakter= schilderung. Bamb. u. Würzb., in d. Göbhard'schen Buchhandl. 1818. kl. 8. — Nekrolog des Weihbischofs Gregor v. Zirkel, in der Felder'= schen Literaturzeitnng für kathol. Religionslehrer. 1818. I. Bd. II. Heft. S. 157 u. 261. II. Bd. VI. Heft. S. 407—415. — Scharolds Bei= träge zur älteren und neueren Chronik von Würzburg. 1818. I. Bd. 1. Heft. S. 73. — Archiv des bischöfl. Ordinariats Würzburg.

[2]) Joh. Philipp von Gregel, am 7. April 1750 zu Prölsdorf, Landg. Eltmann, geboren, den 10. April 1773 zum Priester geweiht, der Theologie Licentiat, beider Rechte Doctor, Capitular des aufgelösten Stiftes Haug, Professor des Kirchenrechtes an der Universität, k. b. Regierungsrath und Ritter des Civil=Verdienstordens der bayer. Krone, starb am 5. Januar 1811.

„Je mehr ich die Forderungen beherzige, welche Euer Hochfürstl. Gnaden an einen anzustellenden Weihbischof machen, desto inniger bin ich überzeugt, daß ich die Eigen=schaften in meiner Person nicht vereinige, welche nothwendig sind, um diesen eben so billigen als gerechten und ganz aus der Natur des Amtes geschöpften Forderungen auch nur einiger Maaßen zu entsprechen.

Ich sehe es für eine unerläßliche Pflicht an, Euer Hochfürstl. Gnaden in dieser Hinsicht mein Innerstes so gewissenhaft offen zu legen, als ob ich das Bekenntniß dem Allwissenden selbst abzulegen hätte, welchem keine Falte des menschlichen Herzens verborgen ist.

Ich erwähne zuerst nur, daß ich nie in der Seelsorge gestanden bin; daß ich außer dem Seminare etwa dreimal, und seit 24 Jahren gar nicht mehr geprediget habe; daß ich von dem gesammten Land = Clerus nicht über 5 Subjecte kenne; daß ich durch ein stilles und zurückgezogenes Leben für das öffentliche unheilbar verkrüppelt bin; daß mich eine gewisse natürliche Schüchternheit und Kleinmüthigkeit zum Anstand öffentlicher Handlungen untauglich macht; daß ich wegen meines zu sanften und weichen Temperamentes bei vorzunehmenden Correctionen in meiner ganzen Seele keine rauhe Seite finden würde, welche ich herauswenden könnte u. s. w." [1]).

Georg Carl drang auf diese Vorstellung nicht weiter in Gregel, das Amt eines Weihbischofes anzunehmen, und entschloß sich, dasselbe dem Regens des Clerical = Seminars zu Würzburg, Dr. Gregor Zirkel, zu übertragen. Am 21. April 1802 wurde ihm die Wahl des Fürstbischofes

---

[1]) Manuscripten = Sammlung des Herrn Oberbibliothekar Dr. Ant. Ruland.

münblich kund gegeben; auch Zirkel lehnte dieselbe ab, und
noch an dem nämlichen Tage schrieb er an den Fürstbischof,
daß er die ihm zugedachte weihbischöfliche Würde nicht an=
nehmen könne; daß er von Geburt aus von schwächlicher
Körper = Constitution sei, die durch vieles Studiren und die
eingeschränkte Lebensweise im Seminare noch mehr geschwächt
worden; daß er besonders eine schwache Brust besitze, welche
ihm das Sprechen schwer mache; daß eine gewisse Schüchtern=
heit mit ihm von Jugend an aufgewachsen, und diese ihm
das stille und verborgene Leben lieb gemacht habe.

„Ich besaß einst", schreibt Zirkel, „Vorzüge vor mei=
nen übrigen Mitschülern, und kannte sie nicht. Ich hatte einst
ausgezeichnete Talente, und wußte es nicht. Ich suchte von
Jugend auf mit eben der Sorgfalt gute Handlungen zu ver=
bergen, als die Menschen gewöhnlich suchen, sie zur Schau
zu tragen. Eitelkeit, Ruhmbegierde, Bestreben, es anderen
vorzuthun, welche in der Hand der Natur so starke und
wohlthätige Triebfedern sind, um die menschlichen Kräfte in
Spannung zu setzen und zu erhalten, kannte ich nie. Ich
habe darum jetzt noch keinen anderen Ehrgeiz, als diesen,
in einem meinen Kräften angemessenen Posten mit dem Bei=
falle Derer, welche mich kennen, und mit der Zufriedenheit
mit mir selbst zu wirken. Eine Auszeichnung, auch wenn
sie die Belohnung eines vorhergegangenen Verdienstes wäre,
würde mich beschämen. Die Natur hat mich entschieden zu
einem Privat = Manne bestimmt. Ich will ihr treu bleiben;
denn ich würde gegen ihr Geheiß die Rolle eines öffentlichen
Mannes sehr übel spielen. Meine Geburt hat mich überdieß
in die Verhältnisse des bürgerlichen Standes gesetzt; ich bin in
ihnen aufgewachsen, und habe alle Ursache, ihnen gut zu sein."

„Ich gehe nicht auf Schätze aus; ich beneide Niemand
seines Ranges wegen; ich habe wenig oder gar keine eigen=

nützigen Absichten, um hiezu eine angesehene Stelle zu be=
nützen; ich liebe nicht, einen gebieterischen Einfluß auf andere
Menschen zu haben, und habe lange genug gelebt, um das
Glück des Lebens anderswo, im Umgange mit sich, in der
Einheit seines Wesens, in dem Zustande einer, von keiner
Leidenschaft gestörten Gemüthsruhe zu suchen."

Zirkel erklärt unumwunden, daß er für die Stelle eines
Weihbischofes nicht geeignet sei, und bittet, ihn in seinem
bisherigen Wirkungskreise zu belassen, indem er als Vor=
steher des Seminars der Diözese weit mehr nützen könne,
als er auf einem großen und schimmernden Posten nützen
werde. Es ist das größte Unglück, sagt er am Schlusse seiner
Eingabe, eine Stelle anzunehmen, welche man nicht ganz aus=
füllen kann, ohne noch einen Ueberfluß an Kräften zu haben.

Diese Ablehnung wurde nicht angenommen, und der
Fürstbischof bestand auf seinem Entschlusse. Der Regens
Dr. Gregor Zirkel reichte eine neue Vorstellung ein und
wiederholte seine Bitte. Ich habe, äußerte er in derselben,
noch einmal mein Innerstes mit aller Aufrichtigkeit erforscht,
alle Saiten berührt und keinen Laut für den erhabenen Posten
gefunden, welchen mir Ew. Hochfürstl. Gnaden in höchster
Huld bestimmt haben.... Gott und die Natur haben mich
nicht zu einem Amte bestimmt, wozu sie mir die nöthigen
Kräfte und die erforderlichen Anlagen des Geistes und des
Gemüthes versagt haben.... Ich bin Priester; was in der
Welt sollte mich abhalten, an die Spitze des priesterlichen
Ordens zu treten, wenn ich im Stande wäre, die Pflichten,
welche mit dem Range verbunden sind, zu übernehmen?
Ich bin kränklich; dieß gibt mein Aussehen, und der Arzt,
den ich befragte, gab mir die Antwort, daß er mir unmöglich
zur Annahme einer Stelle rathen könne, welche vieles und
starkes Sprechen, Predigen und dergleichen zur Pflicht mache.

Allein auch diese Eingabe blieb ohne Erfolg; der Fürst=
bischof konnte nicht bewogen werden, von seiner getroffenen
Wahl abzugehen, und schritt, um jede weitere Einsprache
abzuschneiden, zur Ernennung des geistlichen Rathes Zirkel
zu seinem Weihbischofe. Am 27. April 1802 wurde das
Ernennungsdecret ausgefertigt und ihm zugestellt. In dem=
selben wurde ausgesprochen, daß ihm „in Ansehung seiner
allgemein anerkannten und bewährten tiefen Gelehrsamkeit,
vorzüglichen Klugheit, seines wahren canonischen Geistes,
seiner festen, dem Kirchen=Regierungsgeschäfte vollkommen
angemessenen Grundsätze, seines tabellosen Wandels, und
seiner um das Beste der Diözese schon erworbenen Verdienste
das Suffraganeat ertheilt werde".

Zirkel ergab sich nun in den Willen seines Bischofs,
und dankte demselben in einem Schreiben vom 28. April
für das ihm geschenkte höchste Zutrauen, welches sein Ver=
dienst so sehr übersteige, unter der Versicherung der auf=
richtigsten Ergebenheit und unwandelbaren Treue, die er stets
bewahren und mit in das Grab nehmen werde. Diesen Vor=
satz habe er heute am Altare beschworen, und lege ihn in
die Hände seines Bischofs nieder.

Aus diesen Verhandlungen, welche seiner Ernennung
zum Suffragan vorausgingen, leuchtet Zirkels edler Charakter
hervor. Wir sehen aus denselben, daß er ohne alle Ambition
war. Er erkannte und fühlte die hohe bischöfliche Würde;
er war sich aber auch der schweren Pflichten und der großen
Verantwortung bewußt, welche mit derselben verbunden sind.
Er erforschte und prüfte seine Körper= und Geistes=Kräfte,
und fand sie zu schwach, dem bischöflichen Amte in allen
seinen Beziehungen und Richtungen hin ein volles und ge=
wissenhaftes Genüge zu leisten. Daher sein ernstes Wider=

streben, eine Stelle zu übernehmen, welcher er nach seiner innigsten Ueberzeugung nicht gewachsen zu sein glaubte.

Gregor Zirkel wurde am 2. August 1762 zu Silbach bei Haßfurt in Franken geboren. Seine Eltern gehörten dem bürgerlichen Stande an; sein Vater war Besitzer einer Hammerschmiede. Der hoffnungsvolle Jüngling bezog das Gymnasium zu Münnerstadt, welches unter den PP. Augustinern in schönster Blüthe stand, und wo schon so mancher wackere Mann seine Bildung erhalten hatte. Er absolvirte das Gymnasium mit großer Auszeichnung. Die allgemeinen Wissenschaften studirte er zu Bamberg mit solchem glänzenden Erfolge, daß er im September 1780 die Doctorwürde in der Philosophie erlangte, und bald nachher am 15. Dezember 1781 als einer der ersten seiner Classe frei in das bischöfliche Seminar zu Würzburg aufgenommen wurde.

Nach fünfjährigem Aufenthalte im Seminare erwarb er sich am 1. September 1786 durch seine öffentliche Defension unter dem Vorsitze des Prof. Dr. Oberthür das Licentiat der Theologie, wurde am 23. September desselben Jahres zum Priester geweiht und darauf in der Seelsorge als Caplan in dem Städtchen Ebern und dann zu Arnstein angestellt.

Schon nach drei Jahren, 1789, erhielt Zirkel von dem Fürstbischofe Franz Ludwig den Ruf als Subregens des Clericalseminars zu Würzburg, ward am 9. Mai 1791 zum Doctor der Theologie promovirt, im Mai 1792 zum Canonicus des Stiftes zum Neumünster ernannt, und im J. 1795 zum Professor der orientalischen Sprachen an der Julius-Universität befördert. Im J. 1799 betraute der Fürstbischof ihn mit dem Amte eines Regens des geistlichen Seminars, und ernannte ihn zugleich zum wirklichen geistlichen Rathe. Mit seiner Ernennung zum Weihbischofe wurde er auch mit dem Range eines geheimen Rathes ausgezeichnet, und ihm unterm 13. Mai 1802 die Stelle eines Directors der geistlichen Regierung und in Abwesenheit des geistlichen RegierungsPräsidenten und Generalvicars, Johann Franz Schenk von Stauffenberg, das Präsidium derselben übertragen.

So stieg Zirkel, obwohl von niederer Herkunft, ohne Empfehlungen mächtiger Patrone und Gönner, durch eigene Kraft und Verdienste zu den wichtigsten Aemtern und zur bischöflichen Würde empor. Er war auch dieser ihm zu Theil gewordenen Beförderung würdig; denn er besaß im hohen Grade die Eigenschaften, welche von einem Manne, zu solcher Würde erhoben, mit Recht gefordert werden. Er zeichnete sich durch eine allseitige Geistesbildung, durch ein ächt clericalisches Wohlverhalten, durch eine ungeschminkte Frömmigkeit und kirchliche Gesinnung aus. Seine Ernennung zum Suffragan ward in der ganzen Diözese freudig begrüßt. „Ich war", schreibt er unterm 26. Mai 1802 an den Fürstbischof Georg Carl, „in Haßfurt, Hofheim, Theres, Aidhausen und Altenmünster, und wurde mit allem Ausdrucke der Freude und mit ausgezeichneter Ehre empfangen. Man war bemüht, den wahren und wirklichen Bischof in meiner Person zu ehren."

Durch eine Bulle des Papstes Pius VII. d. d. Romae apud s. Mariam maiorem 12. Kal. Octobris (20. Sept.) 1802 wurde derselbe als Suffragan des Bisthums Würzburg bestätigt und zum Bischofe von Hippen in partibus infidelium präconisirt. Hippos, Hippe[1]) war ein bischöflicher Sitz an der östlichen Seite des See's Tiberias und gehörte zur Jurisdiction des Erzbischofs von Scythopolis,

---

[1]) Allgem. histor. Lexicon. Leipzig 1730. II. Theil S. 886 und IV. Theil S. 419.

einer Stabt im gelobten Lanbe am Ufer bes See's Gene-
fareth.

Am 28. October 1802 am Feste ber Apostel Simon
unb Jubas wurde ber neue Suffragan von bem Fürstbischofe
Georg Carl in ber Hoftirche bahier zum Bischofe geweiht.
Der Abt bes Klosters zu Oberzell, Christoph Kroh, unb ber
Propst ber Canonie zu Heibenfelb, Moriz Schmitt, affistir-
ten bei bem feierlichen Consecrations-Acte ¹).

---

¹) Die Besolbung bes Weihbischofs Zirfel beflanb, nebst bem Ein-
fommen feines Canonicates, in Folgenbem:

1058 fl. 4	fr.	an Gelbbeflallung.
196 fl. —	fr.	wegen Haltung eines Caplans.
100 fl. —	fr.	Beflallung als geistlicher Rath.
132 fl. —	fr.	an 33 Ducaten Neujahrgelb.
30 fl. —	fr.	für Fourage unb Beschlaggelb.
2 fl. 24	fr.	Neujahrsgelb aus ber Fiscalats-Rechnung.
2 fl. 24	fr.	Rechnungspräsenz aus ber Beneficien-Rechnung.
1 fl. 36	fr.	Neujahr- unb Dreifönigwecke von baher.
160 fl. —	fr.	Hauszins für feine Person, infolange bis berfelbe einen eigenthümlichen Stiftshof befommt, 200 fl. rheinisch.
27 fl. —	fr.	6 Malter Waizen.
96 fl. —	fr.	26 Malter 8 Meßen Haber.
60 fl. —	fr.	ein Fuber Ehrenwein für feine Person.
. — fl. 48	fr.	für eine Martinsgans.
1 fl. 4	fr.	16 Pfb. Christwecmehl.
- fl. 16	fr.	2 Pfb. Christfrapfen.
— fl. 30	fr.	¹/₃ Pfb. weißes Lichtmeß-Wachs.
15 fl. 21³/₅ fr.		Sterbpräfenz von ben Canonicis, Vicariis unb Pfarrern, ausschließlich bes Domcapitels, auf acht Sterbfälle gerechnet.

1883 fl. 27³/₅ fr.

Bei Pfarrei-Visitationen ganz freien Unterhalt auf Rechnung ber
Hoftammer.

Seine Freunde, welche ihn genau kannten, Männer, die sich seines vertrauten Umganges erfreuten und in die Verhältnisse seines Privat = und öffentlichen Lebens eingeweiht waren, können nur Rühmliches von ihm berichten. Ich ent= nehme aus den oben bezeichneten Schriften derselben über Zirkels Charakter, Wissenschaft und Thätigkeit folgende Momente.

Er hatte sich durch seine unermüdeten Studien und Forsch= ungen auf dem Gebiete des Wissens bei seinen glücklichen Geistesanlagen eine tiefe Gelehrsamkeit erworben; er war in allen theologischen Wissenschaften bewandert, mit den civil= und kirchenrechtlichen Disciplinen innigst vertraut, und besaß in den alten Sprachen, besonders in den orientalischen Sprachen, ausgezeichnete Kenntnisse. Auch die französische und englische Sprache war ihm geläufig. Was er redete und was er niederschrieb, war durchdacht und gründlich. Bei seinem offenen Blicke und bei seiner scharfen Beobachtungs= gabe hatte er sich eine große Welt = und Menschenkenntniß eigen gemacht, so daß er sich in seinen Urtheilen selten täuschte, und immer das Richtige traf.

Er war nie müssig, immer beschäftigt; sein Fleiß war so groß, daß er oft — wie ein Augenzeuge uns berichtet — wie ein Sterbender auf dem Canapee lag, und in seiner Erschöpfung schon wieder nach dem Buche oder der Feder griff. Ein Mann, der mit ihm lebte und wirkte, und dessen Urtheil alles Gewicht hat, sagte, als die Trauerbotschaft von seinem Tode kam: „Mich wundert es, daß er nicht früher starb; bloß durch Studiren und Arbeiten hat er den Tod zwanzig Jahre von sich abgehalten."

Als Vorstand des geistlichen Seminars erkannte er die Wichtigkeit des Amtes, welches ihm übertragen war. Er genoß die Achtung und Liebe der Alumnen; wie ein Vater wandelte er mit offener und gerader Stirne unter denselben. Wo Tadel

nothwendig war, tadelte er in der sanften Stimmung seines
Gemüthes; den braven und fleißigen Alumnus belobte er,
jedoch in einer Weise, welche die Eitelkeit und die Meinung
der Bevorzugung desselben niederzuhalten wußte. Er hob
nicht nur im Seminar das Studium der Theologie, sondern
suchte auch unter dem jüngeren Clerus einen regen wissenschaftlichen Sinn zu fördern. Er empfahl seinen Zöglingen
das Lesen der heiligen Schrift, der Kirchenväter, der Con-
cilien, insbesondere des Concils von Trient, und des römischen Katechismus, und ermahnte bringend die neugeweihten
Priester, welche das Seminar verließen, das Studium der
Dogmatik mit allem Eifer und ununterbrochen fortzusetzen.
Er legte ihnen an das Herz, daß sie, dem Hause „zum guten
Hirten" entlassen, nun bestrebt sein möchten, durch ihren
Wandel auch gute Hirten des Volkes zu sein. Er prägte
ihnen den Grundsatz ein: „Der Seelsorger darf nicht ver-
bauern, wenn es auch sein Beruf fordert, daß er unter
Bauern lebt." Er pflegte seine Gespräche mit Sentenzen zu
würzen. „Ohne Glauben und Religion wandeln wir hie-
nieden wie in einem Schlaraffenlande." „Die Großen, welche
der Religion nicht hold sind, kennen ihre Würde und ihren
Werth nicht." „Wenn die Kirche sich nach jeder Mode und
dem herrschenden Zeitgeiste richten wollte, was würde aus
ihren Lehren und Anstalten werden?" „Die Kirche ist eine
Säule und Grundfeste der Wahrheit; untergräbt man den
Grund, wirft man die Säule um, so fällt die Wahrheit mit."

Zirkel war fromm und religiös, voll Vertrauen auf
Gott in den schwierigsten Tagen, voll Glauben an die Wahrheiten des ewigen Heiles. Seinem Munde entfuhr nie ein
Wort, das einen Mangel an Achtung gegen die Religion
verrathen hätte; auch seine scherzhaften Aeußerungen trugen
den Stempel eines ernsten und religiösen Mannes. Sein Herz

war weich und zart. Den vermögenslosen Alumnen schenkte
er Bücher und versah mehrere derselben mit Kleidungsstücken.
Arme Studenten und die Armen der Stadt rühmten seine
Milde und Freigebigkeit; besonders spendete er in den Jahren
1816 und 1817 reichliche Almosen. Rührend war die Pietät
des dankbaren Bischofs gegen seine Eltern, deren Kummer
über den Verlust ihres so theueren Sohnes ihm auf dem
Sterbebette noch Thränen entlockte."

Zirkels Antritt seines hohen Amtes als Weihbischof
und Director der geistlichen Regierung fiel in eine kritische
Zeit. Die heftigsten Stürme brachen mit allem Ungestüme
über Franken herein. Die ausgesprochene Säcularisation der
geistlichen Fürstenthümer und Genossenschaften wurde mit
schneller Hand vollzogen. Georg Carl von Fechenbach, der
letzte Fürstbischof des alten fränkischen Bisthums und Herzog
von Franken, ward seiner weltlichen Herrschaft enthoben.
Die Stifte und Klöster, die Jahrhunderte lang zum Segen
des Volkes, zum Besten der Kirche und als eine reiche Hilfs=
quelle der Armen bestanden, wurden aufgehoben, zertrümmert
und niedergeworfen. Ein schlimmer Geist, durch die fran=
zösische Revolution und den Illuminatenorden aus der Tiefe
heraufbeschworen, und durch die Zeitphilosophie genährt und
weiter getragen, waltete mit Schrecken auch in den Gauen
des Frankenlandes. Es war eine verhängnißvolle Zeit, Alles
aus seinen Fugen gerissen, nirgends ein fester Anhaltspunkt,
der Glaube bei Vielen entschwunden, bei Vielen erschüttert,
die Sitten verschlimmert, die Treue und Anhänglichkeit an die
katholische Kirche aus vielen Herzen gewichen. Man prophezeite,
und jubelte schon, daß nun bald unter den Ruinen der zerstör=
ten Klöster Altar und Papstthum begraben werden würde.

In Folge des Regierungs=Wechsels in den beiden fränki=
schen Fürstenthümern Bamberg und Würzburg traten viel=

fache Veränderungen ein. Die ganze Verwaltung des ehe=
maligen geistlichen Staates erlitt eine vollständige Umge=
staltung. Unterm 9. Mai 1803 wurde die bisherige geist=
liche Regierung aufgelöst, und alle geistliche Regierungs=
Gegenstände, welche aus der Landeshoheit fließen, und nicht
unbestritten zu dem obersten Hirtenamte gehören,
wurden dem Amts= und Wirkungs=Kreise der Landesdirection
überwiesen.

Manche Anordnungen, welche nun in der Verwaltung
der neu erworbenen Landestheile getroffen wurden, standen
mit den gemeinen und besonderen kirchlichen Bestimmungen
und der bisherigen Observanz der Abministration der Diözese
im Widerspruche, und griffen tief in das Innerste und
Wesentliche der katholischen Kirchenverfassung und in die
bischöflichen Gerechtsame ein.

Man konnte bei diesem Vorgehen die Absicht nicht ver=
kennen, dem Diözesanbischofe allen Einfluß bei Besetzung
kirchlicher Pfründen zu entziehen, das hierarchische Band
zwischen Bischof und Clerus zu lösen, und auf die Bildung
der Alumnen im Seminare in einer der katholischen Kirche
ungünstigen Richtung einzuwirken.

Georg Carl von Fechenbach, obwohl seiner fürstlichen
Würde und Gewalt entkleidet, konnte als Bischof der katho=
lischen Kirche bei diesen Verletzungen seiner Rechte nicht ruhig
zusehen. Er protestirte gegen die Eingriffe in seine Diözesan=
Jurisdiction, und versuchte es im Pflichtgefühle seines bischöf=
lichen Amtes, auf friedlichem Wege, durch Umsicht und Klug=
heit und mit Gründen einer nüchternen und unbefangenen
Politik, dem weiteren Vorschreiten der weltlichen Macht auf
dem Gebiete des Kirchenregiments Einhalt zu thun, dieselbe
von ihrer feindlichen Gesinnung gegen die Ausübung der
bischöflichen Befugnisse abzubringen, und eine Verständigung

über den bischöflichen Wirkungskreis mit der landesherrlichen Regierung herbeizuführen.

Er hatte zu diesem Zwecke aus seinen geistlichen Räthen eine eigene Commission niedergesetzt, welche die Aufgabe hatte, die fragliche Verständigung anzubahnen und die unveräußerlichen Gerechtsame des Diözesanbischofs zu wahren. Sein Weihbischof und Director des Vicariats, Dr. Zirkel, stand an der Spitze der Commission, und leitete die Verhandlungen derselben, die aber zu keinem Resultate führten.

Die vertraulichen Briefe, welche Georg Karl an die benachbarten Reichsbischöfe richtete, und die Schreiben an Seine päpstliche Heiligkeit, Pius VII., floßen meistens aus Zirkels Feder. Diese Actenstücke, welche ich in den Beilagen mittheilen zu müssen glaube, entrollen vor unserem Blicke ein trauriges Bild der kirchlichen Zustände in unserem Bisthume, beurkunden aber zugleich die rege Sorgfalt unseres Fürstbischofes, mit welcher er die Anerkennung der bischöflichen Gerechtsame bei den weltlichen Fürsten anzustreben, und seine Rechte auf die Leitung und Aufsicht seines Priester-Seminars mit aller Kraft und Entschiedenheit zu wahren suchte.

Es ist nicht der Willkür eines Einzigen gestattet, über die Rechte der katholischen Kirche und die Grundsätze, auf welchen ihre Verfassung beruht, irgend eine neue Bestimmung zu treffen. Die katholische Kirche hat immer ihre eigenen Gesetze und Rechte gehabt; diese sind auf der Kirchenversammlung von Trient festgesetzt und bestimmt worden, und durch die sich darauf gründende Diözesan-Observanz längst in Verjährung übergegangen. Es kann zwar in verschiedenen zufälligen Rechten und Gebräuchen eine Veränderung, oder auch in der Ausübung der wesentlichen eine den veränderten Umständen anpassende Modification vorgenommen werden; allein so lange muß an den alten Normen festgehalten werden,

als die neuen unter Vermittelung des Oberhauptes
der Kirche noch nicht bestimmt und anerkannt sind. So
lange mit dem Papste ein Concordat für die deutsche Kirche
nicht zu Stande gekommen ist, so lange auch ist an den
bestehenden kirchlichen Bestimmungen festzuhalten.

Diesen kirchlichen Grundsätzen getreu strebte der Bischof
Georg Carl eine Vereinbarung der weltlichen Fürsten mit
dem Kirchenoberhaupte an, um in einem Concorbate die kirch=
lichen Verhältnisse zu regeln, und die Rechte und Befugnisse
der Reichsbischöfe zu bestimmen und festzustellen. Er wandte
sich in dieser Angelegenheit an den Metropoliten zu Regens=
burg Churfürsten und Erzkanzler, Carl von Dalberg,
schilderte ihm mit betrübtem Herzen die jammervolle Lage
seines Kirchensprengels, und drang in ihn, seinen Einfluß
bei dem Kaiser in Wien und dem römischen Hofe geltend
zu machen, daß durch Errichtung eines Concordates der
traurigen Verwirrung, in welche die deutsche Kirche durch
die Säcularisation gerathen, ein Ende gemacht, und ein ge=
ordneter Zustand in den Kirchensprengeln wieder hergestellt
werde.

In derselben Angelegenheit schrieb er auch an die Fürst=
bischöfe von Fulda, Eichstädt und Speyer, machte sie mit den
Vorgängen in seinem Bisthume bekannt, und wies auf die
Nothwendigkeit hin, daß der deutsche Episcopat sich vereinigen
müsse, indem nur von der Einigung und allgemeinen Theil=
nahme der deutschen Bischöfe ein günstiger Erfolg für die
deutsche Kirche erzielt werden könnte. Es ist nur ein Epi=
scopat, an welchem Alle gleichen Antheil haben, und zu
dessen Vertheidigung und Wahrung seiner Rechte auch alle
Bischöfe berufen sind [1]).

---

[1]) Beilage Nro. 2. 3. 5. 8. 9.

Carl von Dalberg billigte das Verfahren unseres Fürst=
bischofes, und benachrichtigte ihn, daß der Nuntius zu Wien,
der geistliche Rath Kolborn und der Reichs=Referendär von
Frank beauftragt seien, das Geschäft zur Abschließung eines
Concordates vorzubereiten, und daß ein päpstlicher Gesandte
ankommen werde, dasselbe unter kaiserlichem Schutz und Ver=
mittlung mit dem Reiche abzuschließen. Sollten hingegen,
bemerkt von Dalberg, die weltlichen Fürsten gegen die wesent=
liche katholische Religions= und Kirchenverfassung Eingriffe
wagen, so sei es dann geboten, daß der katholische Religions=
theil im Reiche als ein Corpus Catholicorum auftrete und
seine Gerechtsame mit ebensoviel Standhaftigkeit und Eifer
als mit kluger Mäßigung vertheidige. Derselbe sieht es
auch als zweckmäßig an, daß die deutschen Kirchenvorsteher
sich an den Papst, den Vereinigungspunkt der katholischen
Kirche, wenden, und um väterlichen Rath und Unterstützung
nachsuchen sollten. Obwohl der römische Hof in der neueren
Zeit viel gelitten habe, so habe er doch wieder an der ihm
gebührenden Achtung gewonnen. Rußland, Preußen und
Oesterreich hätten dieß neuerlich bezeugt, und der erste Con=
sul habe dem Minister eines gewissen Hofes sein Mißfallen
über das harte Benehmen in geistlichen Dingen ausgedrückt.
Auch Churbayern näherte sich dem römischen Hofe, indem
es einen Gesandten dahin abgeordnet. Er habe daher Hoff=
nung auf das Zustandekommen des Concordates, und den
geistlichen Rath Kolborn instruirt, bei Einleitung desselben
nur auf solche Gegenstände miteinzugehen, in welchen der
Kaiser und Papst miteinander einverstanden seien [1]).

Georg Carl von Fechenbach sah aber wohl ein, daß
bei den damaligen politischen Zuständen die Abschließung

---

[1]) Beilage Nro. 4. 16.

eines Concordates noch in weiter Ferne liege. Er wünschte
aber Friede und einen geregelten Gang in der Verwaltung
seiner Diözese, und faßte daher den Plan, sich mit der chur=
pfalzbayerischen Regierung in Privat = Unterhandlungen ein=
zulassen, und mit derselben eine Vereinbarung über die Rechte
und den Wirkungskreis des Diözesanbischofs in provisorischer
Weise, und mit Vorbehalt aller, durch das künftige Con=
cordat bestimmt werdenden Rechte, zu treffen. Er ließ zu
dem Ende einen Complex der bischöflichen Rechte an=
fertigen, zu deren Ausübung der Bischof theils private,
mit Ausschluß — und theils cumulative mit Zuziehung
des Landesherrn befugt sein sollte.

Diesen Entwurf theilte er unterm 4. August 1803
dem Churfürsten Erzkanzler, Carl von Dalberg, dem
Fürstbischofe von Eichstädt, Joseph Grafen von Stuben=
berg und dem Fürstbischofe von Speyer, Wilderich Grafen
von Walderdorf, mit. Diese Kirchenprälaten gaben dem=
selben ihren Beifall, rühmten die Einsicht, den lebendigen
Eifer und die regsame Thätigkeit, womit der Fürstbischof
von Würzburg zur Wahrung und Vertheidigung der bischöf=
lichen Gerechtsame in die Schranken trat, und erkannten
mit ihm die dringend gebotene Nothwendigkeit, daß die Reichs=
bischöfe, mit ihrem Metropoliten an der Spitze, sich auf das
Innigste vereinigen müßten, um das kirchliche Ansehen, die
geistliche Diözesan = Jurisdiction, und die von Gott verliehene
bischöfliche Gewalt mit gesammter Hand und aus allen Kräf=
ten zu vertheidigen [1].

Allein Georg Carl mußte bald zu der Ueberzeugung
gelangen, daß sein Plan zu einer Vereinbarung mit der chur=
pfalzbayerischen Regierung unausführbar geworden, indem

---

[1] Beilage Nro. 8. 9. 10. 13.

bie Eingriffe in seine bischöflichen Gerechtsame nicht nach=
ließen, sondern vielmehr auf alle Zweige der Verwaltung
der Diözese in rascher Aufeinanderfolge ausgedehnt wurden.
Unterm 1. Juli 1803 berichtet er dieses Vorschreiten
der weltlichen Gewalt Seiner päpstlichen Heiligkeit Pius VII.¹).
Er schildert in seinem Berichte die schonungslose, in un=
würdiger, oft grausamer Weise vorgenommene Ausführung
des Beschlusses der Säcularisation, beklagt, wie tief das
moralische Gefühl des Volkes beim Anblicke der Stifts= und
Klösterplünderungen verletzt wurde, und bezeichnet die Be=
schränkung in der Ausübung seiner bischöflichen Jurisdiction
mit den Worten: Jus liberae collationis beneficiorum
etiam curatorum praetenso titulo juris patronatus Domino
territoriali in universum competentis denegatur Episcopo,
nec illi pars ulla in administrandis bonis Ecclesiae aliarumque piarum fundationum relinquitur. Videtur non
tam principatus quam ipso *Episcopatus* sacculo saecularique potestati subjici. *Omnis inde ordo exulat.*"

In einem ferneren Schreiben an Pius VII. vom 5. Januar
1804 gedenkt er gleichfalls der Beschränkung seiner bischöf=
lichen Rechte, und sagt, daß in Folge der Säcularisation
die bischöfliche Authorität fast ganz geschwunden, und gleich=
sam auf Nichts herabgebracht sei²).

Seinem Freunde, dem Churfürsten Erzkanzler Carl von
Dalberg, gab er unterm 4. August 1803 gleichfalls Nachricht
über die kritische Lage, in die er durch verschiedene Maß=
regeln des Guberniums gekommen sei. „Es ist wirklich an
dem", schreibt er, „daß man ab Seiten der kurbayer. Landes=
birection die Begebung und Besetzung aller und jeglicher

---

¹) Beilage Nro. 6.
²) Beilage Nro. 18.

Pfarreien, die auch mit gar keinem dem Herrn Kurfürsten
vermittels der Stifter und Klöster = Auflösung heimgefallenen
Patronats = Rechte bestrickt sind, an sich zieht; und auf den
eingegangenen Klöster = Ortschaften, oder in der Nähe der=
selben neue Seelsorgen errichtet, und neue Seelsorger auf=
stellt, ohne minbeste Rücksprache und Anzeige bei
dem bischöflichen Ordinariate. Nur auf desfalls ge=
machte triftige Remonstration konnte man es endlich erhalten,
daß derlei aufgestellte Seelsorger pro obtinenda commissione curae an mein Generalvicariat angewiesen wurden"[1]).

Es erschienen unterm 22. August und 22. September
1803 über das landesherrliche Patronats = Recht die bekann=
ten Verordnungen, in welcher der Grundsatz aufgestellt wurde,
daß nach den durch die Säcularisation veränderten Ver=
hältnissen der bischöflichen Gerechtsame das Patro=
nat an allen jenen Pfarreien und sonstigen Benefizien, auf
welchen kein jus patronatus laicale privatum
hafte, dem Landesherrn zustehe.

Gegen diese Verordnung legte Fürstbischof Georg Carl
Verwahrung ein, und reclamirte das freie bischöfliche Col=
lationsrecht. Unterm 11. Dezember 1803 übermachte er Seiner
churfürstlichen Durchlaucht ein eigenhändiges Schreiben, in
welchem er die Ausübung dieses wesentlichen bischöflichen
Rechtes in Anspruch nahm, und es offen und frei erklärte,
daß er, obwohl er in den Fall gekommen, die Regierung
seines Landes dem Churfürsten zu überlassen, sich dadurch
nicht seiner bischöflichen Gerechtsame begeben habe, sondern
entschlossen und Willens sei, nun einzig und allein seiner
Pflicht als Bischof obzuliegen[2]).

---

1) Beilage Nro. 8.
2) Beilage Nro. 14.

Der rechtlich gesinnte und milde Churfürst Max Joseph antwortete unterm 27. Februar 1804 dem Fürstbischofe in in einem freundlichen Schreiben, und gab demselben die Versicherung, er sei von der Wichtigkeit der bischöf= lichen Functionen zu sehr überzeugt, so daß er nicht den geringsten Eingriff in irgend eines der wesentlichen bischöflichen Prärogative gestatten werde [1]).

Allein man verfolgte unbeirrt den nach Maßgabe der Verordnungen vom 22. August und 22. September 1803 betretenen Gang. Das freie bischöfliche Collationsrecht, wel= ches bisher nach den canonischen Grundsätzen als die Regel bei Vergebungen der Beneficien gegolten, wurde auf die Seite geschoben, die Ausnahme nun als Regel betrachtet, und das Collationsrecht des Bischofs nur insoferne zuge= standen, als es die Bevollmächtigung zur Ausübung der Seelsorge begreife.

Das jus supremae inspectionis wurde auch auf die Beschäftigung der römischen Ehedispensen in unzarter Weise ausgedehnt [2]). Zirkel in seiner Schrift: „Die deutsche katho= lische Kirche" S. 101 sagt hierüber: Durch die Verord= nungen vom 12. März und 6. August 1804 mußten die römischen Ehedispensen durch die landesherrlichen Stellen und in offenen Briefen nach Rom befördert werden, was die Gewissensfreiheit, der Zartheit, mit der solche Gegenstände behandelt werden sollten, dem Familiengeheimnisse und selbst der Würde der Regierungen unendlich nahe tritt, da es sich doch wirklich für sie nicht ziemt, Geheimnisse, die zur Beichte

---

[1]) Beilage Nro. 19.
[2]) Beilage Nro. 24.

geeignet sind, sich vorlegen zu lassen, und damit das Scham=
gefühl, das noch im Volke übrig ist, zu zerstören."

Ich will hier nicht mancher anderen Verfügungen und
Anordnungen, welche ohne Miteinfluß der bischöflichen Stelle
über Gegenstände gemischter Natur erlassen wurden, ge=
denken; aber Eines muß ich erwähnen, welches die Rechte
des Diözesan=Bischofs schwer verletzte, und für den Glauben
und die Kirche alle Gefahr befürchten ließ. Es war dieses
ein wiederholter Versuch und ein planmäßiges Anstreben, an
dem bisherigen Bestand des Priester=Seminars zu rütteln,
und sich in die Leitung und Ueberwachung desselben einzu=
mischen. Man suchte das bischöfliche Recht der Aufnahme
der Zöglinge in dasselbe zu beschränken, gewährte zum Unter=
halte des Seminars eine unzureichende Summe, und ging mit
dem Plane um, die Einkünfte desselben zu Stipendien zu
verwenden, die außerhalb des Seminars von Candidaten der
Theologie, die zum Seelsorgeramte aspirirten, bezogen werden
sollten, bis sie etwa am Rande ihres theologischen Curses
zur Erlernung der so betitelten **praktischen Handgriffe
des Seelsorger = Amtes** in das Seminar auf einige
Monate hineinversetzt werden sollten [1]).

Eine andere Veränderung, welche dem Erziehungshause
des jungen Clerus drohte, war die beabsichtigte Verlegung
desselben auf das Land, ferne von der Universität und dem
bischöflichen Sitze — eine Maßregel, die, wenn sie zur Aus=
führung gekommen wäre, dem Seminare nur Nachtheil ge=
bracht haben würde.

Der Fürstbischof wandte sich bei diesen den Bestand
seines Seminars drohenden Gefahren in einem eigenhändigen

---

[1]) Beilage Nro. 8.

312

Schreiben unterm 22. August 1803 an den Minister von Montgelas, und wahrte in einer freimüthigen Sprache seine bischöfliche Jurisdiction und Authorität bezüglich der Bildung seines Diözesanclerus, der Leitung, Aufsicht und des unge= schmälerten Fortbestandes seines Seminars [1]).

In Folge der neuen Organisation der Julius=Universität wurden protestantische Professoren an derselben angestellt, und ein Theil der Alumnen des Seminars, von außen ermuntert und unterstützt, wagten es, die Vorlesungen derselben zu besuchen, obwohl es ihnen von ihrem Bischofe verboten war.

Einer dieser Professoren, Schelling, trug die Philo= sophie nach dem Systeme des Idealismus vor, welches zwi= schen Platonismus und Spinozismus fast in der Mitte steht, und den Geist und die Materie, oder Gott und die Natur in der Idee des Absoluten confundirt. Ein anderer, Paulus, gab seine Exegese der heiligen Schrift nicht nach der allge= meinen und einstimmigen Erklärung der Väter, sondern nach Principien, welche mit dem katholischen Dogma nicht zu ver= einbaren sind, und exponirte seine Vorlesungen über theo= logische Quellen ganz nach Willkür.

Ja selbst die katholischen Professoren der Theologie wurden rücksichtlich ihrer Orthodoxie und reinen katholischen Lehre der Verantwortlichkeit bei ihrem Bischofe entrückt.

Bei diesen Zuständen sah der fromme Bischof Gefahr für das ihm anvertraute depositum fidei — Gefahr für seinen jungen Clerus, welcher bei solchen Professoren die Religionslehren anhören und sich eigen machen sollte, um sie dereinst unter das katholische Volk zu verbreiten.

Sein Hauptaugenmerk war daher auf das geistliche Seminar gerichtet, und ging dahin, die Alumnen von dem

---

[1]) Beilage Nr. 12.

Besuche der Vorlesungen der beiden protestantischen Professoren Paulus und Schelling abzuhalten. Allein er hatte hier einen harten Kampf zu bestehen. Der freiere Geist der Zeit, der Grundsatz, den man an den Tag legte, keine Körperschaft bestehen zu lassen, die traurige Aussicht des jungen Clerus auf Anstellung in der Seelsorge, indem die Klostergeistlichen bei Besetzung der Pfründen begünstiget wurden, und auch noch Aufhetzungen von außen, — dies alles hatte zusammengewirkt, einen Geist der Unruhe und Insubordination unter den Alumnen hervorzurufen und zu nähren. Sie erklärten dem Regens, der ihnen die Erlaubniß, die Collegien der genannten Professoren zu besuchen, nicht ertheilte, geradezu, daß sie nunmehr, nachdem die Oberen des Hauses nur ihre Repräsentanten wären, ohne jedoch für ihr Wohl zu sorgen, in ihre Rechte eintreten und sich selbst repräsentiren müßten.

Wirklich machten sie eine schriftliche Eingabe an das fränkische General-Commissariat und die Landesdirection, in welcher sie auf die Erlaubniß, die mehrerwähnten Collegien besuchen zu dürfen, und ferner auf die Auflösung des Seminars als eines für Leib und Seele verderblichen Institutes antrugen.

Der Bischof, von diesem Vorgange in Kenntniß gesetzt, ließ durch sein Vicariat die Widerspenstigen abermals mahnen und warnen, verwies ihnen ihre revolutionäre Sprache, suchte die Ordnung in dem geistlichen Erziehungshause wiederherzustellen, und forderte die Zöglinge desselben zum Gehorsame gegen ihre Oberen auf.

Die Landesdirection nahm Anlaß, sich in diese Angelegenheit des bischöflichen Seminars einzumischen. Sie schickte, ohne alle Rücksprache mit dem Bischofe oder seinem Vicariate, einen Commissär in dasselbe, um die Alumnen zum Gehorsame anzuweisen, und gab denselben zugleich auch kund, daß ihre Wünsche und Bitten, welche sie an die Landesdirection hätten gelangen lassen, erwogen werden und darüber Entschließung erfolgen sollte.

Die Entschließung ließ nicht lange auf sich warten; die Wünsche des Alumnates wurden erfüllt, und der Regens des bischöflichen Seminars wurde durch ein Decret der Landes=direction angewiesen, sogleich dem Alumnate bekannt zu zu machen, daß es die Erlaubniß habe, die fraglichen Col=legien zu besuchen.

Die wiederholten Ermahnungen, von dem fraglichen Collegienbesuch, der bei dem katholischen Publicum Aufsehen und Aergerniß erregen würde, abzustehen, blieben ohne Er=folg. Noch an demselben Morgen, an welchem durch das Vicariat das Verbot des Bischofs den Alumnen neuerdings bekannt gemacht wurde, vollendeten sie das Werk ihrer In=subordination, sistirten sich bei den Professoren Paulus und Schelling, und frequentirten den bischöflichen Ermahnungen zum Trotze die Collegien derselben.

„Was kann", schreibt der bekümmerte Bischof unterm 24. Dezember 1803 an Carl von Dalberg, „die Kirche von Leuten erwarten, welche dem Bischofe als Jünglinge, selbst in dem Erziehungshause, in einer innerhalb der Sphäre seines bischöflichen Amtes liegenden Sache formell ungehor=sam sind? Von Leuten, die sich darüber pflichtvergessen hinwegsetzen, als Ueberläufer zu einer anderen Kirche öffent=lich zu erscheinen, die das Vertrauen weder des Bischofes noch des Volkes respectiren, und sich nicht scheuen, das Gewissen desselben zu verletzen, und bei dem allgemeinen Verfall der Religion selbst das ärgerliche Beispiel der Gleich=gültigkeit in Hinsicht des Kirchenglaubens zu geben?"

Der Fürstbischof war entschlossen, dieses nicht zu recht=
fertigende, das allgemeine Recht aller Bischöfe der Kirche
Deutschlands beleidigende, ein öffentliches Aergerniß verbrei=
tende, und selbst in der protestantischen Kirche beispiellose
Betragen der Alumnen dadurch zu bestrafen, daß er ihnen
die Weihe versagen, und auf die Entfernung derselben aus
dem Seminare antragen werde [1]).

Schon unterm 27. Dezember beantwortet der Churfürst
Erzkanzler von Dalberg das Schreiben unseres Fürstbischofes;
er erkennt rühmend an, mit welcher Sorgfalt Georg Carl
auf Erhaltung guter Ordnung in dem Seminare und auf
gute Bildung der Geistlichkeit bedacht sei, billigt seinen Ent=
schluß, den er im Betreffe der ungehorsamen Alumnen ge=
faßt habe, und spricht den Wunsch aus, es möchten die
verirrten Zöglinge zur Erkenntniß ihres begangenen Fehlers
zurückgeführt, und Ordnung und Folgsamkeit in einem Semi=
nare wieder hergestellt werden, welches bisher das **Muster
und Vorbild aller Seminare gewesen** [2]).

Wiederholt ließ der Fürstbischof, dem die Wiederher=
stellung der Disciplin in dem geistlichen Erziehungshause und
die Heranbildung eines ächt kirchlich gesinnten Clerus am
Herzen lag, den Alumnen ihre Pflichten zu Gemüthe führen
mit der Drohung, daß er keinem von ihnen die Hände auf=
legen würde, woferne sie nicht sogleich von ihrer Verirrung
und Widersetzlichkeit abstehen, in Leitung ihrer Studien dem
Bischofe Folge leisten, und in Zukunft überzeugende Beweise
ihrer Berufstreue und des schuldigen Gehorsams geben würden.

Zugleich berichtete im Auftrage des Fürstbischofes das
Vicariat die Vorfälle im Seminare an das churfürstliche

---

[1]) Beilage Nro. 15.
[2]) Beilage Nro. 16.

Ministerium zu München, und entwickelte in seiner Darstellung die Ursachen, welche diese, für Kirche und Staat
gleich mißtröstliche Erscheinung herbeigeführt hätten. Die
bischöfliche Stelle erblickte in dem Versuche, die Zöglinge
des katholischen Lehrstandes in die Collegien protestantischer
Professoren zu schicken, eine Verletzung eines der ersten Kirchenrechte, welche sich keine Kirche gefallen lassen könne, und
am wenigsten sich, im umgekehrten Falle, die protestantische
Kirche gefallen lassen würde; sie erklärte es als eine tiefe
Kränkung der Gewissensfreiheit eines übrigens katholischen
Volkes, wenn es sich Religionslehrer aufdringen lassen solle,
auf deren ächte und unverfälschte Lehre es kein Vertrauen
setzen könne, und wies endlich auf die traurigen Folgen hin,
die aus einem solchen Collegienbesuche nothwendig entstehen
müßten, daß nämlich der künftige Clerus weder kalt noch
warm sein, weder der katholischen Kirche noch der lutherischen
Confession angehören würde. Insbesondere wurde der Besuch
der Vorlesungen des Professors Schelling als unvereinbar mit
der Vorbereitung der Seminaristen zu ihrem künftigen Lehramte
und mit dem kirchlichen Berufe als Religionslehrer dargestellt.
Von dieser Sachlage setzte Georg Carl von Fechenbach
unterm 6. Januar 1804 den Churfürsten Erzkanzler von
Dalberg in Kenntniß, und nahm dessen Anerbieten, sich für
Erhaltung des Seminars und des Fondes desselben zu München, Rom und Wien verwenden zu wollen, mit Dank an,
indem er die nicht unbegründete Befürchtung aussprach, daß
die Seminaristen sich unmittelbar nach München gewendet
hätten, die Auflösung des Seminars zu erwirken. Professor
Paulus soll an diesem Schritte der jungen Leute Antheil
gehabt haben [1]).

---

[1]) Beilage Nro. 17.

In derselben Angelegenheit wandte sich auch der Fürst=
bischof unterm 5. Januar 1804 an Seine päpstliche Heilig=
keit Pius VII. Er legte in seinem Schreiben die traurigen
Vorgänge im Seminar und zugleich die Ursachen dar, durch
welche die jungen Leute zum Ungehorsame gegen ihren Bischof
verleitet worden; gab dem heiligen Vater die Maaßregeln
kund, welche er, um die irrgeleiteten Alumnen zum Gehor=
same zurückzuführen, getroffen hatte, und erbat sich zur Er=
haltung des Priesterseminars in seinem bisherigen Stande
und zur Wiederherstellung der in demselben gesunkenen
Disciplin vom Oberhaupte der Kirche Rath und Hilfe [1]).

Pius VII. beklagt in einem Breve an den Fürstbischof
die Zerrüttungen, welche in Folge der Säcularisation über
die Diözese Würzburg gekommen, und die unglückseligen
Wirren, durch welche Ordnung und Zucht aus dem bischöf=
lichen Seminare verschwunden, und billigt die Schritte des
Bischofs, die er zur Beseitigung dieser Mißstände in kluger
und umsichtsvoller Weise gethan habe [2]).

Indessen setzten die Alumnen, ungeachtet aller Abmahnung
und der Androhung der Versagung der Weihen, den Besuch
der Vorlesungen der protestantischen Professoren fort, und es
wurde sogar dem Bischofe die indirecte Zumuthung gemacht,
dieselben zu ordiniren. Gegen dieses Ansinnen beschwerte sich
der Fürstbischof unterm 14. Mai 1804 unmittelbar bei Seiner
Durchlaucht dem Churfürsten Max Joseph. Er sagt in
dieser Beschwerdeschrift: „Ew. Hoheit haben mir unter dem
27. Februar die beruhigende Zusicherung gegeben, nicht ge=
statten zu wollen, daß irgend ein Eingriff in die wesentlichen
bischöflichen Prärogative gemacht werde. Nur einen dieser

---

[1]) Beilage Nro. 18.
[2]) Beilage Nro. 20.

Vorzüge habe ich bis auf diese Stunde übrig, und dies ist das in meiner Person ruhende Recht zu ordiniren. Man kränkt mich hierin auf einer zweifachen Seite; einmal, daß ich dem Wohl der Diözese, die nebst dem Gebiete Ew. Hoheit noch zur Zeit mehrere auswärtige Gebiete umfasset, nicht Vor= sehung thun kann, wie ich es für nothwendig erachte; denn bereits war seit einem halben Jahre keine Ordination aus dem Alumnate des Seminars; — und dann macht man mir die indirecte Zumuthung, jene Alumnen des Seminars zu ordiniren, welche sich zum öffentlichen Aergernisse mit beispiel= losem Ungehorsame meiner Weisung und Leitung in ihrem Religions=Studium widersetzt haben, und die ich demnach zur Zeit weder der Weihe für würdig noch zur Anstellung in.der Seelsorge für tüchtig nach den canonischen Satzungen halten kann.

Nie werde ich gegen Pflicht und Ehre meines bischöf= lichen Amtes handeln, und es kann die Gesinnung Ew. Hoheit nicht sein, daß mir nur von ferne diese Ansinnungen gemacht werden.

Wie können Ew. Hoheit zugeben, daß das bischöfliche Ansehen von der untersten Classe der Cleriker — in der ge= rechtesten Sache — auf eine insolente Weise — im Ange= sichte der Kirche beschimpft werde? Wie können Dieselben zugeben, daß eine Hand voll unbesonnener Brauseköpfe un= gestraft die Stimme ihres Bischofs verkennen, und die ihnen angedrohte Strafe verachten dürfe? Wie können Dieselben zugeben, daß diese Leute, welche ihren Beruf durch ihre Con= duite sehr zweideutig machen, in der erschlichenen Erlaubniß, die Collegien der Professoren Paulus und Schelling zu besuchen, Schutz und Rechtfertigung finden?...

Es macht mir mein oberhirtliches Amt und das mir nöthige bischöfliche Ansehen zur unabweisbaren Pflicht, ehe

unb bevor das von ihnen gegebene öffentliche Aergerniß repa=
rirt und der gemachte schädliche Eindruck ausgelöscht ist —
ehe sie durch neue Beweise ihres Berufseifers eine bessere
Hoffnung von sich erregt haben — ehe das Volk, meine
Diözesanen, seiner künftigen Religionslehrer und ihrer Lehr=
treue wegen beruhigt sein wird — ehe endlich den Pfarrern
die Furcht benommen sein wird, an ihnen unverträgliche
Gehilfen — insubordonnés et fougeux — in der Seel=
sorge zu erhalten, die schon als Zöglinge ungestraft die Hand
gegen den Bischof aufheben durften — ehe und bevor dieses
alles geschehen — keinen dieser pflichtvergessenen Menschen
zu den Weihen zuzulassen."

Am Schlusse seines Schreibens erklärt der Fürstbischof,
daß er sich nicht abhalten lassen könne, die nothwendig be=
fundene Priester= und Diaconen=Weihe vorzunehmen, und
stellt an den Churfürsten die Bitte, der churfürstlichen Landes=
birection in dem Versuche, vorzuschreiben, wie viele und
welche Alumnen des Seminars er ordiniren solle,
schleunig Schranken zu setzen [1]).

Schon unterm 14. Juni beantwortete der Churfürst
Max Joseph das Schreiben unseres Fürstbischofes, und
benachrichtigte denselben, daß er dem General=Commissär,
Grafen von Thürheim, den Auftrag ertheilt habe, sich mit
dem Bischofe über die fragliche Angelegenheit persönlich zu
benehmen, und diese in ihren Folgen für die kirchliche
und weltliche Authorität gleich nachtheilige Streitsache zu
schlichten [2]).

Die Anzahl der widerspenstigen Alumnen belief sich
auf 21, worunter 8 Sub= und Diaconen, und die übrigen

[1]) Beilage Nro. 21.
[2]) Beilage Nro. 22.

noch Minoristen waren. Der Fürstbischof ließ dem Grafen von Thürheim erklären, daß er nach einiger Zeit den Diaconen und Subbiaconen die Priesterweihe ertheilen werde, jedoch in der Voraussetzung, daß sie Beweise ihrer Besserung und des canonischen Gehorsams geben, und vor der Ordination sich einem strengen Examen über ihre Berufskenntnisse unterziehen würden. Auf Entfernung der übrigen 13 Minoristen aus dem Seminare bestand der Bischof und gab es dem General = Landes = Commissär anheim, die Einleitung zu treffen, daß die fraglichen Alumnen in den Herbstferien ihre Dimission selbst nehmen sollten. Auch wollte der Bischof es geschehen lassen, daß denselben zwei Jahre lang 100 Thaler aus dem Seminariumsfonde verabfolgt würden, um es ihnen möglich zu machen, eine neue Bestimmung zu ergreifen [1]).

So schien die bischöfliche Authorität in dem geistlichen Erziehungshause mit dem Schlusse des Sommersemesters 1804 hergestellt, und Hoffnung gegeben zu sein, daß mit dem Beginne des Wintersemesters Ordnung in das Seminar zurückkehren, und dem Bischofe die Leitung der Studien der Alumnen nicht ferner verkümmert werde.

Allein es kam anders; neue Verwickelungen standen bevor. Unter dem 29. November 1804 wurde von dem churfürstl. fränkischen General = Landes = Commissariat ein Reglement für das geistliche Seminar dem bischöflichen Vicariate zur Einsicht und Erinnerung mitgetheilt, mit dem Bemerken, es könne dem Vicariat das Bedürfniß nicht fremd sein, daß dem geistlichen Bildungshause, um dasselbe seinem Zwecke sicherer und bestimmter entgegenzuführen, ein genaues und ausführliches Reglement untergelegt werden müsse [2]).

---

[1]) Beilage Nro. 23.
[2]) Beilage Nro. 26.

Ich theile dieses merkwürdige Actenstück in der Beilage Nro. 27 vollständig mit, um den Leser in den Stand zu setzen, den Geist und die Tendenz desselben kennen zu lernen, und bemerke, daß dieser Plan für ein katholisches Seminar nach der Aeußerung des Fürstbischofs Georg Carl an den Churfürsten Erzkanzler von Dalberg aus einer protestantischen Feder geflossen und den Einwirkungen des Professors und Consistorialrathes Niethamer nicht fremd gewesen sei.

Das Reglement, welches 136 Paragraphen umfaßt, bezeichnet das Seminar als ein Bildungshaus künftiger Staatsbeamten und nebenbei als ein Attribut der Kirche und der Universität. Der Einfluß des Diözesanbischofs auf dasselbe ist darin fast gänzlich beseitigt, und nur ein Theil der Mitaufsicht und Leitung seinem Vicariate zugewiesen. Dem Bischofe wird nur das Recht des Vorschlages einiger qualificirten Individuen zu den Regentenstellen eingeräumt, und selbst das in seiner Person ruhende Recht der Ordination beschränkt. Die Oberaufsicht, Oberleitung und Aufnahme der Candidaten wird von der landesherrlichen Regierung ausgeübt, und der zeitliche Vorstand der Landesdirection soll von Zeit zu Zeit Erkundigung einziehen, auch selbst nachsehen, oder nachsehen lassen, ob die höchsten Befehle vollzogen, und welcher Geist den geistlichen Zöglingen mitgetheilt werde.

Der Besuch der Collegien der protestantischen Universitäts-Professoren wird in diesem Reglement gleichfalls begünstiget, und die Vorsteher des Seminars werden angewiesen, ihren Zöglingen die Vortheile, welche sie aus den Vorlesungen derselben ziehen könnten, nicht zu entziehen. Den ausgezeichneten Alumnen, welche sich zum Lehramte bilden wollten, soll der Besuch der Vorlesungen der theologischen Professoren

der augsburgischen Confeſſion ohne Unterſchied, ſie mögen
die Glaubenslehren betreffen oder nicht, geſtattet ſein.

Die kirchlichen Uebungen, die angeblich zuletzt in einen
Mechanismus ausarten ſollten, wurden beſchränkt. Statt
des bisherigen Choral=Amtes an den Sonn= und Feiertagen
ſollte eine mit deutſchen Geſängen und Gebeten begleitete
Meſſe abgehalten, das Abſingen der lateiniſchen Veſper, die
halbſtündige Meditation, das gemeinſchaftliche Brevier=Beten,
das Leſen eines geiſtlichen Buches, die geiſtlichen Reden an
den Freitagen und Samstagen, die Conferenzen aus den
Gegenſtänden der Aſceſe und Paſtorallehre, der Kirchengang
vor zwölf Uhr Mittags ꝛc. ſollten unterbleiben, indem ſolche
Uebungen zu weſentlichen Zwecken die Zeit beengen würden.

Ich ſetze hier das Urtheil, welches der Fürſtbiſchof über
das von der Landesdirection vorgelegte Reglement fällte, bei;
dasſelbe lautet: „Dieſer Plan iſt, mit Vorübergehung der
ſittlich=religiöſen Bildung des Prieſters, blos auf die wiſſen=
ſchaftliche Bildung des religöſen Volkslehrers und geiſtlichen
Staatsbeamten angelegt, und würde höchſtens dienen, Pre=
biger jeder anderen Confeſſion, nur keine katholiſche
Seelſorger zu erziehen.“ Und der Erzbiſchof, Chur=
fürſt Erzkanzler von Dalberg, äußerte ſich über dasſelbe alſo:
„Es iſt nicht zu verkennen, daß durch dieſe landesherrliche
Vorſchrift den biſchöflichen Gerechtſamen zu nahe getreten,
und durch verſchiedene Punkte derſelben der wahre Geiſt
der Bildung junger Seelſorger verfehlt werde“ ').

Der Fürſtbiſchof war entſchloſſen, dieſen Plan von der
Hand zu weiſen, und auf der bisherigen Verfaſſung des Semi=
nars zu beſtehen.

') Beilage Nr. 30.

Durch den Friedens = Schluß zu Preßburg vom 26. De=
zember 1805 trat in den fränkischen Fürstenthümern ein
Regierungswechsel ein. Das Fürstenthum Würzburg wurde
in Folge desselben, so wie es durch den Reichsschluß vom
25. Februar 1803 an den Churstaat von Bayern gekommen,
an den Erzherzog Ferdinand, bisherigen Churfürsten von
Salzburg, mit Uebertragung der Churwürde, übergeben, und
unter dem neuen Landesherrn gestalteten sich die kirchlichen
Verhältnisse des Bisthums Würzburg in frieblicher Weise.

Weihbischof Zirkel, der dem Fürstbischofe Georg Carl
in Wahrung seiner bischöflichen Gerechtsame als kluger Rath=
geber und unerschrockener Kämpfer zur Seite gestanden, be=
währte auch in jeder anderen Richtung hin zum Besten der
Diözese eine unermüdete Thätigkeit. Er war mit gewissen=
hafter Sorgfalt stets darauf bedacht, daß der Religions=
Unterricht in den Schulen und Kirchen fleißig und gründ=
lich ertheilt werde, und daß die Pfarrer und Capläne bei
ihrem katechetischen Unterrichte sich des Diözesan = Katechismus
bedienen sollten. Er hatte lebendigen Antheil an den Ver=
ordnungen genommen, welche unterm 25. Februar 1808, am
26. Mai 1809 und unterm 9. November 1810 im Betreffe
des Christenlehr = Unterrichtes von dem bischöflichen Vicariate
erlassen wurden, und suchte sich auf seinen Visitationsreisen
von dem Stande des Religions = Unterrichtes Kenntniß zu ver=
schaffen.

Im J. 1812 sollte der Katechismus des Petrus Canisius
aus den Schulen entfernt und dafür der Katechismus der
christkatholischen Glaubens = und Sittenlehre von P. Aegidius
Jais eingeführt werden. Weihbischof Zirkel war gegen dieses
Project; seine Gründe, welche er gegen den Jais'schen Kate=
chismus vorbrachte, waren : Derselbe sei zum Religions=
Unterrichte in den Schulen nicht tauglich und brauchbar,

indem er schon vermöge seiner äußeren Anlage und in Folge
der eingehaltenen Methode zum öffentlichen Unterrichte nicht
geeignet sei. Seinem Inhalte nach stelle er den Geist der
katholischen Lehre nicht dar, sondern er enthalte ihn sogar
nicht, und mache sich einer so großen Abweichung von der
Form der katholischen Lehre, so vielfältiger Auslassung der
nöthigsten Bestimmungen, so fehlerhafter Beziehungen der
einzelnen Lehren auf eine andere, so versteckter Stellungen
gegen das System schuldig, daß im gelindesten Ausdrucke
das katholische Christenthum ganz entstellt erscheine, und
folglich durch den Gebrauch desselben nicht wenig gefährdet
werde. Auch habe sich P. Jais, anstatt den Katechismus
des Kirchenrathes von Trient, oder des Canisius, oder den
Katechismus des berühmten Bossuet zur Hand zu nehmen,
den hannover'schen Katechismus und Pilger's Glaubens-
und Sittenlehre, die nach der Kant'schen Religionstheorie
umgestaltet sei, zum Führer gewählt.

Der Einführung eines solchen Katechismuswerkes könne
er nach seiner Ueberzeugung von den vielen Mängeln und
Gebrechen desselben und nach seinem Gewissen niemals bei-
stimmen.

Allein Jais Katechismus wurde bennoch eingeführt, und
Zirkel legte seine Stelle als Director des bischöflichen Vicariats nieder, um sich nun ganz seinem weihbischöflichen Amte
widmen zu können.

Zirkel kannte den Geist der damaligen philosophischen
Systeme, der sich feindlich gegen die katholische Kirche richtete. Er sah das rege Streben, welches sich in den protestantischen Zeitschriften kund gab, die katholische Religion
und ihre Gebräuche herabzusetzen und bei dem Volke verhaßt zu machen. Um diesem Treiben kräftig entgegentreten
zu können, wünschte Zirkel in seiner Liebe zum katholischen

Glauben und in seiner Anhänglichkeit an die katholische Kirche, daß sich ein Verein entschiedener katholischer Männer bilde, die sich eine katholische Zeitschrift als Organ auswählen und in derselben den Katholicismus vertheidigen sollten. Besondere Aufgabe auch sollte es sein, den jüngeren Clerus für die katholische Sache zu begeistern. Er schlug zu diesem Zwecke vor, die Literaturzeitung für katholische Religions= lehrer, welche seit dem J. 1810 von Franz Carl Felber, bischöfl. constanzischen geistlichen Rathe und Pfarrer zu Waltershofen, herausgegeben wurde, und zu Landshut bei Jos. Thomann im Drucke erschien, zu gewinnen und zu erweitern.

Ich lasse den Entwurf zur Bildung eines solchen Vereines hier theilweise folgen und bemerke, daß dieser Entwurf, von Zirkels Hand geschrieben, in seinen hinterlassenen Papieren sich vorgefunden.

„Um die katholische Religion und Kirche zu erhalten, ist es nothwendig, daß ein Verein von Männern sich bilde, welche aus den reinsten Absichten und im Geiste des Herrn der drohenden Gefahr sich entgegensetzen.

Wohin der Geist der Zeit=Philosophie führet, sehen wir aus allen Zeitschriften. Kein Buch in neuerer Zeit hat mehr geschadet, als Kants Religion innerhalb der Grenzen der Vernunft, und es wirket noch immer fort, und bringet sogar in die katholischen Katechismen ein. Die Protestanten feinden wie vom Anfange die katholische Religion an, und jetzt mehr wie sonst, nachdem sie das politische Uebergewicht errungen haben. Sie fahren fort, die Meinung zu verbrei= ten und zu nähren, als sei das katholische System ein System der Dummheit und des Aberglaubens, und fachen, wo sie können, den alten Religionshaß an. Die Cabinete der Für= sten selbst sind endlich der katholischen Kirche nicht hold, theils wegen der Hierarchie, die ihre Allmacht beschränket, theils weil sie glauben, die Unterwerfung des Verstandes unter den Gehorsam des Glaubens sei ein großes Hinderniß der freien Entwicklung der Menschenkräfte, welche Entwicklung das große Wort der Zeit geworden ist.

Seit 25 Jahren ist alle Verfolgung zwar nicht gegen die katholische Religion überhaupt, aber doch insbesondere gegen die katholische Kirche gerichtet. Was in Frankreich mit offener Gewalt geschah, geschieht anderswo auf eine versteck=tere und feinere Weise. Man verfährt mehr planmäßig und verhütet eine Uebereilung. Der katholische Gottesdienst ist in Verfall. Er unterliegt da und dort einer willkürlichen Re=form von Seite der Kirchenpolizei. In den Volksschulen ist die Religion unter die übrigen Lehrgegenstände blos als gleichartig eingereiht, ohne die Grundlage der menschlichen Bildung ferner zu sein, weil Alles nur auf Ausbildung des Verstandes angelegt ist. In den gelehrten Bildungs=Anstalten wird das Christenthum zum biblischen Deismus ausgearbeitet. Der Unterricht selbst in den theologischen Hörsälen ist selten mehr gründlich und consequent; er nähert sich mehr oder weniger der philosophisch=protestantischen Lehrform und ist in dem Bestreben, sich dem Geiste der Zeit anzubequemen, von seinem Fundamente abgewichen. Daher mag es denn auch gekommen sein, daß die Privatbibliotheken der Cleriker mehr mit protestantischen und philosophischen Büchern als mit katholischen angefüllt sind, daß man sich der theologischen Schriften der Protestanten bis zu den homiletischen und kateche=tischen herab bedient, um sich daraus zu unterrichten, und daß man sich endlich von den frivolen Recensionen und Kri=tiken der protestantischen Zeitschriften leiten läßt.

Soll diesem Uebel unserer Zeit entgegengewirkt werden, so muß man vor Allem dahin trachten, die ersten und wah=ren Grundsätze der Christus=Religion im Clerus zu erhalten,

gute Schriften unter demselben zu verbreiten, das Studium
der heil. Schrift und der Väter anzufachen, und durch gründ=
liche Bestreitung der herrschenden Irrthümer und Borur=
theile der Zeit das weitere Nachdenken in demselben durch
einen gewissen Geist der Nüchternheit und Besonnenheit zu
befördern. Quodsi sal infatuatum fuerit, in quo salietur?
Durch den Clerus muß die Masse des Volkes noch im Guten
erhalten und sowohl gegen das Verderbniß der Sitten als
gegen die Lauheit und den Leichtsinn des Zeitgeistes ver=
wahrt werden. . . .

Kein Mensch allein vermag etwas Großes für sich in
der Welt zu Stande zu bringen. Die Wohlbenkenden müssen
sich aber so vereinigen, wie die Uebelbenkenden sich vereinigen,
um ihnen gleiche Kraft entgegenzusetzen. Vereint im Geiste,
müssen sie sich auch äußerlich verbinden, um einen Zweck
mit vereinter Kraft zu erstreben. Unser Zweck kann kein
anderer sein, als die katholische Wahrheit, die theure Hinter=
lage des Glaubens, zu bewahren, und sie gegen die Angriffe
dieser Zeit, gegen die falschen Brüder sowohl als gegen jene
Unwissende, welche lästern, was sie nicht verstehen, zu ver=
theidigen. . . . Der Zweck unseres literarischen Vereines ist
die Aufrechthaltung, Vertheidigung und Auslegung der römisch=
katholischen Religion. Unser Hauptaugenmerk ist auf die
Belehrung und Befestigung des jüngeren Clerus und auf die
Berichtigung der herrschenden Irrthümer der Zeit gerichtet,
und es ist zu diesem Zwecke die Felber'sche Literaturzeitung
zu erweitern und kräftig zu unterstützen."

Der Plan zur Gründung eines solchen katholischen
Vereines zu einer Zeit angestrebt, wo sich fast Alles gegen
die katholische Kirche verschworen hatte, gibt uns das schönste
Zeugniß von der katholischen Gesinnung des edlen Mannes,
der ihn gefaßt und auszuführen bemüht war.

Die Thätigkeit und das gesegnete Wirken unseres Weih=
bischofes für die Kirche und das fränkische Bisthum fand
gerechte Anerkennung. Seine Majestät König Maximilian
Joseph lohnte seine Verdienste, indem er ihn unterm 28. August
1814 zum Commandeur des Civil=Verdienstordens der bayeri=
schen Krone ernannte.

Von den verschiedenen Pontifical=Handlungen, welche
Zirkel während seiner fünfzehnjährigen weihbischöflichen Amts=
führung verrichtete, wollen wir folgende angeben:

Obwohl von schwächlicher Gesundheit, unterließ er in
keinem Jahre die gewöhnlichen Bisitations= und Firmungs=
reisen. An 103,942 Personen spendete er das heil. Sacra=
ment der Firmung, und an mehr als tausend Candidaten
des geistlichen Standes ertheilte er die heil. Weihen.

Fürstbischof Georg Carl von Fechenbach, der zugleich
Coadjutor des Bischofs von Buseck zu Bamberg war, wurde
nach dessen am 28. September 1805 erfolgten Ableben auch
zum Bischofe von Bamberg erhoben, und am 8. Mai 1806
durch den Weihbischof als apostolischen Delegaten in der
Cathedrale zu Bamberg mit dem Pallium feierlich bekleidet.

Am 2. October 1803 nahm er die Einweihung der
neuerbauten Filialkirche zu Dampfach vor; am 15. September
1811 consecrirte er die neue Pfarrkirche zu Donnersdorf,
und am 7. September 1817 weihte er die Kirche zu Ober=
dürrbach ein.

Am 8. October 1816 ertheilte er der Prinzessin von ·
Bayern, Theodolinde, in der Domkirche zu Würzburg
die heilige Taufe; am 21. April 1817 nahm er den Act
der kirchlichen Aussegnung vor, als diese so frühzeitig ver=
blichene Prinzessin in der Schönborns=Kapelle am hohen Dome
beigesetzt wurde.

Im September des Jahres 1817 trat der unermüdlich thätige Weihbischof in die obere Gegend der Diözese, nach Kissingen, Bischofsheim v. d. Rhön, Neustadt a/S. und Hofheim eine Visitations = und Firmungsreise an. Diese Reise war für den kränklichen Bischof bei der damaligen schlimmen Jahreszeit eine äußerst beschwerliche. Fast täglich goß der Regen in Strömen herab; die Tage waren kalt und zur Nachtzeit stellten sich starke Fröste ein. Diese ungünstige Witterung übte auf Zirkels Gesundheit bei seinen vielen und anstrengenden Functionen nur einen nachtheiligen Einfluß aus. Am 2. October kam er zu Hofheim an, spendete noch am 3. October die heil. Firmung, und erkrankte am folgenden Tage. Am 7. traf er in Silbach ein, um seinen greisen Eltern in kindlicher Liebe und Freude einen Besuch — den letzten — abzustatten, und am 8. October kehrte er nach Würzburg zurück.

Ungeachtet seiner andauernden Kränklichkeit nahm er im Laufe des genannten Monats noch einige Pontifical= Verrichtungen in seiner Hauskapelle vor. Am 11. November ertheilte er 18 Neo = Alumnen in der Seminariumskirche die niederen Weihen. Dies war sein letzter Pontifical = Act.

Das Concordat, dessen Zustandekommen unser Weihbischof schon lange mit Sehnsucht entgegengesehen, war im J. 1817 zwischen Papst Pius VII. und Seiner Königlichen Majestät von Bayern abgeschlossen worden, und es stand die Besetzung der neuerrichteten Bisthümer bevor. Gregor v. Zirkel war nach Privatbriefen, die er von München erhalten, als Bischof von Speyer bestimmt, erklärte aber auf diese Nachricht seinen Freunden und Verwandten, daß er wegen Gesundheitsrücksichten diese Stelle nicht annehmen werde. Einige Tage vor seinem Tode traf das officielle Schreiben seiner Designation zum Bischofe von Speyer in Würzburg ein; allein es war im Rathschlusse Gottes anders bestimmt; der Herr rief den frommen Weihbischof zu sich, seinen guten und treuen Diener zur Freude des ewigen Lebens.

Es war der 18. Dezember 1817, an welchem der Edle an den Folgen einer Lungenentzündung nach einem vierzehntägigen Krankenlager im 56. Lebensjahre, gestärkt mit den heil. Sacramenten, gottergeben und selig in dem Herrn entschlief.

Die feierliche Beisetzung des Entseelten in seiner Stiftskirche zum Neumünster fand am 22. Dezember statt; die Exequien wurden am 23. im hohen Dome abgehalten, und sein Leichenredner, Domprediger Dr. Erharb[1]), schilderte bei dieser Trauerfeier treu und wahr, in schöner und ergreifender Rede, den Lebensgang des Verklärten, indem er sich über die drei Punkte verbreitete: „Gregor von Zirkel war ein gelehrter, ein kluger und ein standhafter Kirchenvorsteher.

Gregor von Zirkel schloß die Reihe der Weihbischöfe von Würzburg.

Seine letzte Ruhestätte vor dem ehemaligen Frühmeß- nun Kreuz-Altare im Mittelschiffe der Stiftskirche zum Neumünster[2]) bezeichnet ein einfacher Stein mit der Inschrift:

---

[1]) Derselbe wurde am 14. September 1773 zu Rannungen geboren, am 19. Dezember 1796 zum Priester geweiht, 1805 zum Domprediger, 1821 zum Domkapitular, am 30. November 1836 zum Domdechant ernannt und starb am 15. März 1838.

[2]) Es ist diese dieselbe Sepultur, in welche im J. 1746 der Stifts-Dechant von Neumünster und geistl. Rath Dr. Joh. Bern. Peyer, der im J. 1736 die innere Decke der Kuppel auf seine Kosten al fresco bemalen ließ, eingesenkt worden.

Reverendissimus Dominus D. Gregorius Zirkel Episcopus Hippensis Suffraganeus Herbipolensis, Canonicus hujus templi obiit 18. Dec. 1817 aetatis 65 annorum.

R. I. P.

Gregor von Zirkel's Schriften.

1) Dissertatio super benedictione Judae, Gen. Cap. XLIX, 8—12 insigni de Messia oraculo. Wirceburgi typ. Nitribitt. 1786. 8vo.

Noch als Alumnus = Diaconus verfaßte Zirkel diese Abhandlung; sie ist eine gelungene exegetische Arbeit, und beurkundet darin der Verfasser seine Kenntniß in der hebräischen Sprache.

2) Der Prediger Salomon. Ein Lehrbuch für den jungen Weltbürger. Uebersetzt und erklärt. Würzburg, bei Stahel. 1792. 8.

Als Subregens des Clerical = Seminars lieferte er diese Uebersetzung, die in ganz Deutschland mit allem Beifall aufgenommen wurde.

3) Untersuchungen über den Prediger, nebst kritischen und philologischen Anmerkungen. Würzburg, bei Stahel. 1792. 8.

Dieser Commentar, welcher sich an die obige Schrift anschließt, enthält zwölf kritische Untersuchungen über Ursprung, Verfasser, Canonicität, Bestimmung, Werth, Wichtigkeit ꝛc. des Ecclesiastes, denen sich exegetische Bemerkungen anreihen. Diese Schrift fand gleichfalls allgemeinen Beifall, und Manche ziehen dieselbe der Abhandlung des berühmten Eichhorn vor.

4) **Predigten über die Pflichten der höheren und aufgeklärten Stände bei den bürgerlichen Unruhen unserer Zeit. Auf höchsten Befehl Sr. Hochf. Gnaden** gehalten von Prof. Berg und Gregor Zirkel. Zum Besten des Armeninstituts. Würzburg, bei Stahel. 1793.

Diese Predigten wurden unter dem unvergeßlichen Fürst= bischofe Franz Ludwig in der Hoftirche zu Würzburg abge= halten. Die Predigten 3. 5. 7. sind von Zirkel verfaßt und zeichnen sich nicht nur in homiletischer Rücksicht und Diction aus, sondern auch dadurch, weil sie die Forderungen des Christenthumes nicht blos aus der Vernunft, als vielmehr aus der reinen Quelle der Offenbarung selbst begründen.

5) **Rede, an dem Dankfeste im hohen Dom zu Würz= burg** gehalten. Würzburg 1802.

6) **Rede am Osterfeste 1803** gehalten. Sie ist ab= gedruckt im Bonav. Andreß'schen Archiv für Kirchen= und Schulwesen 1. Heft S. 45—59. 1804.

7) **Ueber das Landesherrliche Patronatrecht.** Eine neue Erfindung. 1804. Ohne Angabe des Druck= ortes. 8.

Diese Schrift gab Zirkel, als die Verordnungen über das landesherrliche Patronatrecht erschienen waren, anonym heraus. Er bekämpfte in derselben die Grundsätze, nach wel= chen alle Pfarreien und sonstigen Beneficien, auf welchen kein weltliches Privat=Patronatrecht hafte, von dem Landes= fürsten zu besetzen seien, stellte bei Besetzung kirchlicher Pfrün= den die collatio libera als Regel auf, und begründete zu= gleich, daß nach canonischem Rechte auch die incorporirten Pfarreien, sobald die Stifte oder Klöster, welche in Folge der Incorporation das Patronatrecht derselben ausgeübt hätten, von dem Bischofe frei zu vergeben seien, indem durch die Aufhebung der Stifte und Klöster dasselbe als erloschen zu betrachten sei, und an denjenigen, der es gegeben, an die Kirche, an den ordentlichen Collator, den Diöcesan= bischof, zurückfalle.

Diese Schrift rief eine Gegenschrift hervor. Der Landes= directionsrath und Professor des Kirchenrechtes Dr. Gregel, vielleicht auch von einer anderen Seite veranlaßt, übernahm es, die bezüglich des landesherrlichen Patronatrechtes aufgestellten Grundsätze zu vertheidigen. Es erschien von ihm die Schrift:

Das Landesherrliche Patronatrecht nach den veränderten Verhältnissen der bischöflichen Gerechtsame betrachtet. Würzburg und Bamberg, bei Göbhard. 1805.

Der Verfasser sucht das landesherrliche Patronatrecht als einen Ausfluß der Landeshoheit und der gesetzgebenden Macht des Staates als allgemeine Regel darzustellen, nimmt das freie bischöfliche Collationsrecht nur als Ausnahme von der Regel an, und behauptet, daß in zweifelhaften Fällen der Bischof für sein Recht den Beweis zu liefern habe.

Gegen diese Ansichten trat Zirkel als ein gewandter Vertheidiger der bischöflichen Gerechtsame abermals in die Schranken. Es erschien von ihm die Druckschrift:

8) **Geschichte des Patronatrechtes in der Kirche.** Ein Beitrag zur Beilegung des zwischen dem landes= herrlichen Patronat= und bischöflichen Diöcesanrechte erhobenen Streites. Sine ira et studio. Teutschland. 1806. 8.

Diese Schrift, gleichfalls anonym von Zirkel heraus= gegeben, widerlegt die irrigen Gregel'schen Behauptungen

über das landesherrliche Patronatrecht, setzt dem Raisonne=
ment Gregels die Geschichte des Patronatrechtes entgegen,
beginnt mit der ältesten Verfassung der Kirche, zeigt in
einem treuen Bilde die allmälige Gestaltung derselben in den
verschiedenen Zeitperioden, legt bündig, klar, verlässig, auf
Quellen gestützt, das Patronatrecht in seinem Ursprunge und
seiner Entwicklung bis zum Concil von Trient dar, und weist
auf die Beschlüsse dieser Kirchenversammlung hin und auf
den innigen Zusammenhang der Ausübung des Patronat=
rechtes mit dem bischöflichen Amte.

Auf diesem Wege der geschichtlichen Forschung gelangte
er zu dem Resultate, daß das allgemeine landesherrliche
Patronatrecht weder nach den positiven Gesetzen, noch nach den
Principien des Kirchenrechtes bestehe, daß jedes Beneficium
der Regel nach collationis liberae sei, und das jus patronatus als Ausnahme von der Regel betrachtet werden müsse.

Am Schlusse seiner Geschichte des Patronatrechtes hat
Zirkel S. 171 bis 277 eine Abhandlung: „Recension über
Recension" beigegeben. In dem juridischen Archiv 5. Bd.
3. St. S. 389 u. ff. war nämlich eine Recension über seine
Schrift „Das landesherrliche Patronatrecht, eine neue Er=
findung" und Gregels Schrift erschienen. Der Recensent
gab im Ganzen den Gregel'schen Ansichten und Deductionen
seinen Beifall. Zirkel würdigte nun in diesem Nachtrage
nach Verdienst und in ausführlicher Weise die Anschauungen
des Recensenten und rechtfertigte die von ihm aufgestellten
Grundsätze über das kirchliche Patronatrecht.

9) Die deutsche katholische Kirche, oder Prüfung
   des Vorschlages zur neuen Begründung und
   Einrichtung der deutschen Kirche. Deutschland.
   1817. Vorbericht IX. 195 S. 8.

Der Verfasser dieser Schrift, Gregor von Zirkel, bekundet sich als ein scharfer Denker, als ein tiefgelehrter Theolog, als ein bewanderter Canonist, als ein ächter Bischof, und als ein unerschrockener Kämpfer für die Kirche und das Oberhaupt derselben — den römischen Papst. Er unterwirft das Project zur Begründung und Einrichtung einer deutschen Kirche, welches der bekannte Generalvicar von Weſſenberg zu Conſtanz zu Tage gefördert hatte, einer ſcharfen und freimüthigen Kritik, und fällt ſchon in den erſten Zeilen ſeines Vorberichtes das Verdammungsurtheil über daſſelbe.

Dieser Vorſchlag Weſſenbergs, ſagt v. Zirkel, enthält alle Elemente, um dieſe (projectirte) Kirche ſelbſt aufzulöſen, und von ihr nur ein Schattenbild übrig zu laſſen. Die Kirche wird von ihrem Fundamente, das da iſt Chriſtus, der Sohn des lebendigen Gottes, hinweggerückt, und zu einer blos weltlichen Anſtalt gemacht, das biſchöfliche Hirtenamt wird in ein durchaus ſubalternes Verhältniß geſetzt, die hierarchiſche Gewalt gelähmt, und endlich wird das Band, das die Gläubigen umſchlingen und mit dem Mittelpunkte der katholiſchen Einheit vereinigen ſollte, gelöſt oder doch nur ſchlaff gezogen."

In dem ganzen Werke, welches v. Zirkel in der gebildetſten Sprache, mit Kraft und Wärme geſchrieben, weht ein kräftiger, kirchlicher Geiſt, der mit Klarheit die Tendenz der damaligen ſtaatlichen Organiſationen und die offenen und verſteckten Eingriffe in die geiſtliche Gewalt der Kirche durchſchaute, und auf die ſchlimmen Folgen, die ein ſolches dem natürlichen und poſitiven Rechte widerſprechendes Verfahren hervorbringen werde, hinwies. Wir finden hier die trefflichſten Bemerkungen über Religion, Kirche, Staat und religiöſe Duldung. Wir leſen es mit einem warmen Herzen ausgeſprochen, kurz

unb unwiberlegbar bargethan, baß ber Staat burch bie Re=
ligion bebingt fei; baß bas Apoftolat, als bas Eine, nur
in Einem Stuhle, bem Stuhle Petri nämlich, erhalten, unb
in beffen Nachfolgern fich verewige; unb baß es, ohne ben
Einfluß bes Papftes in ber Regierung ber allgemeinen Kirche,
balb mit ber Lehre, bem Gottesbienfte, unb ber Kirchenzucht
in ben einzelnen Theilen bunt ausfehen werbe, inbem bie
einzelnen Theile keinen gemeinfchaftlichen Schwerpunkt mehr
haben würben, unb ber ftärkeren Gewalt ber Staaten anheim
fallen müßten. Darum ruft v. Zirkel S. 165 aus: „Wehe
ber beutfchen Kirche, wenn fie nach bem Entwurfe bes Ver=
faffers neu follte begründet unb eingerichtet werben",
unb fchließt feine fchöne, im katholifchen Geifte abgefaßte
Schrift mit ben Worten:

„Die Kirche kann weber als ein Attribut bes Staates
angefehen, noch in eine Anftalt bes Staates umgefchaffen
werben. Sie hat im Himmel ihren Urfprung, unb hat fich
auf ber Erbe niebergelaffen, nicht als auf bem Gebiete bes
Staates, fonbern als in bem, bavon ganz unterfchiebenen
Gebiete bes menfchlichen Gewiffens, von wo aus fie fich ficht=
bar macht, befchäftiget, bas ewige Heil ber Menfchen zu
wirken, währenb ber Staat ihr zeitliches Wohl beforget."

„Die Staatsgewalt zeigt fich in ihrer ganzen Größe
unb Würbe nur bann, wenn fie, in ihrer Sphäre fich hal=
tenb, gegen bie Kirche bas Recht ausübt, ben Schaben für
bas Gemeinwefen zu verhüten, unb mit königlicher Achtung
unb Liebe bie Kirche zu fchützen, welche bie Rechte bes Thrones
an bas Gewiffen ber Unterthanen knüpfet. Was alle großen
Könige unb Fürften ber Vorwelt gethan, bas erwarten wir
auch mit Vertrauen von ben Königen unb Fürften unferer
Tage."

10) Ueber den

Katechismus der christkatholischen Glaubens=
und Sittenlehre von P. Aegibius Jais, zweite
verbesserte und vermehrte Ausgabe, Würzburg bei
Stahel 1811. S. 192

erschien in der Felber'schen Literaturzeitung 6. Jahrg. I. Bd.
4. Heft 1815 Nr. 14 S. 209 u. ff. eine ausführliche und
tief eingehende Recension. Weihbischof von Zirkel ist der
Verfasser derselben; sie ist mehrere Bogen groß, verbreitet
sich über alle Mängel und Gebrechen, welche wir schon an=
gedeutet haben, weist dieselben in zahlreichen Beispielen nach,
und begründet sein Urtheil, welches er schon bei Einführung
desselben gegeben hatte, daß Jais Katechismus als Religions=
Unterrichts=Buch in den Schulen nicht brauchbar sei.

11) Eine fernere Recension aus der Feder unseres
Weihbischofes, welche gleichfalls in der Literaturzeitung von
Felber 9. Jahrg. II. Bd. 1818 Nr. 27 S. 6 u. ff. abgedruckt
ist, betrifft die unter dem Titel erschienene Schrift:

„Vertraute Briefe zweier Katholiken über den
Ablaßstreit Dr. Martin Luthers wider Dr. Joh.
Tetzel bei der dritten Jubelfeier der lutheri=
schen Reformation geschrieben. Frankfurt am
Main 1817. In Commission der Andrea'schen Buch=
handlung. 8. S. 182."

Der Recensent begrüßt dieses Werk als eine zeitgemäße
Erscheinung, zollt vor Allem dem Verfasser seinen Dank,
daß er in den vertrauten Briefen den Betrug, die Entstellung
der Wahrheit und das zweideutige Benehmen Luthers, selbst
in den ersten Anfängen des Ablaßstreites, nachgewiesen habe,
gibt dann den Inhalt dieser vertrauten Briefe den Lesern
kund, und streut seinem Auszuge die nöthigen Bemerkungen

XXII

ein. „Das Christenthum", sagt er unter Anderm', „ist die
wahrste, erhabenste und einfachste Philosophie, und die Kirche
mußte sich so gestalten, wie sich gestaltet hat. ... Das Band,
welches den Protestantismus umschlingt, ist zu schwach, es
zerreißt, und ist es zerrissen, so ist dem Rationalismus
Thor und Thüre geöffnet."

Am Schlusse der Recension sagt von Zirkel: Mögen
die Katholiken in der Zuversicht auf die gerechte Sache ihrer
Kirche im Stillen sich des endlichen Sieges der Wahrheit
freuen, und Gott vertrauen, der, wenn er der deutschen
Völker-Stämme sich einst erbarmt, diese unbesonnene Reformation, die das Kind mit dem Bade ausgoß, und den
verderblichen Geist, der von ihr ausgegangen ist, aus ihrer
Mitte tilgen werde, um sie zu einer Nation zu vereinigen,
die bestimmt ist, durch ihre Stellung und Ge-
sammtkraft die Politik von Europa zu leiten. Von
dieser Bestimmung hat sie die sogenannte Reformation abgebracht.

12) An die Separatisten zu M.'). Eine Reliquie
aus den hinterlassenen Papieren des verstorbenen Weihbischofs Gregor von Zirkel.

Diese Reliquie enthält in kurzen Sätzen gefaßte religiöse
Betrachtungen über manche Lehren des Christenthums, der
katholischen Kirche und Sacramente. Wer nicht Demuth hat,
sagt der Verfasser am Schlusse, und Einfalt genug besitzt,
sich in der heiligen Gemeinschaft mit der Kirche zu halten, der
wird den unzähligen Anlässen und Reizen, in Schwärmereien

---

¹) Literaturzeitung f. kathol. Religionslehrer. 10. Jahrg. III. Bd.
8. Heft. 1819. Nr. 8. S. 126.

der Einbildung, in Irrthümer des Verstandes, in Sünden fleischlicher Freiheit verstrickt zu werden, auf die Dauer wohl nicht entgehen können. Denn es fehlt ihm, getrennt von der Kirche, an einer Leuchte, an einem Stabe, an einem Führer.

13) Rede bei der zweiten Einsegnung der verblichenen königlichen Prinzessin von Bayern Theobolinde, gehalten am 21. April 1817 in der Domkirche von Weihbischof Dr. Gregor v. Zirkel, Bischof von Hippe.

Diese Rede ist abgedruckt im Religionsfreund I. Jahrg. 1822. Nr. 4. S. 62—67.

Beilagen.

~~~~~~~~~~~

1.

Schreiben des Fürstbischofs Adalbert von Harstall zu Fulda an den Fürstbischof von Würzburg d. d. Fulda den 6. Mai 1803.

Hochwürdigster Fürst! ꝛc.

Da die Lage meiner Diözesan-Angelegenheiten sich täglich verschlimmert; so setze ich das vorzügliche Vertrauen auf Eure Liebden, daß Dieselbe mir in meiner kritischen Lage nicht versagen werden, mir mit Dero weisem Rathe freundnachbarlich beizustehen.

Der Erbprinz von Oranien Liebden, dermaliger Regent von Fuld, wird meinen bischöflichen Rechten, die Pfarreien zu vergeben, immer zudringlicher. Er läßt bei jeder Vakatur, wenn sie auch nicht ex jure patronatus entstanden ist, Collations=dekrete ausfertigen, nimmt Resignationen an, und gravirt die Pfarreien mit Pensionen. Mein Erbiethen, daß ich das Veto zulassen wollte, ward nicht angenommen. Er will mich unter dem Vorwande der Landeshoheitsrechte aus dem unfürdenklichen Besitze der Pfarreivergebungen verdringen. Ich habe schon wieder=holt protestirt, und den Candidaten, welche sich an des Herrn Erbprinzen Liebden gewendet, die geistliche Gerichtsbarkeit unter=

sagt. Allein man kehrt sich weltlicher Seits nicht daran, und man wiederholt die Angriffe, so oft man nur Gelegenheit hiezu eröffnen kann. Ich wünschte unter solchen Umständen von Euren Liebden gefälligst zu vernehmen, ob diese Handlungen, die meinen Besitz offenbar turbiren, für ein Mandatsgesuch bei dem Kaiser-lichen Reichshofrathe geeigenschaftet sein möge.

Zu einer anderen vor wenigen Tagen erlassenen Verordnung, wodurch ein weltliches Consistorium errichtet wird, wird diesem die Erkenntniß über alle Realsachen, welche über Kirchen und Pfarrei-Einkünfte vorkommen, zugetheilt, dem hiesigen Vikariate wird nur die Erkenntniß über dogmatische und Disciplin-Fälle und in Personalklagen wider die Geistlichkeit belassen.

Eure Liebden werden das Bedenkliche hievon von Selbst ermessen; dagegen bin ich gesonnen einsweilen Protestation ein-zulegen, und die diesseitigen Gerechtsame bis zur Erscheinung eines Concordats soviel mir möglich in Sicherheit zu setzen.

Ich bitte auch hierüber um geneigten Beirath, besonders ob nicht etwa es räthlich seyn möge, sich in ein besonderes Concor-dat, worauf man zielet, einzulassen. Es mag dies bedenklich, wohl auch nicht zulässig scheinen.

Euer Liebden werden mich überaus verbinden, wenn mich Dieselbe über die fraglichen Gegenstände mit einer erwünschten Rückantwort zu beglücken geruhen werden.

Ich sehe derselben mit besonderem Dankgefühle entgegen und habe ꝛc. ꝛc.

Ew. Liebden

Fuld den 6. Mai
1803.

dienstwilliger treuer Freund
und Nachbar

Adalbert.

2.

Schreiben des Fürstbischofs von Würzburg Georg Carl an Se. fürstbischöfl. Gnaden von Fulba v. 17. Mai 1803.

Stylus.

Wenn es sonst leicht ist, in fremden Angelegenheiten zu rathen, so entbehre ich diesen Vortheil zu einer Zeit, wo ich durch eine landesherrliche Verfügung in dieselbe Verlegenheit versetzt worden, in welcher sich Euer Liebden bereits befinden.

Ich theile demnach gerne mit, was ich in dieser Sache zu thun gesonnen bin.

Da das päpstliche Concordat die Verhältnisse der Kirche zum Staate nicht ganz entscheiden, auch sobald noch nicht erscheinen dürfte, und alsdann vielleicht noch viele Schwierigkeiten in seiner Annahme durch das Einverständniß der weltlichen Fürsten finden könnte; so bin ich entschlossen, mich in eine provisorische Unterhandlung mit der Regierung einzulassen, um erst alle friedlichen Wege zu versuchen, und zu keinem Mißtrauen bei dem an sich ungleichen Kampfe eine Veranlassung zu geben.

Ich werde demnach auf die Besetzung der Pfarreien, welche bisher liberae collationis waren, bestehen, und zur Behauptung mich auf die Auseinandersetzung der Gründe einlassen, welche sowohl in dem Wesen des bischöflichen Amtes als in der Kirchenpolitik liegen. Ohne das jus liberae collationis ausüben zu dürfen, ist das Band zwischen dem Bischofe und seinem Clerus zerrissen, der Bischof kann keine Disciplin handhaben, und nicht mehr responsable sein.

Was die Civil=Jurisdiktion angehet, so sehe ich die Ueberlassung der Personal=Klagen noch für einen Gewinn an, welcher mir nicht zu Theil werden dürfte.

Ueberhaupt werde ich suchen, die Regierung aus der feindlichen Stellung zu bringen, welche sie gegen die bischöfliche Gewalt

genommen zu haben scheint, und mehr mit Gründen einer nüch=
ternen und unbefangenen Politik und selbst der landesherrlichen
Convenienz streiten, als mit jenen, welche das jus canonicum
an die Hand giebt.

Ich werde mich indessen immerhin auf das künftige Concordat
beziehen, und auch zu seiner Zeit Ihrer päpstlichen Heiligkeit Nach=
richt von meinen Schritten geben.

Dies sind meine Gesinnungen, nach welchen ich zu verfahren
gedenke und welchen ich den Beifall Ew. Liebden wünsche.

Geehret durch das Zutrauen, welches mir Dieselbe geschenkt
haben ꝛc. verharre ich ꝛc. ꝛc.

3.

Schreiben des Fürstbischofs Georg Carl von Fechenbach an den Churfürsten Erzkanzler Carl von Dalberg d. d. Werneck den 17. Mai 1803.

Die Lage meiner Diözese fängt an, sehr critisch zu werden.
Des Herrn Churfürsten von Pfalz=Bayern Liebden haben bei
der Organisirung der neuen Landesstellen die geistliche Regierung
und die übrigen geistlichen Stellen für aufgelöset erklärt, und alle
die Gegenstände, welche aus der Landeshoheit fließen, und nicht
unbestritten zu dem obersten Hirten=Amte ausschlüßig gehören,
zu der Landesdirektion gezogen.

Dieses ist ohne Zweifel das Signal für die benachbarten
anderen Landes=Herren, in deren Gebiet meine Diözese hinein=
läuft.

Um größere Verwirrung zu verhüten, und dem Landesherrn
bei dem an sich ungleichen Kampfe keine Veranlassung zum Miß=
trauen zu geben, bin ich entschlossen, mich in eine Privat=Unter=
handlung und vertrauliche Auseinandersetzung der kirchlichen Rechte

und Bestimmung des bischöflichen Wirkungskreises, jedoch nur pro=
visorisch und mit Vorbehalt aller aus dem allgemeinen Concordat
mir zukommenden Rechte einzulassen.

Ich fürchte, das versprochene Concordat kommt entweder
gar nicht, oder doch zu spät zu Stande. Die Landesherrn wer=
den sich in die Festsetzung der Verhältnisse der Kirche zum Staate
nicht einlassen und die Bestimmung der Diözesan=Grenzen nach
ihrer Convenienz mit Ihrer päpstlichen Heiligkeit selbst unter-
handeln. Das Resultat dieser Privat=Unterhandlungen wird das
Concordat ausmachen.

Von dem Erfolge meiner Bemühungen, um zu retten, was
zu retten ist, werde ich Euer Liebden zutrauliche Nachricht erthei=
len, sowie ich mich sehr verbunden sehen werde, wenn mir Hoch=
dieselben in dieser Angelegenheit freundschaftlichen Rath, tröst=
liche Aussicht und eine zuverlässige Hoffnung zu Theil kommen
lassen wollten. Ich verbleibe mit der vollkommensten Verehrung ꝛc.

4.

Schreiben des Churfürsten und Erzkanzlers v. Dalberg an den
Fürstbischof von Würzburg d. d. Regensburg 23. Mai 1803.

Hochwürdiger Fürst!
Besonders lieber Freund und Herr Nachbar!

Ew. Liebden danke ich verbindlichst für den vertrauensvollen
Inhalt Dero geehrtesten Schreibens vom 17. Mai d. J. Die=
selbe handeln allerdings mit derjenigen Weisheit, die Ihrer würdig
und eigen ist, indem Sie mit des Herrn Churfürsten von Pfalz=
Bayern Liebden im Betreff der Diözesan=Gerechtsame die mög=
lichst beste Uebereinkunft nur provisorisch eingehen, damit das=
jenige vorbehalten bleibe, was bei dem bevorstehenden Concordat

nach geistlichem und weltlichem Staatsrecht zum Besten der teut=
schen Kirche befestiget und bestätiget wird. Die gegenwärtige
Lage dieses Geschäfts ist folgende:

1mo. Hat der Nunzius in Wien den Auftrag, mit geist=
lichen Rath Kolborn und Reichs=Referendär v. Frank das Geschäft
vorzubereiten.

2do. Wird ein päpstlicher Nunzius hieher kommen, um unter
Kaiserl. Schutz und Vermittelung mit dem Reich das Concordat
abzuschließen.

3tio. Sind die Diözesan=Rechte in dem Westphälischen Frie=
den bekanntlich bestättiget, und über diesen Punkt hat der West=
phälische Frieden durch den letzten Reichs=Schluß seine gesezmäßige
Kraft nicht verloren.

4to. Sollten sich Fälle ereignen, in welchen die weltlichen
Fürsten gegen wesentliche katholische Religions = und Kirchen=
Verfassung Eingriffe wagen, so tritt alsdann der Fall ein, daß
der katholische Religionstheil im Reich als ein Corpus Catholi-
corum dahier auftrete, und mit ebensoviel Standhaftigkeit und
Eifer, als mit kluger Mäßigung seine Gerechtsame vertheidige.

5to. In Betreff der Kirchenverfassung hat das Haus Bayern
sein jus circa sacra seit Jahrhunderten in größerer Ausdehnung,
als viele andere Reichs = Stände ausgeübt; so war immer in
Bayern ein geistliches Raths=Collegium; der Churfürst hat sechs
Monath hindurch die Benennung geistlicher Pfründen, auch wird
allda das placitum politicum in manchen Gegenständen weiter
ausgedehnt als anderwärts; es ist wohl kein Zweifel, daß diese
seit Jahrhunderten bestehenden Vorrechte dort ferner bestehen wer=
den, wo sie hergebracht sind; doch kann Kur=Bayern auch nicht
verdenken, wenn die Geistlichkeit auch ihre wohlhergebrachten
Diözesan=Rechte zu erhalten sucht.

6to. In dem Bisthum Konstanz bestehet jetzt wie vorhin
die geistliche Regierung, sie verrechnet dem Landesherrn nichts
von den Annaten, Fructus primi anni, Ehedispensazions-Geldern

und anderen geistlichen Gefällen; diese Einnahmen werden als bischöfliche betrachtet, und von der geistlichen Regierung zu geistlichen Absichten verwendet; die Inventarisazion geistlicher Erbschaften geschiehet cumulative.

7mo. Mit Baden ist von Seiten des Konstanzer-Ordinariats nach festgesetztem obigem System kein Anstand entstanden, wohl aber haben sich mit Würtemberg wegen Ellwangen, und mit Bayern wegen dem Bisthum Regensburg einige Anstände ergeben, mit deren Erörterung ich wirklich beschäftiget bin.

Unschätzbar ist mir das Vertrauen eines so verehrungswürdigen Fürstbischoffen, wie Ew. Liebden sind; Einigkeit in der teutschen Kirche ist mehr als jemals nöthig; in dieser Vereinigung wird zuverläßig unter Mitwirkung des Papstes und des Kaisers das wesentliche Gute gerettet werden, zumalen wenn man auch diesseits nichts Unbilliges fordert, Die möglichste Standhaftigkeit, und den Religions-Eifer mit kluger Mäßigung vereinigt, so wie es Ew. Liebden von jeher zu thun gewohnt sind.

Ich bin mit aufrichtiger Freundschaft und vollkommenster Hochachtung

Ew. Liebden

Regensburg den 23. Mai
1803.
dienstwilliger Freund und Nachbar

An
Herrn Fürstbischoffen zu
Würzburg.

Carl.

5.

Auszug

aus dem Schreiben des Fürstbischofs von Würzburg an den Fürstbischof von Fulba d. d. Würzburg den 31. Mai 1803.

... Unter dem Vorwande, keinen Staat im Staate zu dulten, benimmt man der Kirche geflissentlich oder auch ohne Wissen ihre

Selbstständigkeit und Freiheit, und erschweret ihr zum Nachtheile der guten Sitten die Erreichung ihres Zweckes. Das Göttliche wird mit dem Irdischen vermischet. Dieses ist der Kreislauf der menschlichen Dinge.

Der Herr Churfürst Erzkanzler machet sich Hoffnung im Betreff der baldigen Erscheinung eines päpstlichen Nuntius zu Regensburg; und ich halte daher für räthlich, daß ihm als Metropolitan ohnehin gebührende Vertrauen zu bezeigen und denselben von allen Vorgängen zu unterrichten. Wird der päpstliche Hof von Paris aus unterstützet, dann mag es immerhin noch besser gehen, und ein vortheilhaftes Concordat zu Stande kommen. Bisdahin habe ich mir die Maxime des Heilandes vorgestecket: Seyd klug bey edler Einfalt.

Ich kann Ew. Liebden nicht ausdrücken, wie viel Trost und Beruhigung ich in der brüderlichen Einheit und Eintracht des Sinnes finde. Die praktische Wahrheit des Satzes: es ist nur ein Episkopat, an welchem alle gleichen Antheil haben, muß sich heut zu Tage von Neuem bewähren. Ich werde Ew. Liebden von bedeutenden Vorgängen dahier Nachricht ertheilen, und verharre ꝛc. ꝛc.

6.

Schreiben des Fürstbischofs von Würzburg Georg Carl von Fechenbach an Se. päpstliche Heiligkeit Pius VII. d. d. Herbipoli calend. (1.) Julii 1803.

Beatissime Pater!

Principatu dimisso, principia a deputatione Imperii probata et a Caesare ratihabita, quibus Ecclesiae Cathedrales, Collegiatae et Monasteria principibus saecularibus ad reparanda damna titulo compensationis tradita sunt, executioni mandantur. Inde bona temporalia Ecclesiis Monasteriisque

subtracta, extincta capitula, Monachi dimissi, moniales loco
cedere coactae sunt: adsignata individuis aut saltem promissa
est pauca quaedam et vix sufficiens sustentationis summa.
Accidit quod litteris 9<u>ae</u> Julii anni elapsi ad Sanctitatem
Vestram directis ne eveniret, merito timebam ...

Sed jam non de his conqueror: ex lege enim haec
Imperii, quamvis sine modo, subsequuntur. Hac rerum conversione ipsi jurisdictioni ecclesiasticae longissimo usu in-
vectae et a conciliis Imperiique Comitiis probatae atque
stabilitae praejudicium non leve infertur, quod placitis Imperii
consonum non est: de hoc juste doleo. Jura itaque prin-
cipum titulo supremae inspectionis et advocatiae ultra modum
justos fines extenduntur, adeo ut non tam privilegia Clericorum realia, sed et personalissima, praecipue immunitatis
aboleantur omnino, quin et potestas Ecclesiae judiciaria in
causis matrimonialibus vehementer impugnetur, ipsumque
jus dioecesanum in arctissimos limites restringatur. Jus
liberae collationis beneficiorum etiam curatorum praetenso
titulo juris patronatus Domino territoriali in universum competentis denegatur Episcopo, nec illi pars ulla in administrandis bonis Ecclesiae aliarumque piarum fundationum relinquitur. Videtur non tam principatus quam ipse Episcopatus
saeculo saecularique potestati subjici. Omnis inde ordo exulat.

Mearum esse partium duxi, perturbatum Ecclesiae mihi
commissae statum quibusdam modo lineis ad Sanctitatem
Vestram referre, ejusque paternae sollicitudini committere,
quo modo et quae remedia tot tantisque malis ferri possint.

Clerus saecularis est animo dejectus et honore simul
et bonis vix non privatus, dum, ne manus in ipsum Seminarium potestas saecularis injiciat, juste timet, probos in
posterum et ingenio valentes habere candidatos desperat. —
Monachi e Monasteriis dimissi deposito subin habitu aut ad
suos revertuntur, aut beneficiis inhiant curatis. Quasi in
votis esset, ut Clerus regularis despicatui haberetur, ita omnia

.

peraguntur. — Sacra vasa vestesque e templis non sine nota profanationis aufferuntur hastaeque subjiciuntur.

Non jam his de bonis privilegiisque ecclesiasticis agitur deque status clericalis dignitate externa quasi sibi tantum faveret avaritia ductus aut vanitate, sed de religionis virtutisque bono, cujus sensus publicis his exemplis mirum quantum offenditur.

Cui offensioni ne detur amplior locus, et ut saluti singulorum, quantum licet, succurratur, ad Sanctitatem Vestram supplex convertor, ut mihi pro circumstantiarum ratione dignetur facultatem impertiri cum monachis utriusque sexus dispensandi super voto paupertatis, super esu carnium et denique super habitu et clausura. Eo enim res devenit, ut haec vota, ordinumque statuta, sublata communitate aut plane non, aut non nisi cum summa difficultate queant in posterum observari. Quae olim praesidia virtutis erant et perfectionis consilia, in hac rerum confusione impedimentum virtutis et vitiorum scandala abierunt, idquod ferendum non est.

Patere Beatissime Pater! animi mei curas in Te devolutas, ut nova inde spe erectus novos animos sumam ad fortiter et constanter obnitendum difficultatibus hujus temporis.

Prostratus ad solium Sanctitatis Vestrae humillimo cum respectu persevero.

7.

Breve des Papstes Pius VII. an den Fürstbischof von Würz=
d. d. Rom den 13. August 1803.

Pius PP. VII.

Venerabilis Frater Salutem et Apostolicam Benedictionem. Agnoscimus, Venerabilis Frater, in gravissimis cala-

mitatibus, quibus Ecclesia ista premitur, quanta sit sollicitudo Tua, quantaque constantia: totus enim in salute animarum Tibi concreditarum procuranda non solum nullis animi
corporisque laboribus defatigaris in repellendis periculis, quae
Gregi Tuo impendent, sed quo gravius eo urgent, eo enixius
etiam opem imploras Nostram, ut novam inde spem, novos
animos sumas, quo fortius obniti tantis difficultatibus possis.
Laudamus, Venerabilis Frater, admirabilem istam firmitatem
Tuam, quae cum hujusmodi sit, qualem tempora postulant,
non mediocri Nobis solatio est in maximo dolore, quem in
legendis iis, quae Tuis litteris Nobis recensuisti, sumus
experti.

Itaque (quod semper fecimus, et quod aliis etiam Litteris fraternitati Tuae Nos facere, et facturos esse signi-
ficavimus) nunquam studio, opera, auctoritate, Officiis Nostris
cessaturos Tibi confirmamus, ut quantum per Nos Deo ad-
juvante fieri potest, tot istis malis occuramus, Deumque
a quo omnis est fortitudo indesinenter rogabimus, ut virtu-
tem Tuam ita semper coelesti ope sua augeat, ut Ecclesia
ista tandem aliquando percipere fructus tantarum Tuarum
curarum possit: quod speramus divinam clementiam etiam
ad remunerationem fidei, sollicitudinis, ac vigilantiae Tuae
Tibi esse tributuram. Interea una cum his Litteris habebis eas
facultates quas a Nobis postulasti, ac caetera omnia Fraternitati Tuae deferre parati, quae ad auxilium istius Ecclesiae
necessaria esse judicabuntur Tibi Gregique Tuo Apostolicam
Benedictionem pignus Paternae sollicitudinis et caritatis Nostrae
peramanter impertimur. Datum Romae ad s. Mariam Majorem sub annulo Piscatoris die XIII. Augusti MDCCCIII.
Pontificatus Nostri Anno quarto.

Venerabili Fratri
Georgio Carolo
Episcopo Herbipolensi et
Coadjutori Bambergensi.

8.

Schreiben des Fürstbischofs von Würzburg Georg Carl von Fechenbach an den Churfürsten Erzkanzler Carl von Dalberg d. d. Werneck den 4. August 1803.

P. P.

In Styli mir zugeehrtem letzteren vertraulichen Erlasse d. d. 23. Mai l. J. fand mein Vorhaben, mit des Herrn Curfürsten von Pfalz-Bayern Liebden im Betreff der Diözesan-Gerechtsame eine möglich vortheilhafte provisorische Uebereinkunft zu treffen, den mir allerdings schmeichelhaften Beifall.

Allein die, ungeachtet meiner des Endes getroffenen Einleitungen und gemachten Vorstellungen, ab Seiten der dahiesigen Kurbayer. Landesdirection rasch aufeinander gefolgte und kaum mehr aufhaltbaren Eingriffe scheinen die mir gemachte Hoffnung gänzlich untergraben zu haben, auch von solcher Art und unverkennbarer Eigenschaft zu sein, daß sie sich, zum Theil wenigstens, nach dem erlauchten Ausdruck der oberwähnten verehrtesten Zuschrift styli, in das Innerste und Wesentliche der katholischen Kirchenverfassung hineinwagen, und also den Fall herstellen, wo deutsche Bischöfe in engster — nun mehr als jemals nöthiger Vereinigung, mit eben so vieler unüberspannten und nichts unbilliges forderndem klugen Mäßigung und Bescheidenheit als unerschrockener Standhaftigkeit und religiösem Amtseifer ihre Stimme an Ort und Stelle hören lassen müssen, wo sie nur immer gedeihlichen und zweckersprießlichen Eingang finden mögen.

Es ist wirklich an dem, daß man ab Seiten der vorberührten Kurbayer. Landesdirektion die Begebung und Besetzung aller und jeglicher Pfarreien, die auch mit gar keinem dem Herrn Churfürsten vermittels der Stifter- und Klöster-Auflösung heimgefallenen Patronatsrechte bestricket sind, an sich zieht; und auf den eingegangenen Klöster-Ortschaften, oder in der Nähe derselben neue Seelsorgen errichtet, und neue Seelsorger aufstellt

ohne mindeste Rücksprache und Anzeige bei dem bischöflichen Ordi=
nariate. Nur auf diesfalls gemachte trifftige Remonstrationen
konnte man es endlich erhalten, daß derlei neu aufgestellte Seel=
sorger pro obtinenda commissione curae an mein General=
Vikariat angewiesen wurden.

Bei sich etwa in der Folge ergebenden nothwendigen oder
für gut befundenen Abänderungs = und Entsetzungsfällen läßt sich
nichts anderes absehen, als daß darmit eben so einseitig darein=
gegangen und fürgefahren werden möge. Und was kann sich wohl
der hierarchischen Subordination und Verbindung des Bischofs
mit seinen untergeordneten Mitarbeitern in dem Weinberge des
Herrn mehr zuwiderlaufendes gedenken lassen, als solche Eingriffe,
die dieses durch göttliche Einsetzung (hierarchia divinitus instituta)
geknüpftes Band auflösen, und auseinander zu trennen suchen?!

Eben so wird an dem Bestand, an der Einrichtung meines
bischöflichen Seminars, und an dem Rechte der Aufnahme neuer
Zöglinge in dasselbe gerüttelt, an dessen Herstellung und fort=
schreitender Vervollkommnung so Viele meiner in Gott ruhenden
Herren Vorfahrer, und so namentlich mein letzterer und unmittel=
barer, der Hochselige Fürstbischof Franz Ludwig, mit rastloser
Mühe und Sorgfalt gearbeitet haben. Schon ging die Sprache,
daß man die Einkünfte desselben zu Stipendien verwenden wolle,
die außerhalb des Seminars von Candidaten der Theologie, die
zum Seelsorger=Amte aspirirten, bezogen und genossen werden
sollten, bis sie etwa am Rande ihres theologischen Kurses zur
Erlernung der so betitelten praktischen Handgriffe des Seelsorger=
Amtes in dasselbe auf einige Monate hineinversetzt werden soll=
ten 2c. 2c. Ich muß täglich gewärtig sein, ob nicht mir oder
meinem Vicariate deßhalb anordnende Verfügungen zugeschickt
werden, auf deren Ausführung, ohne den trifftigsten Gegen=
vorstellungen Gehör zu geben, stracks bestanden wird. Nichts kann
doch dem Bischofe näher am Herz liegen, als die Auf= und
Annahme und die zweckmäßige Erziehung seines jungen Clerus,
der zum wichtigen Seelsorgeramt vorbereitet wird.

Auf der nun Kurfürstl. Universität dahier und bei derselben theologischen Facultät durften nicht nur protestantische Lehrer von auswärtigen protestantischen Universitäten herbeigerufen und ange= stellt, sondern auch katholische Professoren der Theologie, allem Ansehen nach, rücksichtlich ihrer Orthodoxie und reinen katholischen Lehre der Verantwortlichkeit bei ihrem Bischofe entzogen werden. Welche Gefahr für das dem Bischofe anvertraute depositum fidei — und für den jungen Clerus, der bei solchen Lehrern die Religions= Lehrsätze anhören, und sich solche eigen machen soll, damit er sie unter das ihm dereinst anvertraut werden sollende katholische Häuf= lein verbreite!

Das dahier fast wöchentlich im öffentlichen Druck erscheinende sogenannte Regierungs = Blatt für die Kurbayer. Fürstenthümer in Franken ist voll von einseitigen, und ohne allen Miteinfluß des bischöflichen Amtes erlassenen Verfügungen und Anordnungen, die den öffentlichen Gottesdienst, gottesdienstliche Handlungen und derselben Modifikazionen, Heiligung der Sonn= und Feiertäge, Abstellnng der sich darin ergebenden Mißbräuche, Abschaffung oder auch Dultung lärmender Ergötzlichkeiten, Geschäftstreibungen, und andere mit der Heiligung dieser Tage sich nicht wohl vertragenden Unordnungen betreffen.

In eben diesem Regierungs = Blatt, und in der darin ab= gedruckten neuen Landes = Organisation werden nicht nur alle geist= lichen Gegenstände, welche nach dem dabei gebrauchten Ausdrucke aus der Landeshoheit fließen, und nicht unbestritten zu dem ober= sten Hirtenamte ausschlüßig gehören, zur Landesdirektion hinge= zogen und daher alle bisherigen geistlichen Gerichtsstellen ohne Aus= nahme aufgelöset, der privilegirte Gerichtsstand und die personal Immunitaet geistlicher Personen aufgehoben, alle sonstige causae ecclesiaticae decimarum, jurispatronatus, causarum piarum, testamentorum et legatorum piorum, sponsalium, matrimo= niorum &c. zur weltlichen Gerichtsbarkeit des neuangestellten Hof= gerichtes hingewiesen, alle Rechnungen milder Stiftungen, Spi= täler und Schulenfonds zur Landesdirection abgefordert, derselben

XXIII

Verwalter alldort mit Ausschluß in Pflichten genommen, Pfarrer als sonstige Mitvorsteher daraußgehalten, somithin Mitaufsicht und Mitverwaltung derlei frommen und gottseligen Stiftungen dem bischöflichen Amte ganz und gar abgenommen; — sondern

. Vermöge neuester Verfügung und Anordnung wurde dem **Personali** des bisherigen bischöflichen Consistoriums die Verend= schaftung aller noch hangenden Sponsalien= Alimentations= und Matrimonial=Trennungs=Sachen dergestalten subdelegirt und auf= getragen, daß sie in keinem andern als des Herrn Kurfürsten Namen, und als eine von dem Hofgericht in Consistorial=Fällen besonders subdelegirte Commission dießfalls erkennen und sprechen, soforthin lediglich an die oberste Justizstelle zu Bamberg, und nicht mehr wie vorher an das judicium Metropoliticum die Appellation geschehen lassen sollen.

Endlich wollen nun auch Verträge, die vormals zu Gunsten, Errichtungsbeförderung und Aufrechthaltung gewisser Diözesan= Pfarreien mit der damals fürstbischöfl. Hofkammer und damaliger Wechterswinkler Güter=Administration sogar mit Dargebung eines nicht unnahmhaften, zu ewigen Zeiten stehen bleiben sollenden Capitals gegen die von dort aus alljährlich abzureichende bestimmte congruam parochialem an Geld, Getraid und Holz, authoritate legitima geschlossen worden sind, von Seiten der eröffneten Landes= direktion für dermal nicht mehr geltend und bindend — soforthin die Capitalsgelder an die Pfarrei zurückbezahlt, und die Obsorge für hinkünftige Aufrechthaltung derselben dem Bischofe ledig zu= gewiesen werden.

Alle diese hier angeführte und noch mehrere andere zu be= fahren gehabte nachtheilige Eingriffe in die ehemaligen bischöflichen Rechte haben bei mir die Auszeichnung eines gedrängten Com= plexus jurium Episcopalium veranlasset, den ich allerdings für hinreichend und wichtig genug ansehe, daß er von dem gesamm= ten Corpore deutscher Bischöfe auf jede nur thunliche Art unter sorgsamer Beibehaltung der von Stylo selbst obangemerkten caracte= ristischen Eigenschaften behauptet und vindicirt werden möge.

Es sind folgende theils privative mit Ausschluß — theils cumulative mit Zuziehung des Landesherrn auszuübende Befugnisse:

a) Das Collations-Recht aller, keinem besondern Patronatsrechte unterworfenen Pfarreien seines Bisthums.

b) Die Aufsicht, Handhabung und Leitung geistlicher Seminarien, sowie auch die Aufnahme und Erziehungs-Anstalten
ihrer Zöglinge oder Alumnen.

c) Das Visitations-Recht aller zum Kirchensprengel gehörigen
Pfarreien ohne lästige Beklemmung und Beschränkung desselben von Seiten des Landesherrn.

d) Das Erkenntniß-Recht super causis amotionis, resigna-
tionis aut permutationis liberae vel necessariae parochorum in Dioecesi.

e) Gleiches Erkenntniß-Recht über die Nothwendigkeit oder
geistlichen Seelen-Nutzen bei Errichtung neuer Pfarreien
und anderer geistlichen Beneficien; item die Gränzen-
Bestimmung oder Auseinandersetzung der Pfarreien, auch
Bestimmung der Congrua wenigstens im negativen Sinne.

f) Aufsicht und Wachsamkeit über die auf den theologischen
Lehrstühlen vorgetragen werdenden dogmatischen und mora-
lischen Grundsätze, wie nicht minder das damit verbundene
Recht, die von der ächt katholischen Lehre abweichenden
Professoren zur Verantwortung zu ziehen.

g) Anordnung des Gottesdienstes, gottesdienstlicher Handlungen,
und Modifikationen derselben, sowie auch das mit inbe-
griffene Recht, die darin sich ergebenden Mißbräuche ab-
zuändern.

h) Einsetzung, Abwürdigung und Verlegung der Feiertäge,
item das Recht, in das Verboth der Unordnungen, welche
mit der Heiligung dieser Tage sich nicht vertragen, den
verhältnißmäßigen, den Kirchengesetzen und dem Gegenstande
selbst angemessenen Einfluß zu haben.

i) Ein gleichmäßiges rücksichtlich des Fasten- und Abstinenz-
gebothes.

XXIII*

k), Die Einnahme und Verwendung der von Pfarrern und Beneficiaten zu entrichtenden Commenden = Gelder, sowie auch das jus collectandi subsidium charitativum.

l) Der privilegirte Gerichts = Stand und Personal = Immunität geistlicher Personen.

m) Die Erkenntniß über die Testamente und Vermächtnisse seiner Diözesangeistlichen, wie nicht minder die Rechenschafts= Forderung über die Execution solcher Testamente.

n) Mitaufsicht und Mitverwaltung der Spitäler, Armen=, Kranken= und Findelhäuser, in specie die Miteinsicht in das Schulwesen.

o) Die Erkenntniß über die Gültigkeit katholischer Ehen, Hindernisse derselben, Trennung derselben sowohl a thoro et mensa, als quoad vinculum.

Mit schuldiger Verehrung und unbegrenzter Hochschätzung der Stylo beiwohnenden großen Geschäftskenntniß und tiefer Einsicht sowohl, als auch der mit Hochdero Person vereinigten Würde des Metropolitans übergebe ich der erlauchten Beurtheilung voraussetzte meine ausgezeichnete Gedanken nicht nur in der Absicht, darüber zu erkennen, was etwa zu hochgespanntes und Uebertriebenes darin gefordert werden möge, sondern hauptsächlich um deßwillen, mich gütigst zu belehren, durch welche Mittel und Wege anvorderst die Theilnahme aller deutschen katholischen Bischöfe und soforthin die Einleitung der deßfalls zu machenden Vorstellungen erzielt werden möge.

Ich erharre rc. rc.

9.

Schreiben des Fürstbischofs von Würzburg, Georg Carl von Fechenbach, an die Fürstbischöfe zu Eichstädt und Speyer d. d. Werneck den 4. August 1803.

Stylo kann es nicht verborgen sein, was für nachtheilige und empfindliche Eingriffe, seitdem die säcularisirten geistlichen

Fürstenthümer des Reichs von weltlichen Landesherren in Besitz genommen worden sind, von diesen oder derselben neu angeord= neten Landesstellen in die geistlichen Diözesan=Gerechtsame der Bischöfe gemacht worden seien, und noch immerfort gemacht werden.

Ich will zwar zugeben, daß dieses hie und da mit mehrerer Schonung und Mäßigung geschehe, was aber an anderen Orten ganz auffallend und ohne mindeste Rücksicht auf den noch zur Zeit im Mittel liegenden §. 62. des vollständigen Reichs=Deputations= Hauptschlusses vom 25. Febr. l. J. angeordnet und durchgesetzt wird; so will man doch wissen, daß vielleicht nicht ein einziger deutscher Reichs=Bischof sei, der nicht schon wiederholte deßfallsige lauten Beschwerde an höheren Orten angebracht hätte, ohne mit einer anderen, als sehr trostsprechenden, aber in nichts abhilf= lichen und entscheidenden Rückantwort beehrt worden zu sein.

Ich ziehe daraus den unverkennbaren statthaften Folgeschluß, daß wenn je — gewiß dermal die engste Vereinigung und gemein= same Theilnahme aller deutschen Reichs=Bischöfe unumgänglich nöthig sei, insofern man nicht zusehen wolle, daß wesentliche, auf göttliche Einsetzung gegründete, und von deßwegen unableg= bare kirchliche Gerechtsame den Bischöfen entzogen werden, und für die Zukunft zum Schaden der Religion zu scheitern gehen sollen. Das sich so weit hinaus verziehende Concordat mögte sonach alsdann erst post festum zu Stande gebracht werden.

Dies alles hat mir den Anlaß gegeben, einen gedrängten complexum gewisser bis daher vollgültig statthabender, und theils privative, theils cumulative mit Zuziehung der weltlichen Landes= herrschaft ausgeübter bischöflichen Diözesan = Gerechtsame auszu= heben, den ich Stylo in dem beigebogenen Blatte zu communi= ciren die Ehre habe, nicht in der alleinigen Absicht, an dem= selben nach tieferen Stylo beiwohnenden Einsichten das etwa besser Gerathene beizusetzen, abzunehmen, zu mäßigen, und umzuändern, sondern hauptsächlich mit der angehängten Bitte, gefälligst an Handen zu geben, welche Mittel und Wege eingeschlagen werden

mögten, zuvörderſt die allgemeine Theilnahme unſerer deutſchen
Reichs = Biſchöfe, und alsdann den Erfolg einer dießfalls zu ent=
werfenden gemeinſamen Beſchwerdeführung oder Vorſtellung zu
erzielen.

Ich erharre ꝛc. ꝛc.

Beilage: Verzeichniß der biſchöflichen Gerechtſame (ſ. S. 335 a mit b).

10.

Schreiben des Fürſtbiſchofs von Speyer, Wilberich Grafen
von Walberdorf an den Fürſtbiſchof von Würzburg
d. d. Höchſt den 9. Auguſt 1803 ¹).

Es verdient allerdings Lob und Verehrung, daß Euer
Liebben in dieſer gefährlichen und kummervollen Zeit für Er=
haltung der Religion wachen, und auf Mittel zur Abwendung
ihres bevorſtehenden, und in meinen Augen nur leider allzu wahr=

---

¹) Philipp Franz Wilberich Nepomuk, Graf von Walberdorf, am
2. März 1739 zu Mainz geboren, wurde am 22. April 1797 zu Bruch=
ſal zum Fürſtbiſchofe von Speyer erwählt, aber erſt am 19. Januar 1800
wegen der damaligen ſtürmiſchen Zeiten zu Regensburg zum Biſchofe
geweiht, und ſtarb am 21. April 1810 zu Bruchſal.

Er legte in ſeinem Teſtamente die merkwürdige Erklärung nieder:
„Zu frommen Stiftungen vermache ich nichts. Gott, der Allmächtige!
weiß, daß ich mein ganzes eigenthümliches Vermögen, mit Ausſchluß der
Pretioſen und meines Antheils an der Familie, zu guten und frommen
Abſichten zu verwenden entſchloſſen war; allein da bei denen dermaligen,
aufgeklärten Zeiten Nichts mehr heilig iſt, und Alles, was zur Ehre
Gottes, zur Religion, zum Altare und zur Aufmunterung der Altardiener
beſtimmt wird, gegen Zerſtörung, Raub und gewiſſenloſe Bemächtigung
nicht mehr ſicher iſt; ſo wäre es Thorheit, das Geringſte dahin zu ver=
wenden. (Remling, Franz Xav., Geſchichte der Biſchöfe zu Speyer.
Bd. II. S. 830.

scheinlichen gänzlichen Verfalls sinnen; zu jeder dahin abzweckenden Maaßregel bin ich immer bereith nach meinen geringen Kräften mitzuwürken; ich habe auch bereits meinem Vicariat aufgetragen vor meiner Abreis, sich über Erläutherung der aufgestellten, und mit den Meinigen ganz gleichen Fragen eine vorläufige Bearbeitung vorzunehmen, um bei Erscheinung des neuen Concordats auf die erforderliche Bemerkungen in Voraus gefasset zu seyn. Ich werde selbem sogleich die zu meinem verbindlichlichsten Dank mitgetheilte erleuchte Beobachtungen zufertigen, und nicht ermangeln, bei eingegangenem Bericht die verlangte Auskunft vertraulich mitzutheilen, soviel aber muß ich einsweilen versichern, daß ich mir von all unseren Verwendungen wenig gedeihliches verspreche, weilen nirgends Unterstützung zu hoffen ist. Auf meine erstere nachdrückliche Vorstellung an Se. H: h:, erhielte (ich) die niederschlagende Rückantwort, daß in der gegenwärtigen traurigen Lage bei Gott allein Hülfe zu hoffen sey, und meine zweitere noch dringendere blieb bis diese Stunde ohnbeantwortet. Von Sr. K. M. sind wir offenbar nicht nur verlassen, und der Zernichtung Preis gegeben worden, sondern nach öffentlicher Sache ist der Antrag zu Säcularisationen von Wien vorzüglich begünstiget worden. Ich will gern glauben, daß man keine allgemeine beabsichtigte, allein wenn der Beschützer der Religion selbsten Theil am Raub des geistlichen Vermögens nimmt, so ist leicht zu ermessen, daß andere, und vorzüglich protestantische Fürsten ein gleiches thun würden, und nun wo das opus iniquitatis vollbracht ist, so sehe ich die Möglichkeit nicht ein, wie unsere Religion auf die Länge wird bestehen können, der Grund hierzu liegt offen für jedes Auge, das sehen will, und sehen kann; denn welcher vernünftige, und nur halb brauchbare junge Mensch wird noch künftig verlangen, geistlich zu werden, und einen beschwerlichen Stand anzutreten, dem man Ehre, Vermögen, Dauer und Sicherheit geraubt hat. Der Mangel an Geistlichen muß folglich bald fühlbar werden, und da keine Religion ohne Religionsdiener bestehen kann, so ist leider für die unserige, wenigstens in Deutschland, das künftige Loos leicht zu errathen.

Ich glaube einmal fest, daß der Allmächtige eine ganze neue Ordnung der Dinge einführen will, und daß alles Widerstreben gegen seinen heiligen Willen vergebens ist, sonst könnte er unmöglich solche schreuende Ungerechtigkeiten zulassen, und die lebende Regenten sammt ihren Helfern so auffallend mit Blindheit, Dummheit schlagen, daß sie die Mittel zu ihrer eigenen Zernichtung selbst helfen herbeiführen, und begünstigen; sie wissen und fühlen, daß alle Throne wanken, und sie befördern selbst und beschleunigen den Einsturz durch Wegräumung der sichersten Stützen. Es bleibt uns nichts übrig, als sich mit demüthiger Unterwerfung zurückzuziehen und zu sagen: Herr dein Wille geschehe, dieses gedenke ich noch immer für meinen Theil zu thun, wenn das neue Concordat so schlecht ausfällt, wie ich es befürchte; gegen den Strom werde ich nicht versuchen zu schwimmen, wenn kein Beistand mehr zu hoffen ist. Uebrigens wünsche ich von ganzem Herzen, daß durch eine glückliche und einstimmige Vereinigung aller Bischöfe noch etwas gedeihliches erwürket werden könnte, der ꝛc. ꝛc.

Ew. Liebden

Höchst am 9. Aug. 1803.

dienstwilligster treuer Freund

Wilderich

B. u. F. zu Speier.

11.

Schreiben des Churfürsten Erzkanzlers Carl Theodor von Dalberg an den Fürstbischof von Würzburg d. d. Regensburg 13. Aug. 1803.

Hochwürdiger Fürst!

ꝛc. ꝛc.

Ew. Liebden geehrtestes Schreiben vom 4. d. Mts. habe ich die Ehre gehabt, richtig zu erhalten. So sehr mir das bezeigte Vertrauen unschätzbar ist; eben so sehr bin ich innigst gerührt durch die bedrängte Lage, in welcher die deutsche Kirche überhaupt, und Ew. Liebden insbesondere sich befinden; die nämlichen Eingriffe, welche in der wirzburger Diözese vorkommen, sind auch ein Gegenstand allgemeiner Klagen in anderen Diözesen. Ich habe dem geistlichen Rathe Kohlborn in Wien aufgetragen, alle und jede Beschwerde dieser Art dem dasigen Herrn Nunzius Severoli und dem kaiserlichen Ministerium vorzutragen, und die Sache dahin einzuleiten, daß die Rechte des katholischen Religions= theils überhaupt, und die Diözesanrechte der Bischöfe insbesondere in dem Concordat ausdrücklich geschützt und anerkannt werden; hoffentlich wird jeder am Ende fühlen, daß eine Unterstützung geistlicher Diözesan=Jurisdiktion unumgänglich nöthig ist; zwar wurde von mehreren gewünscht, daß der katholische Religionstheil (Corpus Catholicorum) sich förmlich versammle, und schon jetzt laut und offen seine Gerechtsame standhaft vertheidigen solle; allein es steht noch der Umstand im Wege, daß nicht nur die meisten protestantischen, sondern auch die meisten katholischen Erbfürsten diese nämliche, oder doch sehr ähnliche Grundsätze vertheidigen; hat man aber einmal eine feste Stütze an Ihro päpstlichen Heilig= keit und an Ihro kaiserlichen Majestät, so kann man mit neuem Eifer, und Standhaftigkeit zu Werke gehen, welche hoffentlich von guter Wirkung sein wird, bei welcher man sich eigentlich gar nichts mehr vorzuwerfen hat.

Euer Liebden können versichert sein, daß ich hierin nichts vernachläßige,. Niemanden kompromittire, und alles mögliche nach meinen wenigen Kräften beitragen werde, was zu der Erreichung dieses heilsamen Endzweckes führen kann. Sobald ich etwas näheres vom geistl. Rathe Kohlborn vernehme, so werde ich es Ew. Liebden sogleich mittheilen. Ich verbleibe ꝛc. ꝛc.

Regensburg, 13. August 1803.

Carl.

12.

Eigenhändiges Schreiben des Fürstbischofs Georg Carl von Fechenbach an den Minister von Montgelas d. d. Werneck den 22. Aug. 1803.

La Reputation de Loyautée justice et Prudence dont Votre Excellence jouit m'encourage à m'addresser Directement à elle dans une Occurence, qui me tient extremement à Coeur par les Suites qu'elle doit necessairement avoir sur Les bien Etre Spirituel et Temporel des Nouveaux sujets de Son Altesse Ser. Elect. mes Diococsains.

Certainement si une des parties de L'organisation Ecclesiastique a de L'influence sur Leurs biens futurs c'est celle du Seminair Episcopal dans Le quel Le Clergé doit être formé sous L'Inspection Episcopale à sa future destination de charge d'âmes et d'instruction publique deux Devoires qui Croiteront tous les jours par la diminution du clerché (sic) d'aprés La Voye Publique il doit être question en ce Moment de Retirer Le fond, que mes Prédecesseurs et moi avions Determiné au Remplacement de les biens de fondation pour L'entretient de la Maison et d'y subtituer un fond Mediocre, qui ne suffirait peut être pas à L'Entretien de 30 ou 40 Seminaristes, nombre bien insufisant pour l'Etendue de mon Diocoese, et qui le sera toujours parceque, si même on voullait compter sur une Augmentation par Les Moines qui pourraient et voudraient se vouer à La Cure d'ame et à L'instruction Publique, cela ne ferait qu'une subvention Temporelle à L'Extinction de la quelle il faudrait avoir un Nombre bien plus grand d'Eleves et des jeunes gens tout formés deja, but qui ne pourra s'atteindre qu'en continuant L'Education Comm' elle fut jusqu'ici dans ce Seminaire, qui a joui à cet Egard une Reputation Complette par Le grand Nombre de gens Illustres par Leur Conduite et Savoir qui en sortirent de la ont bien Merite de leur Patrie et des Etats Etrangers ou ils furent appeles.

Un Second changement dout la voye Publique menace cette maison est une transplantation de L'institut à la Campagne, Votre Excellence est trop Eclairée elle meme, pour qu'il soyet besoin d'Eveiller son attention par tout ce que L'Instruction et l'humanisation des Candidats du Seminaire Perdroit par L'Eloignement de L'Universitée et du Siège Episcopal, et combien la Consideration du Clergé perdroit par cette Degradation surtout à la Campagne ou il ne peut cependant operer en bien qu'en Conservant ce Degré d'Estimation Publique, si necessaire à tout Etat, ne seroit ce meme, que Pour son Recruttement.

J'ose donc solliciter La bienveillance de Votre Excellence pour mon Diocoese mon Clergé et Principalement pour Le Seminaire Episcopal.

Si je n'avois pas peur de lui Ravire des Moments Precieux en Etendant trop cette Lettre, je lui ferai un Exposé formel, je toucherai encore plusieurs points dans lequel L'authoritée Episcopale est Menacée de Diminutions Nuisibles à la bonne Cause, je prefererai si j'En avois L'agrement de Votre Excellence de les lui faire Exposer par un Memoire Separé mais elle me permettera pourtant de lui Parler du Patronage. Le Patronage des Cures y tient le Premier Rang.

Il a L'aire de devoir etre Enleve à L'Eveque, qui se verroit par La hors d'Etat de Recompenser des Clercs Distinguees par leurs Conduites et Savoires; des Diminutions et Destructions de la jurisdiction Episcopale qui tous deux affaibliroint la Consideration et anneantiroint L'authoritée necessair pour maintenir L'authoritée sur son Clergée et ses Diocoesains.

Je n'ambitionne rien moins que d'Etendre La jurisdiction et L'authorité Episcopal si j'avois L'honneur d'Etre Connu de Votre Excellence, je me flatte qu'elle Rendrait justice

364

à mes sentiments à cet Egard qui ne visent qu'à la Con-
servation de la Relligion, et par Elle du bien de l'Etat.
En lui Renouvellant ma Sollicitation je la Prie d'agréer
L'assurance de ma Consideration très distinguée.

13.

Antwortschreiben des Fürstbischofs von Eichstädt vom 22. Sept.
1803 an den Fürstbischof von Würzburg.

Hochwürdigster Fürst!
Besonders lieber Herr und Freund!

Euer Liebden vorigen Monats an mich gefälligst erlassenen
Schreiben habe ich mit innigster Theilnahme, und tief gerührten
Herzen durchlesen, indem es sich leider! mit jedem Tage nur zu
sehr bestättiget, daß die Säcularisation der geistlichen Staaten
hauptsächlich die Umwälzung der bisherigen Kirchenverfassung, der
Hierarchie, und folglich der katholischen Religion selbst zum Zwecke
habe; — nun gilt es nicht mehr blos das Aeußerliche des Gottesdienstes, nicht mehr Gegenstände vermischter Natur, nein! man
sucht mit rastlosem Beginnen die unveräußerlichen Rechte der Kirche
deren Vorstehern zu entreissen, selbe gerade gegen die göttliche
Einrichtung der weltlichen Macht in die Hände zu spielen, das
Band, welches die Bischöfe mit dem Statthalter Christi, und den
Clerus mit den Bischöfen zur immerwährenden Fortpflanzung des
Glaubens so fest verknüpfte, nach und nach zu lösen, und auf
solche Weise die Grundpfeiler der Kirche zu erschüttern.

Freilich hätte meine Person rücksichtlich des Kurfürstens von
Salzburg als dermaligen Fürstens von Eichstädt bisher nicht die
mindeste Ursache, sich über irgend eines Eingriffes in die bischöflichen Rechte zu beklagen, und ich kann deßhalben dem lieben

Gott für diese ganz vorzügliche Gnade nie genug danken; — aber um so rascher, um so auffallender, und empfindlicher auch in pur geistlichen Sachen ist die Verfahrungsart von anderen Seiten meines mir untergeordneten Kirchensprengels, und ich finde eben daher es nicht nur für räthlich, sondern für unumgänglich nothwendig und pflichtschuldig, daß alle Reichsbischöfe sich aufs engste vereinen, und das kirchliche Ansehen, und ihren von Gott empfangenen Gewalt mit gesammter Hand, und nach allen Kräften zu vertheidigen sich bestreben.

Zu dem Ende habe ich mir nach Dero eigenem Wunsche die Freiheit genommen, dem beigeschlossenen Verzeichnisse noch etliche Punkte beizurücken, und zur Erreichung des vorhabenden Zweckes erachte ich bei diesen höchst kritischen Umständen für das dienlichste Mittel, daß die Bischöfe von Wirzburg, Augsburg, Speyer und Eichstätt sich vordersamst an ihren Metropoliten, den Herrn Kur-Erzkanzler Gnaden 2c. 2c. von Regensburg eigenhändig wenden, die jammervolle Lage ihrer untergebenen Kirchensprengel demselben lebhaft schildern, und um kräftige Unterstützung anflehen.

Vielleicht könnten doch die von Herrn Kur-Erzkanzler Gnaden 2c. 2c. bei der hohen Reichsgesandtschaft gemachten Vorstellungen einen erwünschten Erfolg haben; — und sollten sie auch wirklich ohne Wirkung verbleiben, so würde doch wenigstens, was ich nicht bezweifle, der Herr Kur-Erzkanzler den bedrängten Reichs-Bischöfen mit Rath und That an die Hand gehen, auf welche Wege die Diözesangerechtsame von ihrem bevorstehenden Untergange noch mögen befreit werden.

Und da zu allen Verfolgungszeiten der christlichen Kirche (wie die Geschichte aller Jahrhunderte es sattsam ausweiset) die nahe Verbindung mit dem höchsten Oberhaupte die besten, hingegen die Trennung die schlimmsten Folgen hervorgebracht hat; so wird es gewiß keine vergebliche und fruchtlose Mühe sein, wenn ebenfalls Sr. päpstlichen Heiligkeit die allenthalben den deutschen Kirchen drohenden Gefahren recht warm an's Herz gelegt,

und bei Errichtung des Konkordats um abhilfliche Maaße nach-
gesucht würde.

Jedoch ferne sei es von mir, Ew. Liebden dieses mein
Gutachten als eine Verhaltungs=Regel vorzulegen, vielmehr über=
lasse ich alles Dero tieferen Einsichten, und Kenntnissen mit der
theuren Versicherung, daß ich für das Wohl der katholischen Kir=
chen all mein Mögliches zu thun bereitet bin.

Mir genügt es schon, wenn Hochdieselben diese freie
und ungezwungene Offenbarung meiner Gesinnungen als einen
redenden Beweis anzunehmen geruhen wollen, mit welch unge=
meiner Verehrung und ausgezeichnetster Hochachtung ich erharre

Ew. Liebden

Eichstädt den 22. Sept. 1803.

dienstwillig treuer Freund und Nachbar

Joseph, Fürstbischof.

14.

Schreiben des Fürstbischofs von Würzburg an den Chur=
fürsten von Bayern, Max Joseph, d. d. 11. Dez. 1803.

La Pieté et la justice qui font Partie des grandes qua-
litées, qui characterisent votre Altesse Serenissime Electorale m'encouragent à m'addresser Directement à Elle dans
le Cas ou je souffre Les plus fortes Diminutions dans mes
Droits de jurisdiction Episcopale.

J'ai Commis à mon Vicariat de mettre sous les yeux
du Ministère de Votre Altesse Ser. Elect. toutes les Notes
qui ont passées Reciproquement entre la Direction Electorale
de la Principauté et mon Vicariat au Sujet d'un droit de
Patronage Universel et territorial des Cures des Ses Etats

et mon Diocoese pour en péser les arguments, et à ce que je me flatte justifier ses Demandes.

Votre Altesse Electorale ne pourra pas desirer Elle meme, que je fasse un Sacrifice à l'Etat de mes Droits Episcopaux les plus precieus, et Les plus necessaires pour Diriger mon Clergé à L'avantage de ses sujets qui perdront par la Diminution de mes Moyens Les avantages Spirituelles qui Doivent en Resulter pour eux, c'est dans cette Conviction que je prens la Libertee d'implorer son attention sur cette Matiere dans un Moment ou Son Directoire parait vouloir me Ravir des Droits aussi inter(ess)ents à L'Episcopat.

Lorsque je fus dans le Cas de Remettre la Regence de mon Pays à Votre Altesse Ser. Elect. je ne formois plus d'autre voeu que celui de Vaquer uniquement à mon Devoir d'Eveque, Il ne Dependera que d'Elle à me faire jouir de ce seul bonheur, dont je suis encore Capable.

C'est dans L'Espoir Confidentiel de ses Bontés, que j'ai ordonné à mon Vicariat de Rassembler toutes mes Doleances et de les Remettre successivement sous les yeux de son Ministère pour ne Pas vous Importuner vous même.

En Reiterant mes instances pour mon Diocoese, Mon Eglise et ses propres sujets, je la Supplie de me Conserver ses Bontées et d'agréer L'assurance de la Consideration Respectueuse avec la quelle j'ai L'honneur d'Etre.

15.

Schreiben des Fürstbischofs von Würzburg an den Churfürsten Erzkanzler Carl von Dalberg d. d. Würzburg den 24. Dezember 1803.

Ew. Liebden eröffne ich eine Angelegenheit, welche mir schwer auf dem Herzen liegt. Sie betrifft mein Seminarium.

Kaum war dasselbe trotz eines im Stillen schleichenden Planes, eine Stipendien=Anstalt daraus zu machen, insoweit gerettet, daß es zwar in seiner Verfassung erhalten, aber dagegen mit 10/m haushalten soll, als ihm eine neue und noch größere Gefahr von Innen droht.

Der freiere Geist der Zeit; der den Alumnen nicht unbe= kannte Grundsatz der Regierung, keine Körperschaft bestehen zu lassen; die traurige Aussicht des jungen Clerus bei der parthei= schen Begünstigung der Klostergeistlichen; die Furcht, sich bei dem geringen Einkommen mit geringerer Kost begnügen zu müssen; die Hoffnung, eine Pension von 300 fl. zu erhalten; vielleicht auch noch Verhetzungen von außen — alles hat zusammen ge= nommen gewürket; um den Geist der Unruhe und Insubordina= tion in ihnen zu wecken.

Da sie sahen, wie sehr das bischöfliche Vicariat zurück= gesetzt sei, und daß es ihnen eben so wenig schaden als nützen könne, erklärten sie dem Regens, als er ihnen die Erlaubniß abschlug, die Collegien der Prof. Schelling und Paulus zu be= suchen, daß sie nunmehr, nachdem die Oberen des Hauses nur ihre Repräsentanten wären, ohne jedoch für ihr Wohl zu sorgen, in ihre Rechte eintreten und sich selbst repräsentiren müßten.

Wirklich trugen sie in einer Schrift an das fränkische General= Commissariat und die Landesdirection auf die Erlaubniß, die ge= nannten Collegien besuchen zu dürfen, und ferner auf die Auf= lösung des Seminars als eines für Leib und Seele verderblichen Institutes an.

Das Vicariat hat sich umsonst bemüht, durch eine zweck= mäßige Pastoral=Ermahnung, worin es denselben den anmaß= lichen lächerlichen Plan der Selbsthilfe und die revolutionäre Sprache verwies, die Ordnung wiederherzustellen.

Auf die bei der Landesdirection gemachte Anzeige und Be= merkung, daß das bischöfliche Amt außer Stand sei, mit solchen Leuten Vorsehung zu thun, daß der eigentlichen Unruhe=Stifter nur wenige sein dürften, und es vor allem nöthig sei, diese zu entfernen — schickte diese sogleich und ohne alle Rücksprache einen Commissarius in das Seminarium, ließ sie durch ihn zur Ruhe verweisen, setzte aber am Schlusse bei, die Wünsche und Bitten des Alumnates, welche es an die Landes=direction hätte gelangen lassen, würden erwogen und die weiteren Entschließungen darüber ihm bekannt gemacht werden.

Hierauf erhielt auch das Vicariat auf seinen Antrag zur Antwort, daß die Churfürstl. Landesdirection die Alumnen zum Gehorsam gegen ihre Vorsteher habe anweisen lassen, mit der Bedrohung, daß man diejenigen Subjekte, welche sich erweißlich ein Geschäft daraus machen, einen Geist der Unruhe und In=subordination anzufachen oder zu unterhalten, unnachsichtlich aus dem Seminarium verweisen würde. Man hoffe, diese Warnung werde den gehörigen Eindruck gemacht haben, und glaube, die Wirkung davon sei vorerst abzuwarten, sowie man überhaupt dafür halte, daß junge Leute, der ihrem Alter eigenen aufbrausenden Hitze ungeachtet, dennoch für zweckmäßige, mit guten Gründen unterstützte Vorstellungen empfäng=lich seien.

So auffallend es ist, hier das Alumnat in Schutz genommen und gegen die bischöfliche Entschließung, welche nicht verhüllet war, gedeckt zu sehen; so ist es noch auffallender, daß einer vorgängigen ausdrücklichen Churfürstl. Erklärung ungeachtet, vermöge welcher die Leitung des Seminars in literarischer, disziplinarischer und ökonomischer Hinsicht der bischöflichen Behörde überlassen worden ist, die Churfürstl. Landesdirection diese Eingriffe gemacht hat.

Die Wünsche des Alumnates blieben nicht lange unerfüllt. Der Regens erhielt durch ein Dekret der Landesdirection die Weisung, sogleich dem Alumnate bekannt zu machen, daß es die Erlaubniß habe, die fraglichen Collegien zu besuchen, — innerhalb 3 Tagen über den Vollzug zu berichten, innerhalb 8 Tagen aber die Gründe anzugeben, warum er den Alumnen diese Erlaubniß verweigert habe. Von diesem Beschlusse der

L. Direktion wurden auch die Professoren Schelling und Paulus in Kenntniß gesetzt. Das Vicariat hat hierauf den Wunsch und Vorsatz der Alumnen, diese Collegien zu besuchen, auf das Nach= drücklichste mißbilligen lassen, sie aufmerksam auf das Unzweck= mäßige des einen Collegiums und auf das mit der Besuchung des andern vor einem katholischen Publicum nothwendig ver= bundene Aufsehen und entstehende Aergernisse gemacht, und ge= warnt, sich des Vertrauens des Bischofes, an welchem ihnen alles gelegen sein müsse, würdig zu machen.

Allein auch dieser Versuch mißlang. Noch denselben Mor= gen, als ihnen dieses Dekret verkündet ward, vollendete das Alumnat das Werk seiner formellen Insubordination; sie sistirten sich, ohne um Erlaubniß zum Ausgehen anzusuchen (wie sie es vorher schon gethan hatten, und auf die Frage, wer ihnen Erlaub= niß gegeben habe, auszugehen, geantwortet hatten: das Alumnat) bei Paulus und Schelling und frequentiren nun den bischöflichen Ermahnungen zum Trotze diese Collegien.

Dieß ist die versprochene gute Würkung, mit welcher die Churfürstl. Landesdirektion das Vicariat nach veranstalteter ein= seitiger und partheyischer Commission hingehalten hat! Dieß der Erfolg des Schutzes, welchen sie den Alumnen angedeihen ließ, um durch die das bischöfliche Amt beschämende Erlaubniß ihren Ungehorsam als Anhänglichkeit gegen sich zu belohnen!

Was kann die Kirche von Leuten erwarten, welche dem Bischofe als Jünglinge, selbst in dem Erziehungshause, in einer innerhalb der Sphäre seines bischöflichen Amtes liegenden Sache formell ungehorsam sind? Von Leuten, die sich darüber pflicht= vergessen hinwegsetzen, als Ueberläufer zu einer andern Kirche öffentlich zu erscheinen, die das Vertrauen weder des Bischofes noch des Volkes respektiren, und sich nicht scheuen, das Gewissen desselben zu verletzen, und bei dem allgemeinen Verfall der Reli= gion selbst das ärgerliche Beispiel der Gleichgültigkeit in Hinsicht des Kirchenglaubens zu geben? Würden diese Menschen nicht zu anderen Zeiten und unter anderen Umständen jureurs werden,

die Kirchenzucht abwerfen, und zur Trennung der Kirchen=
Einheit mitwirken?

Ich bin daher entschlossen, dieses nicht zu rechtfertigende,
das allgemeine Recht aller Bischöfe der Kirche Deutschlands be=
leidigende, ein öffentliches Aergerniß verbreitende, und selbst in
der protestantischen Kirche beispiellose Betragen der 27 (?) Alumnen
dadurch zu bestrafen, daß ich Ihnen die Weihe für je und allzeit
versage, und zur Rettung der übrigen auf die Entfernung der=
selben aus dem Seminarium antrage. Von diesem gethanen Schritte
bin ich weiter gesonnen, dem Churfürstl. Ministerium durch das
Vicariat die Anzeige sammt allen Gründen und Aktenstücken
machen lassen.

Ich erbitte mir jedoch vor Allem noch den Beirath Ew.
Liebden, und sehe mich sehr verbunden, wenn ich in der kürzesten
Zeitfrist eine Antwort erhalten kann, weil unter diesen drängen=
den Umständen bald gehandelt werden muß, wenn die Handlung
einen heilsamen Eindruck machen soll.

Ich verharre 2c. 2c.

16.

Antwortschreiben des Churfürsten Erzkanzlers v. Dalberg an den
Fürstbischof von Würzburg vom 27. Dez. 1803.

Hochwürdiger Fürst! 2c.

Euer Liebden verehrtestes Schreiben hat mich sehr gefreut,
und mit lebhaftem Antheil sehe ich daraus, mit welcher erbau=
lichen Sorgfalt Dieselbe auf Erhaltung guter Ordnung in dem
Seminarium um so mehr bedacht sind, als auf gute Bildung
der Geistlichkeit die Erhaltung der katholischen Religion, und der

XXIV*

darauf gegründeten sittlichen Tugenden großentheils gegründet sind; preiswürdig ist nach meiner Ueberzeugung die standhafte Ent= schließung, welche Euer Liebden gefaßt haben. Das geistliche Wohl einer Diözes hängt offenbar davon ab, daß der Priesterstand aus würdigen Männern bestehe; die heiligen Weihen sind mithin sol= chen zu ertheilen, welche treue Anhänglichkeit an die Glaubens= lehren, Ordnungsliebe und schuldige Folgsamkeit gegen ihre Vor= gesetzten in ihrem bisherigen Lebenswandel bewiesen haben; die verirrten Zöglinge des Seminariums haben sich daher durch Un= gehorsam und Widersetzlichkeit von der Erhaltung der heiligen Weihen selbsten ausgeschlossen. Es werden starke Beweise ihrer Reue und Besserung in Zukunft erforderlich sein, bis man hoffen darf, daß sie zu dem geistlichen Stande wahrhaft berufen sind. Zu wünschen ist, daß Euer Liebden durch das erhabene Beispiel Ihrer Pflichterfüllung, und durch Dero preiswürdige feste Ent= schließung zur wahren Erkenntniß ihres begangenen Fehlers diese Seminaristen zurückführen, und somit Ordnung und Folgsamkeit in einem Seminarium wiederhergestellt werde, welches bisher das Muster und Vorbild aller Seminarien war.

Erlauben Euer Liebden, daß ich Denselben einige Bemerk= ungen freimüthig mittheile, und Dero erleuchtem Ermessen anheim= stelle.

Erstlich scheint es mir zweckmäßig, daß die deutschen Kirchen= vorsteher mehr als jemals an Ihro päbstliche Heiligkeit als Ver= einigungspunkt der katholischen Kirche sich wenden, und um väter= lichen Rath und Unterstützung nachsuchen. So sehr der römische Hof in neueren Zeiten gelitten hat, so hat dennoch die demselben gebührende große Achtung wieder zugenommen. Der russische, preußische, östreichische und andere Höfe haben dieses neuerlich bezeugt; ganz kürzlich hat der erste Konsul dem Minister eines gewissen Hofes sein Mißfallen über das harte Benehmen in geist= lichen Dingen bezeigt und vor wenig Wochen hat der Churfürst von Pfalzbayern den Bischof Höfling nach Rom geschickt, um sich diesem Hofe zu nähern.

Zweitens. Aus diesen nämlichen Gründen habe ich den geistlichen Rath Kohlborn instruirt, bei der Einleitung zu dem Konkordat nur in solche Gegenstände miteinzugehen, in welchen der Kaiser und der Pabst miteinander einverstanden sind. Ich verspreche mir noch immer davon gute Wirkung, obgleich ich sehr bedaure, daß der Geschäftsgang in Wien und Rom sehr langsam ist.

Drittens weis ich aus eigener Erfahrung, wie schwer es ist, die bischöflichen Rechte in Bayern zu erhalten; unterdessen folge ich hierin dem edlen Beispiel, welches Euer Liebden geben, und bestrebe mich, die festeste Standhaftigkeit mit möglichster Mäßigung zu vereinigen. Sollte Euer Liebden für zweckmäßig erachten, daß Ich im Betreff des Seminariums mit einer wohlgemeinten Verwendung als Metropolitan in Rom, Wien und München eintrete: so bin ich dazu mit wahrem Vergnügen bereit. Ich bleibe jedoch dem Grundsatze getreu, hierin nicht eher einzuschreiten, bis Euer Liebden als verehrungswürdiger Herr Ordinarius diese Verwendung für zweckmäßig erachten. Ich bin mit aufrichtiger Freundschaft und vollkommener Hochachtung

Ew. Liebden

Regensburg den 27. Dzbr.
1803.

An den Herrn Fürstbischof
von Würzburg.

dienstwilliger Freund und Nachbar
von ganzem Herzen. Carl.

17.

Schreiben des Fürstbischofs von Würzburg an den Churfürsten Erzcanzler v. Dalberg d. d. Würzburg den 6. Januar 1804.

Der Beifall, welchen Ew. Liebden der im Betreff der Seminaristen zu treffenden Maaßregel gegeben haben, hat mich bestimmt, sie auszuführen. Ich habe ihnen demnach durch mein

Vikariat ihre Pflichten zwar noch einmal zu Gemüth führen lassen, aber mit der beigesetzten Drohung, daß ich keinem von ihnen die Hände auflegen würde, wofern sie nicht sogleich von ihrer Verirrung und Widersetzlichkeit abstehen, in Leitung ihrer Studien mir Folge leisten, und in Zukunft überzeugende Beweise ihrer Berufstreue und des mir schuldigen Gehorsams geben würden.

Zu gleicher Zeit habe ich in dieser Angelegenheit an Ihre päpst= liche Heiligkeit geschrieben, und meinem Vicariate aufgegeben, über die gegenwärtige Lage des Seminars an das Churfürstl. Ministerium zu berichten. Von jenem ersten Schreiben gebe ich mir die Ehre, Ew. Liebbden eine Abschrift beizulegen; der Inhalt des zweiten aber bezieht sich auf eine kurze mit Beilage versehene Darstellung der in dem Seminar geschehenen Vorfälle und die Entwicklung der Gründe, welche diese Erscheinung, welche für Kirche und Staat miß= tröstlich ist, herbeigeführt haben. Am meisten erkläret sich mein Vicariat darüber, daß es in dem Versuche, die Zöglinge des katho= lischen Lehrstandes zu protestantischen Professoren zu schicken, eine Verletzung eines der ersten Kirchenrechte erblicke, welche sich keine Kirche gefallen lassen könne, und am wenigsten sich im umgekehr= ten Falle die protestantische gefallen lassen würde; daß es eine Kränkung der Gewissensfreiheit eines übrigens katholischen Volkes sei, wenn es sich Religionslehrer aufbringen lassen solle, auf deren ächten und unverfälschten Lehre es kein Vertrauen, sei es auch aus Vorurtheil, setzen könne, und daß endlich die nothwen= dige Folge dieses Collegien=Besuches sein müßte, daß der künf= tige Clerus weder kalt noch warm sein, weder der katholischen noch lutherischen Kirche angehören würde. Was die Collegien des Professors Schelling betrifft, so ward der Besuch derselben als unvereinbarlich mit dem Geschäfte der gegenwärtigen Vor= bereitung zum künftigen Lehramte und mit dem kirchlichen Berufe als Religionslehrer überhaupt dargestellt: denn es ist nicht mehr zweifelhaft, welches die Tendenz dieses idealistisch=spinozistischen Systems sei, welches zuletzt wie das platonische auf intellektueller Anschauung beruht.

Ich erwarte nun ruhig den Erfolg. Aber ich ergreife mit Freuden das großmüthige Anerbiethen Euer Liebden, sich für die Erhaltung meines Seminars, auf welche ich meine Hoffnung gesetzt hatte, und besonders für die Erhaltung seines Fondes, welcher erst im vorigen Jahrhunderte mit dem Universitätsfond vereiniget ward, zu München, Rom und Wien zu verwenden. Ich überlasse alles der erleuchtesten Einsicht und dem Wohlbefinden Ew. Liebden, und sehe mich um so mehr verbunden, als groß das Verdienst ist, welches sich Dieselbe um die mir anvertrauten Kirche als Metropolitan machen. Ich bin längst überzeuget, daß in dieser kirchlichen Einheit durch alle hierarchischen Stufen die Festigkeit und die Dauer der Kirche besteht, welche bisher den fürchterlichen Erschütterungen des Revolutionsgeistes widerstanden hat, und wie ich vertraue, in der Folge widerstehen wird.

Die Seminaristen haben sich zufolge erhaltener Anzeige unmittelbar nach München gewendet, um wie ich fürchte ihre Auflösung zu erwürken. Daß von Leuten, welche alle Kirchenverfassung lähmen, oder gar aufheben möchten, auf sie eingewürket wird, ist klar, und ich habe nicht undeutliche Beweise, daß Professor Paulus selbst unter der Hand Antheil daran genommen hat.

Ich bin fest entschlossen, keinen Schritt mehr zu weichen, ob ich mich gleich mit Vorsicht und genau innerhalb der Gränzen meines Amtes halten werde.

Ew. Liebden werden mich mit jeder der guten Sache günstigen Nachricht aufrichten, ich aber werde meiner Seits eben so sehr aus persönlicher Verehrung und Freundschaft als aus Amtsverhältnissen die Maaßregeln unterstützen, welche Euer Liebden für das Wohl der teutschen Kirche, an deren Spitze Dieselbe stehen, besorget sind, zu entwerfen, der ich ꝛc. ꝛc.

376

18.

Schreiben des Fürstbischofs von Würzburg an Se. päpstliche
Heiligkeit Pius VII. d. d. Würzburg den 5. Januar 1804.

Beatissime Pater!

Patere, Beatissime Pater, ut loquar in amaritudine
animae meae et lacrimarum partem mearum in sinum effundam supremi Ecclesiae Capitis, a quo solatii medela in omnes
ecclesias particulares dimanat. Accidit enim, quod non nisi
gravissimum cordi meo esse debuit, ut, quum episcopale,
quod hactenus Herbipoli pari cum fructu ac laude annutu-
que totius Germaniae catholicae benedicente Domino per-
ducentos annos floruit, clericorum ad curam animarum juxta
leges et regulas s. s. Concilii Tridentini educandorum Seminarium vix e communi suppressionis sorte criperetur, interna
jam labe corrumpatur et concidat.

Variae sunt causae, ex quibus calamitas haec proficisci-
tur: at praecipuas modo Sanctitati Vestrae exponendas duco.

Aetas juvenilis tum semper, tum hisce praecipue temporibus, queis religio a teneris negligitur, ab ecclesiastica
abhorret disciplina. Dum vero in hac rerum politica et ecclesiastica conversione authoritas Episcopalis pene omnis ex-
tenuata est et velut ad nihilum redacta — dum Ordinario
jus conferendi beneficia et vix non omne jus dioecesanum
suffertur, et potestas saecularis primas in Ecclesia sibi sedes
vindicat: abolet enim ritus Ecclesiae antiquitate sua venerandos,
dos, sacras fraternitates atque sodalitates pontificiis etiam
privilegiis munitas publico cassat edicto, de antiquis beneficiis uniendo, dismembrando et transferendo ad libitum dis-
ponit, novorumque congruam exclusive determinat — dum
porro monachi suis emissi claustris, ut sumptibus, quibus
ex aerario publico sustendandi erant, parcatur, inconsulto
Episcopo ad beneficia vocantur curata, nec sit, quod aut

metuat aut speret ultra ab Episcopo saecularis Clerus —
Dum ii, qui modo rem publicam moderantur, directioni sese
Seminarii ingerunt, et principia palam produnt, quibus liberius vitae genus et cogitandi sentiendique ratio a veritate
probitateque non minus quam a spiritu ecclesiastico aliena
suadetur — Dum redditus Seminarii ex mente divi funda-
toris fundoque comparato satis ampli novissima regiminis
politici dispositione ad dimidiam sunt fere partem diminuti,
unde negato, qui antehac suppeditabatur, vestitu tenuior quaedam arctiorque victus ratio praescribenda erat; hinc factum
est, ut et alumni, quamvis non omnes, spiritu vertiginis
capti abjecto pudore et verecundia terga vertere Episcopo
conati sint, quo magis se ingenio probent eorum, qui notum
sua strage systema cum impetu prosequi videntur, quod
inimicum throno et altari per varias est Europae partes dif-
fusum. Quorum cum sese faciles artibus praebent, in meritis
id posuerunt.

Etenim non ignari, id esse in votis, ut Seminarium,
quod sine metu publicae notae dissolvi haud poterat, esse
desinat, nec possit aut debeat ulla communitas ecclesiastica
subsistere — Non ignari, vinculum, quo Clerus Episcopo
jungitur, ita tollendum esse, ut nulla penes ipsum nisi una
ordinis potestas relinquatur, nullamque fere jus, nisi jus
passivum institutionis in beneficia ecclesiastica, quamvis et
hoc sit recens impugnatum — Non ignari, Ecclesiae omnem
plane potestatem denegari, leges ferendi, judicandi et ad-
ministrandi, eo quod status in statu tolerari haud amplius
possit — Non ignari denique disciplinam, quae hucusque
in Seminario viguit, ceu monasticam a multis carpi et principiis philosophicis parum congruentem, eamque ab iis, qui
res novas moliuntur, liberiori dicam an licentiosa magis crisi
haberi notarique talem, qua et spiritus et corpus adolescen-
tum una corrumpatur, nulloque hinc probari modo a pluri-
bus, ut uni Episcopo directio Seminarii relinquatur, eo quod
qui usibus Ecclesiae fingantur juveniles animi, usibus rei

publicae perdantur, et in unum coalescant statum a reliquis
vitae socialis statibus scopo institutoque longe diversum —
in eam prolapsi sunt vesaniam, ut quum eorum obsecundare
votis renuerint superiores, ausi sint declarare, se sua repetere hominum jura, quumque superiores non debite et prout
officii essot, quos subditos haberent, repraesentent, se his
in angustiis constitutos compelli, ut repraesentationem sui
in se suscipiant ipsi, suamque causam proprio Marte coram
principe Electore agant.

Causa autem, quam eo agendam detulerunt, haec est,
eroganda esse ipsis stipendia, queis egressi e Seminario
sustentare vitam litteriaque vacare liberius possent, licentiamque una concedendam, collegia nonnullorum professorum protestantium recens ad studium universale, quod est Herbipoli,
vocatorum frequentandi. Horum alter philosophiam secundum
systema Idealismi tradit, quod Platonismum inter et Spino-
zismum fere mediam tenet, spiritumque et materiam seu
Deum et naturam in idea absoluti et absolute indifferentis,
nonnisi intellectuali intuitu comprehendendi, confundit; alter
in facultate theologica exegetam sacrae scripturae, non juxta
communem et unanimem consensum patrum, sed ex principiis cum dogmate catholico haud sane compatibilibus agit,
parique simul arbitrio prolegomena de fontibus theologicis
exponit.

Exaratae clam ab alumnis litterae ad Commissarium
Bavaropalatinum. Dum Vicarius meus Generalis dato ad jussum
meum decreto alumnorum dicta reprehendit, atque facta a spiritu
clericali et Canonum statutis penitus aliena, proindeque an-
helatam ab iis licentiam, professorum protestantium lectiones
frequentandi dissuadet, arguit, reprobat negatque, per aliud
huic oppositum decretum commissariatus Bavaropalatini in-
jungitur superiori domus, ut confestim et sine mora con-
cessam alumnis collegia haec frequentandi licentiam ipse
promulget, post triduum de facta promulgatione doceat, post
octiduum vero rationes exponat, quibus motus publicas

has praelectiones duxisset hac quasi prohibitionis censura notandas.

De hac facti serie instructus Vicarius meus Generalis animum consiliumque alumnorum gravi admonitione cum ex rationibus e fine muneris pastoralis petitis, tum ex ipso consilió principis Electoris, qui alteram esse voluit facultatem theologicam Catholicerum, protestantium alteram, perstrinxit. Addidit in hac rerum difficultate evitandum esse omne scandalum, eoque unice tentendum, qui se fideles praestent Ecclesiae ministros et cooperatores. Alias et in his rationes ex indole hujus philosophiae, quae est et omni revelatae doctrinae et conceptae de Deo per tot saecula notioni adversa — et illarum praelectionum exegeticarum, queis omnis historia evangelica in mythum convertitur, cujus explicatio ex legibus tentatur psychologiae, haustas Commissario, quamvis sine omni hucusque successu, exposuit.

At, quod non nisi dolens refero, plures alumni precibus monitisque meis, meique Vicarii Generalis spretis praefracto, quos voluerunt, obtenta nixi licentia, antesignanos sequuntur.

Cui malo ut occurrerem versatile horum juvenum ingenium, quibus fidere Ecclesia nullo modo potest, futuris olim, quod utinam falso praeominer, ad aliam Ecclesiam transfugis et unitatem Ecclesiae scissuris, perspiciens statui, palamque congregatis in Seminario alumnis notum feci, hisce, qui talia hactenus spreta Episcopali authoritate ausi sunt, manum nec a me nec a meo Suffraganeo impositurum iri, nisi de suo errore resipiscentes manifesta dederint poenitentiae signa, et debitam praestare reverentiam et obedientiam Episcopo didicerint.

Id unum videbatur superesse, quo prohiberetur, ne malum serpat latius, pia perturbetur fidelium fides, et publicum, quod dedere, scandalum commerita eximatur a poena. Dignitati laesae ecclesiasticae, clero vestigiis Canonum adhuc insistenti populoque catholico curae meae concredito animadversionis hoc exemplum debui.

De lata hac sententia, a qua me dimoveri nunquam patiar, ministros Bavaropalatinos, qui sunt Monaci, certos reddidi, iisque omne factum una cum documentis genuina narratione exposui, insistens latae sententiae, eliminandos e Seminario prorsus esse et ex albo Clericorum delendos, quotquot promulgata hac poena inobedientes porro et insubordinati perstiterint.

At summis in votis est, ut et Sanctitas Vestra, queis his in terris difficultatibus impliciti simus, pernoscat, quamque impiacabile sit in Ecclesiam catholicam odium, quis adsensus principiis protestantium praestetur, et quam late dominetur religionis in universum contemtus.

Non curo, quae futurae sint hujus rigoris, quo uti oportuit, sequelae, fors in me quocunque modo retorquendae.

Iniquum est, ministros Ecclesiae catholicae ad scholas remitti protestantium: concessa enim his in circumstantiis licentia in vim mandati abierat; at iniquius multo, conquerentem hac de re Episcopum despicatui habere, qua si omnibus jam mediis destitutum, queis tantis mederi malis, licentiamque reprimere clericorum posset, qui jugum disciplinae ecclesiasticae excutientes, moribus sese saeculi conformare et insolita audacia Ordinarii monita temnere, adhuc discipuli, haud erubescant.

Lubens haec omnia ad Sanctitatem Vestram detulissem, priusquam ad agendum accederem, si et temporis et circumstantiarum id ratio passa esset. At timendum erat, ne labes haec in Seminario propagaretur in dies latius, nec praevideri certo potuit, quousque progrederetur licentia hominum ira concitatorum, ad audendum omnia factorum, a malevolis persuasione malitiosa deceptorum.

Quodsi si probaverit Sanctitas Vestra, quae his in angustiis mearum esse partium duxi, magno me gaudio perfundet solatioque. Rigorem cum lenitate quadam molliendum putavi.

Quae minus recte facta videbuntur, perficiat, quae in posterum facienda sunt, praescribat Sanctitas Vestra, cujus manum exopto et invoco auxiliatricem ad Seminarium hoc in suo statu conservandum, et ad instaurandam ejus, quae contrariis labefacta consiliis est, disciplinam.

Prostratus ad Sanctitatis Vestrae pedes summa plenus reverentia perenno.

19.

Antwortſchreiben des Churfürſten von Bayern, Max Joſeph, an ben Fürſtbiſchof von Würzburg, d. d. München ben 27. Febr. 1804.

Monsieur,

J'ai reçu la lettre par laquelle V. A. a bien voulu m'adresser ses réclamations rélativement à differens points de la jurisdiction épiscopale. J'ai chargé sur le champ mon ministère d'examiner avec la plus scrupuleuse attention les droits actuellement en contestation entre mon Directoire provincial de Wirzbourg et le Vicariat-général du Diocèse. Je suis trop pénétré de l'importance des fonctions Episcopales pour jamais permettre qu'il soit porté la moindre atteinte à aucune de leurs prérogatives éssentielles.

Votre Altesse peut être aussi convaincue de cette vérité que de l'estime et de l'amitié avec lesquelles je suis

Munich ce 27 Février 1804.

Monsieur

Votre très affectionné

Max Jos. Electeur.

à *M. le Prince-Evêque de Wirzbourg.*

382

20.

Breve des Papstes Pius VII. an den Fürstbischof von Würz-
d. d. Rom ben (?) März 1804.

Pius PP. VII.

Venerabilis Frater salutem, et apostolicam Benedictionem.

Etsi nullae aegritudinis, moerorisque causae animum
nostrum aliunde percellerent, quae profecto multae, gravissimaeque sunt, cum res catholicae Ecclesiae tot undique
periculis circumseptas intuemur, et ingemiscimus: solae tamen
literae tuae quinta Januarii proxime elapsi die ad Nos datae,
ad Nos ipsos acerbissimo dolore complendos satis superque
fuissent. Tu enim, Venerabilis Frater, per Te ipse facile
intelliges, quantus afflictioni nostrae cumulus accesserit ex
ea, quam refers, perturbatione, quae malo quorumdam dolo
parta, tuam nunc Dioecesin misere vexat. At quod gravissimum cordi nostro vulnus praecipue inflixit, illud est,
quod Tu de Episcopali tuo Seminario narras intestinis funestissimisque turbulentiis sua deque verso, quas tamen componere, et meliori, quo fieri potuit, modo sedare Tu solerter, sapienter, parique cum zelo studuisti. Atque hinc factum
est, ut in tanta molestiarum, quibus premimur, mole, non
leve Nobis solatium attulerit sollicitudo illa, qua Te spiritu
Domini animatum, doctrina, mansuetudine, precibus, omnique demum officiorum genere niti conspicimus, ut catholico
gregi pastorali curae, vigilantiaeque tuae commisso salubriter,
efficaciterque provideas. Quare dum tuam agendi rationem
justis, ut par est, laudibus prosequimur, amplissimamque
a Domino pro iis, quae prudenter ad tuendum catholicae
Ecclesiae bonum hactenus gessisti, et in posterum gesturum
es, remunerationem Tibi pollicemur. Te etiam litteris hisce
nostris certiorem esse volumus, nihil Nos pro nostri muneris parte omisisse, aut omissuros fore eorum, quae ad salu-

tarem consequendum, quem Tibi proposuisti, finem idonea
Nobis et opportuna videbuntur. Omnem interea fiduciam in
omnipotenti Deo collocantes, quem speramus vocibus, operi-
busque nostris vim, et robur misericorditer additurum, ut
optatos e labore nostro fructus consequi tandem valeamus,
Tibi, tuoque gregi apostolicam Benedictionem, amoris erga
Vos nostri pignus, effuso corde impertimur.

Datum Romae apud sanctam Mariam majorem die Martii
1804 Pontificatus nostri anno quinto.

Venerabili Fratri Georgio Carolo
Episcopi, ac Principi Herbipolensi,
  et Coadjutori Bambergae.
    Herbipolim.

21.

Schreiben des Fürstbischofs von Würzburg an den Chur=
fürsten von Bayern, Max Joseph, d. d. Werneck den
à   14. Mai 1804.

Son Altesse
Electorale Palatine Bavière.

P. S.

Votre Altesse Serenissime Electorale m'avait tout à fait
tranquilisé par Sa reponse du 27 fevrier qui m'assura, qu'elle
etoit trop penetré de l'importance des fonctions Episcopales,
pour jamais permettre, qu'il soit porté la moindre atteinte
à aucune de leurs prérogatives essentielles.

Il ne m'en reste pour le present, qu'une seule de ces
prerogatives, savoir le droit sans doute tres essentiel de
conferer les ordres sacrés a ceux qui m'en paraissent dignes,
et d'en exclure ceux qui je crois merite d'en etre encore
Eloignés.

L'on me gêne dans ces fonctions si inseparables de mes devoirs selon la Note cy jointe d'une double manière.

D'abord on me rend impossible de pouvoir aux besoins de tout mon diocèse comme je le trouve necessaire. Il s'étend dans plusieurs territoires, et deja dix mois sont passés sans que les ordres (sacrés) ayent conferé à aucun seminaristes et ce, qui est encore plus affligant, le Directoire de Votre Altesse Elect. paroit vouloir exiger indirectement, que j'admette à L'ordination des Seminaristes, qui avec une desobeissance sans exemple, et au scandale commun de mes diocesains ont osé resister ouvertement a la direction de l'ordinariat dans les etudes necessaires à leur Etat, et lesquels je dois considerer pour le moment comme indignes des ordres sacrés et d'apres les decisions des ss. Canons les plus claires inhabiles a la cure d'ames.

Jamais je n'agirai contre les devoirs et contre l'honneur de ma jurisdiction episcopale, et jamais il ne pourra être de l'intention de Votre Altesse Screnissime, que l'on forme de pareilles pretentions inadmissibles.

Les Notes egalement joints eclaireront le veritable point de la question.

C'est Votre Altesse Screnissime qui pourrait pas souffrir, que l'autorité episcopal soit compromise à cause de la procedure la plus juste avec la derniere classe du Clergé a la face de l'Eglise d'une manière si indecente et moins encore pourrait Elle permettre, qu'une poignée de jeunes têtes chaudes méconnaisse la voix paternelle de leur Eveque, et qu'ils osent mepriser avec un eclat si public la peine, dont Il les avait menacés.

Elle ne pourrait egalement pas permettre, que ces jeunes gens, qui par leur conduite ont rendu leur vocation tres equivoque, se persuadent, que la permission subreptice et et malinterpretée de frequenter les colleges des Professeurs

Paulus et Schelling les autorise a touts les excés qui ont precedé ou suivi leurs desobeissance revoltante.

Il est bien vrai, que ces Seminaristes lorsqu'ils remarquerent dans les derniers jours par l'assignation de ceux, qui devoient se préparer a la prêtrise que mon refus de leur imposer les mains auroit son Effet a l'ordination m'ont envoyé un mémoire par lequel ils demandent pardon.

Mais cette soumission fut de leur propre aveu plûtot l'effet des causes extérieures, que la suite de leur persuasion, et d'un repentir sincer.

Il m'etait impossible de regarder un pareille acte forcé plutot que spontané comme suffisant pour ecarter le scandale public, et pour pouvoir leur accorder sur le champ la même confiance, qu'ils avaint repoussé de la manière la plus ingrate et avec une obstination vraiment passionée.

La dignité de l'Episcopat et mon devoir de l'asteur suprême de mon diocèse m'impose comme loi inviolable de ne pas conferer les ordres sacrées a ces refractaires, avant que le scandale public ne soit pas effacé, et qu'ils n'ayent donné des nouvelles preuves de leur vocation, avant que les fideles de mon diocese ne puissent etre persuadés et tranquillisés de et sur la pureté de l'enseignement de ces seminaristes, et avant que les curés n'ayent plus a craindre au lieu de partager leurs travaux avec un confrere subsidiaire et imbu de toutes les qualités pastorales, d'avoir a faire a une tête insubordonnée et fougeuse.

Sans un Scandale encore plus eclatant et sans exposer l'autorité Episcopale, qui n'a agit, qu'apres les sacres canons et après son devoir le plus inviolable il seroit impossible d'accorder a des seminaristes, qui se sont montrés dans le jour le plus desavantageux, et donc la desobeissance est condamnée par la voix publique de la ville aussi bien, que de tout le païs, la victoire contre leur Eveque en voulant

XXV

l'obliger de retrecir l'ordination prochaine deja annoncée suivant l'usage du Diocèse.

Votre Altesse Serenissime verra par l'exposée present, que je ne pourrais pas suspendre la collation des ordres a trois Pretres et quelques diacres du seminaire, qui sont necessaires pour les besoins imprevus du Diocese.

Je la supplie donc avec la confiance la plus fondée sur la justice de Votre Altesse Seren. de mettre le plutot possible des bornes aux tentatives de la Direction Electorale de vouloir quasi me prescrire quels et combien des seminaristes je devrais admettre à la Prochaine Ordination.

E / Werneck le 14 Maj. 1804.

22.

Antwortſchreiben des Churfürſten von Bayern an den Fürſt-biſchof von Würzburg d. d. München 14. Juni 1804.

Monsieur,

J'ai vu avec autant de surprise que de regrèt par la lettre de V. A. en date du 14 May que les différends qui s'etoient élévés entre mon Directoire provincial de Wurzbourg et le Vicariat générale du diocèse au sujet des études de quelques séminaristes, se poursuivoient tousjours avec la même animosité de part et d'autre.

J'avais espéré que les ordres que j'avois donnés à cet égard par mon rescript du 5 Mars dernier empêcheroient à l'avenir les deux partis de compromettre mutuellement leur autorité aux yeux du public.

Les pièces de la correspondance qui a eu lieu depuis prouvent combien on s'est écarté des principes que j'avais dnoncés. Je viens, en m'y reférant de nouveau, d'ordonner à mon Commissaire général le Comte de Thürheim de couper cours à toute Correspondance ultérieure entre le Directoire provincial et le Vicariat sur cette affaire, et de se concerter personellement avec Votre Altesse sur les mesures les plus propres pour terminer au plutot une discussion dont les suites pourroient à la longue influer d'une manière facheuse sur deux autorités qu'il est essentiel de faire respecter. Je ne doute pas, Monsieur, qu'animé du même désir, Vous n'entriés dans des idées qui n'ont et ne peuvent avoir que le bien public pour but et pour objet.

Je suis avec les sentimens d'estime et d'amitié que Vous me connoissés

Monsieur

Munich le 14 Juin 1804.

Votre très affectionné

Max Jos. Electeur.

à Son A. Monsieur le Prince
Evêque de Wurzbourg.

23.

Schreiben des Fürstbischofs von Würzburg an den Churfürsten Erzkanzler v. Dalberg d. d. Werneck den 29. Julius 1804.

Ewr. Liebden haben einen so lebhaften und thätigen Antheil an den Angelegenheiten meines Seminars genommen, daß ich mich verbunden halte, Denenselben auch die Kenntniß der verabredeten endlichen Beilegung dieses Streites mitzutheilen.

Der General-Landes-Commissär, Graf von Thürheim, hatte von München aus den Befehl erhalten, allen weiteren Schriftwechsel zwischen der Churfürstl. Landesdirection und meinem Vikariate zu unterbrechen, und sich unmittelbar mit mir selbst zu besprechen.

XXV*

Die Hauptschwierigkeit lag darin, wie die über die Alumnen verhängte Strafe gemildert, oder wie dieselbe vollzogen werden könnte, ohne daß dabei das Ansehen der Landesdirection, welche sich mit ihnen zu weit eingelassen hatte, zu sehr compromittirt würde.

Die Anzahl der widerspenstigen Alumnen beläuft sich auf 21, worunter 8 Diakonen und Subdiakonen, die übrigen noch Minoristen sind.

Ich ließ demnach dem Herrn Grafen meine Gesinnung dahin erklären, ich würde nach einiger Zeit den Diakonen und Subdiakonen die Priesterweihe ertheilen, jedoch in der Voraussetzung, daß sie Beweise ihrer Besserung und die Hoffnung von neuem erregen würden, daß der canonische Gehorsam von ihnen zu erwarten sei, auch rücksichtlich ihrer Berufskenntnisse in einem strengen Examen vor der Ordination Genüge thun würden.

Auf der gänzlichen Entfernung der übrigen dreizehn glaubte ich um so mehr bestehen zu müssen, als bei ihrem Verbleiben im Seminar die Rückkehr der Ordnung unmöglich war, ich schlug jedoch selbst die Modification vor, daß es dem General=Landes=Commissär überlassen bleibe, die Einleitung zu treffen, daß die fraglichen Alumnen dem Scheine nach in den Herbstferien ihre Dimission selbst nehmen möchten und ich es geschehen lassen wollte, daß denselben zwei Jahre lang jährlich 100 Thlr. aus dem Seminariumsfond verabfolgt würden, um es ihnen möglich zu machen, eine neue Bestimmung zu ergreifen.

Auf diese Weise schien ich meine Absicht zu erreichen, ohne diese theils verirrte, theils verführte junge Leute in die äußerste Verlegenheit zu versetzen, und den unter diesen Umständen nöthigen Beweis von Mäßigung und Schonung zu geben.

Darf ich die Zufriedenheit Ew. Liebden mit dieser Maaßregel erwarten, so wünsche ich mir eben so sehr Glück, als ich Denenselben für die mir erzeigte Theilnahme den verbindlichsten Dank erstatte.

Indessen gewährt dieser ganze Vorfall immer eine traurige Aussicht für die teutsche Kirche. Man sucht den Clerus entweder in die neuen Plane mit hineinzuziehen, oder wenn dieses mißlingt, ihn von allem Einflusse zu entfernen. Diese Alternative glaube ich zu beobachten.

Ich erharre ꝛc. ꝛc.

24.

Schreiben des Fürstbischofes von Würzburg an den Churfürsten Erzkanzler v. Dalberg d. d. Werneck den 22. August 1804.

Stylus.

Die Verordnung Sr. des Churfürsten von Pfalzbayern Liebden rücksichtlich der Beschäftigung der römischen Dispensen kann der Aufmerksamkeit Eurer Liebden nicht entgangen seyn.

Ich verhielt mich ruhig dabei, weil ich die Vollziehung derselben nicht hindern konnte; ließ aber durch meinen Agenten in Rom Sr. päpstlichen Heiligkeit das Präjudiz entwickeln, welches für die geistliche Gewalt in Ehesachen nach den bereits geäusserten Grundsätzen des Hofes zu München darin lieget. Unverkennbar ist dabei der Drang, das jus supremae inspectionis auf alle Zweige der kirchlichen Gewalt auszudehnen, und selbst auch das Heiligthum nicht ganz zu verschonen.

Vier Monathe lang erfolgte keine Dispense, bis ich endlich von der churfürstl. Landesdirektion ersucht ward, Testimonien paupertatis für gewisse Oratoren auszustellen und nunmehr unter dem 18. August eine neue Verordnung im Regierungsblatte erscheint, vermöge welcher die Ordinariate per indirectum angewiesen werden, den Oratoren die Armuthszeugnisse zu ertheilen.

Wie ich den mir gemachten Antrag abgelehnt habe, werden
Ew. Liebden aus der Anlage zu ersehen belieben. Zu gleicher
Zeit habe ich Se. päpstliche Heiligkeit unmittelbar in Kenntniß
dieses Schrittes sowohl als der Gründe, welche mich dazu bewogen
haben, gesetzet, um dieselbe zur Ergreifung entsprechender Maaßregeln und zur Fortsetzung dessen, was hier begonnen ward, zu
ermuntern.

Die Wichtigkeit des Gegenstandes, die Gerechtigkeit der
bischöflichen Ansprüche auf eine vorläufige Kenntniß der Dis-
pensationsgesuche, der nothwendige Einfluß des obersten Hirtenamtes auf die Beförderung oder Zurückweisung derselben, zur
Handhabung der Sittenpolizei in den Familien beweiset sich gerade
in den ersten Graden der Verwandtschaft am meisten.

Ich wünsche hierüber die Gesinnungen Hochderselben zu vernehmen, der ich 2c.

25.

Schreiben des Churfürsten Erzkanzlers v. Dalberg an den
Fürstbischof von Würzburg d. d. Aschaffenburg den
28. August 1804.

Auszug.

Auf Ew. Liebden verehrliches Schreiben vom 22. d. Mts. . . .
will ich nicht bergen, daß die hierüber zu Würzburg bestehende
Präcognitions-Observanz mit dem Geiste und der reinen Disciplin der Kirche, wie auch mit den ältern und neuern Wünschen der
teutschen Nation vollkommen übereinstimme, und ich eben deßwegen
die erste dazu geeignete Gelegenheit benützen werde, eine allgemeine
Bestimm- und Anordnung zu veranlassen, daß in den Kirchensatzungen,
besonders jenen, welche die Ehehindernisse in den näheren Graden

betreffen, künftig nur jeweil aus sehr erheblichen Ursachen dispensa-
tive nachgesehen, und dabei allen besorglichen Erschleichungen und
Unterschleifen vorgebogen werde, und ich hege das ehrerbietigste
Zutrauen, daß Ihro päbstliche Heiligkeit alsdann zu einer hierin=
fällsigen Beiwirkung für das Wohl der teutschen Kirche sich werden
geneigt finden lassen. Uebrigens aber werde ich aus den in der
Beilage des Schreibens Ew. Liebden richtig auseinander gesetzten
höchst wichtigen Gründen weder jetzt noch in Zukunft in meinen
Diözesen einer weltlichen Gewalt zugeben, was für die römi=
schen Dispensen der pfalzbaierischen katholischen Unterthanen den
27. Febr. und den 6. August verordnet worden; und ich hoffe
zuversichtlich, daß Ihro päpstliche Heiligkeit durch das, was Euer
Liebden dahin erlassen, werden bewogen werden, darüber eine der
Wichtigkeit des Gegenstandes angemessene Rücksprache mit dem
dasigen Pfalzbaier'schen Gesandten nehmen zu lassen, und sich
dadurch vermöge Ihres apostolischen obersten Hirtenamtes ange=
legen sein lassen werden, des Herrn Churfürsten von Pfalz=
Baiern Liebden von solchen unbefugten, und in die Gewissen der
Katholiken eingreifenden Behaupt= und Anforderungen abzuleiten;
und ich wünsche, daß bis dahin nichts vorfallen möge, was Euer
Liebden mit dem weltlichen Gouvernement hierüber in weitere
Anstände setzen möge [1]).

Dies ist, was ich auf den gefälligen Erlaß Ew. Liebden
für jetzt in Freundschaft zu eröffnen vermag, und bin rc. rc.

Aschaffenburg, den 28. August
    1804.   **Carl.**
    An Herrn Fürstbischof
    von Würzburg.

---

[1]) Die in den Schreiben Nr. 24 und 25 allegirten Beilagen fanden
sich nicht vor.

26.

Schreiben des Kurfürstl. fränk. General = Land = Commissariats
d. d. Würzburg den 29. Nov. 1804 an das fürstbischöfl.
Vikariat [1]).

Das Reglement für
das geistliche Seminar betr.

Dem fürstbischöflichen Vikariate kann das Bedürfniß nicht
fremd sein, daß dem geistlichen Bildungshause, um dasselbe sei=
nem Zwecke sicherer und bestimmter entgegenzuführen, ein genaues
und ausführliches Reglement unterlegt werden müsse. Se. Chur=
fürstl. Durchlaucht, stets hingeneigt zu Allem, was die Bildung
guter Volkslehrer angeht, mit landesväterlicher Sorgfalt mitzu=
wirken, haben in dieser Absicht für die Verhältnisse des geistlichen
Seminars einen Gesetzes=Entwurf bearbeiten lassen, welchen man
auf ausdrücklichen höchsten Befehl dem bischöflichen Vikariate in
der Anlage zur Einsicht und allenfallsigen Erinnerung mitzutheilen
nicht ermangelt.

Würzburg d. 29. Nov. 1804.

Kurfürstl. fränkisches General-Land-Commissariat.

Thürheim.

Stürmer.

---

[1]) Die Actenstücke Nr. 26 und 27 wurden mir vom Herrn Ober=
Bibliothekar Dr. Ruland aus seiner Manuscripten=Sammlung freund=
lichst mitgetheilt, wofür ich demselben den wärmsten Dank hier aus=
spreche.

27.

Reglement
für das geistliche Seminar.

~~~~~~

A.
Von der unmittelbaren Direction des Seminars.

a) Von den Regenten.

§. 1. Die unmittelbare Direktion wird in den Händen zweier Regenten niedergelegt.

§. 2. Beide werden aus dem inländischen Clerus genommen.

§. 3. Beide sollen Männer von unbescholtenem Charakter, und im Besitze vorzüglicher pädagogischer Kenntnisse sein.

§. 4. Der erste Regens insbesondere muß in der Regel wenigstens 30 Jahre zurückgelegt, äusseres Ansehen, und gereifte Erfahrungen haben. Er ist jedesmal zugleich Mitglied des Vikariats.

§. 5. Der zweite Regens, jüngeren Alters, wird gewählt aus der Zahl derjenigen Kapläne, welche durch wissenschaftliche Talente und Kenntnisse sich auszeichnen; er ist zugleich ausserordentlicher Lehrer an der Universität und hat ein theologisches Lehrfach zu übernehmen.

§. 6. Zu den beiden Regenten-Stellen werden in künftigen Erledigungs-Fällen von dem Bischofe einige qualificirte Individuen bei der Landes-Direction vorgeschlagen, und von derselben, mit berichtlichem Gutachten, zur gnädigsten Bestättigung höchsten Orts angezeigt.

§. 7. Die gemeinschaftliche Tendenz dieser Vorstände soll sich dahin richten, daß die sittlich-religiöse und wissenschaftliche Bildung künftiger Volkslehrer, und die praktische Befähigung derselben in den Verrichtungen ihres Amtes durch zweckmäßigen Unterricht, und weise Disciplin, mit unverrückter Aufrechthaltung der Statuten, bei allen und jeden einzelnen Individuen des Alumnats, auf das möglich vollkommenste erzielt werde.

§. 8. Der erste und zweite Regens bilden in Rücksicht auf die unmittelbare Leitung, nur Eine Person, haben daher nach homogenen Grundsätzen und Maximen zu handeln, nach einer gewissen Ordnung zusammen zu würken, und ein ununterbrochenes freundschaftliches Benehmen um so mehr zu unterhalten, als dieß zu Begründung und Bewahrung ihres Ansehens und zu Vermeidung aller Partheyen unter den Eleven des Hauses unerläßlich nothwendig ist.

§. 9. Inzwischen gebührt dem ersten Regens der Rang vor dem zweiten; jener hat die allgemeine Direktion, und die Oberaufsicht über das Ganze, und ist für dasselbe verantwortlich.

§. 10. Der Regens hat in dessen Folge das gesammte Erziehungs-Wesen des Hauses, im Geiste der gesetzlichen Bestimmungen anzuordnen, in Gang zu setzen, und darin zu erhalten.

§. 11. Zu seinem Ressort gehören alle Geschäfte, welche von Folge und Wichtigkeit sind, und auf das Wesen des Instituts besonderen Einfluß haben.

§. 12. Jedoch hat er hiezu den Subregens jedesmal beizuziehen, sowie demselben von seinen Plänen, Absichten und Grundsätzen mit Offenheit in Kenntniß zu setzen, und hierdurch die so nothwendige Zusammensicht zu bewürken.

§. 13. Bei Berichts-Erstattungen und gutachtlichen Vorschlägen über das Seminar, kann der Subregens, ausser in Fällen, wo hierunter seine eigene Person betroffen wäre, ebenfalls nicht umgangen werden.

§. 14. Wenn die zwei Regenten in einem wichtigen Punkte verschiedener Meinung sind; so ist darüber gemeinschaftliche Anzeige, mit Auseinandersetzung der Differenzgründe, an das Vikariat zu machen, und von daher die Entscheidung abzuwarten.

§. 15. Wäre jedoch der Fall bringend; so soll einsweilen, bis zu erfolgender Entschließung des Vikariats, die Meynung des ersten Regens angenommen, und provisorisch zur Anwendung gebracht werden.

§. 16. Der Subregens kann ohne Rücksprache mit dem ersten Vorsteher nichts vornehmen, wozu er nicht durch gegenwärtige Instruktion, oder durch speziellen Auftrag, autorisirt ist; dringende Fälle ausgenommen, und in Abwesenheit des Regenten, wo er provisorisch verfügen kann, aber möglich baldigste Anzeige davon erstatten muß.

§. 17. Der Subregens hat sich ganz besonders mit den Details der Disciplin, und mit der unmittelbarsten Aufsicht über die einzelnen Musäen und Alumnen zu beschäftigen, und ist dafür, sowie für die Ausführung der ihm gegebenen Aufträge, dem Regenten verantwortlich.

§. 18. Sogenannte Current-Sachen werden an den Subregens gebracht, und von ihm brevi manu erledigt.

§. 19. Der Regens kann die Aufhebung der von dem zweiten Vorsteher etwa getroffenen Verfügungen veranlassen. Die Art und Einleitung der Zurücknahme muß indessen dem Subregenten selbst zu Schonung seines Ansehens überlassen werden; wobei es, in zweifelhaften Fällen, bey den §§. 14. enthaltenen Bestimmungen sein Verbleiben behält.

§. 20. Die beiden Vorsteher werden von selbst in ihre gegenseitige Verhältnisse diejenige Delikatesse zu bringen wissen, welche ihrer Autorität, und dem Zwecke des Institutes vielfach zu statten kommt; und sich hierunter im Geiste derjenigen Vorschriften benehmen, welche über ihre Beziehungen, Funktionen und Befugnisse im Verlaufe des gegenwärtigen Reglements noch weiter vorkommen werden.

b) Von den Praefecten.

§. 21. Da die Vorsteher nicht immer allenthalben gegenwärtig sein können; so soll denselben eine bemessene Anzahl von Präfekten und Unterpräfekten zugetheilt werden.

§. 22. Sie werden aus denjenigen älteren Alumnen ge=
nommen, welche über ihre Mit=Eleven durch Talente, Fleiß und
Anstand des Charakters eine gewisse Ueberlegenheit behaupten.
Keiner darf gewählt werden, der schon eine Disciplinar=Correktion
erlitten hat.

§. 23. Sie haben die Obsorge über eine gewisse größere
oder kleinere Anzahl von Alumnen, sind als Organe der Vor=
steher zu betrachten, und haben als solche den Vorsitz vor den
übrigen.

§. 24. Auf den Vorschlag des Subregens werden die Alumnen
in die Musäen vertheilt; das Arrangement der einzelnen Plätze
vorgenommen, und die Präfekten introducirt.

§. 25. Die Präfekten erhalten ihre allgemeine Instruktion
von dem Regenten, und sind demselben darüber besonders ver=
antwortlich.

§. 26. Sie stehen unter der unmittelbaren Aufsicht des
Subregenten, und folgen seiner speziellen Leitung.

§. 27. Sie sollen über die Ordnung in den Musäen wachen;
die Einzelnen beobachten, die Fehlenden freundschaftlich warnen;
und die gemeinschaftliche Bedürfniße und Wünsche dann auch
wichtige und dringende Vorfallenheiten, und zwar solche ohne
allen Verschub, gehörigen Orts zur Anzeige bringen.

§. 28. Am Ende jeder Woche haben sie, jedoch nicht zu=
sammen, sondern einzeln, dem Regenten im Beyseyn des zweiten
Vorstandes, über den Zustand ihrer Musäen, sowie über ihre
gemachte Beobachtungen überhaupt, mit anständigen Bemerkungen,
Bericht zu erstatten, jede verlangte Auskunft zu geben, weitere
Befehle und Anordnungen zu vernehmen, und solche, wenn sie
dazu beauftragt werden, in den Musäen vorzutragen.

o) Geist der Direction im Allgemeinen.

§. 29. Schlüßlich wird den sämmtlichen Vorstehern dringend
empfohlen, die Direktion mit demjenigen liberalen Geiste zu über=
nehmen, und zu führen, welcher, ohne den wesentlichen Zwecken

etwas zu vergeben, die Alumnen mit Anstand, und beständiger
Rücksicht auf ihr Alter, auf ihre Selbstständigkeit, und die Würde
ihres Berufes, zu behandeln besiehlt.

B.
Von den Alumnen.

I. Von der Aufnahme der Alumnen.

d) Von den Aufnahms-Prüfungen.

§. 30. Die Aufnahme in das Seminar geschieht, in der Regel,
nur in Folge vorgängiger, nach Umständen wiederholter, vorschrifts-
mäßiger Prüfung.

§. 31. Ausnahmsweise werden Ausländer, welche sich in
dieser Anstalt für ihren künftigen Beruf in ihrem Vaterlande zu
bilden gedenken, ohne Prüfung, auf ihre Kosten aufgenommen,
wenn sie bescheinigen, daß sie die nothwendigsten Vorkenntnisse
besitzen, und wenn man von ihrer Sittlichkeit hinlängliche Versicherung hat.

e) Welche Candidaten zur Prüfung zuzulassen sind.

§. 32. Zu der Prüfung sind alle inländische Kandidaten
der Theologie, ohne Rücksicht auf die Jahre ihres theologischen
Studiums zuzulassen.

§. 33. Eine unerläßliche Bedingung hiebey ist aber diese,
daß sie sich über die ordnungsmäßige Vollendung ihrer gymnasiasti-
schen Studien, über den philosophischen Cursus an einem Lyceum,
oder ein zweijähriges Studium der Philosophie an der Universität,
nach den in der Organisations-Urkunde derselben vorkommenden
Bestimmungen ausweisen.

§. 34. Die Concurrenten haben sich vor Eröffnung der
Prüfung, bey dem ersten Vorstande des Seminars zu melden,
und ihre Zeugniße abzugeben. Derselbe hat darnach eine Liste
der neuen Competenten zu fertigen, und zu jedem Individuum
aus den Attesten das Nöthige zu bemerken.

398

f) Von der Prüfungs-Commission.

§. 35. Die Prüfung wird durch eine Commission vorge=
nommen, welche besteht

1) aus einem Rath der Landes=Direktion, als Kommissär
Seiner kurfürstl. Durchlaucht;
2) aus einigen Deputirten des bischöflichen Vikariats;
3) aus einigen öffentlichen ordentlichen Lehrern der Theologie
und Philosophie an der Universität;
4) aus den zwey Vorständen des Hauses selbst.

g) Wann die Prüfung vorzunehmen sey.

§. 36. Die Prüfung wird jedesmal zu Ende des Schul=
jahres, vor den Herbstferien vorgenommen.

§. 37. Das bischöfliche Vikariat bestimmt den Tag des
Anfangs. Der erste Vorstand des Seminars hat die Universitäts=
Curatel, und die Landes=Direction davon in Kenntniß zu sezen,
und die Einladung an die Kandidaten, mittels Anschlags an den
Aushänge=Tafeln der hohen Schule, und öffentlicher Notizen=
blätter auszuschreiben. Auf die von der Curatel erfolgte Er=
nennung der Universitäts=Kommissarien, hat der Regens denselben
freundschaftlich zu eröffnen, welche theologische Lehrgegenstände ihnen,
nach der Auswahl der Vikariats=Deputirten, bey dem Examen
übertragen werden.

h) Weise und Gegenstände der Prüfung.

§. 38. Der erste Vorstand des Seminars hat zuerst der
Prüfungs=Kommission die Liste der neuen Conkurrenten vorzu=
legen, und diejenigen aus denselben namhaft zu machen, welche
über die §no. 33. enumerirte vorläufige Requisite sich nicht hinläng=
lich ausgewiesen haben. Dieselbe sollen durch einen Kommissions=
Beschluß ohne weiteres abgewiesen werden, bis sie sich auf eine
genügende Weise zu legitimiren im Stande sind.

§. 39. Der Kommissär von der Landes=Direktion hat den
Vorsitz, die Aufsicht über die Beibehaltung der Ordnung und
gesezlichen Form, ohne an dem Examen activen Theil zu nehmen.

§. 40. Die Kommissarien des bischöflichen Vikariats nach ihrer Anciennität eröffnen das Examen. In ihrer Reihe nimmt auch der erste Regens seinen geeigneten Platz.

§. 41. Die Kommissarien der Universität, nach ihrem Senio, und unter diesen der Subregens, schließen das Examen jedes Individuums.

§. 42. Die Lehrgegenstände für neu angehende Kandidaten, welche, ohne noch ein theologisches Kollegium gemacht zu haben, so eben aus dem Lycäum treten, oder vorerst ihren philosophischen Cursus etwa auch mit gleichzeitiger Verbindung theologischer Studien vollendet haben, sollen aus den Fächern der Philosophie ohne Rücksicht auf die individuelle Glaubens-Confession des Lehrers, bey welchem sie solche gehört haben, genommen werden.

§. 43. Die Prüfung hierunter soll sich jedoch, dem speziellen Zwecke des Institutes gemäß, mehr mit den practischen, als speculativen Theilen dieser Wissenschaft beschäftigen.

Uebrigens sind neu angehende Kandidaten auch über den Grund ihrer Standeswahl zu befragen, und ihre körperlichen Eigenschaften zu untersuchen, um bei etwa vorfindlichen wesentlichen Defekten, ihre Untauglichkeit sogleich erklären zu können.

§. 44. Concurrenten, welche schon theologische Kollegien gehört haben, sind insbesondere aus jenen Fächern zu prüfen, in welchen sie sich das verflossene Jahr über unterrichtet zu haben angeben.

§. 45. Jedoch sind an diejenige, welche sich schon länger dem theologischen Studium widmen, und schon ein- oder mehreremal geprüft worden sind, auch aus denjenigen Theilen der Gottesgelehrtheit, welchen sie sich in den vorhergehenden Jahren gewidmet hatten, Fragestücke zu stellen, um sich zu überzeugen, ob sie dieselbe mittlerweile nicht vergessen und vernachlässiget haben. Auch ist denselben ein Thema zur Fertigung eines Aufsatzes anzugeben.

1) Classification der Geprüften.

§. 46. Jedes eraminirende Mitglied der Commission hat bey jedem Kandidaten sich die Resultate der Prüfung aus allen einzelnen Fächern, und aus den schriftlichen Aufsäzen, nach den Noten: „vorzüglich, gut, mittelmäßig, schlecht" zu bemerken.

§. 47. Nach vollendeter Prüfung ist nach Maasgabe dieser Noten, durch Stimmen = Mehrheit, eine Classifikation sämmtlicher Concurrenten sogleich aufzunehmen, worin insbesondere diejenigen Individuen ausgezeichnet sein müssen, welche der Ordnung gemäs, bei den sich ergebenden Erledigungsfällen, als freigehaltene Alumnen, oder als Kostgänger, und zwar nach einem zu bestimmenden Verhältnisse beider, eintreten werden.

§. 48. Bey dieser Classification ist auf die moralische Qualification die erste Rücksicht zu nehmen; unsittliche Menschen sollen solange ausgeschlossen bleiben, bis man sich von ihrer vollständigen Besserung überzeugt haben wird.

§. 49. Um sich hierunter die möglich genauesten Notizen zu verschaffen, wird hiemit verordnet,

1) Daß jeder Kandidat, welcher sich das erstemal zur Aufnahms= Prüfung stellt, die Zeugniße seiner Lehrer am Lycäum oder Gymnasium, über sein dort beobachtetes Betragen, vorlege;

2) daß jeder Kandidat, welcher auf die Universität übertritt, und die Absicht hat, sich dem geistlichen Stande zu widmen, solches dem Regens des Seminars anzeige, und bey demselben die Angabe seines Namens, Geburts = Orts, Logis und Kosthauses (mit Bemerkung des Stadtviertels, wo solches gelegen ist, der Ziffer des Hauses, und der Hausleute) schriftlich hinterlege;

3) daß ein jeder solcher Kandidat alle Veränderungen seiner Wohnung in gleicher Art berichte;

4) daß der Regens die Befugniß habe, wenn er es für nöthig findet, und der Character eines Concurrenten um die Aufnahme in das Seminar zweifelhaft erscheint,

a) allenthalben die nöthigen Erkundigungen einzuziehen;

b) sich bei dem Prorector und Fiscal der Universität, als denjenigen Vorstehern, welche über die Sitten der Akademiker die nächste Kenntniß haben können, Auskunft zu erholen; sowie auch

c) durch dieselben zu veranlassen, daß ein theologischer Kandidat ein schlechtes, oder verdächtiges Mieth= oder Kosthaus verlasse, und sich ein anderes wähle.

Alle in diesem Wege etwa gemachte Entdeckungen sind der Prüfungs=Kommission mitzutheilen.

§. 50. Die Classifications=Tabelle ist zuerst von dem Commissär der Regierung, dann von den übrigen Examinatoren zu unterzeichnen, und das Original bey der Landes=Administrativ-Stelle, eine Abschrift davon aber bey dem bischöflichen Vikariat, und eine andere bey dem ersten Vorstande des Seminars selbst, zu hinterlegen.

§. 51. Eine weitere Abschrift ist von der Landes=Direction, mit gutachtlichem Bericht, Seiner kurfürstl. Durchl. zur höchsten Einsicht zu unterstellen, und die gnädigste Bestätigung der zur nächsten Aufnahme ausgeschiedenen Subjecte unterthänigst einzuholen.

k) Wann die wirkliche Aufnahme geschehen solle.

§. 52. Die wirkliche Aufnahme eines Kandidaten, nach der ihn treffenden Classifications=Ordnung geschieht jedesmal sogleich, nachdem durch den Austritt eines Alumnen, eine Stelle erledigt seyn wird.

§. 53. Die Anzeige davon ist bei vorkommenden solchen Fällen, von dem Regens an die Landes=Direction zu erstatten, welche darüber zu wachen hat, daß der Turnus der Classifications=Tabelle genau eingehalten werde. Abweichungen davon können, auf vorgängigen unterthänigsten Vortrag jener Behörde, nur von Seiner Kurfürstlichen Durchlaucht unmittelbar bewilliget werden.

§. 54. Die Zahl der Alumnen wird übrigens in der Regel nach dem Bedürfnisse der würzburgischen Diöcese auf höchstens

28 Freygehaltene, und auf 8 Kostgänger bestimmt. Seine kurfürstlichen Durchlaucht behalten sich vor, auf deßfalls ordnungs-
mäßig zu machende unterthänigste Vorschläge die Aufnahme einer
größeren Zahl gnädigst zu bewilligen, wenn es besondere Gründe
erfordern, und Zeit und Oeconomie-Umstände erlauben.

§. 55. Bis der etwa noch vorhandene Ueberschuß von Seminaristen sich gehoben, und bis auf die gesezliche Zahl verringert
hat, soll alle würkliche Aufnahme suspendirt bleiben.

II. Von der Verpflichtung der Aufgenommenen.

1) Inhalt der Verpflichtung.

§. 56. Die Verpflichtung der neu Aufgenommenen erstreckt
sich auf die Rücksichten ihres Berufes überhaupt, und auf die
Verhältnisse des Instituts insbesondere.

§. 57. In Ansehung ihres Berufes übernehmen sie die
verstärkte Verbindlichkeit, aus allen ihren Kräften, nach einem
sittlich religiösen Charakter, und nach den ihnen nothwendigen
wissenschaftlichen Erkenntnissen zu streben.

§. 58. In Ansehung des Institutes, in welches sie ein-
getreten sind, unterziehen sie sich der Pflicht, den ihnen vorge-
setzten Oberen, und den gemeinschaftlichen Statuten gehorsam
zu seyn.

m) Form der Verpflichtung.

§. 59. Wenn es das bischöfliche Vikariat für nothwendig
findet, so können für die neu Aufgenommenen die gewöhnlichen
Exercitien veranstaltet werden.

§. 60. Diese sowie alle übrigen Exercitien ähnlicher Art
werden abwechselnd, zweimal von dem Subregens, und einmal
von dem ersten Vorstande geleitet.

§. 61. Der Kandidat soll vorzüglich veranlaßt werden, über
die Würde seiner Bestimmung, und über die derselben vorzüglich
angemessene Eigenschaften nachzudenken, wobey die Vorstände den

selbst darauf bedacht seyn werden, jener Eitelkeit entgegen zu arbeiten, welche ihren Vorzug in dem Kleide des Standes sucht.

§. 62. Es ist ihm ferner der §^{to} 7. erwähnte Auszug der Statuten, mit den etwa nöthigen Bemerkungen und Aufmunterungen, zu seiner Wissenschaft und Nachachtung vorzulesen.

§. 63. Bei diesem Acte sollen, wo möglich, beide Vorstände, und einige Präfekten gegenwärtig seyn. In ihrer Mitte hat der Kandidat das Versprechen abzulegen, daß er sich unausgesezt der Religion, Tugend und Wissenschaft widmen, und die häußliche Ordnung beobachten wolle.

III. Von der Bildung der Alumnen.

1. Wissenschaftliche Bildung.

n) Von den Studien im Allgemeinen.

§. 64. Die Alumnen des Seminars haben sich, zum Behufe ihres eigentlichen künftigen Würkungs-Kreißes, vorzüglich auf die Theologie zu verlegen, und sind zu dem Studium derselben, auf jede zweckmäßige Weise, ununterbrochen anzuhalten.

§. 65. Jeder Seminarist hat die theologischen Kollegien in der Regel bey den Universitäts-Lehrern von der katholischen Confession, zu hören.

§. 66. Außer dem Seminar kann keinem Akademiker verboten werden, nebst den vorgeschriebenen Kollegien bei den katholischen Lehrern, auch Vorlesungen von theologischen Professoren der Augsburgischen Confession zu besuchen, besonders wenn sie über Gegenstände gehalten werden, welche die Glaubenslehre nicht betreffen.

§. 67. In dem unterstellten Falle werden die Vorsteher des Seminars auch ihren Zöglingen die Vortheile nicht entziehen, die sie, unbeschadet der Hausordnung, und ihrer übrigen Studien, aus solchen Vorlesungen für ihren Unterricht ziehen können.

§. 68. Einigen ausgezeichneten Alumnen des Seminars insbesondere, die sich allenfalls zu künftigen Lehrämtern bilden

XXVI*

wollen, kann mit Erlaubniß der Oberen gestattet werden, die Vorlesungen der theologischen Professoren von der Augsburgischen Confession, ohne Unterschied, sie mögen die Glaubenslehre betreffen oder nicht, zu besuchen.

§. 69. Neben den theologischen Studien, sollen die in der höchsten Organisations-Urkunde der hohen Schule, und in dem weiter unten folgenden Schema verzeichnete Lehrgegenstände, deren Kenntniß dem Volkslehrer, welcher seine Stelle vollkommen auszufüllen gedenket, theils unentbehrlich, theils ungemein nützlich sind, nicht vernachläßiget werden.

§. 70. Auch werden die Vorsteher darauf sehen, daß der Seminarist die Vor- und Elementar-Kenntnisse, welche er auf den Gymnasien und Lieen erworben hat, sowie die praktischen Theile der Philosophie, nach seinem Eintritte in das Institut, nicht ganz desert läßet; vielmehr sollen dieselbe, bei jeder Gelegenheit, mit dem Hauptstudium in Verbindung gesezt, und auf eine schickliche Weise in Anwendung und Uebung gebracht werden.

§. 71. Wenn Zöglinge, von vorzüglichen Talenten, sich ohne wesentliche Störung des Studien-Plans und der Haus-Ordnung, auf ein nützliches Lieblingsfach werfen; so ist ihrer Neigung keine Gewalt anzuthun, vielmehr ist dieselbe gehörig zu leiten, und zu unterstützen.

§. 72. Einem oder einigen derselben sind, nach vorgängig von dem Regens ertheilter Instruction, die Geschäfte der Hausbibliothek anzuvertrauen, welche jedem Alumnen zum Gebrauche offen stehen muß.

§. 73. Man überläßt es dem bischöflichen Vikariate, allenfalls die Einleitung zu treffen, daß mittels Concurrenz der Pfarrer, Kapläne und anderer Liebhaber mit dieser Bibliothek ein Lese-Institut verbunden werde, durch welches die wichtigeren Schriften der neueren Literatur, insoferne sie auf den Würkungs-Kreis der Volkslehrer Bezug hat, bey dem Clerus in Umlauf gesezt, und in dem geistlichen Bildungshause hinterlegt werden.

§. 74. Den Alumen ist übrigens, in freyen Stunden, der Zutritt zu der nahe gelegenen Universitäts-Bibliothek nicht zu erschweren; auch können von daher denselben gegen eine von dem ersten oder zweiten Vorsteher des Seminars unterschriebenen Schein einzelne Werke in die Musäen auf eine Zeit lang abgelangt werden.

§. 75. Bey der wissenschaftlichen Bildung überhaupt werden die Regenten darüber wachen, daß sich nicht ein bloser Lern-Mechanismus im Institute vestseze — daß nicht das Gedächtniß und die Phantasie auf Kosten des Verstandes und der Vernunft vorherrschend werden — daß sich nicht Einseitigkeit und Beschränkt-heit einschleichen — daß jeder Einzelne sich eines bestimmten Hauptzweckes seiner Studien bewust werde, und — daß überall nur liberale und geläuterte Begriffe in Umlauf kommen.

o) Von dem Studienplan.

a) überhaupt.

§. 76. Der Studien-Plan für die Zöglinge des Seminars muß, um die nöthige allgemeine Uebereinstimmung zu erzielen, und alle Verwirrungen bey den jährlichen Aufnahmen zu verhüten, auch den theologischen Kandidaten ausserhalb des Instituts, gemein, und von ihnen genau einzuhalten seyn.

§. 77. Es wird daher als Grundsatz vestgestellt, daß das für die geistliche Bildungs-Schule hierunter zu errichtende Regle-ment, nach seiner wesentlichen Anlage, in die auf der hohen Schule, in der ersten Section der zweiten Classe, jedesmal be-stehende allgemeine Normen eingepaßt werde.

§. 78. Um diesen Grundsatz auszuführen, und seine spe-zielle Anwendung zu sichern, wird verordnet, daß die Professoren der Universität, sowohl die theologischen als auch die übrigen für künftige Volkslehrer vorgeschriebenen Collegien, in denjenigen Winter- und Sommer-Semestern, wie sie weiter unten ver-zeichnet sind, zuverläßig und ohne Unterbrechung lesen sollen.

§. 79. Wenn die Vorsteher des Seminars, in dieser Rück=
sicht, zum Besten des Instituts, irgend besondere Wünsche haben
sollten; so können sie sich hierüber, bey vorkommenden Fällen,
mit den treffenden Professoren benehmen, oder sich an die Curatel
selbst wenden.

§. 80. Uebrigens haben die Regenten streng zu wachen, daß

a) der Studien=Plan überhaupt befolgt,

b) die Vorlesungen ununterbrochen besucht,

c) die Studier=Stunden gut verwendet werden.

§. 81. Kein Kandidat darf in Folge dieser Bestimmungen
ein Collegium anticipiren, oder ein anderes übergehen, und hier=
durch willkührlich Lücken oder Ueberladungen in seinem Unterrichte
verursachen.

§. 82. Die theoretischen und praktischen Collegien sind ge=
hörig zu söndern, nicht eigenliebig untereinander zu mengen, son=
dern nach Vorschrift, in Einklang zu bringen, daß sie sich ein=
ander vorbereiten und unterstützen.

§. 83. Vor Vollendung des Curses darf keinem Semi=
naristen gestattet werden, sich mit heterogenen Fächern und Neben=
Lectüren zu beschäftigen, und hiedurch in einen Dilettanten aus=
zuarten.

Die Regenten haben auf diese Ausartung ein verdoppeltes
Augenmerk zu richten, und sollen sichs angelegen seyn lassen,

a) sich von der Lectüre der Kandidaten in Kenntniß zu sezen,
und sich hiezu des Mittels unbemerkter Nachforschungen und
Visitationen, der öffentlichen Confiscationen und Ver=
bote aber, welche das Uebel gewöhnlich nur verschlimmern,
sehr selten bedienen;

b) den Alumnen, durch Auszeichnung fruchtbarer und interessan=
ter Ansichten, Geschmack an den soliden Studien zu ver=
schaffen; und

c) diejenigen, an welchen sie einen Eckel dagegen, und eine
müßige Viel=Geschäftigkeit bemerken, nicht sowohl durch
strenge Befehle, als durch eine allmähliche unvermerkte

Leitung, durch veranlaßte prüfende Unterredungen, durch gelegent=
heitliche Aufgaben schriftlicher Arbeiten und Skizzen über das
Studierte, u. s. w. an den Berufs = Studien vestzuhalten.

b) Lehr = Gegenstände und Curse.

§. 84. Die Lehr=Gegenstände für die Seminaristen sind
folgende, und werden in drey Jahren oder sechs Semestern, in
nachstehender Ordnung erschöpft.

L. Winter-Semester.

1) Encyclopädische Uebersicht aller theologischen Wissenschaften,
und der Verhältnisse derselben unter sich, verbunden mit Kennt=
niß der älteren und neueren theologischen Literatur.

2) Erweiß der Wahrheit der Offenbarung und christlichen Reli=
gion überhaupt.

3) Unterricht in der hebräischen, und den damit verwandten
orientalischen Sprachen, Uebung in der griechischen, vorzüg=
lich in Beziehung auf den Grundtext der Religions=Urkunden.

4) Kirchengeschichte mit besonderer Rücksicht auf die Entwicklung
der Glaubens = und Sittenlehren, und den Einfluß der Zeit=
Philosophie, Liturgie, der äußeren Kirchenverfassung und des
canonischen Rechts.

5) Einleitung in das neue Testament, und philosophisch=kritische
Exegese der Evangelien.

6) Christliche Moral.

II. Sommer-Semester.

1) Einleitung in das alte Testament und Exegese einiger Bücher
desselben.

2) Fortsetzung der Kirchengeschichte.

3) Exegese des neuen Testaments, z. B. einiger Briefe des
Apostels Paulus.

4) Fortsetzung der Moral.

5) Biblische Geographie, Natur=Geschichte, jüdische Alterthümer.

408

III. Winter-Semester.

1) Katholische Dogmatik, geläutert von polemischen und unnützen Schulfragen, mit Angebung der Gesichtspunkte zur praktischen Anwendung der Dogmen, und zum Studium der Kirchenväter.

2) Reichs-Geschichte.

3) Philologie.

4) Landwirthschaft, wozu der dem Seminar gehörige Garten zu benützen ist.

5) Medicinische Anthropologie.

6) Den Alumnen dieses Semesters soll erlaubt werden, die Kanzelreden der vorzüglichsten Prediger der Stadt an Sonn- und Festtagen zu besuchen.

IV. Sommer-Semester.

1) Fortsetzung der Dogmatik.

2) Fortsetzung der Reichs-Geschichte.

3) Kirchenrecht.

4) Pädagogik.

V. Winter-Semester.

1) Pastoral-Klugheits-Lehre und Liturgie.

2) Homiletik.,

3) Katechetik,

    jedes der beiden letzten Collegien drei Stunden in der Woche, verbunden mit Ausarbeitungen.

4) Die Alumnen von diesem Semester sind in kurzen historischen, didactischen und rednerischen Vorträgen schriftlich und mündlich zu üben.

VI. Sommer-Semester.

1) Besuchung des Schullehrer-Seminars, oder der besten Real- und Trivial-Schulen, etwa in den beyden ersten Monaten dieses Semesters, um mit der Lehr-Methode bekannt zu werden, die Aufsicht über den Schul-Unterricht führen, dem Schullehrer zu seiner besseren Ausbildung nachhelfen, und im Verhinderungsfalle auch ersezen zu können.

2) In diesem Semester soll jeder Alumnus alle 14 Tage einmal predigen. Der Subregens bestimmt das Thema einige Tage zuvor, und revidirt die Skizze oder den Aufsatz. Es ist dabey auf die Auswahl der Gegenstände für das Bedürfniß des Landvolks, auf die Popularität der Sprache, und auf die bisher so sehr vernachläßigte und einem Kanzelredner für das gemeine Volk so nothwendige Declamation von dem bey= stehenden Regenten Rücksicht zu nehmen. Die Zöglinge vom IV. Semester wohnen diesen Predigt=Uebungen bey.

3) Jeder Alumne in diesem Semester soll alle 14 Tage einmal catechisiren. In den letzten 6 Wochen ist die Catechisation mit Kindern in den Schulen vorzunehmen.

4) Praktische Uebungen in liturgischen Verrichtungen nach Anleitung des Subregens.

§. 85. Unter die bezeichneten Lehr=Gegenstände wird die Uebung in gewissen Geschicklichkeiten, als im Schreiben, Rechnen, Tabelliren, Berichtmachen, und Choralsingen eingereiht.

§. 86. Der Subregens übernimmt die Fächer der Pastoral= lehre, Homiletik, Catechese, und Liturgie. Erstere kann indessen auch vom Regens gegeben werden.

p) Von den Examinatorien und Disputationen.

§. 87. Die bisher häufig vorgenommenen Disputationen im Hause werden, als nicht zweckmäßig, bis etwa auf einige wenige am Ende des Jahres, aufgehoben.

§. 88. An die Stelle derselben sollen monatliche cursorische Examinatorien treten, welche abwechselnd von den beyden Regenten geleitet werden. Der würklich gegenwärtige Vorstand hat dem andern die Resultate dieser Prüfungen mitzutheilen.

§. 89. Die Räthe des Vikariats werden, um die Alumnen näher kennen zu lernen, diesen und anderen Uebungen des Hauses, abwechselnd beiwohnen.

§. 90. Bey den jeweiligen Examinatorien haben nur die=
jenige Eleven zu erscheinen, welche diejenigen Collegien schon ge=
hört haben, aus welchen die Prüfung angestellt wird.

2. Sittlich religiöse Bildung.

1. Moralität.

§. 91. Auf die Bildung und Bewahrung der Moralität
der Zöglinge ist um so mehr Bedacht zu nehmen, als dereinst
ihr Beispiel auf die Religions=Gemeinden den entscheidensten Ein=
fluß haben wird.

§. 92. Es ist aber hiebey vornämlich dahin zu würken,
daß die Alumnen das Gute aus Grundsätzen lieben, und mit
Charakter handeln. Der in Communitäten so gewöhnliche Fehler,
die Beobachtung der äusseren Formen, und das geschickte Fügen
in die häuslichen Statuten, als die erste Tugend, und das vor=
züglichste Verdienst zu behandeln, und hierdurch das Mittel zum
Zwecke zu machen, ist, seiner ungemeinen Schädlichkeit wegen,
auf alle mögliche Weise zu verhüten.

§. 93. Beyde Regenten haben die Pflicht, ihre Untergebe=
nen vor allem genau kennen zu lernen, ihre Beobachtungen zu
gemeinschaftlicher Zusammensicht mitzutheilen, und sich unaus=
gesezt mit den besten Mitteln zu beschäftigen, um in dem Hause
den Geist einer ächten Sittlichkeit zu erhalten.

§. 94. Sie haben nach den Grundsätzen und Marimen
einer guten Pädagogik, zu diesem Zwecke alle Einflüsse zu be=
nüzen, welche ihnen ihr Ansehen, und zufällige, oder unmerklich
selbst veranlaßte Gelegenheiten darbieten. Sie werden sich das
Vertrauen der Zöglinge zu erwerben, ihnen innige Liebe zu ihrem
Berufe einzuflößen, und insbesondere alle Willkühr und Parthey=
lichkeit zu vermeiden suchen.

a) Religiöse Uebungen.

§. 95. Sie werden sich hiezu derjenigen würksamen An=
ziehungen bedienen, welche zu einem guten Wandel, in dem

Schoose der Religion niedergelegt sind: Sie werden dieselbe zu
einem interessanten Gegenstande des Verstandes und Herzens
zu machen wissen.

§. 96. Die allzuhäufigen kirchlichen Uebungen, welche zuletzt
in einen Mechanismus ausarten, und zu wesentlichen Zwecken die
Zeit beengen, sollen auf das gehörige Maas beschränkt werden.

§. 97. Es sollen daher fernerhin nur folgende Uebungen
gestattet sein:

a) Die Exercitien vor dem Schul-Jahre, und zwar im Geiste
der §§ 60 und 61 vorgezeichneten Bestimmungen.

b) Das tägliche Morgens- und Abends-Gebet, welches während des Sommers in dem Oratorio gemeinschaftlich, zur
Winterszeit aber in den Mußeen zu halten ist. Statt
ermüdender Litaneyen, sollen die besten Gebeth-Bücher dabey
abwechselnd zum Grunde gelegt, und den älteren Alumnen
von Zeit zu Zeit aufgegeben werden, eigene Gebete zu
fertigen, welche, nachdem sie von dem Regens approbirt
sind, vorgelesen und angewendet werden können.

c) Die tägliche Messe.

d) Statt des bisherigen Choral-Amtes an Sonn- und Feier-
tägen eine mit schicklichen deutschen Gesängen und Gebeten
begleitete Messe, welcher die Alumnen auf der Emporkirche
beywohnen können. Mittags deutsche Vesper.

e) Predigten der Vorstände an das gesammte Alumnat, mit
praktischer Rücksicht auf dessen Verhältniße und Bedürfniße, abwechselnd zweymal vom Subregens, einmal vom
Regens zu halten.

f) Vorlesung eines geistlichen Buches, jedoch nur an Sonn-
und Feyertagen, eine halbe Stunde vor dem Abendessen.

§. 98. Alle andern Uebungen werden hiemit aufgehoben,
und zwar namentlich

a) Die halbstündige Betrachtung nach der Morgen = Andacht.

b) Das gemeinschaftliche Brevier = Beten, welches uur von denjenigen Alumnen verrichtet werden soll, die bereits in Weihen stehen.

c) Das tägliche halbstündige Vorlesen eines geistlichen Buches vor dem Abendessen.

d) Die Vorlesungen über dem Essen selbst.

e) Die geistlichen Reden am Freytag und Samstag.

f) Die monatlichen Conferenzen aus den Gegenständen der Ascese und Pastorallehre.

g) Der Kirchengang vor 12 Uhr Mittags, u. a. m.

3. Von der häuslichen Disciplin.

r) Im Allgemeinen.

§. 99. Die Ordnung des Hauses kann ohne Disciplin nicht bestehen, und der Zweck derselben ohne sie nicht erreicht werden. Der Vordersatz aller Disciplin ist aber — Subordination der Untergebenen unter ihre Oberen, und genaue Befolgung der Statuten, denen, um des Ganzen willen, jeder Einzelne seine Willkühr, in Hinsicht auf die Bestimmung der Bildungs = Anstalt, unterwerfen muß.

§. 100. In Folge dieses Grundsazes wird den Alumnen untersagt, gemeinschaftliche Verabredungen zu machen, und Petitionen an ihre Vorstände, oder an andere Behörde zu bringen. Allenfallsige Wünsche der einzelnen Musäen, sind von den Präfecten, mit Bescheidenheit dem ersten Regens vorzutragen.

§. 101. Die Vorsteher werden, mit Rücksicht auf die N.o 92 enthaltene Bestimmung, die Disciplin nicht zum Vehikel ihrer Eigenmacht mißbrauchen, und die Alumnen nicht zu blosen Maschinen erniedrigen.

§. 102. Auf der anderen Seite werden sie auch nicht einer schädlichen Indulgenz Plaz geben, sondern über die Aufrechthaltung der Ordnung wachen. Die spezielle Aufsicht hierüber soll, damit sie zu keiner Zeit unterbrochen sey, an fünf unbestimmten Tagen in der Woche vom Subregens, und an zwey Tagen von dem Regens geführt werden.

a) Tages-Ordnung.

§. 103. Die Tages-Ordnung wird regulirt, wie folgt:

1) Die Zeit des Aufstehens wird vom Anfange des Novembers bis zu Ende des Aprils auf halb sechs Uhr; vom 1. Mai bis Ende des Septembers aber auf fünf Uhr vestgesetzt.

2) Nach dem Morgengebete bis zur Messe um 7 Uhr wird studirt, oder auf Collegien vorgearbeitet, die halbe Stunde nach der Messe bis acht Uhr ist von bestimmten Geschäften frey.

3) Von 8 bis 12 Uhr werden drey Collegien besucht, und eine Stunde zum Nachlesen oder Wiederholen verwendet.

4) Nach dem Tische um 1 Uhr, am Dienstag und Donnerstag eine viertelstündige Uebung im Choral-Singen.

5) Im Winter-Semester — Spaziergang am Montage, Mittwochen, und Freitage, nach 1 Uhr bis auf dreyviertel auf 3 Uhr. Fällt an einem solchen Tage schlechte Witterung ein, so wird einer der folgenden Tage substituirt.

Im Sommer kann nach Beschaffenheit der eintretenden Hitze, entweder vor oder nach dem Abendtische der Spazier-Gang angeordnet, und die Zeit des Abendessens hiernach bestimmt werden.

6) Von drey bis fünf Uhr — Besuch der Collegien. Die darauf folgende halbe Stunde frey.

7) Von halb sechs Uhr bis zum Abendessen — Studium; am Ende des Monats Examinatorium.

8) Die Tage und Stunden, in welchen die Predigten und Catechesen der Alumnen des VI. Semesters zu halten sind, bleiben der Disposition der Oberen überlassen.

9) Um halb acht Uhr — Abendessen, mit den Nro. 5 ein=
tretenden Modifikationen.

10) Nach dem Abendessen — Conversation in den Musäen.

11) Um 9 Uhr Abendgebet; sodann Schlafenszeit, wo kein
Alumne mehr in den Musäen zurückbleiben darf.

t) **Besondere Zusätze und Vorschriften.**

§. 204. Wenn die Zahl der Alumnen auf 36 Köpfe herab=
gesezt seyn wird; so sollen dieselbe in drey Musäen, jedes zu
12 Köpfen eingetheilt, dagegen ein oder das andere Musäum noch
zu einem Schlafzimmer verwendet werden.

§. 105. Keinem Alumnen ist, ohne besondere Gründe, der
Eintritt in ein anderes Musäum, in freyen Stunden zu ver=
bieten.

§. 106. Keinem Alumnen ist erlaubt, sich anderer, als der
vorgeschriebenen gemeinschaftlichen Kleidung, und in der vorge=
schriebenen Form zu bedienen.

§. 107. Was die gemeinschaftliche Spaziergänge betrifft;
so wird

1) von dem Regens, oder in dessen Abwesenheit von dem
Subregens der Ort bezeichnet, wohin dieselbe gehen sollen;
die Alumnen dürfen eigenmächtig an andere Orte sich nicht
begeben, und die Präfecten sind hiefür verantwortlich.

2) Kein Alumne darf sich, ohne spezielle Erlaubniß, welche
nur aus besonderen Gründen ertheilt werden kann, davon
dispensiren, um, wenn auch unter dem Vorwande des
Studiums, zu Hause zu bleiben.

§. 108. Kein einzelner Alumne darf, ohne besondere Erlaub=
niß, einen besonderen Spaziergang, oder einen Besuch in der
Stadt machen. Die Erlaubniß ist jedoch in der Regel, und
wenn nicht besondere Anstände hierüber vorwalten, und nach einer
gewissen Ordnung, alle Monate jedem Individuum einmal zu
ertheilen, wenn er geziemend darum nachsucht. Dem Ausgehenden
wird jedesmal ein Begleiter mitgegeben.

§. 109. Der Alumne darf, während der Studierzeit, ohne Erlaubniß, keine Besuche annehmen. Uebrigens hat er sich mit den zu ihm kommenden Mannspersonen vor der Thüre des Musäums, mit Frauenzimmern aber in der Pförtner=Stube, zu besprechen.

§. 110. Keinem Alumnen ist erlaubt, sich nebst seinem Tischgenusse noch besondere Speisen aus der Stadt bringen zu lassen.

§. 111. Jeder Alumne hat vor Eintritt der Ferien die Orte anzuzeigen, wo er dieselbe hinzubringen gedenkt. Bey seiner Zurückkunft hat er sich sogleich in das Institut zu begeben, und beim Regens und Subregens zu melden. Beide haben über das Betragen der Zöglinge, während der Ferien, nöthigenfalls Erkundigungen einzuziehen.

u) Von den Strafen, und Belohnungen.

§. 112. Bey den Strafen im Allgemeinen ist auf die Natur des Fehlers, oder Vergehens, auf das Alter des Zöglings, auf seine natürlichen Anlagen und Neigungen, und überhaupt auch auf die seinem künftigen Berufe schuldige Delicatesse Rücksicht zu nehmen.

§. 113. Leichtere Disciplinar=Vergehen sind Anfangs nicht sowohl zu bestrafen, als vielmehr durch Belehrungen, und sanftes Zureden für die Zukunft zu verhüten.

§. 114. Derselbe Weg ist auch bey eigentlichen moralischen Fehlern, welche sich noch nicht zum offenbaren Laster entwickelt haben, einzuschlagen. Es wird gut seyn, wenn die Vorsteher Individuen von solcher Art zum Nachdenken veranlassen, und ihnen bei Gelegenheit solche Themata auszuarbeiten geben, welche auf ihren Gemüths=Zustand Bezug haben.

§. 115. Nur folgende Gradations=Strafen sollen zur Anwendung gebracht werden:

1) Geheimer Verweiß bei wiederholten leichteren Disciplinar= Vergehen;

2) Oeffentlicher Verweiß in den Musäen bei größeren Disciplinar=Vergehen, welche auf die gemeinschaftliche Ordnung nahen Bezug haben;

3) Oeffentlicher Verweiß vor dem gesammten Alumnate, nach Umständen auch im Beysehn eines Vikariats-
Raths.

4) Ausschließung von den Weihen, und

5) Ausschließung aus dem Seminar.

§. 116. Geheimen Verweiß ertheilt der Subregens; öffentlichen Verweiß in den Musäen nur der Regens; öffentlichen Verweiß vor dem gesammten Alumnate eben auch nur der Regens,
jedoch nicht ohne vorgängige Genehmigung des Vikariats.

Die Ausschließung von den Weihen kann nicht ohne bericht-
liche Anzeige bey der Landes-Direction, und die Ausschließung
aus dem Seminar endlich, kann nicht ohne Genehmigung derselben vollzogen werden.

§. 117. Die Vorstände haben sich sehr zu hüten, daß sie
nicht heimlichen Zuträgern Gehör geben, und Untersuchungen oder
Strafen, auf einseitige Denunciationen, einleiten.

IV. Von den Weihen.

v) Wann die Alumnen zu den Weihen zugelassen werden können.

§. 118. Um den Alumnen, zu ihrer Selbstkenntniß, und
zur Prüfung ihrer Berufs-Neigung, die erforderliche Zeit zu
lassen, wird verordnet, daß kein Seminarist vor dem lezten Jahre
seines Aufenthaltes im Institute zu den Weihen zugelassen werde.

w) Nähere Bestimmungen.

§. 119. Man überläßt es den Vorständen des Seminars,
die bey dieser Gelegenheit gewöhnlichen Exercitien zu veranstalten;
jedoch ist über die zur Weihe bestimmten Individuen, und deren
Würdigkeit, Bericht an das Vikariat zu erstatten, und von daher
die Genehmigung zu erwarten.

V. **Von dem Austritte der Alumnen. Dauer des Aufenthalts.**

§. 120. Die Dauer des Aufenthaltes im Seminar wird für die Alumnen in der Regel auf drey Jahre bestimmt.

§. 121. Denjenigen, welche vor ihrem Eintritte schon theologische Collegien gehört haben, werden die absolvirten Semester zwar eingerechnet; jedoch sollen auch diese wenigstens ein Jahr in dem Institute verbleiben.

§. 122. Ueberhaupt ist es für alle Kandidaten, welche zur Seelsorge, oder zu einem Beneficium befördert werden wollen, Gesez, den nämlichen Studien-Plan auf der Universität zu befolgen, sich den jährlichen Prüfungen hierüber zu unterziehen, und wenigstens wo die praktischen Uebungen vorgenommen werden, im Seminar zuzubringen.

x) **Verfügungen in Rücksicht des Austritts.**

§. 123. Der Austritt eines Individuums wird veranlaßt
1) durch körperliche Krankheiten und Gebrechen;
2) durch förmliche Ausschließung zur Strafe;
3) durch den Ablauf der gesezlichen Zeit.

§. 124. In allen diesen Fällen ist motivirter Bericht an die Landes-Direction zu erstatten, und deren Genehmigung zu erwarten.

§. 125. Im dritten Falle insbesondere, ehe der Kandidat in die Seelsorge eintritt, muß derselbe nothwendig eine Catechese und eine Predigt vor einigen Vikariats-Räthen halten; deren Urtheil dem Berichte an die Landes-Direction, mit einer genauen Zeichnung der Qualification des Alumnen beigelegt werden soll.

Von der Oeconomie.

a) **Sustentationsfond des Hauses, und dessen Verwaltung überhaupt.**

§. 126. Der Sustentationsfond des Hauses wird einstweilen durch ein jährliches Ordinarium von 10,000 fl., welches in viertel-

XXVII

jährigen Quoten, gegen Quittung des Regens, aus dem Universitäts-Receptorat verabfolgt wird, angesezt.

§. 127. Die näheren Bestimmungen des Fondes, sowie die Verwaltung desselben, werden, wenn die gesezliche Zahl der Alumnen hergestellt ist, noch besonders vorgezeichnet werden.

§. 128. Bis dorthin bewilligen Seine kurfürstliche Durchlaucht gnädigst:

1) daß die Zuschüße, über deren Nothwendigkeit die Landes-Direction, auf deßfalls gemachte Anzeigen und Vorschläge des Vikariats zu erkennen hat, aus dem landesherrlichen Aerar verreicht;

2) daß den Kranken die Medikamente aus den milden Stiftungen unentgeltlich verabfolgt werden.

§. 129. Die Landes-Direction hat inzwischen ungesäumt Jemand zu subdelegiren, welcher, gemeinschaftlich mit den Vorständen des Seminars, und einem Deputirten des Vikariats, ein vollständiges Inventar dieses Hauses aufnehme.

§. 130. Ferner hat das bischöfliche Vikariat ohne Verzug einen articulirten Reglements-Entwurf über alle Oekonomie-Verhältnisse zu fertigen. Derselbe soll Vorschläge über das künftige allgemeine Bedürfniß des Seminars, die künftigen Competenzien des Instituts-Personals, über die Verhältnisse des Hausverwalters, dessen Verrichtungen, Annahme und Subordination, über die Stellung der Rechnung, über die Dienerschaft enthalten.

Die Landesdirection hat diese Vorschläge mit Anbiegung des oben erwähnten Inventars, und ihrem eigenen Gutachten, Seiner kurfürstlichen Durchlaucht bald möglichst vorzulegen, damit die nöthigen höchsten Verfügungen hierunter seiner Zeit sogleich in Gang gesezt werden können.

aa) Besondere Verfügungen.

§. 131. Bei diesem Entwurfe sind folgende Grundsätze zu unterstellen:

1) Die **Besoldung** des Regens wird für die Zukunft statusmäßig auf 600 fl. und für den Subregens auf 325 fl. vestgesezt. Der erstere behält das, was in seinen bisherigen Bezügen (zu 750 fl.) überschießt, bei, bis er in seine Präbende eintritt.

2) Der Hausmeister hat nicht nur die Küche, sondern auch die Reinlichkeit in Wohn= und Schlafzimmern, das weiße Zeug, die Reparaturen der Hausgeräthschaften, u. s. w. zu besorgen. Er muß zugleich im Hause wohnen, erhält alle Monate von dem Vikariat das Hausbedürfniß, und steht unter Aufsicht des Regens. Er wird von der Landes=Direction ernennet, bei derselben verpflichtet, und hat bey der Provincial=Kasse eine Kaution von 500 fl. zu hinterlegen.

3) Die Vorsteher des Hauses haben sich mit der Oekonomie selbst nicht zu befassen. Ihnen steht hierüber nur die Inspektion zu.

4) Alle Detaile, welche der Hausmeister nicht füglich besorgen kann, werden durch Accord, oder Versteigerung an den Wenigst= nehmenden, erlediget.

5) Der Hausmeister hat alle Monate Rechnung an das Vikariat zu stellen, welcher die Instituts=Vorstände beywohnen, und ihre Erinnerungen dabey machen. Am Ende jedes Jahres muß der Landes=Direction die Berechnung sämmtlicher Aus= gaben vorgelegt werden.

6) Die Zahl der Dienerschaft soll, dem Bedürfniße gemäs, ver= ringert werden. Sie steht unter unmittelbarer Aufsicht des Hausmeisters. Es werden für sie die statutenmäßigen Bei= träge in das Institut der kranken Dienstboten geleistet, um sie in vorkommenden Fällen darin aufnehmen zu lassen.

Ueber die äußeren Verhältnisse des geistlichen Seminars.

bb) Von der mittelbaren oberen Leitung des Seminars überhaupt.

§. 132. Das geistliche Seminar wird, in seinen äusseren Ver= hältnißen, und in seinen Beziehungen zu den unmittelbaren oberen Leitungs=Stellen, von dem Regens, jedoch unter Benehmung mit dem Subregens in der §. 13. und 14. vorgeschriebenen Art, repräsentirt und vertreten.

§. 133. Diese mittelbaren oberen Leitungs=Stellen sind, nach den drey unverkennbaren Gesichtspunkten, nach welchen das Seminar — als Bildungshaus künftiger Staatsbeamten — als Attribut der Kirche, und als Attribut der Universität zu betrach= ten kömmt,

a) die Landesdirection,

b) das bischöfliche Vikariat, und

c) in einzelnen Fällen, die Universitäts = Curatel.

cc) **Concurrenz der Landes-Direction, des Vicariats und der Universität.**

§. 134. Diese drey Behörden concurriren in der Art, wie solche, im Verlaufe des gegenwärtigen Reglements, gelegenheitlich bemerkt und entwickelt worden ist (und es wird sich hierunter namentlich auf die §. 11. 15. bezogen).

§. 135. Nachträglich und zu näherer Bestimmung wird nachfolgendes restgesezt:

1) Angelegenheiten, welche einen oder einzelne Alumnen be= treffen, und von dem unmittelbaren Vorstande nicht ab= gethan werden können, oder wollen, sind beim Vikariat anzubringen, und in der Regel von demselben zu schlichten.

2) Angelegenheiten von wichtigerer Art, oder solche, welche mehrere Alumnen betreffen, oder in dem gegenwärtigen Reglement dem Ressort des Vikariats nicht ganz und aus= schließend überlassen sind, müssen von demselben bey der Landes=Direction angebracht werden.

3) Hieher gehören vorzugsweise etwa vorkommende Beschwerden der Regenten gegen einander.

4) Alle Verfügungen, welche in den wesentlichen und positiven Bestimmungen dieses Reglements, eine Abänderung oder be= deutende Modificationen erzielen, müssen vorerst, wenn sie von der Landes=Direction durch Collegial=Beschluß ausgeführt

werden wollen, dem bischöflichen Vikariat zur Einsicht und Bemerkung, und hinwiederum jene, welche von dem Vikariat projektirt sind, der Landes = Direction zur Genehmigung vorgelegt werden.

5) Alle Erlasse des bischöflichen Vikariats an das Alumnat sind eben dieser Genehmigung unterworfen.

6) Wenn die Landes = Direction und das Vikariat verschiedener Meynung sind, so ist die Entscheidung Seiner kurfürstlichen Durchlaucht unmittelbar einzuholen. In dringenden Fällen hat die erstere Behörde das Vorrecht eines Provisorii.

7) Der Vorstand der Landes = Direction hat von Zeit zu Zeit Nachricht einzuziehen, auch selbst nachzusehen, oder nach = sehen zu lassen, ob die höchsten Befehle vollzogen, und welcher Geist den geistlichen Zöglingen mitgetheilt werde.

8) Der Subregens hat über alle Verfügungen, welche von dem Vikariat in dem Seminar getroffen werden, ein Journal zu führen, welches am Ende jedes Semesters der Landes = Direction mitzutheilen ist.

9) An dieselbe ist auch jährlich ein Bericht über den Zustand des Seminars zu erstatten, und eine Conduiten = Tabelle beizufügen, wovon ein anderes Exemplar dem bischöflichen Vikariate behändigt werden muß.

10) Die theologischen Lehrer der Universität haben das Recht und die Pflicht, ihre Wünsche in Ansehung des Seminars insofern solches mit der hohen Schule in naher Berührung steht, der Curatel zu eröffnen, und dieselbe auf die Hinder = nisse und Inconvenienzen aufmerksam zu machen, welche hierunter, zum Nachtheil der Studien, etwa vorwalten könnten.

dd) Revision der Statuten.

§. 136. Das gegenwärtige Reglement solle alle 10 Jahre revidirt werden. Die Curatel, die Landes = Direction, und das bischöfliche Vikariat haben dabei ihre Desiderata und Vorschläge zusammen zu tragen, und der höchsten Genehmigung zu unter = stellen.

28.

Schreiben des Fürstbischofs von Würzburg an den Churfürsten Erzkanzler v. Dalberg zu Paris, d. d. Würzburg
ben 24. Dezember 1804.

Stylus.

Es kann Ew. Liebben nicht unangenehm sein, in so weiter
Ferne Briefe aus dem Vaterlande zu erhalten, und zu einer Zeit,
wo Dieselben beschäftiget sind, das Wohl ihrer Provinz, der
teutschen Kirche fest zu gründen, von der fortwährenden Lage
der Dinge Kenntniß zu erhalten.

Auf welchem Punkte es mit den Schritten im Seminarium
gekommen ist, werden Hochdieselben aus den Beilagen A.
und B. ersehen.

Zu gleicher Zeit ward mir ein Plan zur neuen Verfassung
meines Seminars, so ziemlich im Tone einer Vorschrift entworfen,
von Seite des Gouvernementes vorgelegt. Derselbe ist mit Vorübergehung der sittlich-religiösen Bildung des Priesters blos auf
die wissenschaftliche Bildung des religiösen Volkslehrers und geistlichen Staatsbeamten angelegt, und würde höchstens dienen, Prediger jeder anderen Confession, nur keine katholische Seelsorger
zu erziehen. Daher ist die Vocation der Kirche bei der Aufnahme
der Candidaten ganz in's Dunkel gestellt, und der Landesherr
übet dieses Recht aus.

Dieser Plan ist allem Ansehen nach aus einer protestantischen Feder geflossen, wie dann Prof. und Consistorialrath Niethamer von der Bestimmung des neuen protestantischen Consistoriums
in einer Einladungsschrift, die ich hier beilege, etwas gesagt hat,
welches diese geheime Einwirkung nur zu sehr besorgen läßt.

Belege hiezu finde ich in dem eben genannten Plane. Der
Besuch protestantischer Collegien wird auf alle Weise begünstiget.
Die Evangelien sollen philosophisch-critisch erklärt werden;

das gemeinschaftliche Bethen das Breviers, das hohe Amt an Sonn= und Feiertagen mit Choralgesang begleitet, das Absingen der lateinischen Vesper, die Meditation, das Lesen eines geist=lichen Buches, die freitägigen und samstägigen Discurse über die Epistel und das Evangelium des folgenden Sonntags, die monat=lichen Conferenzen über Gegenstände der Ascese und Pastoral sollen unterbleiben, und dafür sollen sich die Alumnen in Abfassung von Gebethsformeln, welche nach genommener Durchsicht öffentlich ab=gelesen werden sollen, üben ꝛc. Rücksichtlich der äußeren Ver=hältniße wird das Seminar zu einem Ganerbschaftlichen Gebiete gemacht, welches die Landesdirection, das Vicariat und die Uni=versität unter sich theilen, um sich unaufhörlich zu befehden.

Ich werde diesen Plan verdienter Maßen von der Hand weisen, und auf der gegenwärtigen Verfassung meines Seminars bestehen.

Das hiesige Schullehrer=Seminarium hat man ohne Weiteres sammt Fond nach Bamberg verlegt.

Die Einrichtung der Schulen an dem Gymnasium ist so getroffen, daß alle Disciplin hinwegfällt — Kinder armer Eltern und vom Mittelstande, aus welchem sich bisher der Clerus ergänzet hat, vom Studieren für immer ausgeschlossen sind — die Reli=gion sehr oberflächlich und als Nebensache gelehret — und das Geboth der Kirche rücksichtlich der Sonn= und Festtagsfeier ausser Acht gelassen wird. Anstatt des Wortes Gottes lesen die Pro=fessoren meistens weltliche, etwas einer geistlichen Vorlesung ähn=liches, aus einem geschriebenen Blatte ab.

Zur Wiederherstellung eines akademischen Gottesdienstes, welcher nach dem Organisations=Plane einen eigenen Prediger haben sollte, ward ohnlängst von dem Senate der theologischen Section der Vorschlag gemacht, diesen Gottesdienst acht Mahle im Jahre zu feiern, wobei den theologischen katholischen und pro=testantischen Professoren aufgetragen wird, abwechselnd zu pre=digen, worauf unter Absingung teutscher Lieder eine h. Messe gelesen werden soll. Bis jetzt haben sich die katholischen Pro=fessoren dagegen gesezet.

Diese Vermischung katholischer und protestantischer Pro=
fessoren zu einer Section ist der schlaueste Versuch, das katho=
lische System zu untergraben. Ein katholischer Defendens scheute
sich im verflossenen Sommer nicht nur, im Angesichte protestan=
tischer Professoren seine, obgleich auf Schrauben gestellte, Sätze
zu behaupten, sondern auch diese Professoren haben bereits in
ihren Votis den Vorschlag gemacht, ob es nicht zu wünschen wäre,
solche Dogmen, gegen welche die opinio publica ent=
schieden hätte, nicht mehr assertorisch zu behaupten, son=
dern sie problematisch oder disdunotiv zu setzen? Da
einige Katholiken selbst dieser Meinung sind, so dringt die Majori=
tät der Protestanten durch. Lauter Belege des protestantischen
Einflußes, um in der Kirche wie im Staate zu siegen. Doch soll
nach der Versicherung des General=Commissärs die Trennung der
theologischen beiden Confessionen zu München schon beschlossen seyn.

Da ich Ihrer Heiligkeit mit einem Schreiben zu Paris lästig
zu fallen nicht ganz für schicklich halte, so lege ich es in Hoch=
derselben Hände nieder, mit der Bitte, nach Wohlbefinden es
Sr. Heiligkeit zu überweisen. Es bezieht sich hauptsächlich auf
die Angelegenheit meines Seminars [1]).

Indem ich Ew. Liebden re. re.

29.

Schreiben des Churfürsten Erzkanzlers v. Dalberg an den
Fürstbischof von Würzburg d. d. Paris den 12. Jan. 1805.

Euer Liebden Schreiben vom 24. des vorigen Monats
habe ich mit dem lebhaften Vergnügen erhalten, welches mir jeden
neuen Beweis Dero Vertrauens einflößt.

---

[1]) Dieses Schreiben an Se. päpstliche Heiligkeit sowie die oben
allegirten Beilagen fanden sich in den Acten nicht vor.

Das beigelegte Schreiben an Ihro Päbstliche Heiligkeit habe ich sogleich selbst übergeben, und den Auftrag erhalten, Ew. Liebden zu melden, Se. Heiligkeit seien von dem wahrhaft bischöflichen Muthe, welchen Dieselbe in dem so vielfachen Drange bisher bewiesen hatten, innigst gerührt, und ermahnten Ew. Liebden, denselben standhaft fortzusetzen. Ihrer Seits würden Höchst Sie alles vorkehren, was zur Wiederherstellung der Ruhe, Würde und Festigkeit der so sehr zerrütteten deutschen Kirche erforderlich sei. Die göttliche Vorsehung würde das aufrichtige Bestreben, einen so ansehnlichen Theil der katholischen Kirche zu retten, sicher mit dem gewünschten Erfolge krönen.

Von den übrigen Nachrichten, die mir Ew. Liebden mitgetheilt haben, besonders von der unverkennbaren Absicht der Niethammer'schen Druckschrift werde ich mit schicklicher Gelegenheit bei Ihrer Päbstlichen Heiligkeit sowohl, als bei den Herren Kardinälen den zweckdienlichen Gebrauch machen, so wie ich diesen lezten, in den mit ihnen gehaltenen Conferenzen, den traurigen Zustand unserer Kirche aus den von den Herren Bischöfen meiner Erzbischöflichen Provinz, vorzüglich von Ew. Liebden mir zugekommenen Nachrichten, aufs lebhafteste schon geschildert habe.

In dieser Schilderung habe ich die, den in Rom nachzusuchenden Dispensen so nachtheiligen Verordnungen einiger deutschen Fürsten nicht übergangen. Die Gegenerklärung, welche Ew. Liebden bischöfliches Vikariat auf die Note des kurbayerischen Landesdirektoriums, wodurch jene Verordnung modifizirt werden sollte, abgegeben hat, ist meines Ermessens auf die richtigsten Grundsätze gebaut, und ich zweifle keineswegs an dem vollkommenen Beifall Sr. Heiligkeit sowohl als der Herren Kardinälen. Gewiß wird der römische Hof durch Ertheilung der auf so ordnungswidrige Art begehrten Dispensen jene bedenkliche Einmischung der weltlichen Macht nicht sanktioniren. Ueberhaupt hoffe ich, das neuangefangene Jahr, zu welchem Ich Ew. Liebden von Herzen Glück wünsche, werde die Epoche des zu Stand zu bringenden Konkordates seyn. Von meiner Seite werde ich fortfahren, alles beizutragen, das den Bedürfnissen unserer bedräng= ten Kirche möglichst entspreche, sowie ich nie aufhören werde, mit vollkommenster Hochachtung zu seyn

Ew. Liebden

Paris den 13. Jänner
1805.

dienstwilliger treuer Freund und Nachbar
von ganzem Herzen

Carl.

An Herrn Fürstbischof von
Würzburg.

30.

Schreiben des Fürstbischofs von Würzburg an den Churfürsten Erzkanzler v. Dalberg zu Regensburg d. d. Würzburg den
1. April 1805.

Stylus.

Eure Liebden erhalten in der Anlage den verfänglichen Plan zur künftigen Einrichtung der Seminarien in den Churpfalz= bayerischen Landen, und die Erklärung, welche ich dagegen durch mein Vikariat habe ertheilen lassen [1]). Sollte er zur Ausführung kommen, so müßte er auf den Charakter der künftigen Clerisey, die Grundsätze derselben und die Stellung zwischen Kirche und Staat, welche ihr zu Theil wurde, einen sehr gefährlichen Ein= fluß haben. Ich kann mich kaum der Vermuthung enthalten, daß Protestanten an demselben mitgearbeitet haben.

---

[1]) Diese Erklärung lag dem Schreiben nicht bei.

·Ich habe es für Pflicht gehalten, Ew. Liebden hievon zu unterrichten, weil dieser Versuch zu jenen zu gehören scheint, das katholische Kirchenwesen immer mehr zu untergraben, und erharre ꝛc. ꝛc.

31.

Schreiben des Churfürsten Erzkanzlers v. Dalberg an den Fürstbischof von Würzburg d. d. Regensburg den 5. April 1805.

Hochwürdiger Fürst! ꝛc.

Euer Liebden sage ich den verbindlichsten Dank für das fortgesetzte Vertrauen, wovon ich durch die Mittheilung des kur-baierischen Reglements für Dero bischöfliches Seminar einen neuen Beweis erhalten habe.

Es ist nicht zu verkennen, daß durch diese landesherrliche Vorschrift den bischöflichen Gerechtsamen zu nahe getreten, und durch verschiedene Punkte derselben der wahre Geist der Bildung junger Seelorger verfehlt werde. Euer Liebden bischöfliches Vicariat hat dies in seinen dem kurfürstl. General = Landes-Commissariat überschickten Bemerkungen gründlich entwickelt, unter andern finde ich die gegen die Umschaffung der Seelsorger in Staatsbeamte sehr zweckmäßig. Selbst das französische Ministerium fühlt den Nachtheil, welcher durch die weltliche Einmischung in den Wirkungskreis der Religion, die dadurch den ihr eigenen Einfluß auf das Volk verlieren muß, dem Staate zugeht; es ist also zu hoffen, daß die nämliche Ueberzeugung auch bei dem kurbaierischen nicht ohne Wirkung bleiben wird. Meiner Seits werde ich sie bei den bevorstehenden Unterhand-

128

lungen über das deutsche Konkordat nach Kräften geltend zu machen suchen; der ich mit vollkommenster Hochachtung verbleibe 2c. 2c.

Regensburg, den 5. April
    1805.   Carl.

An Herrn Fürstbischof von
    Würzburg.